문헌을 통해 본 한국의 의례

문헌을 통해 본 한국의 의례

초 판 인 쇄 2022년 2월 7일
초 판 발 행 2022년 2월 14일

저   자 송재용
발 행 인 윤석현
발 행 처 박문사
책 임 편 집 최인노
등 록 번 호 제2009-11호

우 편 주 소 서울시 도봉구 우이천로 353
대 표 전 화 02) 992 / 3253
전   송 02) 991 / 1285
전 자 우 편 bakmunsa@hanmail.net

ⓒ 송재용 2022 Printed in KOREA.

ISBN 979-11-89292-96-6   93380   정가 35,000원

문헌을 통해 본 한국의 의례

송재용 저

박문사

서문

이 책은 그동안 발표했던 논문들과 저서 출판을 목적으로 쓴 미발표 논문 3편(계암일록, 역중일기, 기제사 시 제사음식 진설과 진행에 대한 단견)을 시대별·항목별로 분류, 정리, 수정 보완하면서 체계화하는 한편, 통시적인 문헌 자료를 통해 삼국시대, 고려시대, 조선시대의 의례의 실제적 실상을 구명하려고 하였다. 삼국시대와 고려시대는 의례 관련 문헌 자료가 매우 적어 『삼국유사』와 『고려도경』에 의존할 수밖에 없었고, 조선시대의 경우는 주로 일기를 중심으로 필기류 등의 의례 관련 자료들을 텍스트로 하여 논의하였다.

삼국시대, 고려시대, 조선시대의 의례의 실상을 제대로 파악하려면 문헌 자료를 통해 가능하다. 그런데 이를 제대로 파악하려면 당시 실제 행했던 의례 관련 사실들을 기록으로 남긴 일기, 필기류, 그 중에서도 특히 일기에 초점을 맞추어야 한다.

그럼에도 불구하고 민속학 분야 연구자들은 이를 등한시 했었다. 한문으로 기록되어 그런 측면도 있겠지만, 별로 관심을 갖지 않았던 것 같다. 그래서 원래 고전일기(특히 한문일기. 박사학위논문이 『미암일기 연구』) 전공자였던 필자는 한국연구재단 중점연구소 과제를 15년간 실질적으로 책임 수행하면서, 그리고 비교민속학회 임원으로 활동하면서 종손이라 가학(家學)으로 배웠던 의례를 활용하여 조선시대의 일기 등을 살펴보게 되었고 이를 논문으로 발표하였다. 그러니까 일기, 필기류 등을 통해 조선시대 실제로 행했던 의례를 본격적으로 연구한 사람은 필자라 할 수 있다.

그런바 필자는 일기 등을 중심으로 필기류, 역사서 등의 문헌들을 Text로 하여 당시 실제적으로 행했던 의례들을 통시적으로 체계 있게 살펴보았다.

이 책은 삼국시대, 고려시대, 조선시대의 문헌 자료들을 통해 당시 실제적으로 행했던 의례의 실상을 통시적으로 체계 있게 논의하였는바, 이 분야 연구자들이나 민속학 연구자들이 연구하는데 꼭 필요한 연구서라 하겠다.

끝으로 출판을 흔쾌히 수락해 준 도서출판 박문사 사장님과 관계자 여러분에게도 감사의 마음을 전한다.

2021년 9월
죽전캠퍼스 연구실에서 청호(青澔) 송재용 씀

목차

I

서론

문헌을 통해 본 한국의 의례

조선시대는 유교(儒敎)를 국시(國是)로 하였는바 예학(禮學)을 중시했다. 그래서 많은 유학자들이 이에 대한 관심과 함께 연구를 했고, 이름 있는 학자는 대부분 예학, 의례에 대한 자기 나름의 이론적 견해를 글로 남겼다. 특히 이론적 측면에서 많은 논의를 했는바, 이로 인해 예학 논쟁(주로 국가·왕실의례 중 상례)이 일어났고, 급기야 이는 당쟁의 한 요인이 되기도 하였다.

그런데 양반 사대부들이 중심이 된 예학 연구, 특히 의례에 대한 연구는 주로 『주자가례(朱子家禮)』를 중심으로 한 이론적 연구가 대부분이었다. 그리고 현재 이들 사대부 예학자(禮學者)들의 이론적 견해에 대한 연구도 심도 있게 논의되지도 않았을 뿐만 아니라 활발한 편도 아니다. 그런바 당시 실제적으로 행했던 의례에 대한 연구는 매우 미진한 실정이라 해도 과언이 아니다.

삼국시대, 고려시대, 조선시대의 의례의 실상을 파악하려면 문헌자료를 통해 가능하다. 이를 제대로 살펴보려면 당시 실제 행했던 의례 관련 사실들을 기록으로 남긴 일기, 필기류, 그 중에서도 특히 일기에 초점을 맞추어야 한다. 그런데 삼국시대와 고려시대는 의례 관련 자료를 찾아보기가 매우 어려워 『삼국유사』와 『고려도경』에 의존할 수밖에 없다. 그리고 조선시대의 경우, 실제적으로 행했던 의례의 실상을 파악하기가 그리 만만하지 않다. 그래서 필자는 여기에 주목하였다.

조선시대의 경우, 실제로 행했던 의례를 제대로 파악하기 위해서는 일기, 필기류 등을 주목할 필요가 있다. 특히 일기는 당시 실제로 행했던 관·혼·상·제례 등의 의례를 파악하는데 매우 귀중한 자료라 할 수 있다.

따라서 필자는 일기 등을 중심으로 필기류, 역사서 등의 문헌들을 Text로 하여 통시적으로 살펴보려고 한다. 텍스트는 시대·세기 별로 선별하여 논의하였다.

그런바 이상의 논의를 통해 삼국시대, 고려시대, 조선시대의 의례의 실제적 실상을 구명할 수 있을 것이다. 아울러 한국 의례의 통시적 의의와 의례사적·민속학적 의미도 밝혀질 것으로 본다.

II

문헌을 통해 본 한국의 의례

문헌을 통해 본 한국의 의례

1

『삼국유사』

1) 머리말

『삼국유사(三國遺事)』는 고대(古代)의 역사·사회·문화·종교·사상·
언어·문학·민속 등과 같은 다기 다양한 사상(事象)들이 기록되어 있
는바, 그 자료적 가치가 높이 평가된다. 그러므로 제반 학문분야에서
자료집으로 활용하거나 연구의 대상으로 삼아왔다.

그 중에서도 특히 『삼국유사』는 일연(一然)이 문헌조사와 현장답
사, 그리고 자신의 사상에 의한 문화의 재구성이라는 방법론에 의해
고대사회의 생활양식을 체계화할 수 있는 자료들을 집대성했다는
점에서 역사적 민족지나 민속지 내지는 민속사로 볼 수 있다.[1] 지금

---

[1] 박진태, 「민속지로 본 삼국유사」, 『고전산문교육의 이론』, 집문당, 2000, 260쪽. ;
김택규, 「삼국유사의 사회·민족지적 가치」, 『삼국유사연구론선집(1)』, 백산자료
원, 1986, 539쪽.

까지『삼국유사』에 대한 민속학적 연구는 대부분 민속지, 민속사, 민속사상 등에 초점을 맞춘 논의였다.[2] 이러한 연구 성과는 높이 평가될 뿐만 아니라 의미가 있다고 하겠다. 그럼에도 불구하고 의례에 대한 연구는 자료소개나 간단한 언급에 그쳤을 뿐 심도 있는 논의가 이루어지지 않았다. 이는『삼국유사』에 수록된 내용이 너무 짤막하고 소략하여 논의하는데 어려움이 있었기 때문에 그랬던 것 같다. 그러나『삼국유사』는 그 내용이 비록 간단하게 소개되었다고 하더라도 고대의 의례를 살펴볼 수 있는 귀중한 자료라는 점에서 이를 간과해서는 안 된다. 그러므로 필자는 여기에 주목하였다.

그런바『삼국유사』에 나타난 의례(儀禮), 특히 출산의례(出産儀禮) 및 관(冠)·혼(婚)·상(喪)·제례(祭禮)에 초점을 맞추어 논의하겠다.

이상의 논의를 통해 우리 고대의 출산의례 및 관·혼·상·제례를 파악하는데 일조를 할 수 있으리라 본다. 뿐만 아니라 이는 민속학적으로도 그 의미가 크다고 하겠다.

2) 출산의례 및 관·혼·상·제례 검토

한국의 의례 그 가운데 고대의 의례는 우리 민족이 동북아시아의

---

[2] 조선총독부,『高麗以前の風俗關係資料撮要』, 1941. ; 김열규,「민속자료서의 가치 '삼국유사'」,『다리』제4·5호, 1973. ; 김택규,「삼국유사의 민속체계」,『삼국유사의 종합적 검토』, 한국정신문화연구원, 1987. ; 박진태,『삼국유사의 종합적 연구』, 박이정, 2003.

한 지역에 정착하여 산 이래로 수없이 세대를 거듭하면서 공동체를 유지 존속하는 집단의 장치로서 고안 정착된 관습 규범이라 할 수 있다. 관습 규범이란 일시적인 문화적 영향이나 정치적 변혁으로 쉽게 바뀌거나 달라지는 것이 아니고, 설령 바뀌고 달라진다고 하더라도 그 속에는 전대 관습의 잔재가 여전히 오랜 기간 동안 남아있기 마련이다. 그렇기 때문에 고대의 의례를 이해하기 위해서는 이러한 관습 규범이 어떤 문화적 적층 속에 형성되었는가를 살펴볼 필요도 있다.

고조선과 부여, 고구려, 옥저, 마한, 진한, 변한 등의 나라들이 서로 간 문화적 친근성이 있다는 것은 문헌사료들이나 고고학적 발굴 등을 통해 확인할 수 있다. 그리고 이들 나라의 독특한 문화와 풍속, 예속 가운데에는 오늘날 우리 민족의 민간 풍속에 흔적을 남기고 있는 것이 있을 뿐 아니라, 고고학의 발굴 성과를 살펴보더라도 기록에 나타나지 않는 다른 문화 요소들이 공유하고 있었음을 확인할 수 있다. 그러므로 이들 고대의 여러 민족과 국가가 오늘날 한국 민족의 혈연적 문화적 원천이 되었다는 것을 알 수 있다. 이러한 우리의 고대 여러 나라의 의례 또는 예속이 오늘날 한국의 의례 또는 예속에 어떤 친근성을 가지고 있는지 증명하는 것은 문헌 기록이 지극히 엉성한 현 상태로서도 그리 어렵지 않다.[3]

한편, 삼국시대는 동북아지역 국가들의 문화 교류가 활발했던 시기로, 중국을 중심으로 하는 하나의 문화권역 형성에 공동으로 참여했던 시기라고 할 수 있다. 그러므로 국가나 왕실 또는 귀족 계층에

---

3 정경주, 『한국 고전의례 상식』, 신지서원, 2000, 19~21쪽.

서 국제 교류를 통해 동북아 지역에 일반적으로 통용되는 일정한 공통의 의전과 의례 규범을 준용했던 것으로 보인다. 그것은 국가의 관직 제도나 혼인과 장례의 절차와 관습 등 여러 가지 부분에 있어서 상당한 흔적을 남기고 있기 때문이다. 이러한 문화적 교류는 남북국 시대에 와서도 지속되었다. 남국인 신라와 북국인 발해는 당(唐)의 문화를 경쟁적으로 수용하였다. 예컨대 신라의 국학에서는 『예기』 등의 경서를 주요 교과목의 하나로 채택하였고,[4] 국가 정책으로도 당나라의 의복과 제도를 받아들였으며, 유학승(留學僧)들에 의해 중국 불교 사원의 종교 관습과 의례가 전래되었다. 그러므로 이 시기의 의복 제도와 생활 관습에는 당나라의 문화적 흔적이 남아 있게 되었다. 그리고 통일신라시대에는 중국의 문화를 받아들여 삼국의 문화를 용해하면서 오늘날 우리가 가진 민족 문화의 대체적인 틀을 형성하는데 매우 중요한 역할을 했다. 이 시기에 정월 대보름 및 한가위를 비롯한 세시 풍속은 이 과정에서 거의 정착되었으며, 불교문화 측면에서도 당나라의 문화를 완전히 흡수하여 독자적인 하나의 문화 전통을 수립하고, 자체적인 종단(宗團)을 형성함으로써 그 부분에 한하여 중국 문화의 의존에서 탈피하였다. 반면 우리의 고유한 풍속과 의례에 불교적 색채가 현저하게 가미되었고, 불교 의례나 관습이 민간의 관습과 속신을 대체하는 경향도 더불어 나타났다. 고유의 산신(山神) 신앙이 미륵 신앙으로 대체된다든가, 시월과 상달의 명절 풍속 외에 팔관회나 연등회라는 명절이 등장한 것도 이 시기이다. 이

---

4 졸고, 「의례와 교육」, 『비교민속학회』 제25집, 비교민속학회, 2003, 217쪽.

후 고려시대에는 의례와 예속, 문화적 관습의 경우 대체로 통일신라
의 것을 그대로 계승하였다. 그런데 고려시대에는 초기부터 시행한
과거 제도에 예학 경전을 포함하고 있었으므로, 관리들 중에는 예학
에 조예를 가진 사람들이 등장하게 되었고, 이들의 건의에 의해 국가
와 왕실의 의례는 여러 모로 정비되었다. 더구나 충렬왕대 이후로는
원나라의 강력한 정치적 통제 아래 들어가면서 중국 문화와의 교류
가 활발해지고, 이 와중에 중국과 몽고를 포함한 세계 각국의 의례
풍속도 유입되었다. 특히 원에 출입한 지식인들에 의해 보급된『가
례』는 민간 의례에 매우 의미 깊은 변화를 가져왔다.[5] 어쨌든 고려는
정치 제도는 물론이거니와 생활 관습과 복제 문제 등에 있어서 원나
라의 끈질긴 문화적 압력에도 불구하고 이전의 제도를 복구 유지할
만한 복원력을 가지고 있었다. 그러므로 통일신라의 문화적 정치적
전통을 이어받은 고려 왕조가 500년간 지속하면서 한국의 의례 풍속
은 그 나름대로 일정한 전형을 가질 수 있게 되었던 것이다.

　이상과 같은 제반사항을 염두에 두면서『삼국유사』에 나타난 의
례, 특히 출산의례 및 관·혼·상·제례를 중점적으로 살펴보겠다.

(1) 출산의례

　출산의례는 산전(産前)의례와 산후(産後)의례로 나눌 수 있다. 그
런데『삼국유사』에는 산후의례를 거의 찾아볼 수가 없다. 이는 시기

---

5 정경주, 앞의 책, 22~24쪽.

적으로도 매우 오래되었을 뿐 아니라 관련 기록이 거의 전무한 상태
라는 점, 또 이들 해당 인물들이 대부분 건국시조이거나 왕 또는 고
승 등과 같은 영웅적 인물내지는 비범한 인물들이라는 점, 그리고 이
들 인물들의 기록에 신화 또는 설화적인 요소가 가미되었다는 점 등,
이러한 여러 가지 이유들로 인해 산후의례 관련 자료가 없는 것으로
추정된다. 그러므로 여기서는 주로 기자(祈子)와 태몽(胎夢) 등에 초
점을 맞추어 논의하겠다.

먼저 기자에 대해 살펴보기로 하자.

> "웅녀(熊女)는 그녀와 혼인할 상대가 없었으므로 항상 단수(壇樹)
> 밑에서 아이 배기를 기원했다. 환웅은 이에 임시로 변하여 그녀와 혼
> 인해주었더니, 임신하여 아들을 낳았다. 이름을 단군왕검이라 했다."[6]
> (필자 밑줄)

> "부루(夫婁)가 늙어 아들이 없으므로 하루는 산천에 제사지내어 대
> 를 이을 아들을 구했다. …(중략)… 사람을 시켜 그 돌을 굴려 들어내니
> 금빛 개구리 모양의 어린애가 있었다. …(중략)… 이에 거두어 기르며
> 이름을 금와(金蛙)라 했다."[7] (필자 밑줄)

---

[6] 『三國遺事』, 卷 第一, 「紀異」 第一, 〈古朝鮮〉.(이후 권수와 제목만 표시함.) "熊女者 無
與爲婚 故每於壇樹下 呪願有孕 雄乃假化而婚之 孕生子 號曰 壇君王儉"
[7] 卷 第一, 「紀異」 第一, 〈東扶餘〉. "扶婁老無子 一日祭山川求嗣 …(中略)… 使人轉其石
有小兒 金色蛙形 …(中略)… 乃收而養之 名曰 金蛙"

"나는 본래 용성국(龍城國) 사람이오. …(중략)… 그때 우리 <u>부왕(父王) 함달파(含達婆)</u>가 …(중략)… <u>오래도록 아들이 없어 기도하여 아들을 구했더니, 7년 후에 알 한 개를 낳았소.</u>"[8] (필자 밑줄)

"<u>왕(경덕왕)</u>은 음경의 길이가 여덟 치나 되었다. 아들이 없었으므로 …(중략)… 왕이 하루는 표훈(表訓) 대덕(大德)에게 말했다. '<u>내가 복이 없어 아들을 두지 못했으니 원컨대 대덕은 상제(上帝)께 청하여 아들을 두게 하여 주오.</u>' 표훈이 천제(天帝)에게 고하고 돌아와서 아뢰었다. '<u>상제께서 딸은 얻을 수 있지마는 아들은 얻을 수 없다 하십니다. 딸을 바꿔 아들을 만들어 주기 바라오.</u>' 표훈이 다시 하늘에 올라가서 청하니 상제가 말했다. '될 수는 있지마는 <u>아들이 되면 나라는 위태로울 것이다.</u>' …(중략)… 표훈이 돌아와서 천제의 말로써 왕을 깨우쳤으나, 왕은 말했다. '<u>나라는 비록 위태하더라도 아들을 얻어 뒤를 있게 한다면 만족하겠소.</u> 그 후 만월왕후(滿月王后)가 태자를 낳으니, 왕은 매우 기뻐했다."[9] (필자 밑줄)

"정보(正甫) <u>최은함(崔殷誠)</u>은 늦도록 아들이 없었으므로 이 절의 관음보살 앞에 와서 기도했더니 태기가 있어 아들을 낳았다. …(중략)…

---

8 卷 第一,「紀異」第一, 〈第四脫解王〉, "我本龍城國人 …(中略)… 時我父王含達婆 …(中略)… 久無子胤 禱祀求息 七年後 産一大卵"

9 卷 第一,「紀異」第二, 〈景德王・忠談師・表訓大德〉, "王玉莖長八寸 無子 …(中略)… 王一日詔表訓大德曰 朕無後 不獲其嗣 願大德請於上帝而有之 訓上告於天帝 還來奏云 帝有言 求女卽可 男卽不宜 王曰 願轉女成男 訓再上天請之 帝曰 可則可矣 然爲男則國殆矣 …(中略)… 訓來以天語諭之 王曰 國雖殆 得男而爲嗣足矣 於是滿月王后生太子 王喜甚"

이 사람이 곧 승로(丞魯)인데 벼슬이 정광(正匡)에 이르렀다."[10] (필자 밑줄)

"대덕(大德) 자장(慈藏)은 김씨니 본디 진한(辰韓)의 진골(眞骨)인 소판(蘇判) 무림(茂林)의 아들이다. …(중략)… 뒤를 이을 아들이 없었으므로, 이에 삼보(三寶)에 귀심(歸心)하여 천부관음보살(千部觀音菩薩)에게 나아가서 한 자식 낳기를 바라며 축원하였다. '만약 아들을 낳게 되면 내놓아서 법해(法海)의 진량(津梁)으로 삼겠습니다.' 문득 그 어머니 꿈에 별이 떨어져 품 안으로 들어오더니, 이로 말미암아 태기가 있었다. 낳으니 석가세존과 생일이 같았으므로 이름을 선종랑(善宗郎)이라 했다."[11] (필자 밑줄)

기자는 자녀(특히 아들)를 낳기 위한 행위를 말한다. 여기에는 치성만을 드리는 치성기자와 주술적인 방법을 사용하는 주술기자 두 가지가 있다. 치성기자는 어떤 대상에게 정성을 들여서 아들을 얻고자 하는 방법으로, 그 대상은 명산·대천·거암·거목·부처 등이 되고, 장소는 산이나 강 또는 사찰이나 굿 당 등이 된다. 주술기자는 주술의 힘으로 아들을 낳고자 하는 여러 가지 행위로, 가장 흔한 방법은 아들을 낳은 산모의 물건이나 아기의 배내옷·금줄·도끼 등을 지니

---

10 卷 第三, 「塔上」 第四, 〈三所觀音衆生寺〉. "正甫崔殷諴 久無胤息 詣玆寺大慈前祈禱 有娠而生男 …(中略)… 是爲丞魯 位至正匡"

11 卷 第四, 「義解」 第五, 〈慈藏定律〉. "大德慈藏金氏 本辰韓眞骨蘇判茂林之子 …(中略)… 絶無後胤 乃歸心三寶 造于千部觀音菩薩 希生一息 祝曰 若生男子 捨作法海津梁 母忽夢 星墜入懷 因有娠 及誕與釋尊同日 名善宗郎"

거나, 기자암에 접촉하거나 미륵의 코·진귀한 열매 등을 먹음으로써 아들을 얻고자 하는 행위를 말한다.[12] 그러면 위에 제시한 인용문을 차례대로 검토하겠다.

첫 번째 인용문은 단군 탄생과 관련된 기록이다. 곰에서 사람으로 변한 웅녀가 신단수 밑에서 임신하기를 기원하니, 이에 사람으로 변한 환웅이 웅녀와 혼인을 하여 웅녀가 단군을 낳았다는 내용이다. 대상물은 신단수이며 치성기자(致誠祈子)이다. 그리고 위의 대목은 후대의 기자 풍속과 연관이 된다. 특히 기자의례에 대한 최초의 기록이라는 점에서 민속학적으로도 그 의미가 크다.

두 번째 인용문은 부루(解夫婁)가 산천에 제사를 지내어 대를 이을 아들을 구했다는 내용이다. 금와왕의 출생과 관련된 기록으로, 제사의 대상물이 구체적이지 않고 산천으로 되어 있다. 그런데 산천에 제사를 지내 아들을 낳은 것이 아니라 제사를 지내고 돌아오다가 타고 있던 말이 큰 돌을 보고 울기에 이상히 여겨 그 돌을 들어내게 하니, 금빛 개구리 모양의 어린애가 있어 하늘이 아들을 준 것으로 여겨 아들로 삼았다는 내용으로 되어 있다. 이는 신화적인 요소가 가미되었기 때문에 그런 것 같다. 그러나 아들을 얻기 위해 산천에 제사를 지냈다는 내용이 있는바 치성기자이다.

세 번째 인용문은 탈해왕의 출생과 관련된 기록이다. 탈해의 부왕인 함달파가 아들이 없어 기도를 했는데, 7년 후에 탈해의 어머니가

---

12 이두현 외 2인, 『한국민속학개설』, 일조각, 1993, 62쪽 참고. ; 민속학회, 『한국민속학의 이해』, 문학아카데미, 1996, 171쪽 참고.

알을 낳았다. 함달파가 이를 흉조로 여겨 궤 속에 알을 넣어 바다에 띄어 보냈는데, 고기잡이 할멈이 궤를 끌어당겨 열어보니 사내아이가 있었다는 내용이다. 여기서도 대상물은 분명하게 명시되지 않고 막연히 기도했다는 기록만 있다. 어쨌든 아들을 얻기 위해 기도했다는 내용이 있으므로 치성기자에 해당된다.

네 번째 인용문은 경덕왕이 아들을 얻기 위해 고승 표훈에게 부탁하여 천제에게 고했더니 딸을 얻을 수 있지만 아들은 얻을 수 없다고 하기에, 나라가 위태로워도 좋으니 아들을 얻게 해달라고 간청해 아들을 얻었다는 내용이다.[13] 스님인 표훈을 통했지만, 대상물은 천제이다. 비록 불교적이고 설화적인 요소가 가미되었으나 천제에게 제(祭)를 올린 것으로 보인다. 그러므로 치성기자로 볼 수 있다.

다섯 번째 인용문은 최승로 출생에 대한 기록이다. 최승로의 아버지 최은함이 아들이 없어 관음보살에게 기도했더니 아들을 낳았다는 내용이다. 대상물은 관음보살이고 치성기자이다.

여섯 번째 인용문은 자장의 탄생담이다. 자장의 아버지 김무림이 아들이 없어 관음보살에게 기도했더니 아들을 얻었다는 내용이다. 대상물은 관음보살이고 치성기자이다. 그런데 위의 내용을 보면 불교적, 설화적 요소가 가미되었음을 알 수 있다. 그것은 자장의 아버지 김무림이 아들을 얻기 위해 열성적으로 불교를 믿었다든지, 자장의 출생일이 석가세존과 같아 이름을 선종랑(善宗郎)으로 했다는 내

---

13 실제로 경덕왕의 아들 혜공왕(惠恭王)은 실정으로 인해 선덕왕(善德王)과 김양상(金良相)에게 죽음을 당한다.(卷 第一,「紀異」第二, (惠恭王) 참고.)

용 등이 그것이다. 이로써 짐작컨대 자장 생존시기의 치성기자의 경우 불교와 연관이 있는 것으로 보인다.

다음은 태몽에 대해 알아보기로 하자.

"그해 왕후(許黃玉)는 곰의 몽조(夢兆)를 얻어 태자 거등공(居登公)을 낳았다."[14] (필자 밑줄)

"성사(聖師) 원효의 속성은 설(薛)씨이다. …(중략)… 처음에 어머니 꿈에 유성이 품 속으로 들어오더니 이내 태기가 있었다."[15] (필자 밑줄)

"법사의 이름은 명랑(明朗)이요. …(중략)… 처음에 그 어머니가 꿈에 푸른 빛 구슬을 입에 삼키고 아기를 배었다."[16] (필자 밑줄)

고대인들은 생명의 탄생에 있어 신비로운 태몽이 존재한다고 믿었다. 그래서 장차 태어날 자식에 대한 관심이 태몽을 통해 상징화되어 나타난다고 여겼다. 그리고 실제 태몽대로 남녀의 구별은 물론이거니와 아이의 장래 운명까지 예견된 경우가 허다하다. 태몽은 주인공의 출생에 대한 내용, 특히 임신에 대한 징조를 보여주는 꿈을 말한다. 그리고 그 상징물도 다양하게 나타난다. 이를 대략 천체(해,

---

14 卷 第二, 「紀異」 第二, 〈駕洛國記〉. "頻年有得熊羆之兆 誕生太子居登公"
15 卷 第四, 「義解」 第五, 〈元曉不羈〉. "聖師元曉 俗姓薛氏 …(中略)… 初母夢流星入懷 因而有娠 乃將産"
16 卷 第五, 「神呪」 第六, 〈明朗神印〉. "師諱明朗 …(中略)… 初母夢吞青色珠而有娠"

달, 별 등), 신령·사람, 동식물(용, 호랑이, 봉황, 곰, 자라 등), 보석(구슬 등), 불교적 관련물(석불 등) 등으로 나눌 수 있다.[17] 그러면 제시한 인용문을 살펴보겠다.

첫 번째 인용문은 수로왕과 허왕후의 아들인 거등공 탄생과 관련된 태몽 내용이다. 『시경』에서는 곰 태몽을 아들을 낳을 징조로 보고 있다. 해몽법에서 곰을 얻거나, 보거나, 곰이 날아 들어오는 태몽을 꾸면 귀자(貴子)를 낳거나 훌륭한 인재를 얻는다는 꿈이다.

두 번째 인용문은 원효의 태몽 이야기이다. 고대인들은 천계(天界)에 대한 외경심에서 별을 숭앙의 대상으로 인식하여 상서롭게 보았다. 별은 그 자체의 정기(精氣)가 강한 것으로 태양과 더불어 남성상징이다. 이 같은 별 숭배는 세계 여러 나라에서 볼 수 있는데, 신비스런 불별의 생명력을 상징한다고 하겠다. 해몽법에서 별은 희망·진리·명예·권세 등을 나타낸다. 별이 품 안에 들어오거나 떨어지는 태몽은 성직자나 선구자적 인물을 낳는다는 뜻이다. 특히 별이 품 안에 들어오는 태몽은 귀자(貴子)를 낳게 된다. 그리고 앞에서 언급한 자장의 태몽도 별 태몽[18]으로 그 의미는 동일하다.

세 번째 인용문은 명랑의 태몽 기록이다. 구슬 태몽은 대개 아들을 의미한다. 구슬을 삼킨다, 품는다, 준다, 받는다는 것은 여체(女體) 투입의 형상으로 볼 수 있다. 특히 절에 시주하거나 불공을 드려 얻게 되는 태몽이 구슬 태몽이다. 구슬 태몽은 불교와 밀접한 관련이

---

[17] 졸고, 「꿈 설화 연구-유형 분류를 중심으로-」, 『설화문학연구 하』, 단국대 출판부, 1998, 489~500쪽.
[18] 주 11) 참고.

있는 듯하다. 해몽법에서 주옥(珠玉)을 품에 안거나 삼키는 태몽은 귀한 자식을 낳는 것으로 해석하고 있다.[19]

『삼국유사』에 나타난 출산의례는 주로 산전의례, 그 중에서도 기자와 태몽에 대한 것이 대부분이다. 기자는 거의 치성기자로, 특히 웅녀가 신단수 아래서 기원을 했다는 내용은 최초의 기자에 대한 기록이라는 점에서 그 의미가 매우 크다. 치성기자는 후대(삼국시대, 특히 통일신라시대)로 내려올수록 그 대상은 대개 부처가 된다. 이는 불교와 연관이 있는 것 같다. 그럼에도 치성기자는 우리 고유의 습속으로 현재까지 계속 이어져 내려온 것으로 보인다. 그리고 태몽[20] 또한 삼국 이후 불교와 관련된 면도 있는 것으로 여겨지지만, 이는 부차적인 것 일뿐 기자처럼 우리 고유의 습속으로 오늘날까지 전해지는 것 같다. 이상에서 고대 역시 오늘날과 마찬가지로 기자(특히 치성기자)와 태몽이 존재했음을 알 수 있다. 그러므로『삼국유사』는 우리 고대의 출산의례를 살펴볼 수 있는 중요한 자료로 민속학적으로도 그 가치가 높이 평가된다.

(2) 관례

관례는 성인이 되었다는 것을 알리는 의식으로 오늘날의 성년식과 같은 것이다. 그런데『삼국유사』에는 관례에 대한 기록을 찾아보

---

19 졸고, 앞의 논문, 490~498쪽 참고.
20 환생몽(죽지랑 등)은 태몽과는 별개의 것으로 판단하여 논의의 대상에서 제외하였다.(卷 第二, 「紀異」 第二, 〈孝昭王代 竹旨郞〉.)

기 어렵다. 관례를 행했던 것으로 짐작은 가지만, 이에 대한 구체적이고 분명한 기록을 거의 찾아볼 수가 없다. 그러므로 여기서는 관례를 행했던 것으로 짐작 또는 추정되는 유사한 기록들을 통해 그 일단을 추찰해 볼 수밖에 없다. 이를 간단히 제시하면 다음과 같다.

> "두 성인의 나이 열세 살이 되자, 오봉(五鳳) 원년 갑자년(BC 57)에 남자는 왕이 되고, 그 여자로 왕후를 삼았다."[21] (필자 밑줄)

> "유신공은 …(중략)… 나이 18세 되던 임신년에 검술을 닦아 국선(國仙. 화랑)이 되었다."[22] (필자 밑줄)

> "왕(경문대왕)의 이름은 응렴(膺廉)이며, 나이 18세에 국선(國仙)이 되었다."[23] (필자 밑줄)

관례가 언제부터 행해져 왔는지 확실히 알 수는 없지만, 『주자가례(朱子家禮)』에 관례 부분이 명시된 점으로 보아 주자(朱子) 훨씬 이전부터 있었음을 알 수 있다. 관례의 의식 자체는 중국의 것을 받아들였다고 할 수 있으나, 우리나라에서도 독자적인 관례가 있었다고 보는 견해가 있다.[24] 다른 나라에서 말하는 성년식(initiation)과 비슷

21 卷 第一, 「紀異」 第一, 〈新羅始祖 赫居世王〉. "二聖年至十三歲 以五鳳元年甲子 男立爲 王 仍以女爲后"
22 卷 第一, 「紀異」 第一, 〈金庾信〉. "庾信公 …(中略)… 年至十八壬申 修劍得術 爲國仙"
23 卷 第二, 「紀異」 第二, 〈四十八 景文大王〉. "王諱膺廉 年十八爲國仙"
24 졸저, 『한국 의례의 연구』, 제이앤씨, 2007, 17쪽 참고.

한 것으로 보여 지는 신라의 화랑제도가 그것이다. 『예기』에 보면, 선비는 스무 살에 관을 썼다. 여기서 관은 만(晩)과 변(弁)을 총칭하는 것으로 성인임을 표시하기 위해 머리에 얹는 모자를 의미한다. 이 관은 태고시대에는 베 관, 고대엔 검은 관, 고구려와 신라는 조우관(鳥羽冠), 백제는 조라관(鳥羅冠)을 썼다.[25] 그리고 단군시대의 국자랑(國子郞. 一名 天指花郞)[26]이나 신라 화랑도의 원화(源花)나 화랑도 모두 관을 썼다는데[27] 주목할 필요가 있다. 특히 『삼국사기』에 보면, 김유신이 "나이 15세에 화랑이 되었는데, 그때 사람들이 기뻐하여 복종하였으며, 그들을 용화향도(龍華香徒)라고 불렀다."[28]는 기록이 있어 의미하는 바가 크다. 그러면 제시한 인용문을 순서대로 살펴보기로 하자.

첫 번째 인용문은 혁거세와 알영이 13세가 되자, 혁거세는 왕이 되고, 알영을 왕후로 삼았다는 내용이다. 천자(天子)와 제후는 대개 12살 때 관을 썼다. 그것은 세성(歲星)이 한 번 마치기 때문에 여기서 비롯된 것이다.[29] 13세에 왕이 되고 혼인을 했다는 사실은 성인이 되었다는 의미이다. 특히 고대에는 관례를 제대로 행하지 않았기 때문에[30] 즉위식과 함께 관례와 혼례를 한꺼번에 행했던 것으로 추측된

---

25 『三國史記』, 卷 第三十三, 「雜志」, 第三, 〈色服〉.(김종권 역, 선진문화사, 1969, 515~521쪽.) ; 박경섭, 『한국의 예속연구』, 서광학술자료사, 1993, 29~31쪽.
26 『桓檀古記』, 〈檀君世紀〉.(임승국 역, 정신세계사, 1986, 89쪽.)
27 박경섭, 앞의 책, 31쪽.
28 『三國史記』, 卷 第四十一, 「列傳」, 第一, 〈金庾信〉.
29 『靑莊館全書』, 第 八卷, 「冠義」.
30 『미암일기』를 보면, 유교를 국시로 하고 『주자가례』를 수용 시행했던 조선시대도 1500년대 후반까지 관례를 잘 행하지 않았다.(졸고, 「미암일기에 나타난 민속 일고찰」, 『동아시아고대학』 제 15집, 동아시아고대학회, 2007, 362쪽.) 그런바 고대에 관례를 제대로 행했다고 보기 어렵다.

다. 다시 말해 혁거세왕이 13세에 왕후 알영과 혼인을 했다는 것은
성인이 되었다는 것인바, 이는 조선시대 평민들이 혼례를 함으로써
성인이 되고, 이를 통해 자연스럽게 관·계례를 한 것으로 인식한 것
과 같은 차원의 의미로 볼 수 있다. 그리고 왕이나 왕후는 즉위식이
나 혼인식 때 일반적으로 관을 쓰는데, 혁거세나 알영의 경우 이때
썼던 것으로 짐작되는 관은 관례 시 쓰는 관의 의미까지도 포함한 것
으로 보아야 한다.

두 번째 인용문은 김유신, 세 번째 인용문은 경문대왕이 18세에
국선, 즉 화랑이 되었다는 내용이다. 이로써 추측컨대 고대에는 관
례를 행하는 나이가 일정하지 않았던 것 같다. 그렇지만 20세 이전
까지는 관례를 했던 것으로 보인다.

아무튼 관례는 왕이나 귀족계층들의 자제들이 행했으며, 그 연령
도 13세, 15세, 18세로 추정되는데 확실하지는 않다. 관례 연령이 일
정하지 않았던 것은 분명하다.

『삼국유사』에 나타난 관례에 대한 기록은 분명하지 않지만, 관례
와 관련된 유사 기록으로 미루어 우리 나름대로의 관례를 행했던 것
으로 보인다.

(3) 혼례

혼례란 성인이 된 남녀가 부부로 결합하는 의례이다. 『삼국유사』
에는 혼례에 대한 기록이 그리 많은 편은 아니다. 그리고 그 내용도
대부분 간략하게 기록되어 있을 뿐 아니라, 거개가 궁중혼례에 대한

것이다. 혼례 내용을 소개하면 다음과 같다.

"두 성인의 나이 열세 살이 되자, 오봉(五鳳) 원년 갑자년(BC 57)에
남자는 왕이 되고, 그 여자로 왕후를 삼았다.[31] (필자 밑줄)

"곧 9간(九干) 등을 보내어 목련(木蓮)의 키를 바로잡고 계목의 노
(桂楫)를 들어 그들을 맞이하여 곧 모시고 대궐로 들어가려 했다. 왕후
는 말했다. '나는 본시 너희들과 전혀 모르는데 어찌 경솔히 함께 따라
가겠느냐?' 유천간(留天干)들이 돌아와서 왕후의 말을 전달했다. 왕은
그렇게 여겨 유사(有司)를 거느리고 행차하여 대궐 아래로부터 서남쪽
으로 60보 쯤 되는 곳에 가서, 산 변두리에 장막의 궁전을 설치하여 기
다렸다. 왕후도 산 밖의 별포(別浦) 나룻터에 배를 매고, 육지로 올라와
서 높은 언덕에서 쉬었다. 그리고 자기가 입었던 바지를 벗어서 그것
을 폐백 삼아 산신에게 바치는 것이었다. …(중략)… 왕후가 점점 행재
소(行在所)로 다가가니 왕은 나와서 그녀를 맞이하여 함께 장막의 궁
전에 들어갔다. …(중략)… 이에 왕은 왕후와 함께 침전(寢殿)에 있는
데, 왕후는 조용히 왕에게 말했다. '저는 아유타국(阿踰陀國)의 공주입
니다. 성은 허(許)라 하고 이름은 황옥(黃玉)이며 나이는 열여섯 살입니
다. 본국에 있을 때, 올 5월 달에 부왕(父王)과 모후(母后)께서 제게 말
씀하시기를 우리 내외가 어젯밤 꿈에 함께 하늘의 상제를 뵈오니 상제
께서 가락국왕 수로는 하늘이 내려 보내 왕위에 오르게 했으니, 신성

---

[31] 주 21) 참고.

한 분이란 이 사람이며, 또 새로 나라를 다스림에 있어 아직 배필을 정하지 못했으니 그대들은 공주를 보내어 배필을 삼게 하라 하시고 말을 마치자 하늘로 올라가셨다. …(중략)… 너는 이 자리에서 곧 부모와 작별하고 그 곳 가락국을 향해 떠나라 하시었습니다.' …(중략)… 왕은 말했다. '나는 나면서부터 자못 신성하여 공주가 먼 곳으로부터 올 것을 먼저 알았으므로 신하들에게서 왕비를 맞이하자는 청이 있었으나 굳이 듣지 않았소. …(중략)… 드디어 혼인하여 두 밤을 지내고, 또 하루 낮을 지냈다. …(중략)… 8월 1일에 왕은 대궐로 돌아오는데, 왕후와 함께 수레를 타고 ……(후략)"[32] (필자 밑줄)

"왕은 수레를 보내어 그 여자를 궁중에 맞아들여 왕후로 삼았다."[33] (필자 밑줄)

"태조는 …(중략)… 장녀 낙랑공주를 그에게(경순왕) 아내로 주었다. …(중략)… 태조는 매우 기뻐하여 후한 예로써 대우하고 사람을 시

---

32 卷 第二, 「紀異」第二, 〈駕洛國記〉. "尋遣九干等 整蘭橈 揚桂楫而迎之 旋欲陪入內 王后乃曰 我與等素昧平生 焉敢輕忽相隨而去 留天等返達后之語 王然之率有司動蹕 從闕下西南六十步許地 山邊設幔殿祇候 王后於山外別浦津頭 維舟登陸 憩於高嶠 解所著綾袴爲贄 遣于山靈也 …(中略)… 王后漸近行在 上出迎之 同入帷宮 …(中略)… 於時王與后共在御國寢 從容語王曰 妾是阿踰陀國公主也, 姓許名黃玉 年二八矣 在本國時 今年五月中 父王與皇后 顧妾而語曰 爺孃一昨夢中 同見皇天上帝謂曰 駕洛國元君首露者 天所降而俾御大寶 乃神乃聖 惟其人乎 且以新莅家邦 未定匹偶 卿等須遣公主而配之 言訖昇天 …(中略)… 儞於此而忽辭親 向彼乎往矣 …(中略)… 王答曰 朕生而頗聖 先知公主自遠而屆 下臣有納妃之請 不敢從焉 …(中略)… 遂以合歡 兩過淸宵 一經白晝 …(中略)… 八月一日廻鑾 與后同輦 …(後略)"
33 卷 第一, 「紀異」第一, 〈智哲老王〉. "王遣車邀入宮中 封爲皇后"

켜 알리었다. …(중략)… '원컨대 종실과 결혼해서 같이 장인과 사위의
의를 계속하고 싶습니다.' 왕은 대답했다. 내 백부 억렴(億廉)에게 딸이
있는데, 심덕과 용모가 아름다우니 이 사람이 아니면 내정(內政)을 다
스릴 수 없을 것입니다.' 태조가 그녀에게 장가드니 이가 신성왕후(神
成王后) 김씨다. …(중략)… 태조의 손자 경종(景宗) 주(伷)는 정승공(政
丞公, 경순왕)의 딸을 맞이하여 비를 삼으니 이가 헌승황후(憲承皇后)
이다."[34] (필자 밑줄)

"저는 하백(河伯)의 딸입니다. 이름을 유화(柳花)라고 합니다. 여러
아우들과 나와 놀고 있을 때, 한 남자가 자기는 천제(天帝)의 아들 해모
수(解慕漱)라 하면서 저를 웅신산(熊神山) 밑 압록강 가에 있는 집 속으
로 유인해 가서, 몰래 정을 통해 놓고 가서는 돌아오지 않았습니다. 부
모는 내가 중매 없이 혼인한 것을 꾸짖어, 드디어 이곳으로 귀양 보냈
습니다."[35] (필자 밑줄)

　고려 이전의 우리의 혼례 예속이나 풍속에 대하여는 구체적인 기
록이 없어 그 사례를 찾아보기 힘들다. 다만『삼국유사』에 전하는 기
록들을 통해 그 일단의 실마리를 추찰해 볼 수 있을 정도이다. 그런

34　卷第二, 「紀異」第二, 〈金傳大王〉. "太祖 …(中略)… 以長女樂浪公主妻之 …(中略)… 太祖喜甚 待之厚禮 使告曰 …(中略)… 願結婚於宗室 以永甥舅之好 王答曰 我伯父億廉 有女子 德容雙美 非是無以備內政 太祖娶之 是爲神成王后金氏 …(中略)… 太祖之孫景宗 伷 聘政承公之女爲妃 是爲憲承皇后"
35　卷第一, 「紀異」第一, 〈高句麗〉. "我是河伯之女 名柳花 與諸弟出遊 時有一男子 自言天帝子解慕漱 誘我於熊神山下鴨淥邊室中私之 而往不返 父母責我無媒而從人 遂謫居于此"

33

점에서 『삼국유사』는 귀중한 자료로 평가된다. 이외에도 주로 중국의 자료 등을 통해 그 흔적을 짐작할 수 있다. 이를 간단히 소개하면 다음과 같다.

　동옥저(東沃沮)의 경우 여자가 열 살이 되면 서로 혼약을 맺고 신랑 집으로 가서 성인이 되면, 신랑이 신부를 신부 집에 데리고 가서 돈을 주고 신부를 신랑 집으로 다시 데리고 와 혼례를 올렸다는 내용,[36] 고구려(高句麗)의 경우 혼인이 정해지면 신랑이 신부 집에 가서 살다가(별도의 작은 집에서 삶. 서옥(婿屋). 신랑이 신부의 부모에게 신부 집에 살도록 허락을 받을 때 혼수로 돈과 폐백을 준다.) 자식을 낳고 장성하면 아내를 데리고 자기 집으로 돌아온다는 내용,[37] 부여(扶餘)의 경우 형이 죽으면 형수를 아내로 맞이하였다는 내용,[38] 예(濊)의 경우 동성(同姓)끼리 혼인하지 않았다는 내용[39] 등이다. 그러나 중국의 자료들은 우리의 혼례 습속에 대하여 폄하적일 뿐만 아니라 신빙성에 있어서 다소 의문이 가는 것도 사실이다.[40] 그러면 제

36 『三國志』, 「東夷傳」, 〈東沃沮〉.
37 『三國志』, 「東夷傳」, 〈高句麗〉.
38 『後漢書』, 「東夷傳」, 〈兄死妻嫂〉.
39 『後漢書』, 「東夷傳」, 〈同姓不婚多所忌諱〉.
　그런데 우리의 후대(조선시대) 자료를 보면, '예(濊)'에서는 동성끼리 혼인을 하지 않았다.(『文獻備考』, 禮考36, 「私婚禮」.) 부여(扶餘)에서는 신랑과 신부가 상(喪)을 당하면 혼인하지 않았다.(『靑莊館全書』, 第8卷, 〈昏禮」.)'는 등의 기록이 있다. 조선시대의 기록이기는 하나 고대에 이렇게 했을 가능성도 있다고 보여 진다. 실제로 조선시대에는 이 같은 경우 혼인을 하지 않았다.
40 중국의 『三國志』나 『後漢書』, 그리고 『桓檀古記』나 김교헌의 『神檀民史』(고동영 역, 한뿌리, 1986.) 등은 중국의 시각에서 기술하거나 사료로서의 신빙성에 의심이 가는바, 사실성과 객관성이 떨어진다. 그러므로 이들 자료들을 인용할 때는 신중을 기할 필요가 있다. 필자도 이 점에 유의하여 이들 자료들을 가급적 배제하였다. 진수(陳壽)가 편찬한 『삼국지』를 보면, '兄死妻嫂'에 대하여 흉노의 풍속과 같다고

시한 인용문을 차례대로 살펴보기로 한다.

첫 번째 인용문은 혁거세왕과 알영이 13세에 혼인을 했다는 내용이다. 한 쌍의 남녀가 부부로 결합하는 혼인 형태는 혁거세왕 신화에서 그 희미한 흔적을 찾을 수 있다. 그런데 정경주는 혁거세왕과 알영의 혼인은 정상적인 성인의 혼인과정과 사뭇 다르다고 하였다. 그것은 두 성아(聖兒)가 이미 아이 적부터 성스러운 한 쌍의 동남동녀로 인정되어 어릴 때부터 한 궁실에서 봉양된 것으로 되어 있으며, 이러한 사례는 『위지』 「동이전」에 전하는 예서제(豫壻制)와 예부제(豫婦制)의 형태를 동시에 결합한 양식이라고 보았다.[41] 타당성 있는 견해로 볼 수도 있다. 그러나 신화적 요소가 가미된 간단한 기록을 중국 자료의 예를 들어 그렇게 보는 것은 지나친 면이 없지 않다. 내용 그대로 혁거세왕과 알영이 13세에 혼인을 했다는 정도로 언급하는 것이 좋다고 본다.

두 번째 인용문은 수로왕과 허황옥의 혼례에 대한 기록으로, 그 절차가 비교적 자세한 편이다. 신화적 요소가 가미된 내용이기는 하나 당시의 혼례(특히 왕실혼례(국혼))의 일면을 추찰해 볼 수 있는 자료로 평가된다. 이 기록은 예서(禮書)의 육례(六禮) 절차와 유사성이 있는 것으로 보인다. 그것은 수로왕과 허황옥이 혼인 전에 하늘의 계시로 서로 혼인할 것을 암시한 것은 의혼(議婚)으로 볼 수 있으며, 허황옥이 수로왕을 만나서 자신의 출신과 성명, 나이를 언급한 것은 문

하여 폄시 하고 있다.
41 정경주, 앞의 책, 56~57쪽.

명(問名)에 해당된다. 그리고 유천간(留天干) 등 신하들이 허황옥을
마중 나간 것이라든지, 수로왕이 대궐 밖에 별도의 행재소(행궁)를
차린 것 등은 친영(親迎)의 절차로 볼 수 있다. 여기서 대궐 밖에 별
도의 궁전을 설치한 것은 우리 고유의 반친영(半親迎)과 유사하다.
그리고 허황옥이 높은 언덕에서 바지를 벗어 산령(山靈)에게 바친
것에 대하여, 정경주는 사신이 다른 나라 국경에 들어서면 그곳 토지
에 예를 베푼다는 예서(禮書)의 규범을 따른 것이라고 했다.[42] 또 나
경수는 바지를 벗어버린 허황옥은 여성성을 송두리째 노출시킨 알
몸으로, 여성의 발가벗는 행위는 신혼을 위한 전 단계로써 치러지는
입사식의 신화적, 제의적 표현이며, 성혼을 위한 인격전환이기 때문
에 새로운 세계를 지향하는 탄생과 등가적인 의미를 가진다고 하였
다.[43] 그러나 이렇게 볼 수도 있지만, 토지에 예를 베푼다거나, 인격
전환으로 탄생과 등가적인 의미로 보기에는 다소 설득력이 약하다.
이보다는 혼인 절차의 하나로써 산신에게 고(告)하거나 벽사(辟邪)
등의 주술적 행위로 보는 것이 어떨지. 그리고 허황옥을 따라 두 쌍
의 잉신(媵臣) 부부가 함께 왔다는 것은 후행(後行)과 흡사하다. 특히
수로왕과 허황옥이 두 밤과 하루 낮을 지내고 한 수레를 타고 환궁했
다는 것은 우귀(于歸. 三日于歸임.)에 해당되는데, 반친영과 함께 우
리의 고유 혼속(婚俗)으로 볼 수 있다.[44] 수로왕과 허황옥의 혼인 기

---

[42] 위의 책, 60~61쪽.
[43] 나경수, 「한국 신화에 보이는 역사인식」, 『제35회 동아시아고대학회 학술발표대
회 발표집-동아시아 역사인식의 중층성』(경기대 수원캠퍼스 본관 7층 세미나실,
2008. 10. 24~25.), 158쪽.
[44] 『의례(儀禮)』에 보면, 우귀를 할 때에는 부부가 한 수레에 탄다.

록은 고려 이전의 국혼 예속의 일면을 엿볼 수 있는 귀중한 자료이다. 뿐만 아니라 이는 우리나라 최초의 왕실 혼례 절차에 대한 기록이라는 점에서 자료적 가치가 매우 크다고 하겠다.

세 번째 인용문은 음경이 대단히 컸던 지철로왕의 혼인에 대한 기록이다. 여기서는 궁중에서 혼례를 했다는 내용을 간단하게 언급하고 있다.

네 번째 인용문은 신라 경순왕과 고려 태조의 혼인에 대한 기록이다. 그런데 경순왕은 태조 왕건(王建)의 딸과, 그리고 왕건은 경순왕의 조카딸과, 또 태조의 손자 경종(景宗)은 경순왕의 딸과 혼인을 했다는 내용에서 근친혼을 행하고 있음을 알 수 있다. 특히 근친혼은 고려시대 때 많이 했다. 경종 때 문신과 무신의 혼인 제도를 시행하고, 숙종(肅宗) 원년(元年)에 공친 간(功親間)의 혼인을 못하게 하였다.[45] 왕실에서 임금이 신하와 짝을 지을 수 없다 하여 왕씨(王氏)끼리만 혼인을 하게 했다. 네 번째 인용문의 기록은 우리나라 근친혼의 일면을 엿볼 수 있는 자료이다.

다섯 번째 인용문은 하백의 딸 유화는 해모수에게 유인되어 몰래 사통하였는데, 해모수가 사라져 버리자 부모의 책망과 함께 그 벌로 귀양을 갔다는 내용이다. 신화적인 요소와 후대의 문식(文飾)이 포함되었지만, 중매가 당시의 혼인 관습이었음을 알 수 있다.

이상에서 보듯, 『삼국유사』는 고대의 혼례를 엿볼 수 있는 귀중한 자료이다. 그 중에서 수로왕과 허황옥의 혼례 절차에 대한 기록은 신

45 『文獻備考』, 禮考36, 「私婚禮」.

화적 요소와 후대의 문식이 가미되었지만, 고려 이전의 왕실의례의 일면을 엿볼 수 있을 뿐 아니라 최초의 왕실 혼례 절차라는 점에서 그 의미가 크다고 하겠다. 특히 반친영이나 삼일우귀 등과 흡사한 혼인 절차는 우리의 고유 혼속으로 볼 수 있는바 평가할 만하다. 그리고 유화와 해모수의 사통 내용을 통해 당시의 혼인이 중매를 통해 이루어졌음을 엿볼 수 있을 뿐 아니라, 고려 초에 근친혼을 했다는 기록은 자료적으로도 가치가 있다고 하겠다. 따라서 『삼국유사』에 나타난 혼례에 대한 기록은 민속학적으로나 예학사적으로 높이 평가된다.

(4) 상례

상례란 사람의 죽음을 맞고, 주검을 갈무리해 땅에 묻고 근친들이 근신하는 기간의 의식 절차를 정한 예절이다. 『삼국유사』에는 상례에 대한 기록이 출산의례, 관례, 혼례, 제례보다 많다. 그리고 그 내용도 태반은 간단하다. 상례 내용을 제시하면 다음과 같다.

"나라를 다스린 지 61년 만에 왕(혁거세)은 하늘로 올라가고 7일 후에 그 몸뚱이가 땅에 흩어져 떨어졌는데, 왕후도 또한 세상을 떠났다 한다. 나라 사람이 합해 장사하고자하니, 곧 큰 뱀이 쫓아 와서 방해했다. 머리와 사지를 각각 장사지내어 오릉(五陵)을 만들고, 또한 사릉(蛇陵)이라고 했으니 담엄사(曇嚴寺) 북릉(北陵)이 그것이다."[46] (필자 밑줄)

---

46 卷 第一, 「紀異」 第一, 〈新羅始祖 赫居世王〉. "理國六十一年 王升于天 七日後 遺體散落

"헌제(獻帝) 건안(建安) 4년 기묘(己卯. 199) 3월 23일에 <u>수로왕이 세상을 떠났다</u>. 나이 158세였다. …(중략)… 마침내 <u>대궐의 동북쪽 평지에 빈궁(殯宮)을 세웠다.</u> 높이는 한 발이요, 둘레는 삼백 보로써, 그 곳에 장사지내고 수릉왕묘(首陵王廟)라 했다."[47] (필자 밑줄)

"탈해왕이 왕위에 있은 지 23년 만에 건초(建初) 4년 기묘(己卯. 79)에 세상을 떠났다. 소천구(疏川丘) 속에 장사를 지냈더니, 그 후에 신(神)의 명령이 있기를, '<u>내 뼈를 조심해 묻으라</u>.' 했다 한다. (파내어 보니) 그 두골의 둘레는 3자 2치나 되고, 신골(身骨)의 길이는 9자 7치나 되고, 이는 엉키어 뭉쳐서 하나가 된 듯하고, 골절(骨節)은 모두 연이어 맺어져 있었으니, 이른바 천하에 짝이 없는 역사(力士)의 골격이었다. <u>뼈를 부수어 소상(塑像)을 만들어 대궐 안에 안치했더니</u> 신이 또 일렀다. '<u>내 뼈를 동악(東岳)에 안치하라</u>.' 그러므로 그 곳에 모시게 했다. …(중략)… <u>지금까지 나라에서 제사 지냄이 계속되어 왔으니 동악신(東岳神)이라 한다.</u>"[48] (필자 밑줄)

"의자왕은 병들어 죽으니 …(중략)… 그 옛 신하들이 가서 조상함을

于地 后亦云亡 國人欲合而葬之 有大蛇逐禁 各葬五體爲五陵 亦名蛇陵 曇嚴寺北陵是也"

47 卷第二, 「紀異」第二, 〈駕洛國記〉. "以獻帝立安四年己卯三月二十三日而殂落 壽一百五十八歲矣 …(中略)… 遂於闕之艮方平地 造立殯宮 高一丈 周三百步而葬之 號首陵王廟也"

48 卷第一, 「紀異」第一, 〈第四 脫解王〉. "在位二十三年建初四年己卯崩 葬疏川丘中 後有神詔 愼埋葬我骨 其觸髏周三尺二寸 身骨長九尺七寸 齒凝如一 骨節皆連瑣 所謂天下無敵力士之骨 碎爲塑像 安闕內 神又報云 我骨置於東岳 故令安之 …(中略)… 至今國祀不絶 卽東岳神也云"

허용하고, 손호(孫皓), 진숙보(陳叔寶)의 무덤 옆에 장사 지내게 하고, 또 비도 세워 주었다."[49] (필자 밑줄)

"셋째는 선덕왕이 병이 없었을 때에 여러 신하에게 일렀다. '내가 아무 해 아무 달 아무 날에는 죽을 것이니, 나를 도리천(忉利天) 속에 장사 지내시오.' 여러 신하는 그 곳을 알지 못하여 물었다. '어느 곳입니까?' '낭산(狼山) 남쪽이다.' 그 달 그 날에 이르러 왕이 과연 세상을 떠났으므로, 신하들이 낭산 남쪽에 장사를 지내었다. 그 후 십여 년 후에 문무대왕이 사천왕사(四天王寺)를 왕의 무덤 아래에 세웠다. 불경(佛經)에 사천왕천(四天王天)의 위에 도리천이 있다고 했으니, 그제야 대왕의 신령하고 성스러움을 알게 되었다."[50] (필자 밑줄)

"진덕왕(眞德王)이 세상을 떠나자, 영휘(永徽) 5년 갑인(甲寅, 654)에 왕위에 올라 나라를 다스린지 8년만인 용삭(龍朔) 원년 신유(661)에 세상을 떠나니 나이가 59세였다. 애공사(哀公寺)의 동쪽에 장사 지내고 비를 세웠다."[51] (필자 밑줄)

---

49 卷 第一,「紀異」第一,〈太宗春秋公〉. "王病死 …(中略)… 許舊臣赴臨 詔葬 孫皓陳叔寶墓側 幷爲堅碑"

50 卷 第一,「紀異」第一,〈善德王知幾三事〉. "三王無恙時 謂君臣曰 朕死於某年某月日 葬我於忉利天中 群臣罔知其處 奏云 何所 王曰 狼山南也 至其月日 王果崩 群臣葬於狼山之陽 後十餘年 文虎大王創四天寺於王墳之下 佛經云 四天王天之上 有忉利天 乃知大王之靈聖也"

51 卷 第一,「紀異」第一,〈太宗春秋公〉. "眞德王薨 以永徽五年甲寅卽位 御國八年 龍朔元年辛酉崩 壽五十九歲 葬於哀公寺東有碑"

"왕(진흥왕)은 세상을 떠날 때에 머리를 깎고 법의(法衣)를 입고 돌아갔다."[52] (필자 밑 줄)

"대왕(문무왕)은 나라를 다스린 지 21년만인 영륭(永隆) 2년 신사(辛巳, 681)에 세상을 떠났는데, 유언에 따라 동해의 큰 바위 위에 장사 지냈다. 왕은 평시에 항상 지의법사(智義法師)에게 말했다. 나는 죽은 후에 나라를 지키는 큰 용이 되어 불법(佛法)을 받들어서 나라를 지키려고 하오."[53] (필자 밑줄)

"(자장은) 드디어 쓰러져 세상을 떠났다. 시체는 화장하여 유골을 굴속에 안치했다."[54] (필자 밑줄)

"그(원효)가 세상을 떠나자, 설총은 그 유해를 부수어 진용(眞容)을 소상으로 만들어 분황사에 모시고, 공경 사모하여 극도의 슬픈 뜻을 표시했다. 설총이 그 때 곁에서 예배 하니 소상이 문득 고개를 돌려 보았으므로 지금도 여전히 돌아본 채로 있다."[55] (필자 밑줄)

"율사(진표)가 세상을 떠날 때는 절 동쪽 큰 바위 위에 올라가서 떠

---

52 卷 第一, 「紀異」第一, 〈眞興王〉, "終時削髮 被法衣而逝"
53 卷 第一, 「紀異」第二, 〈文虎王法敏〉, "大王御國二十一年 以永隆二年辛巳崩 遺詔葬於東海中大巖上 王平時常謂智義法師曰 朕身後願爲護國大龍 崇奉佛法 守護邦家"
54 卷 第四, 「義解」第五, 〈慈藏定律〉, "遂殞身而卒 茶毗安骨於石穴中"
55 卷 第四, 「義解」第五, 〈元曉不羈〉, "旣入寂 聰碎遺骸 塑眞容 安芬皇寺 以表敬慕終天之志 聰時旁禮 像忽廻顧 至今猶顧矣"

나니, 제자들이 그 시체를 옮기지 않고 공양하다가 해골이 흩어져 떨어짐에 이르러서 이에 흙으로 덮어 묻고 무덤으로 삼았다. …(중략)… 나는 율사의 뼈가 없어질까 두려워하여 정사년(丁巳年. 1197) 9월에 그 일 때문에 소나무 밑에 가서 뼈를 주워 통에 담았더니 3홉 가량이나 되었다. 그리하여 큰 바위 위 두 소나무 밑에 돌을 세우고 뼈를 모셨다고 했다."[56] (필자 밑줄)

"혜현은 고요히 앉아 세상살이에 대한 생각을 잊고, 산속에서 세상을 마치었다. 동학들이 그 시체를 옮겨 돌방 속에 모셔 두었더니, 범이 그 유해를 다 먹어버리고 다만 해골의 혀만 남겨두었다."[57] (필자 밑줄)

삼국 이전의 상례에 대한 문헌 기록은 『삼국유사』를 제외하고는 거의 없다고 해도 과언이 아니다. 그러므로 『삼국유사』는 귀중한 자료로 평가된다. 이처럼 우리의 자료가 거의 없는 상황에서 고대의 상례에 대한 구체적인 사례를 찾아보기가 어렵지만, 중국의 문헌에는 간략하나마 기록으로 전하고 있다. 이를 간단히 소개하면 다음과 같다. 옥저에서는 덧널을 사용했고, 부여에서는 순장(殉葬)을 했으며,[58] 고구려에서는 죽은 사람을 집안에 두었다가 3년이 지난 후 좋

---

56 卷 第四, 「義解」第五, 〈關東楓岳鉢淵藪石記〉. "師遷化時 登於寺東大巖上示滅 弟子等 不動眞體而供養 至于骸骨散落 於是以土覆藏 乃爲幽宮 …(中略)… 予恐聖骨堙滅 丁巳 九月 特詣松下 拾骨盛筒 有三合許 於大嵓上雙樹下 立石安骨焉云云"
57 卷 第五, 〈避隱〉第八, 〈惠現求靜〉. "現靜坐求忘 終于山中 同學擧尸置石室中 虎啖盡遺 骸惟髏舌存焉"
58 『後漢書』, 「東夷傳」, 〈東沃沮, 夫餘〉.

은 날을 택해 장사를 지냈다고 하는데,[59] 백제의 장속(葬俗)도 부모
와 남편의 상복(喪服)이 3년인 점으로 보아[60] 고구려와 비슷한 듯하
다. 또 신라에서는 관(棺)을 사용하여 염(殮)을 하고 장사(葬事)를 지
냈는데, 분릉(墳陵)을 설치하거나, 혹은 불교의 예(禮)에 따라 화장
(火葬)을 해서 장골(藏骨)을 하기도 하고, 바다에 뼛가루를 뿌렸다고
한다. 지증왕(智證王) 때에는 상복법(喪服法)을 제정하여 반포하였
다.[61] 그런데 중국의 기록을 완전히 신빙할 수 없는바, 유의할 필요가
있다. 한편, 고려시대에는 성종(成宗) 때 복제(服制)가 마련되어 오복
제도(五服制度)를 시행하였다. 그런데 고려시대는 불교의 영향으로
장사(葬事)의 범절(凡節)에 불공을 드리는 것을 주로 하고 상례화(常
例化)하기도 하였다.[62] 위에서 제시한 인용문을 순서대로 살펴보기
로 하자.

첫 번째 인용문은 혁거세왕의 시신이 하늘에서 땅으로 떨어지고,
알영왕후도 죽어 합장하려고 했는데, 큰 뱀의 방해로 시신을 각기 장
사지내어 오릉(五陵)으로 만들었다는 내용이다. 상례에 대한 최초의
기록으로 볼 수 있다. 그런데 시신이 하늘에서 땅으로 떨어졌다는
것은 신화적인 요소가 가미되었고, 그 내막은 알 수 없지만, 떨어져
흩어진 시신을 수습하여 각기 장사를 지냈다는 기록으로 짐작컨대
초빈(草殯)이나 풍장(風葬)의 한 형태일 가능성도 있다. 헌데 여기서

---

59 『三國志』, 「東夷傳」, 〈高句麗〉.
60 『周書』, 「異域傳」, 〈百濟〉.
61 『北史』, 「東夷傳」, 〈新羅〉.
62 『高麗史』, 「志, 卷18, 禮6」, 〈五服制度〉. ; 박경섭, 앞의 책, 43~46 참고.

혁거세가 '죽은 지 7일 만에 하늘에서 유체가 떨어졌다'고 했는데, 그대로 장사를 지냈는지는 알 수 없다. 그러나 장사를 치르는 기간이 있었다는 사실을 추찰해 볼 수 있다. 그리고 왕후인 알영이 동시에 죽었다는 것은 순장의 한 형태로 볼 수도 있다.[63]

두 번째 인용문은 수로왕의 장례에 대한 내용으로, 여기서 '빈궁(殯宮)을 세웠다'는 기사를 주목할 필요가 있다. 빈궁은 분묘의 일종인 듯하다. 그리고 봉분의 높이가 1장(丈)이요 둘레가 300보(步)라고 한 것은, 예서(禮書) 묘제(墓制)의 제후의 예에 근사하다. 현재 남아 있는 신라의 왕릉들을 살펴보면 그 봉토의 높이가 세 길에 가까운 것이 많고, 1길 반 정도의 봉분은 그리 많지 않다. 이에 비해 수로왕의 봉분의 높이는 1길이다. 이는 가공언(賈公彦)이 제후의 봉분은 1길 반, 경대부는 8척이라고 하였는바, 수로왕은 이를 절충한 것으로[64] 추정되지만 확실하지 않다.

세 번째 인용문은 탈해왕의 장례에 대한 기록으로, '소천(疏川) 언덕 가운데 묻었다가 뼈를 수습하여 장사를 지내는 과정'과 '뼈를 부수어 소상(塑像)을 만들어 대궐에 안치했다'는 내용이 눈길을 끈다. 뼈를 수습하여 묻는 것은 세골장(洗骨葬)의 풍습으로 보인다. 그리고 뼈를 부수어 소상(흙으로 만든 상)을 만들었다는 기사 또한 주목할 필요가 있다. 이는 동옥저에서도 죽은 뒤에 목상을 새겨두는 풍습이 있었는데,[65] 이와 연관이 있는 것으로 추측된다.

63 정경주, 앞의 책, 63쪽 참고.
64 위의 책, 65쪽.
65 위의 책, 63쪽.

　네 번째 인용문은 의자왕의 장례에 대한 기록이다. 그런데 의자왕의 묘가 삼국시대 오(吳)나라의 마지막 왕인 손호, 진(陳)의 후주(後主)로 나라를 망친 왕 진숙보 옆이라는 것이 굴욕적이다. 다만, 비석을 세웠다는데 주목할 필요가 있다.

　다섯 번째 인용문은 선덕왕의 장례에 대한 내용이다. 매장(埋葬)을 했는데, 10여 년 후 무덤 아래에 사천왕사를 세웠다는 기사 등을 통해 선덕왕의 선견지명을 불교와 연관시키고 있음을 감지할 수 있다. 여기서는 불교 장례 방식을 취하되 매장을 했다는 것이 눈길을 끈다.

　여섯 번째 인용문은 진덕왕의 장례에 대한 기록으로, 매장(埋葬)과 비석을 세웠다는 대목에 유의할 필요가 있다. 이로써 보건대 이 시기에 매장과 비석을 세우는 풍습이 흔했음을 알 수 있다.

　일곱 번째 인용문은 진흥왕이 머리를 깎고 법의(法衣)를 입고 임종했다는 기록으로, 임종 시 불교 의례를 따랐다는 내용이다. 당시 불교식 장례가 성행했음을 감지할 수 있다.

　여덟 번째 인용문은 대왕암에 문무왕의 유골을 수장(水葬)했다는 기록이다. 수장에 대한 분명한 기록이라는 점에서 주목할 만하다.

　아홉 번째 인용문은 자장의 시신을 화장하여 그 유골을 굴속에 안치했다는 내용에서, 불교 장례 절차에 따랐음을 알 수 있다. 그런데 유골을 굴속에 안치했다는 것이 특이하다.

　열 번째 인용문은 원효의 장례에 대한 기록인데, 아들인 설총이 유해를 부수어 그 진용을 소상으로 만들어 분황사에 모셨다는 기사가 눈길을 끈다. 이시기에 소상의 등장은 의미가 있다고 하겠다.

열한 번째 인용문은 진표가 죽자, 그의 제자들이 시신을 그대로 두고 공양하다가 뼈가 흩어져 떨어지자 흙으로 덮어 무덤을 만들었다는 내용으로, 풍장(風葬) 뒤에 매장을 한 것으로 보인다. 그 후 일연이 뼈를 주어 통에 담아 소나무 밑에 돌을 세우고 뼈를 모셨다고 했다. 이로써 짐작컨대 제자들이 흙으로 덮어 묻었다고 한 것은 봉분을 하지 않은 상태에서 가매장한 것으로 보인다.

열두 번째 인용문은 혜현의 시신을 동학들이 석실 안에 운반해 두었는데, 범이 유해를 다 먹고 해골의 혀만 남겼다는 기록이다. 시신을 석실에 방치한 것이 특이하다.

이상에서 살펴본 바와 같이『삼국유사』는 고대의 다양한 상례방식과 절차를 살펴볼 수 있는 매우 소중한 자료이다. 그 중에서 혁거세왕의 상례에 대한 기록은 신화적인 요소와 후대의 문식이 가미되었지만, 최초의 상례(특히 왕실 상례) 기록으로 볼 수 있다. 그리고 수로왕의 장례 내용을 통해 제후에 준하는 봉분을 사용했다는 점과, 탈해왕의 장사 기록을 통해 세골장 풍속과 소상을 만들었다는 것 등은 주목할 필요가 있다. 특히 장례방식, 예를 들어 초빈, 풍장, 세골장, 매장, 수장, 화장과 장례기간, 분묘, 왕릉의 봉분 높이와 둘레, 소상을 만들고 비석 등을 세웠다는 기록에서 고대의 상례를 어느 정도 파악할 수 있는바, 자료적 가치가 매우 크다고 하겠다. 그런데 고대의 상례는 나라 또는 지역, 시대마다 일정한 문화적 관습의 차이도 있는 것으로 추정된다.[66] 그리고 고대의 상례가 부분적이지만 오늘

---

66 위의 책, 66쪽.

날의 상례와도 연관성이 있는 것으로 보인다. 아무튼『삼국유사』에
나타난 상례에 대한 기록은 민속학적으로 매우 높이 평가된다.

(5) 제례

제례는 조상의 제사를 지내는 의식 절차이다.『삼국유사』에는 제
례에 대한 기록이 비교적 많은 편이다. 그렇지만 그 내용은 대부분
간단하다. 제례 내용을 소개하면 다음과 같다.

> "그(수로왕) 아들 거등왕(居登王)으로부터 9대손 구형왕(仇衡王)까
> 지 이 묘(廟)에 배향(配享)했다. 매년 정월 3일, 7일과 5월 5일과 8월 5
> 일, 15일에 풍성하고 청결한 제전(祭奠)으로 제사 지냈는데, 대대로 이
> 어 끊어지지 않았다. …(중략)… 신라 제 30대 법민왕(法敏王, 문무왕)
> 은 …(중략)… (수로왕의 묘를) 종묘에 합하여 제사를 지내게 하였다.
> 이내 사자(使者)를 그 옛 궁전 터에 보내어 묘에 가까이 있는 가장 좋은
> 밭 30경(頃)을 바쳐 제사를 마련할 토지로 삼고 왕위전(王位田)이라 부
> 르고 위토(位土)에 부속시켰다. 수로왕의 17대손 갱세 급간(賡世級干)
> 은 조정의 명령을 받들어 그 제전(祭田)을 주관하여 매년 명절마다 술
> 과 단술을 만들고 떡과 밥과 차와 과자 따위의 많은 제물(祭物)로써 제
> 사를 지냈으며 매년 빠뜨리지 않았다. 그리고 그 제일(祭日)도 거등왕
> 이 정했던 연중 다섯날을 바꾸지 않았다. …(중략)… 구형왕 말기에 이
> 르기까지 330년 동안에 묘의 제사는 영구히 변함이 없으나, …(중략)…
> 신라 말기에 충지 잡간(忠至匝干)이란 자가 있었다. 금관성(金官城)을

47

쳐서 **빼앗아** 성주장군(城主將軍)이 되자, 이에 (그의 부하) 영규 아간 (英規阿干)이란 자가 장군의 위세를 빌어 묘의 제향(祭享)을 **빼앗아** 제사를 참람히 행하더니 <u>단오 날에 사당에서 제를 지내던 중, 사당의 대들보가 까닭 없이 부러져서 영규는 깔려 죽었다.</u> 이에 장군(충지 잡간)은 혼잣말로 말했다. …(중략)… '나는 마땅히 그 진영(眞影)을 그려 모시고 향과 등(燈)으로 받들어 신의 은혜를 갚아야 하겠다. 마침내 <u>교견(鮫絹) 3척에 진영을 그려서 벽 위에 모시고 아침저녁으로 촛불을 켜서 경건히 받들었다.</u> 겨우 3일 만에 화상의 두 눈에서는 피눈물을 흘려 땅 위에 고이었으니, 그것이 거의 한말 가량이나 되었다. 장군은 너무 두려워서 그 화상을 모시고 사당으로 가서 이를 불살라 버리고는 즉시 수로왕의 직계손 규림(圭林)을 불러 말했다. …(중략)… '이는 정녕 묘의 위령(威靈)이 내가 화상을 그려 공양함이 불손하다고 크게 노하신 것 같다. …(중략)… 그대는 왕의 직계손이니 그전대로 제사를 받는 것이 합당하겠다.' <u>규림은 선대(先代)를 이어 제사를 받들 더니 나이 88세에 죽었다.</u> …(중략)… <u>건안(建安) 4년 기묘(199)에 처음으로 사당을 세운 때로부터 현재 임금(고려 문종)의 즉위 31년인 대강(大康) 2년 병진(1076)에 이르기까지 대개 878년이나 되었는데</u> ……(후략)"[67] (필자 밑줄)

---

67 卷 第二, 「紀異」 第二, 〈駕洛國記〉. "自嗣子居登王 泊九代孫仇衡之享是廟 須以每歲孟春三之日 七之日 仲夏五之日 仲秋初五之日 十五之日 豊潔之奠 相繼不絶 …(中略)… 泊新羅第三十王法敏 …(中略)… 合于宗祧 續乃祀事 仍遣使於黍離之址 納近廟上上田三十頃 爲供營之資 號稱王位田 付屬本土王之十七代孫賡世級干 祇稟朝旨 主掌厥田 每歲時釀醇醴 設以餅飯茶菓庶羞等奠 年年不墜 其祭日不失居登王之所定年內五日也 …(中略)… 仇衡朝末 三百三十載之中 享廟禮典 永無違者 …(中略)… 新羅季末 有忠至匝干者 攻取金官高城 而爲城主將軍 爰有英規阿干 假威於將軍奪廟享而淫祀 當端午而致告祠堂梁無故折墜 因覆壓而死焉 於是將軍自謂 …(中略)… 宜我畵其眞影 香燈供之 以酬玄恩 遂以鮫絹三尺 摸出眞影 安於壁上 旦夕膏炷 瞻仰虔至 才三日 影之二目 流下血淚

"또 향전(鄕傳)에는 고을의 늙은이들이 매양 그(이차돈)의 죽은 날을 당하면 사(社)를 만들어 흥륜사에서 모였다고 하였으니, 금월 초 5일은 곧 사인이 목숨을 버리고 불법에 순응하던 날이다."[68] (필자 밑줄)

"월명은 또 일찍이 죽은 누이동생을 위해서 재를 올릴 때 향가를 지어 그녀를 제사지냈더니 문득 광풍이 일어나 종이돈을 날려 서쪽으로 날리어 없어졌다."[69] (필자 밑줄)

"공(김유신)은 백석을 죽이고, 온갖 음식을 갖추어서 삼신(三神)에게 제사 지내니, 모두 나타나서 제물을 흠향했다."[70] (필자 밑줄)

"교사와 종묘의 큰 제사 때에는 으레 옥대를 착용했다."[71] (필자 밑줄)

삼국 이전의 제례에 대한 기록은 『삼국유사』와 『삼국사기』를 제외하고는 거의 찾아볼 수 없다. 그리고 이들 자료들은 대부분 국가 제의(祭儀)에 대한 기록들이다. 여기서 삼국의 국가 제의에 대해 간

而貯於地上 幾一斗矣 將軍大懼 捧特其眞 就廟而焚之 卽召王之眞孫圭林而謂曰 …(中略)… 是必廟之威靈 震怒余之圖畵 而供養不孫 …(中略)…卿是王之眞孫 信合依舊以祭之 圭林繼世尊酹 年及八十八歲而卒 …(中略)… 自建安四年己卯始造 逮今上御國三十一載大康二年丙辰 凡八百七十八年 …… (後略)"

68 卷 第三, 「興法」 第三, 〈原宗興法 厭髑滅身〉. "又鄕傳云 鄕老每當忌旦 設社會於興輪寺 則今月初五 乃舍人捐軀順法之晨也"
69 卷 第五, 「感通」 第七, 〈月明師兜率歌〉. "明又嘗爲亡妹營齋 作鄕歌祭之 忽有驚颷吹紙錢 飛擧向西而沒"
70 卷 第一, 「紀異」 第一, 〈太宗春秋公〉. "公乃刑白石 備百味祀三神 皆現身受奠"
71 卷 第一, 「紀異」 第一, 〈天賜玉帶〉. "凡郊廟大祀皆服之"

단히 살펴보기로 하자. 고구려는 대무신왕(大武神王) 3년에 건립한
동명왕묘(東明王廟)는 시조묘(始祖廟)로서[72] 고구려 말기까지 제사
를 지냈다고 하며, 일찍부터 부여신(扶餘神)과 고등신(高登神)이라는
신상(神像)을 만들어 제향을 올리는 신묘(神廟)가 있었던 것으로 기
록되어 있다.[73] 백제는 매년 사중월(四仲月)마다 왕이 스스로 하늘과
오제(五帝)의 신에게 제사를 지냈고, 시조인 구태묘(仇台廟)를 국성
(國城)에 세워서 해마다 4번 이 곳에 제향(祭享)을 지냈다고 한다.[74]
신라는 제 2대 남해왕(南解王) 3년에 혁거세묘(赫居世廟)를 처음으로
세우고 네 계절마다 제사를 지냈으며, 22대 지증왕 때부터는 신궁
(神宮)을 건립하였고, 33대 성덕왕 때 전사서(典祀署)를 두었으며, 36
대 혜공왕 때부터는 오묘(五廟)의 제도를 정하여 제향을 올렸다고
한다.[75] 이로써 보건대 삼국시대에는 종묘(宗廟) 제향 등이 어느 정
도 정착된 것으로 추정된다.

　『삼국유사』에 보면, '설날 아침에 조례(朝禮)를 행했다'[76]는 기록
이 있는바, 이 시기에 의례가 어느 정도 정착된 것으로 보여 진다.『삼
국유사』는 특히 국가 제의에 대한 내용이 주류를 이루고 있어 우리
고대의 국가 제의를 살펴볼 수 있는 귀중한 자료로 평가된다. 그러면

---

[72] 최광식,『고대한국의 국가와 제사』, 한길사, 1994, 180~183쪽 참고.
　　박승범은 "『삼국사기』에 기록되어 있는 고구려의 '祀始祖廟' 기사는 고구려의 건
　　국시조 주몽(朱蒙)을 모신 사당에 대한 비정기적인 제의로 볼 수 있다."(「삼국의 국
　　가제의 연구」, 단국대 박사학위논문, 2002, 206쪽.)고 하였다.
[73] 김무조,『한국신화의 원형』, 정음문화사, 1988 참고.
[74] 『三國史記』, 卷 第三十二,「雜志」, 第一,〈祭祀〉참고. ; 박경섭, 앞의 책, 53쪽 참고.
[75] 『三國史記』, 卷 第三十二,「雜志」, 第一,〈祭祀〉참고. ; 정경주, 앞의 책, 66~70쪽 참고.
[76] 卷 第一,「紀異」第一,〈眞德王〉. "是王代 始行正旦禮"

제시한 인용문을 차례대로 살펴보자.

첫 번째 인용문은 가락국의 시조 수로왕의 제향에 대한 내용이다. 대대로 매년 5번씩 제사를 지냈으며, 왕위전 전답이 국가의 배려로 마련되었고, 제향 시 술과 단술, 떡과 밥, 다과 등의 제수를 사용했다는 기록들이 비교적 상세하게 언급되고 있다. 뿐만 아니라 제사방식과 사당, 진영 등에 대한 기록도 있는바, 후대의 문식이기는 하지만 자료적 가치가 매우 크다.

두 번째 인용문은 이차돈 사후(死後) 마을의 노인들이 사(社)를 만들어 흥륜사에서 불교식으로 제사를 지냈다는 기사인데, 사를 만들어 불교식으로 지냈다는 것이 눈길을 끈다. 이 시기 불교식 제례가 성했음을 알 수 있다.

세 번째 인용문은 월명이 주은 누이동생을 위해 재를 올릴 때 향가 〈제망매가〉를 지어 제사를 지냈더니, 광풍이 일어나 지전(紙錢)을 날려 서쪽으로 날리어 없어졌다는 내용이다. 여기서 불교식 제례의 일면을 엿볼 수 있다.

네 번째 인용문은 김유신이 백석을 죽이고 제물을 갖추어 삼신에게 제사 지냈더니, 삼신이 나타나 제물을 흠향했다는 기록이다. 설화적인 요소가 가미되었지만 김유신 생존 시 삼신에게 제사를 지냈다는 사실을 감지할 수 있다. 여기서 삼신에 대한 제사를 행했다는 사실에 주목할 필요가 있다.

다섯 번째 인용문은 교사와 종묘 제향 시 왕이 옥대를 착용했다는 기사인데, 여기서 당시 국가 제의를 행하고 있음을 추찰해 볼 수 있다. 그리고 옥대 착용의 의미가 심장하다.

이상에서 본 바와 같이 『삼국유사』는 고대의 제례를 살펴볼 수 있는 매우 귀중한 자료로 그 가치가 높이 평가된다. 특히 수로왕의 제사에 대한 구체적인 기록, 예컨대 제사방식과 절차, 제전(祭田), 제수, 사당, 진영(眞影) 등에 대한 기사들은 매우 소중한 자료이다. 뿐만 아니라 고대의 국가 제의의 일면을 파악할 수 있다는 점에서 그 가치가 크다고 하겠다. 그러므로 『삼국유사』에 나타난 제례는 예학사적으로나 민속학적으로 매우 높이 평가된다.

3) 맺음말

지금까지 『삼국유사』에 나타난 의례, 특히 출산의례 및 관·혼·상·제례 등에 대하여 살펴보았다. 앞에서 논의한 사항들을 종합 요약하여 결론으로 삼겠다.

『삼국유사』에 나타난 출산의례는 주로 산전의례, 그 중에서도 기자와 태몽에 대한 것이 대부분이다. 기자는 거의 치성기자로, 특히 웅녀가 신단수 아래서 기원을 했다는 내용은 최초의 기자에 대한 기록이라는 점에서 그 의미가 매우 크다. 치성기자는 후대(삼국시대, 특히 통일신라시대)로 내려올수록 그 대상은 대개 부처가 된다. 이는 불교와 연관이 있는 것 같다. 그럼에도 치성기자는 우리 고유의 습속으로 현재까지 계속 이어져 내려온 것으로 보인다. 그리고 태몽 또한 삼국 이후 불교와 관련된 면도 있는 것으로 여겨지지만, 이는 부차적인 것 일뿐 기자처럼 우리 고유의 습속으로 오늘날까지 전해

지는 것 같다. 고대 역시 오늘날과 마찬가지로 기자(특히 치성기자)
와 태몽이 존재했음을 알 수 있다.

　『삼국유사』에 나타난 관례는 왕이나 귀족계층들의 자제들이 행했
으며, 그 연령도 13세, 15세, 18세로 추정되는데 확실하지 않다. 『삼
국유사』에는 관례 관련 기록이 분명하게 나타나지 않지만, 관례와
관련된 유사 기록으로 미루어 고대에는 우리 나름대로의 관례를 행
했던 것으로 보인다.

　『삼국유사』에 나타난 혼례는 고대의 혼례를 엿볼 수 있는 중요한
자료이다. 그 중에서 수로왕과 허황옥의 혼례 절차에 대한 기록은 신
화적 요소와 후대의 문식이 가미되었지만, 고려 이전의 왕실의례의
일면을 엿볼 수 있을 뿐 아니라 최초의 왕실혼례 절차라는 점에서
그 의미가 크다. 특히 반친영이나 삼일우귀 등과 흡사한 혼인 절차는
우리의 고유 혼속으로 볼 수 있는바 평가할 만하다. 그리고 유화와
해모수의 사통 내용을 통해 당시의 혼인이 중매를 통해 이루어졌음
을 엿볼 수 있을 뿐 아니라, 고려 초에 근친혼을 했다는 기록은 자료
적으로도 가치가 있다.

　『삼국유사』에 나타난 상례는 고대의 상례를 살펴볼 수 있는 소중
한 자료이다. 그 중에서 혁거세왕의 상례에 대한 기록은 신화적인 요
소와 후대의 문식이 가미되었지만, 최초의 상례(특히 왕실상례) 기
록으로 볼 수 있다. 그리고 수로왕의 장례 내용을 통해 제후에 준하
는 봉분을 사용했다는 점과, 탈해왕의 장사 기록을 통해 세골장 풍속
과 소상을 만들었다는 것 등은 주목할 필요가 있다. 특히 장례방식,
예를 들어 초빈, 풍장, 세골장, 매장, 수장, 화장과 장례기간, 분묘, 왕

릉의 봉분 높이와 둘레, 소상을 만들고 비석 등을 세웠다는 기록에서 고대의 상례를 어느 정도 파악할 수 있는바, 자료적 가치가 높다. 그리고 고대의 상례가 부분적이지만 오늘날의 상례와도 연관성이 있는 것으로 보인다.

『삼국유사』에 나타난 제례는 고대의 제례를 살펴볼 수 있는 귀중한 자료이다. 특히 수로왕의 제사에 대한 구체적인 기록, 예컨대 제사방식과 절차, 제전(祭田), 제수, 사당, 진영 등에 대한 기사들, 그리고 고대의 국가 제의의 일면을 파악할 수 있다는 점에서 자료적 가치가 크다고 하겠다.

『삼국유사』는 신화, 설화적인 요소와 후대의 문식이 가미되었지만, 그럼에도 불구하고 우리 고대의 출산의례, 관례, 혼례, 상례, 제례를 살펴볼 수 있는 매우 귀중한 자료라는 점에서 예학사적으로나 민속학적으로 그 가치가 매우 크다.

2

『고려도경』

1) 머리말

『宣和奉使高麗圖經』(이하 『고려도경』으로 약칭)의 저자 徐兢은 宋
元佑 6년(1091, 고려 宣宗 8년) 5월 8일에 태어나 紹興 22년(1153, 고
려 毅宗 7년) 5월 20일 63세로 일생을 마쳤다. 字는 明叔이며, 號는 自
信居士이다. 서긍은 권문세가의 후손으로 수차례 과거에 응시하였
으나 급제하지 못하고 政和 4년(1114) 將仕郎에 陰補되어 出仕하게
되었다.[77]

宣和 5년(1123) 宋 徽宗은 고려 睿宗의 조문과 仁宗의 즉위를 축하

---

[77] 서긍의 생애에 대해서는 張孝伯, 〈宋故尙書刑部員外郎徐公行狀〉과 박경휘, 「서긍과
선화봉사고려도경」, 『퇴계학연구』4집, 단국대 퇴계학연구소, 1990, 166~168쪽 ;
祁慶富, 「선화봉사고려도경의 판본과 그 원류」, 『서지학보』16집, 한국서지학회,
1995, 36쪽을 참고할 것. 참고로 서긍은 書法과 繪畵에 뛰어났는데, 특히 書法의 大
家였다고 한다.

하기 위해 고려에 사신을 파견하게 되었는데, 이때 入貢한 고려 사신
이 글씨 잘 쓰는 사람을 사신으로 보내줄 것을 청하였다. 이에 휘종
은 서긍을 國信所提轄人船禮物官에 임명하여 正使 給事中 路允迪, 副使
中書舍人 傅墨卿 등과 함께 고려에 사신으로 파견하였다. 서긍은 고
려에서 1개월간 체류하고 귀국 후 1년에 걸쳐 보고 듣고 느낀 것을
글로 쓴 뒤, 모두 그림을 그려서 300여조 40권 분량으로『고려도경』
을 편찬하여 휘종에게 바쳤다.[78]

『고려도경』은 12세기 고려의 정치·경제·사회·문화·역사·종교·교
육·민속·음악·미술·공예·복식·해상교통·軍制·지리·건축 등을 엿볼
수 있는 중요한 자료집이다. 그리고 중국인이 편찬한 것으로는 유일
하게 고려사회를 다루는 私撰書이기도 하다. 그러나 저자가 외국인
으로 사관이나 인용내용의 오류를 일부 범하고 있다는 점과 체류기
간이 1달이었기 때문에 고려사회의 모습을 체계적으로 보여주지 못
했다는 한계도 있다. 그럼에도 불구하고 12세기 나아가 고려시대의
모습을 살펴볼 수 있는 자료가 현재 별로 없는 상황에서 이를 살펴볼
수 있는바, 그 의의가 매우 크다고 하겠다.

지금까지『고려도경』에 대한 연구는 정치·경제·사회·문화·역사·
종교·음악·미술·복식 등 여러 분야에 걸쳐 다양하게 진행되고 있다.[79]

---

[78] 서긍은 1124년『고려도경』正·副 2본을 만들어 부본은 자신이 보관하고 정본은 휘
    종에게 바쳤는데, 1126년 靖康의 亂으로 인해 정본은 소실되고, 부본도 얼마 지나
    지 않아 일실되었다.
[79] 『고려도경』관련 논문은 30여 편 정도 된다. 대표적인 논문들을 대략 제시하면 다
    음과 같다.
    김동욱,「고려도경의 복식사적 연구」,『연세논총』7집, 연세대 대학원, 1970, 67~95
    쪽 ; 한영우,「고려도경에 나타난 서긍의 한국사 체계」,『규장각』7집, 서울대 규장

　　그런데 민속에 대한 연구는 복식이나 식생활, 민간신앙 등 한정된
분야에서만 부분적인 연구가 진행되어 왔다. 그러나 『고려도경』에
는 민속 관련 자료들이 많다. 따라서 이를 전반적이고 총체적으로 연
구할 필요가 있다. 그럼에도 민속에 대한 전반적이고 종합적인 본격
적 연구는 거의 없다고 해도 과언이 아니다. 그러므로 필자는 여기에

각 한국학연구원, 1983, 15~29쪽 ; 길희성, 「고려시대의 僧階제도에 대하여-특히
고려도경을 중심으로」, 『규장각』7집, 서울대 규장각 한국학연구원, 1983, 31~45
쪽 ; 윤이흠, 「고려도경에 나타난 종교사상-민간신앙을 중심으로」, 『동방사상논
고』, 도원유승국박사화갑기념논총간행위원회, 1983, 757~775쪽 ; 송방송, 「고려
도경 소재 향악기의 음악사적 의의」, 『한국학보』39집, 일지사, 1985, 189~229쪽 ;
최몽룡, 「고려도경에 보이는 器皿」, 『한국문화』6, 서울대 한국문화연구소, 1985,
63~73쪽 ; 박경휘, 「서긍과 선화봉사고려도경」, 『퇴계학연구』4집, 단국대 퇴계학
연구소, 1990, 165~178쪽 ; 윤덕인, 「고려시대의 식생활 연구-고려도경을 중심으
로」, 『관대논문집』18집, 관동대, 1990, 19~33쪽 ; 이진영, 「고려시대 여자 복식의 고
찰-고려도경과 彩畵를 중심으로」, 『고봉논집』15집, 경희대 대학원, 1994, 311~330
쪽 ; 祁慶富, 「선화봉사 고려도경의 판본과 그 원류」, 『서지학보』16집, 한국서지학
회, 1995, 3~27쪽 ; 송인주, 「고려도경에 서술된 軍制 관련 기사의 검토」, 『한국중세
사연구』12집, 한국중세사학회, 2002, 161~179쪽 ; 김병인, 「고려도경 인물조에 나
타난 族望과 고려 중기의 정치세력」, 『역사학연구』19집, 전남사학회, 2002, 151~
172쪽 ; 최규성, 「고려도경을 통해 본 고려인들의 삶과 멋」, 『동북아역사의 제문제-
홍종필박사정년기념논총』, 홍종필박사정년기념논총간행위원회, 2003, 59~73쪽 ;
김한규, 「한·중 관계사 상의 선화봉사고려도경」, 『한중관계 2000년-동행과 공유
의 역사』, 소나무, 2008, 368~430쪽 ; 신완순, 「고려도경으로 본 고려의 강역」, 『통
일한국』299, 평화문제연구소, 2008, 84~87쪽 ; 고연미, 「고려도경의 金花烏盞 연구」,
『한국차학회지』14, 한국차학회, 2008, 7~32쪽 ; 김수연, 「고려도경 연구의 동향과
활용 가능성」, 『한국문화연구』16집, 이대 한국문화연구원, 2009, 269~280쪽 ; 장남
원, 「필사본 고려도경의 유포와 의의」, 『한국문화연구』17집, 이대 한국문화연구
원, 2009, 189~218쪽 ; 문경호, 「1123년 서긍의 고려 항로와 경원정」, 『한국중세사
연구』28집, 한국중세사학회, 2010, 485~519쪽 ; 송호빈, 「중국 정사 동이전과 고려
도경에 나타난 고대, 중세 한국의 해양신앙과 설화」, 『연민학지』13집, 연민학회,
2010, 155~188쪽 ; 김보경, 「고려도경과 고려의 문화적 형상」, 『한국한문학연구』
47집, 한국한문학회 2011, 189~218쪽 ; 김미연, 「고려도경 인물조를 통해 본 인종
초 정국의 일면」, 『역사교육논집』48집, 역사교육학회, 2012, 221~248쪽 ; 이부영,
「고려시대 꽃 문화-서긍의 고려도경을 중심으로」, 『한국화예학회논문집』28집,
한국화예디자인학회, 2013, 71~93쪽.

주목하였다.

필자는 『고려도경』에 나타난 고려의 민속, 그 중에서도 의례에 대하여 살펴볼 것이다. 이를 통해 『고려도경』에 나타난 고려의 의례의 실상이 규명될 것이다.

이상의 논의를 통해 『고려도경』의 예학사적·민속학적 위치와 의의도 분명하게 밝혀질 것이다.

2) 『고려도경』에 나타난 의례

『고려도경』[80]은 宋의 國信使 일행의 한 사람이었던 서긍이 고려에 使行왔을 때(1123년 5월 26일부터 8월 27일까지 3개월, 개경은 1달 남짓)의 경로와 과정, 견문과 정보 등을 기록하고 그림으로 덧붙여 29類, 300여 細目, 40권으로 정리·편찬한 후, 1124년 8월 6일 휘종에게 바쳤던 使行報告書이다.[81] 그리고 서긍은 『고려도경』을 통해 고려

---

80 '圖經'이란 글자 그대로 산수의 地勢, 특산물, 풍속 등 어떤 형상과 존재의 경위를 그림과 함께 설명한 것으로서 일정한 문서의 형식을 말하는데, 唐宋代에 많이 유행하였다고 한다.(장남원, 위의 논문, 192쪽.) 그리고 현존하는 『고려도경』은 宋乾道本과 天祿琳影印本이 最善本이기는 하나, 가장 믿을만한 善本은 아니라는 점이 문제이다. 뿐만 아니라 한국에서 출판된 각종 『고려도경』에서 나타나는 공통된 문제점은 교정 감수가 부실하다는 지적(祁慶富, 위의 논문, 9~24쪽.)도 있다.

81 『고려도경』이 사행보고서라는 점은 서긍의 〈自序〉를 보면 알 수 있다. "사신의 직책 중에서도 더욱 이것을 급선무로 하였다. …(중략)… 이 때문에 더할 수 없는 존귀함으로서 깊숙한 구중궁궐에서 높이 팔짱끼고 지내면서도 사방 만 리의 먼 곳을 손바닥 보듯이 환히 알 수 있게 되는 것이다. …(중략)… 물러나 스스로 생각하기를, '성실하게 찾아서 묻고 의논하라'고 皇皇者華의 시에 노래되었으니, 일을 두루 묻는 것은 正使된 사람의 직책일 것이다. …(중략)… 도합 3백여 조가 되었다. 이를

에 대해 선진문화의 영향을 받아 후진문화를 탈피하여 나가고 있다는 사실에 대한 긍정적 시각과 후진문화를 그대로 유지하고 있다는 사실에 대한 비판적인 시각 두 가지를 취하고 있다.[82] 민속 관련 자료는 비교적 많은 편이나 의례 관련 자료는 적은 편이다. 그러면『고려도경』에 나타난 고려의 의례에 대하여 살펴보자.

『고려도경』에는 의례가 많지 않다. 여기서 국가의례(궁중의례 포함)는 간단하게 언급하고 일반의례, 즉 사대부·평민의례 중심으로 논의하겠다.

(1) 國家儀禮

국가의례는「祠宇」·「受詔」·「燕禮」 등에서 볼 수 있다.

① 祠宇

〈사우〉條에 보면, "王氏가 나라를 세운 이후 산에 의지하여 나라 남쪽에 성을 쌓고 子月(음력 11월)이 되면 왕이 官屬들을 거느리고 儀

정리하여 40권으로 만들었는데, 물건은 그 형상을 그리고 일은 설명을 달아『선화봉사고려도경』이라 명명하였다. …(중략)… 이제 신이 저술한 도경은 손으로 펼치고 눈으로 보고 하면 먼 이역 땅이 다 앞에 모이게 되는데, …(중략)… 다만 사실들을 모아서 조정에 복명하여 명령받은 책임을 다소나마 면하기를 바라는 바이다. 御府에 바치라는 詔命이 있어 삼가 그 대강의 경위를 추려서 서문을 지었다."(민족문화추진회 편,『국역 고려도경』,〈선화봉사고려도경 서〉, 민족문화추진회, 1977, 29~33쪽.)

[82] 신채식,「송대 관인의 고려관」,『변태섭박사화갑기념사학논총』, 삼영사, 1985, 1200~1244쪽 재인용 ; 박지훈,「송대 사대부의 고려관」,『이화사학연구』30집, 이화사학연구소, 2003, 561~584쪽 ; 전영준, 앞의 논문, 28쪽 참조.

式에 사용되는 祭物을 갖추어 하늘에 제사한다."[83]고 하였는데, 이는 大祀인 圓丘로 보인다. 그리고 "조상의 사당(종묘)는 나라의 동문 밖에 있는데, 왕이 처음 襲封(왕위 계승)할 때와 3년에 한 번씩 하는 큰 제사 때에만 朝服과 면류관과 홀을 갖추고 친히 제사하고 그밖에 나머지 의식에는 관속들을 나누어 보내 지낸다."[84]에서 大祀인 宗廟제사도 지냈음을 알 수 있다. 그런데 서긍은 "10월에 東盟하는 모임은 지금도 그 달에 소찬을 차려놓고 그것을 八關齋라 하는데 의식이 극히 성대하다."[85]고 기록하고 있는데, 이는 고구려와 고려를 잘못 인식하여 기록했을 가능성이 있다. 왜냐하면 동맹은 10월에 행하지만, 팔관재는 11월 15일에 시행하기 때문이다. 한편, 神祠 중 도성 100 리 안에 있는 四時에 관원을 보내 太牢로 제사하게 하였으며, 또 3년에 한 번씩 치루는 大祭는 고려 전체에서 이루어졌다. 그런데 신에게 제사지낸다는 명목으로 백성들에게 재물을 거두어들이는데 은 천 냥을 거두고 나머지 물건들도 이와 같은 명목으로 징발하여 그것들을 대신들과 나누어 가졌다는 것에 대하여 서긍은 비웃음과 함께 비판하고 있다.[86]

이상에서 당시에 圓丘祭와 종묘제사, 神祠제사를 지냈음을 알 수 있다. 12세기의 국가의례의 일면을 엿볼 수 있어 의미가 있다고 하겠다.

83 민족문화추진회 편, 『국역 고려도경』제3권, 「城邑」, 〈樓觀〉, 민족문화추진회, 1977, 48~49쪽.
84 같은 책, 같은 곳.
85 같은 책 같은 곳.
86 위의 책, 108쪽.

② 受詔

「수조」편은 〈迎詔〉, 〈導詔〉, 〈拜詔〉, 〈起居〉, 〈祭奠〉, 〈弔慰〉 등으로 되어 있다.[87] '수조'는 조서를 받는 절차이다. 그 절차에는 '영조: 조서 영접', '도조: 조서 인도', '배조: 조서를 받을 때 하는 절', '기거: 행동', '제전: 제례', '조위: 조문' 순으로 기록되어 있다. 그런데 고려의 왕이 조서를 받을 때 "國信使가 조칙이 있음을 말하면 국왕은 재배하고 일어나 입으로 이르는 말을 몸소 듣고서는 笏을 띠에 꽂고 꿇어앉는다. …(중략)… 왕위를 계승한 분에게 가서 총애를 알리도록 하고, 풍성한 예물과 함께 슬퍼하고 축하하는 뜻을 표하니, 왕은 존엄한 힘(송 휘종 자신을 두고 한 말임)에 삼가 복종하여 제후로서의 절도를 영원히 지키도록 하오."[88]라는 대목이 있다. 여기서 보면 황제와 제후의 禮를 행한 것이다. 이러한 기록은 서긍이 고려를 宋의 복속국가로 다루려는 의도도 내재되어 있기 때문이라 하겠다. 당시 송나라는 국력도 대단치 않고 영토도 작았는데 허세를 부린 것이 아닐까?

③ 燕禮

연례란 연회 시 예절이다. 「연례」편은 〈私覿: 왕을 독대하는 것〉, 〈燕儀: 잔치의식〉, 〈獻酬: 술잔을 주고받는 것〉, 〈上節席〉, 〈中節席〉, 〈下節席〉, 〈館會〉, 〈拜表: 표문 전달의식〉, 〈門餞: 문밖에서 전송〉, 〈西郊送行: 서쪽 교외에서 사신을 송별〉 등으로 되어 있다.

---

87 민족문화추진회 편, 『국역 고려도경』 제25권, 「受詔」, 민족문화추진회, 1977, 151~156쪽.
88 위의 책, 152~153쪽.

연례 가운데 주로 사신접빈의 禮를 보여주고 있다. 중국의 것을 따르고 있기는 하지만 당시의 연례의 실상을 엿볼 수 있는 자료라 하겠다. 여기서는 소개 정도로 그친다.

이밖에 〈答禮〉와 〈皁隷〉를 보면, "國相이나 從官도 자기 소속이 왕래하다가 서로 만나면 기립을 하고, 관원이나 吏卒들이 네거리나 궁정에서라도 반드시 배례를 하는데 官에 있는 자도 역시 구부렸다가 펴서 答拜하는 시늉을 한다."[89] 또 "관리들이 길에서 서로 만나 반드시 허리를 구부려 무릎 꿇고 절하고 공경을 한다."[90]고 하였다. 禮儀之國의 形象이 서긍에게 깊은 인상을 남겨 주었음을 알 수 있다.

(2) 一般儀禮

일반의례는 〈雜俗〉 등에 주로 있는데 자료도 매우 적다. 그러므로 여기서는 관련 자료들을 제시한 후 살펴보겠다.

고려는 여러 夷狄의 나라 가운데서 文物과 禮義를 갖춘 나라라 일컫고 있다. …(중략)… 서로 주고 받는 데 절하고 무릎을 꿇으니 공경하고 삼가는 것이 족히 숭상할 만한 것이 있다. 그러나 그 실제로는 궁벽한 곳이어서 풍속이 박잡하여 오랑캐 풍속을 끝내 다 고치지 못했다. 冠婚

89 민족문화추진회 편, 『국역 고려도경』 제22권, 「雜俗 1」, 〈答禮〉, 민족문화추진회, 1977, 136쪽.
90 민족문화추진회 편, 『국역 고려도경』 제21권, 「皁隷」, 〈皁隷〉, 민족문화추진회, 1977, 129쪽.

喪祭는 禮에 말미암은 것이 적고, …(중략)… ㉠귀인이나 선비 집안에서
는 婚嫁에 대략 聘幣를 쓰나 백성에 이르러서는 다만 술이나 쌀을 서로
보낼 뿐이다. 또 富家에서는 아내를 3-4인이나 맞이하되 조금만 맞지
않아도 바로 이혼하고, ㉡자식을 낳으면 딴 방에 거처하게 하고, 병을
앓을 때는 비록 가까운 가족이라도 약을 들이지 않으며, ㉢죽어 殮할
때 관에 넣지 않는다. 비록 왕이나 귀족에 있어서도 그러니, 만약 가난
한 사람이 장사지내는 기구가 없으면 들 가운데 버려 두어 봉분도 만
들지 않고 나무도 심지 않으며 개미나 까마귀나 솔개가 파먹는 대로
놓아두되, 다 이를 그르다고 하지 않는다. 제사 지내기를 좋아하고 부
도(浮圖 부처)를 좋아하며, 宗廟의 사당에도 중을 참여시켜 범패(梵唄)
를 하나 그 말이 통하지 않는다. …(중략)… 길을 다닐 때 달리기를 좋아
하고 섰을 적에는 허리 뒤에 손을 얹는 자가 많으며, 부인이나 僧尼가
다 남자의 절을 하니, 이런 것들은 가히 해괴한 것들이다. 자질구레한
것의 도리에 맞지 않은 것을 들려면 한두 가지가 아니로되, ……(후략)[91]

　　㉣원단(元旦)과 매달 초하루와, 춘추와 단오에 다 조상의 신주에 제
향을 드리는데, 부중(府中)에 화상을 그려 놓고 중들을 거느리고 범패
(梵唄)를 하며 밤낮을 계속한다.[92]

　　㉤남자와 여자의 혼인에도 경솔히 합치고 쉽게 헤어져, 典禮를 본받
지 않으니 진실로 웃을 만한 일이다.[93]

91 민족문화추진회 편, 『국역 고려도경』 제22권, 「雜俗 1」, 〈雜俗〉, 민족문화추진회,
　　1977, 133~134쪽.
92 민족문화추진회 편, 『국역 고려도경』 제17권, 「祠宇」, 〈祠宇〉, 민족문화추진회,
　　1977, 107쪽.
93 민족문화추진회 편, 『국역 고려도경』 제19권, 「民庶」, 〈民庶〉, 민족문화추진회,

위의 인용문에서 ㉠은 혼례에서 혼인예물(납폐)과 혼인제도에 대한 내용으로, 귀인이나 선비 집안 등 상층계급에서는 빙폐(비단)를 쓰지만, 백성들은 쌀과 술을 서로 보낸다고 하였다. 이는 납폐에 대한 것이다. 그리고 부자 집에서는 3~4명을 아내로 삼았는데 이혼을 서슴지 않았다고 하였다. 당시의 혼인제도에 대한 언급으로 일부다처제나 축첩,[94] 이혼이 가능했음을 시사해 주고 있다. 참고로 고려 말 충선왕 때까지는 왕실의 종친은 물론이거니와 사대부 가문에 이르기까지 혈족 근친혼(族內婚)이 성행하였다.[95] ㉡은 출산과 관련된 기록으로 흥미롭다. ㉢은 상례에 대한 내용으로 염할 때 왕이나 귀족, 평민 할 것 없이 시신을 관에 넣지 않았다는 사실, 그리고 가난한 서민들은 장사지내는 기구가 없으면 시신을 들에 버리고 봉분도 안 만들고 까마귀나 솔개 등이 파먹게 내버려둔다는 기록을 주목할 필요가 있다. 특히 염할 때 시신을 관에 안 넣는다든지, 가난한 서민들 중에는 봉분도 만들지 않을 뿐 아니라 野葬을 했다는 기록들은 중요하다. ㉣은 설날, 매달 초하루, 봄과 가을, 단오에 조상의 신주에 제향을 드린다는 것도 눈길을 끈다. 특히 화상을 그려놓고 중들을 거느리고 범패를 하며 밤낮을 계속했다고 했는데, 고려시대에는 불교의식이 제례에까지 크게 영향을 끼쳤다고 본다. 그런데 여기서 화상은 영정(영당과도 연관이 있는 듯)이 아닌지. 그리고 중들이 범패를 했

1977, 122쪽.
[94] "宮府에는 媵妾이 있고, 관리에게는 妾이 있는데, …… (후략)"(민족문화추진회 편, 『국역 고려도경』 제20권, 「婦人」, 〈婢妾〉, 민족문화추진회, 1977, 126쪽.)
[95] 『高麗史』, 「世家」 권33, 〈忠宣王 卽位年 閏11月 辛未〉.

다는 것은 僧齋와도 연관이 있는 것으로 보인다. ⑪의 '男女輕合易離'
는 자유혼 내지는 이혼이 행해졌다는 사실을 내포한 것으로 주목된
다. 이로써 짐작컨대 당시는 재혼[96]이 가능했던 것 같다. 그리고 저
녁만 되면 남녀가 함께 모여 앉아 노래하며 즐기는 풍속[97]이라든지,
여름이면 남녀가 함께 목욕했다[98]는 사실로 미루어 이 당시는 자유
분방하고 성개방적이었던 것으로 짐작된다.

이상에서 당시의 납폐와 혼인제도(특히 일부다처제와 축첩, 이혼
과 재혼)의 일면을 엿볼 수 있다. 특히 가난한 서민들 중에는 봉분도
안 만들고 野葬을 한 사실, 그리고 제례에 불교의식이 영향을 끼쳤다
점 등을 주목할 필요가 있다. 12세기의 혼례와 상례, 제례 등을 엿볼
수 있어 의미가 있다.

3) 맺음말

필자는 지금까지 『고려도경』에 나타난 고려의 의례에 대하여 살
펴보았다. 앞에서 논의한 사항들을 종합 요약하여 결론으로 삼겠다.

의례에서 국가의례의 경우, 圓丘祭와 宗廟제사, 神祠제사를 지냈

96 고려 왕실의 왕비들도 개가를 했다. 예를 들어 성종의 비 문덕왕후 유씨는 처음에
는 태조의 손자 홍덕원군에게 시집갔으나 나중에 성종의 비가 되었다.
97 민족문화추진회 편, 『국역 고려도경』 제17권, 「祠宇」, 〈祠宇〉, 민족문화추진회,
1977, 107쪽.
98 민족문화추진회 편, 『국역 고려도경』 제23권, 「雜俗 2」, 〈澣濯〉, 민족문화추진회,
1977, 138쪽.

다. 일반의례의 경우, 당시의 납폐와 혼인제도(일부다처제와 축첩, 이혼과 재혼)의 일면을 엿볼 수 있다. 특히 가난한 서민들 중에는 봉분도 안 만들고 野葬을 한 사실, 그리고 제례에 불교의식이 영향을 끼쳤다 점 등을 주목할 필요가 있다. 12세기의 혼례와 상례, 제례 등을 엿볼 수 있어 의미가 있다.

　이상에서 살펴본 바와 같이, 현재 고려시대 의례 관련 자료들을 찾아보기 힘든 상황에서, 『고려도경』은 12세기의 고려의 의례를 살펴볼 수 있는 귀중한 자료라 할 수 있다. 그러므로 『고려도경』은 예학사적으로나 민속학적으로도 그 의미와 가치가 크다고 하겠다.

3

『용재총화』

1) 머리말

『慵齋叢話』는 조선 전기의 대표적인 문인 가운데 한 사람인 成俔 (1439~1504)[99]이 지은 책(1500년〈?〉. 한문. 10권)이다.[100] 이 책은 민속·문물제도·역사·지리·문학·인물일화·종교·음악·서화 등 사회 문화 전반을 다룬 筆記이다.[101] 그러므로 당시의 사회 문화 전반을 이해하는데 많은 도움을 주고 있다. 특히 민속은 조선 전기 민속 연구의 귀

---

99 成俔의 生涯와 文學에 대해서는 洪順錫, 『成俔文學硏究』(한국문화사, 1992)를 참고할 것.

100 『慵齋叢話』에는 成俔이 어렸을 때 일을 회상하며 기록한 것에서부터 燕山君 5년(1499년)까지의 일들이 기록되어 있다.

101 成宗朝에 이르러 잡기류의 저술이 일시에 융성하였고, 이 같은 시대상황 속에서 成俔은 사림과 문인들의 비난 속에서도 잡기류(『慵齋叢話』는 특히 필기 위주의 글과 패설 등을 주로 다루었음)에 대한 관심(두 형인 성임과 성간도 잡기류에 관심을 가졌음)과 함께 잡기류의 가치를 역설하였다. 이 과정에서 성현은 『용재총화』에 민속 등 풍속에 대해서도 기록으로 남겼다.(洪順錫, 앞의 책, 225~274쪽.)

중한 자료로 평가된다.

　그럼에도 불구하고 현재 조선 전기의 민속에 대한 본격적인 연구, 특히『용재총화』에 나타난 민속에 대한 본격적인 연구는 전무한 실정이다. 그나마 논의된 것도 극히 부분적이거나 단편적인 언급뿐이다.[102] 이는 조선 전기의 민속 관련 문헌 자료가 매우 적을 뿐만 아니라,[103] 민속에 대한 관심부족 때문에 그런 것 같다. 그러므로『용재총화』는 조선 전기의 민속을 연구하기 위해서는 반드시 논의해야 할 매우 귀중한 자료이다. 따라서『용재총화』에 나타난 민속 연구는 조선 전기의 민속을 이해하기 위해서는 반드시 필요하다. 그런바 필자는 여기에 주목하였다.

　『용재총화』에는 의식주, 의례, 세시풍속, 민속놀이, 풍수, 점복 등 민속 관련 자료들이 많다. 이 가운데 의식주, 풍수, 점복 등은 자료도 많지 않을 뿐만 아니라 내용도 소략하고, 자료적 가치도 별로이다. 반면 의례, 세시풍속, 민속놀이는 자료적으로 볼 때 그 가치가 평가된다. 그러므로 본고에서는 의례(출산의례, 혼례, 상례, 제례)에 초점을 맞추어 살펴보겠다.

　이상의 논의를 통해 용재총화』에 나타난 의례와 이를 통한 조선 전기의 의례의 실체가 어느 정도 파악될 것이다. 이는 한국 의례의

102　『慵齋叢話』에 대한 기존의 연구는 대부분 문학적 측면에서 다루었다. 그리고 이러한 논의 과정에서 극히 일부의 연구자가 민속에 대하여 부분적이거나 단편적으로 매우 간단하게 언급만 했을 뿐이다.(金銀泳,「慵齋叢話 小攷」,『광주개방대학 논문집』第1輯, 광주개방대학, 1984, 70쪽.)
103　조선 전기, 특히 1500년 이전의 민속 관련 문헌 자료는『慵齋叢話』가 거의 유일하다고 해도 과언이 아니다. 이후 민속 관련 문헌 자료는 조선 중기, 1500년도 후반『默齋日記』와『眉巖日記』에 나타난다.

통시적 연구에도 도움이 된다.

2)『용재총화』에 나타난 의례

『용재총화』에는 출산의례(王室의 捲草之禮), 혼례, 상례, 제례에 대한 기록들이 있다. 그러나 관례와 수연례에 대한 기록은 없다.[104] 출산의례, 혼례, 상례, 제례 순으로 살펴보기로 한다.

(1) 出産儀禮 ― 王室의 捲草之禮

『慵齋叢話』에 나타난 출산의례 관련 자료는 왕실에서 행했던 捲草之禮가 유일하다. 이처럼 출산의례 관련 자료가 극히 적은 것은 成俔이 士大夫라 출산의례에 대하여 기록으로 남기는 것을 꺼려했기 때문인 것 같다. 그러면 捲草之禮에 대하여 살펴보기로 하자.

궁중에서 아기를 낳으면 捲草之禮라는 것이 있다. 탄생한 날 쑥으로

---

104 왕세자의 관례나 문무관의 관례는 『國朝五禮儀』에도 규정되어 있었지만, 成宗 때에도 쉽게 행해지지 않았다.(권오영 외 4인, 『조선 왕실의 嘉禮』, 한국학중앙연구원, 2008, 17쪽) 이 때문인지는 몰라도 『용재총화』에는 관례에 대한 기록이 없다. 그리고 수연례 또한 당시 사람들의 수명이 대부분 60세 이전이거나, 인식부족, 경제형편 등 때문인지는 몰라도 제대로 시행하지 않았던 것 같고,(수연례는 임란 전까지도 제대로 시행하지 않았던 것으로 보인다. 拙稿, 「壬亂 前 儀禮 硏究-士大夫家의 儀禮를 中心으로」, 『東아시아古代學』第20輯, 東아시아古代學會, 2009, 369~370쪽.) 이에 대한 기록도 없다. 그러므로 본고에서는 관례와 수연례를 생략한다.

꼰 새끼를 산실의 門扉 위에 걸고, 아들이 많고 災禍가 없는 大臣에게
명하여 3일 동안 昭格殿에서 齋를 올리고 醮祭를 베풀게 하는데, 尙衣院
에서는 五色彩緞을 각각 한 필씩 바쳤고, 아들이면 幞頭·도포·笏·烏靴·
金帶를, 딸이면 비녀·簪·背子·鞋屨 등의 물건을 太上老君 앞에 진열해
놓고 아기의 무궁한 복을 빌었다. 밤중에 제사가 끝나면, 獻官이 吉服
을 입고 사람을 시켜 布段을 메고 冠服 차림으로 앞에서 인도하게 하여
대궐에 들어간다. 산실의 문밖에 이르러 탁자 위에 진열하고 焚香再拜
한다. 나인(內人)이 그것을 받아가지고 들어간다. 헌관이 쑥으로 꼬아
걸어 둔 새끼를 걷어서 전대 속에 넣고 옻칠을 한 함에 넣어서 붉은 보
자기로 싼다. 문밖에 나와서 그 함을 謹封하여 內資寺正에게 준다. 내자
시정이 받들고 가서 內資寺의 창고 안에 넣어둔다. 만약 딸인 경우에는
內贍寺에서 주관한다. 甲寅年 봄에 元子가 탄생하였을 때에 내가 헌관
이 되어 이 일을 奉行하였다. 대개 소격서는 다 중국 道家의 행사를 모
방한 것이다. 太一殿에는 七星과 여러 별들을 제사지내는데, 그 像은 모
두 머리를 풀어헤친 여자의 얼굴이다. …(중략)… 한번 제사지내는데
드는 비용이 적지 않다.[105]

위의 내용은 궁중에서 행했던 捲草之禮의 절차에 대한 것이다. 捲

---

[105] 『慵齋叢話』, 第二卷. "宮中誕兒 有捲草之禮 誕生之日 絢蒿索懸于室門扉上 命大臣多子
無災者 三日齋于昭格殿 設醮祭 尙衣院供五色彩緞各一匹 男則幞頭袍笏烏靴金帶 女則
釵簪背子鞋屨等物 陳于老君前 以祈遐福 夜分祭畢 獻官吉服 令人擔布段冠服前導詣闕
至室門外 陳列卓上焚香再拜 內人受之而入 獻官捲蒿索 納諸帒中 貯諸柒函 以紅袱囊之
出門外謹封其函 授內資寺正 正奉之而行 納于其司庫內 若女則內贍寺主之 甲寅春元子
誕生 余爲獻官行此事也 大抵昭署皆憑中朝道家之事 太一殿祀七星諸宿 其像皆被髮女
容也 …(中略)… 一祭所入 其費不貲"

草之禮란 妃嬪의 産室에 깔았던 초석(짚자리)을 해산 후에 걷어치우는 절차를 말한다. 그런데 성현은 소격서에서 이러한 행사를 하는 것과 제사 비용이 많이 드는 것을 비판하였다. 그러므로 그는 자신이 왕명에 의해 헌관이 되어 어쩔 수 없이 권초지례를 주관하였지만, "친구와 동료들이 손가락질하며 비웃을까 두렵다.(却怕朋僚爭指笑)"라고 하였다. 儒者였던 성현은 道家 형식으로 행하는 권초지례를 못마땅하게 생각했던 것 같다. 권초지례는 조선 후기까지도 왕실에서 계속 행해졌던[106] 것으로 보인다. 그리고 왕실에서 권초지례를 행할 때 大臣이 昭格殿에서 齋를 올렸는데, 이러한 도교의례의 醮祭는 16세기에 이르러 일부 士大夫家에서도 왕실의 영향을 받아 행했던 것으로 보인다.[107]

(2) 婚禮 ― 사치스러운 婚禮

『용재총화』에는 혼례에 대한 내용이 많지 않다. 그 내용도 대부분 납채, 國喪時 혼례를 거행한 사대부들에 대한 처벌 등에 대한 것들이다. 여기서는 먼저 당시 사회적으로 문제가 되었던 사치스러운 納采와 혼인식 잔치 등에 대해 살펴보기로 하자.

---

106 이유원 저, 홍승균 역, 『국역 임하필기3』, 민족문화추진회, 1999, 261쪽.
   조선 중기 때 사람인 李文楗(1494~1567)이 쓴 『默齋日記』와 『養兒錄』에도 초제 형식의 기자치성이 나타난다.(默齋日記』, (1548年 1月 12日) "萬守還 日夜爲祈醮 僧人幹爲云云" ; 이복규, 『묵재일기에 나타난 조선전기의 민속』, 민속원, 1999, 43쪽.)
107 拙稿, 앞의 논문, 345~349쪽.

　　옛날에는 婚家의 納采는 다만 옷감 몇 가지를 사용하였으며, 혼인날
저녁에는 宗族으로서 모인 사람들에게 한 소반의 음식과 술 석 잔을 대
접하는 데에 그쳤는데, 지금은 납채는 모두 채단을 사용하며 많은 자
는 수십 필, 적은 자도 두어 필을 보낸다.(납채를 쌓는) 袱도 명주나 비
단을 사용한다. 혼인날 저녁에는 크게 잔치를 열어 손님을 접대한다.
신랑이 타는 말안장은 매우 사치스럽게 꾸미고, 또 재물이 든 함을 지
고 앞에서 가는 자도 있었는데, 이런 일을 나라에서 법을 만들어 금하
게 하니 혼인하기 전에 미리 보낸다.[108]

　　위의 인용문은 당시 납채와 혼인식 잔치 등이 사치스럽고 성대하
였음을 비판한 내용이다. 그러나 이러한 사치스러운 혼례는 나라에
서 법으로 금했음에도 불구하고 잘 지켜지지 않았다. 그래서 성현은
혼례일 전에 채단과 재물이 든 함 등을 미리 보내는 등 그 폐단이 심
각함을 개탄하였다.[109] 李陸(1438~1498)의 『靑坡劇談』에도 婚家의 사
치스러운 납채 풍습을 우려한 기록이 있는바, 이로써 보건대 사치스
러운 납채 폐단은 당시 심각한 사회문제였던 것 같다.[110]

---

108 『慵齋叢話』, 第一卷. "古者婚家納采 只用衣希小物 婚夕宗族來會者 只擧一盤行三盃而
止耳 今之納采皆用采緞 多者數十匹 小者亦至數匹 袱用紗羅 婚夕大設宴慰客 新郎鞍子
務極豪侈 亦有負財函前導者 國家著法以禁之 則預先送之矣"
109 그런데 柳希春의 『眉巖日記』(1567년 10월 1일~1577년 5월 13일)를 보면, 16세기 후
반에는 납채나 혼례식 잔치 등이 사치스러웠던 것 같지 않다.(拙著, 『眉巖日記硏究』,
제이앤씨, 2008, 259~260쪽.) 이는 일부 士大夫家에 국한되는 것으로 보인다. 그러
나 일부 사대부가의 사치스러운 혼례 폐단은 성현 생존 때뿐만 아니라, 조선 후기
까지도 심각한 사회문제였던 것 같다.(拙著, 『韓國 儀禮의 硏究』, 제이앤씨, 2007,
317~319쪽.)
110 洪順錫, 앞의 책, 259쪽.

그리고 당시에는 國喪을 당했음에도 불구하고 혼례를 거행한 사
대부들이 있어 이들을 처벌한 일들도 있었다.[111]

성현 생존 시기에는 나라에서 법으로 금했음에도 불구하고 혼례
가 사치스러웠을 뿐만 아니라, 국상 중에도 일부 사대부들은 국법을
어기고 혼례를 행했던 것으로 보인다.

(3) 喪禮 ―『朱子家禮』대로 施行되지 않은 喪禮

『용재총화』에는 상례에 대한 내용이 그리 많지 않다. 주로 殮襲,
상례절차 등에 관한 내용들이다. 이에 대해 알아보기로 한다.

世宗 때의 문신인 南簡은 임종 직전 자신의 손톱과 발톱 자른 것을
梛 안에 넣어 殉葬하라고 명하고, 말하기를 "이와 같이 해야 禮를 다
할 수 있는 것이다."라고 하였다.[112] 염습을 할 때 손발톱을 깎아 주머
니에 넣는 것이 일반적인데, 남간은 죽기 전에 미리 손발톱을 깎아
梛에 넣었는바 특이하다. 그런데 상례는 성현 당시에도 제대로 시행
되지 못한 듯하다. 그것은 成宗 때에 이르러 왕명으로 "사대부가에
서는 집에 초상이 나면 예법에 따라 상례를 치렀으며, 불공을 드리거

---

111 『慵齋叢話』, 第七卷. "成廟昇遐之日 城中士大夫巨族 多有婚媾者 或乘朝而往 或當午而
往 或佯若不知而往 其後事覺皆抵罪 竹城君朴之蓄武人不解文字 前一日是醮子之夕 賓
僚畢集 忽聞大內疾劇 乃曰 父不豫 臣子何忍私行婚禮 遂謝絶賓僚而返之"
한편, 『慵齋叢話』, 第10卷에는 일본 왕실의 경우, "왕의 아들은 오직 長子만이 아내
를 맞아 자손을 잇는다.(國王之子 惟長子娶妻繼胤)"는 기록이 있는가 하면, 북방의
野人의 경우, "형이 죽으면 반드시 형의 아내에게 장가를 들지만, 아우의 아내에게
는 장가를 들지 못한다.(兄死則必娶兄妻 而弟妻則不得娶)"는 기록도 있다.
112 『慵齋叢話』, 第三卷. "南提學簡臨死盡取所剪爪甲 命殉之於梛曰 如此可以盡禮"

나 중에게 음식대접을 하지 않게 되었다. 그러나 옛 습관대로 그냥 지키면서 폐지하지 않는 자는 무지한 下民들뿐이다."[113]라고 하였지만, 아래 제시한 기록을 보면 반드시 그러했던 것만은 아닌 듯하다.

> 요즈음은 풍속이 날로 야박해지지만 오직 시골 사람만은 아름다운 풍속이 그대로 있다. 대체로 이웃 賤人들이 모두 모여서 회합을 하는데, 적으면 혹 7, 8, 9명이요, 많으면 혹 백여 명이 되어 …(중략)… 초상을 당한 자가 있으면 무리들이 상복을 갖추고 棺槨을 갖추며, 혹은 횃불도 갖추고 음식을 갖추어 상여 줄을 잡고 무덤을 만들며 사람들이 모두 緦麻服을 입으니, 이는 참으로 좋은 풍속이다.[114]

위의 인용문에서 보듯, 성현은 상례가 제대로 시행되지 않음을 언급하고 있다.

특히 성현은 당시의 사대부들은 상례를 치르고 "무덤의 곁에 齋庵을 지었는데, 이는 불교를 숭상함이 아니고 僧徒로 하여금 묘역의 산을 수호하고 禁養하게 하고자 함인 것이다."[115]라고 하였는바, 이는

---

113 南晩星 譯,『慵齋叢話 : 第一卷』, 良友堂, 1988, 52쪽.
114 『국역 대동야승 I : 용재총화 제8권』, 민족문화추진회, 1982, 198쪽.
115 『慵齋叢話』, 第二卷, "士大夫亦於塞傍作齋庵 非崇釋敎 欲令僧徒禁護墓山也"
   한편,『慵齋叢話』, 第10卷에는 일본의 경우, "사람이 죽으면 판자로 棺을 만들어 앉혀서 매장하고 封墳을 만들거나 나무를 심지 않는다. 그래서 평지와 다름이 없다. (人死則以板作棺 坐而埋之不封樹 而與平地無異)"는 기록이 있는가 하면, 북방의 野人의 경우, "葬事하는 법은 구멍을 뚫고 그 속에 시체를 던져 넣고 그 위에 돌을 많이 쌓아서 뢰를 만든다. 술과 밥을 벌여 놓고 제사를 지낸 뒤에 술과 밥을 그 구멍 속으로 쏟아 넣어서 시체에 닿게 한다. 또 평생에 사랑하던 말을 무덤 앞에 매어 두고, 또 활과 화살과 전동을 그 위에 걸어두어 그것이 녹아 없어질 때까지 기다리며 남

『주자가례』에는 없는 내용이다. 그리고 불교식 상례가 中宗 때에도 간혹 행해졌던 것[116]으로 보인다.

이상에서 보는 바와 같이, 당시의 상례는 『朱子家禮』대로 행해지지 않았던 것 같다.

한편, 성현은 임종 시 자손들에게 "喪葬禮를 검소하게 치르고 표석이나 세우고 비는 세우지 말라고 유언"[117]한바 있다. 그런데 당시 일부 사대부가에서는 상례를 거창하게 치른 것으로 짐작된다.[118]

(4) 祭禮 ― 『朱子家禮』가 정착되지 못한 祭禮

『용재총화』에는 제례에 대한 기록이 혼례, 상례보다 많은 편이나, 그 내용은 간단하다. 이에 대해 살펴보기로 하자.

성현 생존 시에는 제사를 지내기 전에 반드시 목욕재계를 한 후

이 감히 가져가지 못한다.(其葬人也 穿穴而投尸於其中 累石爲墳 設酒飯 行祭後 投寫酒飯於穴 與尸相接 又以生平所愛馬 係於墳前 又掛弓矢筒韃於其上 待其銷盡 而人不敢收)"는 기록도 있다. 또 野人들은 "아비가 늙어서 걸어 다니지 못하게 되면, 아들이 盛饌을 마련하여 대접하고 묻는다. '아버지는 곰이 되고자 합니까? 범이 되고자 합니까?'라고 한다. 아비의 하고자 하는 바에 따라 가죽을 꿰매어 주머니를 짓고 아비를 주머니 속에 넣어 가지고 나무에 걸어 놓고 활을 쏜다. 한 화살에 죽게 한 자를 참된 효자라 한다.(則父老不能行 子設盛饌饋之 問曰 父欲爲熊乎虎乎 隨父所欲 縫皮爲囊 投父於囊中 掛諸樹而射之 一箭而死者 眞孝子也)"는 기록도 있다.

116 박미해, 「조선 중기 이문건가의 천장례 준비-묵재일기를 중심으로」, 『사회와 역사』 68집, 한국사회사학회, 2005, 138쪽 재인용.

117 『虛白堂集』, 〈虛白堂行狀〉. "凡關喪葬 皆務簡約 出葬時 門前駕牛 挽章只十 棺容於身 梯容於棺 土容 於梯 …(中略)… 只用表石 勿用碑"

118 拙著, 『韓國儀禮의 硏究』, 앞의 책, 320쪽. 한편, 왕실의 경우 의례(혼례, 상례, 제례) 비용의 과다 지출로 인해 국가경제에 끼친 폐해가 심각했던 것 같다.(같은 책, 322~324쪽.)

지냈다.[119] 이는 조선 후기까지도 사대부가에서 행하였는데,『주자가
례』를 따른 것이다. 그리고 사대부가에서는 집을 짓고자 하면 반드
시 祠堂을 세워서 先代의 神主를 奉安했는데, 이 또한『주자가례』를
따른 것이다.[120] 이는 鄭夢周에 의해 비롯된 것이다.

그런데 기제사의 경우, 世宗 때까지도 사대부가에서는 기제사를
지내면 중을 청하여 음식 대접을 했던 것으로 보인다.[121] 이로써 짐작
건대, 成宗 때에 왕명으로 士族은 齋를 設行하거나 중에게 음식대접
을 못하게 하였지만, 극히 일부 사대부가에서는 했던 것 같다.

다음은 국가 大祭와 사대부의 時祭 시기에 대해 알아보기로 하자.

국가의 大祭는 孟月에 거행하고, 사대부의 時享은 四季節의 仲月에
거행한다. 이것은 차례와 순서가 있기 때문이다.[122]

大祀는 宗廟와 社稷 大祭로[123] 사계절의 孟月(1월, 4월, 7월, 10월)에
지내고, 사대부가의 時祭는 사계절의 仲月(2월, 5월, 8월, 11월)에 지
낸다. 이는『주자가례』를 따른 것이다. 그런데 춘하추동 매 계절의
仲月에 날을 골라 高祖에서 부모까지 제사를 지내는 四時祭는『默齋
日記』와『眉巖日記』를 보면, 그때그때 사정에 따라 二代 또는 三代만
時祭를 올리거나, 1년에 네 번을 모두 지낸 적은 거의 없다.[124] 1500년

---

119 『慵齋叢話』, 第十卷. "其祭先祖考 必齋致誠"
120 『慵齋叢話』, 第八卷. "君子將營室 必先立祠堂 以奉先世神主 此朱文公家禮也"
121 『慵齋叢話』, 第八卷. "行忌祭者 必邀僧飯之"
122 『慵齋叢話』, 第八卷. "國家大享用孟月 士大夫時享用四仲月 是有序也"
123 李殷杓, 『宗廟大祭』, 원백문화사, 1993, 61~62쪽.

대까지도 이러했던 것으로 짐작컨대, 『용재총화』에는 간단한 언급만 있을 뿐 구체적인 기록이 없는바, 일부 사대부가에서는 『주자가례』대로 時祭를 지내지 않은 것 같다.

성현 생존 당시의 제례는 『주자가례』에 근거한 유교식 제사를 바탕으로 하되 완전히 정착되지는 못한 듯하다. 時俗과 불교식이 융합되어 제례를 행했을 가능성이 있다.[125]

3) 맺음말

필자는 지금까지 『慵齋叢話』에 나타난 儀禮, 특히 出産儀禮·婚禮·喪禮·祭禮에 대하여 살펴보았다. 앞에서 논의한 사항들을 종합 요약하여 결론으로 삼겠다.

儀禮의 경우 출산의례는 왕실의 捲草之禮가 유일한데, 중요한 자료로 평가된다. 捲草之禮는 조선 후기까지 왕실에서 계속 행해졌던 것으로 보인다. 그리고 婚禮는 사치스러웠으며, 喪禮는 『朱子家禮』대로 행해지지 않았고, 祭禮는 『주자가례』에 근거한 유교식 제사를 바탕으로 하되 완전히 정착되지 못하고 時俗과 불교식이 융합되어 행했던 것 같다.

이상에서 살펴본 결과, 『용재총화』는 당시의 禮俗과 의례 등을 기

---

124 拙稿, 앞의 논문, 366~367쪽.
125 위의 논문, 363~369쪽. 이 논문에서 필자는 임진왜란 전까지의 제례는 『주자가례』에 근거한 유교식 제사를 바탕으로 전통적인 時俗이 융합되었다고 논급한바 있다.

록으로 남기고 있는바, 당시의 의례를 살펴볼 수 있는 매우 귀중한 문헌자료라 할 수 있다. 그러므로 『용재총화』는 조선 전기의 대표적인 의례 관련 문헌자료로 그 가치가 높이 평가된다. 『용재총화』는 한국 의례의 통시적 연구를 위해서도 반드시 다루어야 할 문헌자료이다.

4

『미암일기』

1) 머리말

　眉巖 柳希春(1513. 12. 4~1577. 5. 15)은 宣祖代의 名臣이며 碩學이
다. 유희춘은 官人으로서 忠節을 지키다 乙巳士禍 때 파직당하고, 이
어 丁未年 良才驛 壁書事件에 무고하게 연루되어 21년 동안 濟州·鍾
城·恩津 등에서 길고도 고통스러운 유배생활을 하였다. 그는 오랜 유
배생활 중에도 결코 좌절하지 않고 교육과 저술, 성리학 연구 등에
몰두하였다. 解配·復官되어서는 宣祖의 총애를 한 몸에 받았으며 經
筵官·學者로서 그 이름을 朝野에 크게 떨쳤다. 특히 유희춘은 李滉·曺
植·盧守愼·奇大升·李珥 등과 함께 宣祖代의 대표적인 학자의 한 사람
이었다. 그는 宣祖 초기의 학풍 진작에 기여한 공이 지대하였으며,
호남 사림의 영수로서 학문의 구심적 역할을 하였다.

　유희춘은 官人·學者·文人으로서 後人의 귀감이 되었으며, 한 인간

으로서 모범적인 삶의 자세를 보인 인물이었다. 여기서 주목할 것은 유희춘이 유배지나 관직생활, 특히 중앙 정계의 핵심 직책을 맡아 多忙했음에도 불구하고 하루도 빠짐없이 別世하기 이틀 전까지 일기를 썼다는 점이다.

특히『眉巖日記』(11冊 : 1567.10.1~1577.5.13)는 보물 제260호로,『宣祖實錄』편찬 시 중요한 역할을 하였으며, 정치·경제·사회·문화·역사·사상·어문학·민속학적으로도 그 가치가 높이 평가된다.[126] 그럼에도 불구하고『眉巖日記』에 대한 본격적인 연구는 현재 매우 미진한 실정이다.

임진왜란으로 1500년대의 문헌 자료가 별로 없는 상황에서,『眉巖日記』는 민속학적으로 중요한 자료가 많은바 당시의 민속을 파악하기 위해서는 반드시 연구할 필요가 있다.

그러므로 필자는『眉巖日記』의 종합적 연구의 일환으로,『眉巖日記』에 나타난 民俗, 그 중에서도 儀禮(특히 冠·婚·喪·祭禮)에 초점을 맞추어 논의하겠다.

이상의 논의를 통해 1500년대의 의례를 파악하는데 일조를 할 수 있을 뿐 아니라, 이는 의례사적으로도 그 의미가 크다고 하겠다.[127]

---

[126] 拙稿,「眉巖日記 硏究」, 단국대 박사학위논문, 1996.2 참고.
[127] 본고에서는 親筆本『眉巖日記』를 主資料로, 朝鮮史編修會本『眉巖日記草』를 副資料로 삼았음을 밝혀둔다. 이후,『眉巖日記』를 인용할 때에는 親筆本은 年月日만, 朝鮮史編修會本은 書名과 年月日을 모두 표기하겠다.

2)『미암일기』에 나타난 儀禮

옛날의 儀禮, 그 중에서도 이른바 家禮는 冠·婚·喪·祭禮 등 四禮에 조상의 신주를 모시는 사당제도와 예복인 深衣制度 및 가정생활을 정한 居家雜儀를 포함시켜 말하기도 하였다.[128] 여기에서는 冠·婚· 喪·祭禮를 중심으로 논의하겠다.

(1) 冠禮

관례는 성인이 되었다는 것을 알리는 의식으로 成年式과 같은 것이다. 관례는 대개 정월달에 행하였는데, 정월은 1년의 시작이며 인생의 출발점에 있다는 공통점 때문에 비롯된 것 같다. 이에 대해 살펴보기로 한다.

> 날이 밝기 전에 祖考 神主 앞에 향촉을 피우고 早飯을 올리고 나서, 희춘은 검은 옷에 冠을 쓰고 再拜하였다. 卯時에 光先에게 冠을 씌웠는데 초립망건이 드러났다. 祖考 神主 앞에 가 절한 후 우리 두 사람에게 절하였다.[129]
>
> 許筬이 牙山에 있으면서 편지를 보내왔는데, 그의 字序(冠者에게 字와 序文을 지어주는 것)를 요구했지만 나는 겨를이 없다.[130]

---

128 성균관 전례위원회 편,『우리의 生活禮節』, 성균관, 1992, 127쪽.
129 〈丙子(1576年) 1月 1日〉. "未明 於祖考神主前 設香燭進早飯 而希春以黑衣冠再拜 卯時 令光先加冠 卽著草笠網巾也 旣著而入拜祖考神主前 然後拜於吾二人"

손자 光先이 冠禮를 행한 내용이다. 그런데 여기에서는 三加禮의 내용이 자세히 설명되어 있지 않다. 위의 내용으로 보건대 약식으로 행했던 것 같다. 사실 조선왕조의 경우, 일반적인 관례는 사대부 가문에서 조차 잘 이루어지지 않았던 것으로 보인다.[131] 이는 梁誠之가 "관례를 하지 않은 자제에게는 입학과 혼인 및 벼슬하는 것을 허락하지 말고 선왕의 제도를 회복시켜야 한다."라고 말한 것을 보아서도 짐작할 수 있다.[132] 원래 관례는 當年의 정월 가운데 하루를 정하여 주인이 관례 3일 전에 사당에 고하고 관례를 올리는 날 아침 일어나 행하였다. 관례의 初加는 성인됨을, 再加는 진사를, 三加는 벼슬을 상징 한다[133]고도 한다. 또, 관을 씌운다는 것은 성인의 책임을 나타내는 것이라고도 한다. 관례의 참뜻은 겉모양을 바꾸는 데에 있지 않고 어른으로서의 책임과 의무를 일깨우는 데 있는 것이다.

(2) 婚禮

옛날에는 남자와 여자가 짝을 지어 부부가 되는 일은 양과 음이 만나는 것이므로 그 의식의 시간도 양인 낮과 음인 밤이 만나는 날의 저무는 시간에 거행했기 때문에 날 저물 혼(昏)자를 써서 昏禮라 했다.[134] 옛날의 혼례는 周 六禮와 朱子 四禮 두 가지가 있었다. 그러나

130 〈丁卯(1567年) 10月 14日〉, "許筍在牙山送簡來 求其字序 余則不暇"
131 朴景燮, 『韓國禮俗硏究』, 서광학술자료사, 1993, 33쪽.
132 같은 책, 같은 곳.
133 김용덕, 『한국풍속사 1』, 밀알, 1994, 177쪽.
134 성균관 전례위원회, 앞의 책, 135쪽.

실제로 행해지는 혼례의 절차에서는 지방 혹은 가문에 따라 다소 차이를 보이기도 한다. 우리의 傳統 婚姻禮는 대개 朱子 四禮를 따르고 있지만, 고유의 婚俗도 혼용하고 있다.[135] 그러면 혼례에 대하여 살펴보기로 하자.

羅士愃·士忱이 알려 주기를 '珍原의 사윗감으로 합당한 곳이 두 곳이 있는데, 그 중 한 곳은 李彦訥이요, 다른 한 곳은 우리 外玄祖 崔有中公의 孫 崔鷹의 長子이다. 인물이 英明하고 학문의 기상도 있으며, 재산도 넉넉하며 나이 겨우 18세인데도 학문이 진취되고 있다'고 한다. 나는 崔郎에게 정하고 싶다.[136]

들으니 '金景憲의 아들 光運이 글을 잘해 이름을 얻을 만한데도 朴海의 딸에게 婚書를 퇴짜 맞았다' 한다. 이 사람은 宋君直의 사위가 될 만하다. 혼사를 논의해 보라고 통지해 볼까 한다.[137]

아침에 손수 光雯의 婚書를 썼다. 10月 15日 右承旨 官啣으로 썼다. 이 高家와의 婚事는 논의된 지 이미 오래되었다.[138]

부인이 편지에 쓰기를 '光雯의 婚事에 우리 집에서 마련해 준 것은 鞍子·갓·검은 가죽 신·紅直領·紫地厚天益·羅厚裏肚·紬厚捧持·紬汗衫·

---

135 우리나라의 傳統 婚姻禮는 대개 혼담, 납채, 납기, 납폐, 대례, 우귀 순이다. (위의 책, 136~137쪽.)
136 〈丁卯(1567年) 12月 18日〉. "羅士愃·士忱報 珍原迎壻可當處有二 其一李彦訥 其一則吾外玄祖崔公有中之孫崔鷹長子也 人物英明 又有學氣 産勢溫足 年纔十八 年芳學進云云 余欲定于崔郎"
137 〈辛未(1571年) 11月 2日〉. "聞金景憲之男光運 能文可成名 而婚書見退於朴海女家 此可爲宋君直之嬌客 議婚事通喩爲計"
138 〈庚午(1570年) 12月 15日〉. "朝 手書光雯婚書 以十月十五日右承旨銜書塡 以此高家之婚 議之已久故也"

婚書·한양에서 사온 저고리 감 비단 1필·무명과 명주를 섞어서 짠 비단 1필·上馬裳 하나·精製한 가죽신 하나이니, 이것이 그 대강입니다'하였다.[139]

光州牧使 成壽益君이 산 기러기를 보내 왔다.[140]

琥珀 끈에 銀으로 꾸민 갓을 閔點에게 빌려 주었다. 그 아들이 내일 娶妻를 하기 때문이다.[141]

이상의 기록을 보면, 眉巖은 자신의 경제적 형편과 從孫子의 편안한 생활을 위한 때문인 듯, 혼사를 정하는데 상대방의 집안 형편을 고려한 것 같다. 또 위의 대목을 보면, 혼서를 퇴짜 놓는 일도 흔한 듯하며, 혼서작성·혼수장만 등 당시의 혼인 준비 과정의 일부를 생생하게 엿볼 수 있다. 그리고 奠雁(기러기를 올리는 것)으로 산 기러기를 구해 사용하려고 했다는 대목은 눈길을 끈다. 다음은 혼례 중 가장 중요한 대례 상황에 대하여 알아보자.

申時에 景濂이 남원 婚所로부터 왔다. 成禮의 상황을 물었다. '19일 未時에 …(中略)… 경렴은 먼저 들어가 자리에 섰고, 신랑이 中房을 거느리고 맨 나중에 문으로 들어갔습니다. 주변에 있던 집사는 옷이 黑團領으로 문에서 맞이하며 揖하고는 들어오기를 청했습니다. 신랑은 세 번

---

139 〈庚午(1570年) 12月 30日〉. "夫人書云 光雯之婚娶 吾家辦給之物 鞍子·笠子·黑靴·紅直領·紫地厚天益·羅厚裏肚·紬厚捧持·紬汗衫·婚書 京買來赤古里段子一匹 錘錦紬間紗一匹 上馬裳一靴精一 此其大者也"
140 〈丙子(1576年) 1月 12日〉. "光州牧使成君壽益 送生雁來"
141 〈辛未(1571年) 1月 18日〉. "以珀纓銀飾笠子 假閔點 爲其男明日娶妻也"

사양한 후에 집사의 선도로 신부 댁으로 따라 갔습니다. 중방은 기러기를 신랑에게 주고, 신랑은 기러기를 받들고 왼쪽으로 들어갔습니다. 자리의 가운데로 나아가 무릎을 꿇어 앉았습니다. 기러기를 놓은 곳은 자리 앞의 왼쪽입니다. 엎드려 맹세하고는 천천히 물러나와 再拜를 했습니다. 집사가 손으로 인도하여 신랑은 마침내 중당으로 들어가 신부를 향해 섰습니다. '신랑은 남쪽을 향해 서시오.' 신부는 비로소 나와 서로 대했습니다. 신랑을 향해 四拜를 하고 신랑은 이에 再拜로 답했습니다. 신랑은 약간 구부려 揖하고 앉았습니다. 신랑이 먼저 상을 대하여 서고, 신부도 이를 따랐습니다. 상이 설치된 중간에서 부부가 서로 대했습니다. 부부가 각각 三盞을 마셨습니다. 侍者가 신랑을 인도하여 병풍이 둘러친 별도의 의막으로 들어갔습니다. 贊婦와 乳母는 함께 신부의 방으로 들어갔습니다. 찬부와 유모가 물러 나오자, 侍者가 신랑을 인도하여 방으로 들어가게 했습니다. 얼마 후 신부가 방으로 들어갔습니다.' ……(後略)[142]

眉巖이 아들 景濂에게 전해들은 손자 光先의 大禮 상황을 상세히 기록한 내용이다. 대례는 혼인의 중심 의례로 그 절차는 크게 전안

---

[142] 〈丙子(1576年) 2月 21日〉, "申時 景濂來自南原婚所 問成禮之狀 則十九日未時 …(中略)… 景濂先入就位而立 新郞最後率中房 而入至塞門 主邊執事 衣黑團領迎于門 揖請入 新郞三讓 然後執事先導 新郞隨之 中房獻雁 新郞捧于向左而由 拜席中道而進跪 置雁於席首之左 暫伏興少退 行再拜禮 執事引手 新郞遂入至中堂 向新婦席而立 新郞向南而立 對新郞 新婦始出相對 向新郞四拜 新郞答以再拜 新郞揖請入就坐 新郞先就 對床位而立 新婦隨而就位 設床於中間 夫婦相對 齊進三盞 夫婦各飮三盞 侍者引新郞 就別幕屛風之內 贊婦及乳母 同新婦入房去上衣 贊婦乳母退 侍者引新郞入房 少頃 新婦入內 ……(後略)

례·교배례·근배례로 구분되며, 교배례와 합근례를 합해 초례라고
한다. 남녀가 만나 부부가 되는 의식이 인간에게 있어서 가장 큰 의
례라는 의미로 대례라 한다. 혼례를 올리기 위해 신랑이 신부 집에
가는 것을 初行[143]이라 한다. 이때 동행자로는 신랑 집을 대표하여 신
랑의 부친이 가는데 이를 上客이라 한다. 이에 따르는 사람으로는 함
과 관복 또는 木雁을 갖고 가는 함진아비와 중방이 있다. 또, 후객이
라 하여 2-3명이 따르기도 한다. 위의 내용에서 주목할 것은 ㉠'新郎
三讓'·'新郎新婦各飮三盞', ㉡'木雁(기러기)', ㉢'신랑신부의 절과 위
치', ㉣'근배례' 등이다. ㉠의 경우, '음·양의 합'으로의 3의 의미는 和
氣이다. 和氣는 陰陽의 만남이다. 남녀의 합은 모두 음양의 만남으로
존재를 낳는다.[144] 그런즉, '新郎三讓'은 겸양·외경의 의미를, '新郎新
婦各飮三盞'은 결합·완성·생성의 의미를 가지고 있는 것이다. ㉡은
전안례(신랑이 신부 집에 기러기를 드리는 의식)때 사용한다. 신랑
이 잠시 허리를 구부렸다 일어서서 큰 절 두 번을 한다. 이때 신부 어
머니는 '목안'을 싸서 빨리 신부가 있는 안방에 던지는데, 이것이 바
로 서면 첫아들을, 누우면 딸을 낳는다고 한다. 기러기는 새끼를 많
이 낳고 차례를 지키며 배우자를 다시 구하지 않는 새로 알려져 있기
때문에 그렇게 살겠음을 다짐하는 의미가 있다. ㉢의 경우, 신랑은
절을 두 번 하고 좌측 또는 동쪽, 신부는 절을 네 번 하고 우측 또는

---

143 중국의 혼례는 남자가 여자를 데려다가 남자의 집에서 부부가 되는 의식을 행하기
때문에 '친히 맞이한다.'는 뜻으로 親迎이라 한다. 우리나라는 여자의 집에서 부부
가 되는 의식을 행한다.
144 姜在哲, 「'3의 法則' 硏究」, 『陶谷 鄭琦鎬博士華甲紀念論叢』, 刊行委員會, 1991, 136~
156 참고.

서쪽에 선다. ㉣의 경우, 근배란 '표주박 잔' 이라는 뜻이다. 표주박
은 한 통의 박이 나뉘어져 두 개의 바가지가 된 것인바, 그것이 다시
합해 하나가 된다는 의미이다. 남자와 여자로 따로 태어났다가 이제
다시 합해 부부가 된다는 선언적 의미를 갖는다.

(3) 喪禮

사람은 한 번 세상에 태어나면 누구든지 반드시 죽게 마련이다. 사
람이 마지막 통과하는 관문이 죽음이고, 이에 따르는 의례가 상례이
다. 喪이란 원래 사망을 뜻하며, 특히 자녀가 그의 부모의 喪을 말할
때 喪이라 한다. 따라서 喪은 哀를 뜻하며, 親喪 또는 旁親喪이라고도
한다. 한편 喪이란 사람의 죽음에 대하여 애도의 뜻을 나타내는 행위
를 의미 한다[145]고도 한다. 喪禮의 사전적인 뜻은 상제로 있는 동안에
행하는 모든 의례이며, 葬禮의 뜻은 시체를 묻거나 화장하거나 하는
의례라고 풀이[146]하고도 있다. 禮書에 보면, '소인의 죽음은 육신이
죽는 것이기 때문에 死라 하고, 군자의 죽음은 도를 행하는 것이기
때문에 終이라 하는데, 死와 終의 중간을 택해 없어진다는 뜻인 喪을
써서 喪禮라 한다.'[147]고 했다. 아무튼 喪禮는 사람이 죽는 순간부터
시체를 매장하고 일정기간 동안 상복을 입은 후, 평상으로 돌아오기
까지 행하는 모든 의례절차를 말한다. 그러면 상례에 대해 살펴보기

---

145 李杜鉉外 2人, 『新稿版韓國民俗學槪說』, 一潮閣, 1993, 77쪽.
146 김용덕, 앞의 책, 267쪽.
147 성균관 전례위원회, 앞의 책, 168쪽 재인용.

로 하자.

申時에 집에 돌아오니, 酉時에 羅兄이 芋前의 避寓所에서 작고했다고 한다. 급히 景濂을 시켜 종들을 거느리고 가서 鞋前의 寓所로 모셔 오게 하고, 나도 곧 달려갔는데 문에 들어서며 哭이 나왔다. 兄의 五寸姪인 李彦貞과 妻五寸叔인 李希年 및 庶人 朴孫石이 함께 襲과 小斂을 했다. 나는 또 各司·政院·舍人司·歸厚署·戶曹·軍器寺·奉常寺 등에 편지를 띄우고 2更 5點이 되어서야 집으로 돌아왔다.[148]

내가 燭 1쌍·棺에 바를 장지 1권·油席 한 벌을 우선 賻儀로 주었다.[149]

식후에 羅兄의 喪을 보러 가서 邊麒壽와 상여를 끌 수레와 소를 사는 것, 祿을 받는 일을 상의했다.[150]

이른 아침 羅兄의 成服 때문에 갔더니, 直講 閔德鳳·尙衣正 李仲虎가 각기 奠物을 가지고 왔다. 午時에 이르러 成服을 했는데, 내가 緦麻(三月服)을 입고 띠를 띠고 들어가 奠을 올렸는데 祭文도 있었다. 奠을 올리고 나서 스스로 제문을 읽고 계단 아래로 내려와 李·閔 二君 등과 再拜를 하고 禮가 끝나자 의막으로 물러가 쉬니, 李·閔君이 따라 들어 왔다. 해가 기울 무렵 하인들을 시켜 빈소 곁에다 假家를 짓게 하고 끝나자, 집으로 돌아오니 鄭恕가 찾아왔기에 부채를 주었다.[151]

148 〈己巳(1569年) 6月 7日〉. "申時 歸舍 酉時 羅兄卒於芋前避寓所 急遣景濂 率僮僕 舁還鞋前寓所 余尋馳進 入門而哭 兄之五寸姪李彦貞·妻五寸叔李希年及庶人朴孫石 共爲襲小斂 余又馳簡于各司·政院·舍人司·歸厚署·戶曹·軍器寺·奉常寺等處 二更五點 歸舍"
149 〈己巳(1569年) 6月 8日〉. "余以燭一雙·塗棺狀紙一卷·油席一事先賻"
150 〈己巳(1569年) 6月 9日〉. "食後往看羅兄之喪 與邊麒壽 共議買車買牛受祿之事"
151 〈己巳(1569年) 6月 10日〉. "早朝 以羅兄成服往臨 直講閔德鳳·尙衣正李仲虎 各持奠物 而至 午時 成服 余著緦麻帶 入奠有祭文 旣奠而自讀祭文 退于階下 與李·閔二君等再拜

戶曹에서 羅兄에게 前官의 禮로 포목 20필과 백지 40권 등의 물품을 부의했다. …(中略)… 선공감역 梁天遇를 불러 銘旌틀·魂魄床·香床·香合·燭臺 등의 일을 부탁했다.[152]

식후에 僉知 任尹을 찾아가 羅喪에 쓸 魂帛箱子의 腰輿를 수원부사에게 말해 달라고 했더니 任公이 허락을 했다.[153]

李希年이 와서 喪車를 논의했다. 또 喪車를 끌 土獻孫이 와서 인사를 하니 靑坡에 사는 자다.[154]

지난 밤 三更에 잠에서 일어나 바로 羅兄의 빈소로 갔다. 전일 回文을 낸 卿 大夫의 丘從이 각기 횃불을 들고 나타났고, 혹은 홰가 없이 온 자도 있었다. 모두 40명이고, 성균관의 下典이 28명이요, 호조의 사람이 22명이다. 尙衣院에서 15명, 廣興倉에서 10명, 禮賓寺에서 10명, 軍資監에서 20명이니 모두가 迎香軍이다. 성균관의 노비 8명은 內室의 교군이다. 五更初에 발인을 했는데, 兵曹의 소 두 마리가 상여를 끌고, 漢城府의 소 두 마리는 雜物을 싣고 뒤를 따랐다. 서소문에 이르렀는데 문이 아직 열리지 않았다. 이윽고 문이 열려 성균관 書吏는 桃渚口峴까지 전송을 하고, 各寺(官寺)의 迎香軍은 모두 물러갔다. …(中略)… 나는 상여를 따라 沙平院까지 갔는데, 羅士忱과 작별을 하자, 士忱이 엎드려 사례하기를 '이번 이 喪事에 형님의 덕을 입은 것을 말로 다 할 수가 없습

禮畢 退休依幕 李·閔從之 日昳 令下人造假家于殯側 畢而歸家 見鄭恕來訪 贈以扇"

152 〈己巳(1569年) 6月 11日〉. "戶曹 以羅兄先生 賻木貳拾匹·白紙四十卷等物 …(中略)… 招繕工監役梁天遇 懇銘旌機·魂魄床·香床·香合·燭臺等事"

153 〈己巳(1569年) 6月 14日〉. "食後 往訪任僉知尹 具言羅喪魂魄箱子所入腰輿 通于水原府使 任公諾"

154 〈己巳(1569年) 6月 15日〉. "李希年 來議喪車 又引車土獻孫來謁 居于靑坡者也"

니다. 형님이 힘써 도와주지 않았다면 이번 길의 모든 일을 어디에 의
지할 수 있었겠습니까?' 하였다. 나는 돌아오다가 羅兄의 부인인 형수
를 만나 말에서 내려 작별인사를 드리고 왔다. …(中略)… 내가 羅喪을
보살피기를 6월 초엿새부터 시작하여 지금까지 무릇 75일을 서두르고
진력하며 걱정하여 수고로움이 아주 많았다.[155]

곧 장의동 槐山 辛輔商의 喪次로 갔는데, 成服을 안했기 때문에 나도
變服을 안하고 護喪의 얼굴만 보고 왔다.[156]

이른 아침에 判府事 李退溪 선생을 찾아가 뵈었는데, …(中略)… 希春
이 묻기를 '옛날 북도 변경의 유배지에서 모친상을 당했는데, 달이 넘
어서야 비로소 듣게 되어 禫祭도 한 달을 물려서 지냈으며, 또 죄가 감
등되어 한양에 더 가까운 恩津으로 배소를 옮겼을 때, 親山에 성묘 가
면서 고기를 먹지 않고 채식하고 흰 옷으로 갈아입었으며, 묘소에 당
도해서는 머리를 풀고 대략 타향에서 親喪의 소식을 듣고 집으로 급히
돌아가는 禮와 같이 했습니다. 변을 당하는 것이 평상과 다르므로 인
정도 따라서 변하는데 이것이 옳은 것인지 알 수 없습니다. 하였더니,
선생은 '그렇게 처사하는 것이 온당하다.' 고 하셨다.[157]

---

[155] 〈己巳(1569年) 7月 21日〉. "去後三更起寢 卽造羅兄殯前 凡前日回文卿大夫士之丘從 各
持炬或無炬來現者四十人 成均館下典二十八人 戶曹人二十二名 尙衣院十五名 廣興倉
十名禮賓寺十名 軍資監二十名 皆迎番軍也 成均館奴八名 則爲內室轎軍也 五更初發引
兵曹二牛駕喪車 漢城府二牛駕雜物隨後 道由西小門 至門而門尙未開 尋開門 成均館吏
送至桃渚口峴 各寺迎番軍皆退 …(中略)… 余隨喪輤 至沙不院 與羅士忱敍別 士忱伏而
謝曰 今此喪事 蒙兄氏之德 一口難言 微兄氏之力求 則此行凡事 何處依據乎 余回來遇羅
嫂之行 下馬奉辭而來 …(中略)… 余之護羅喪也 自六月初六日 至今凡七十五日 經營盡
力 憂勞至矣"
[156] 〈庚午(1570年) 11月 4日〉. "遂往藏義洞辛槐山輔商喪次 以未成服 故余亦不變服 只見護
喪而來"

위의 기록은 당시의 初終葬禮의 실상을 여실히 보여주고 있어 귀
중한 자료로 평가된다. 보통 喪을 당하게 되면, 첫째 날은 訃告와 襲,
둘째 날은 小斂, 셋째 날은 大斂, 넷째 날은 成服을 하게 된다. 그러나
眉巖 생존 당시는 古禮를 따르므로 오늘날과 차이가 있다. 眉巖은 이
종사촌형이 죽자, 첫째 날의 襲에서부터 발인까지 직접 주관을 하였
는데, 小斂에서 古禮와 차이를 보이고 있었다. 즉 襲과 小斂을 특별한
이유도 없이 첫째 날에 한꺼번에 시행하였다. 이로써 보건대, 당시까
지 家禮가 확실하게 정해지지 않은 것으로 보인다. 그리고 조문 시
成服을 입지 않은 경우에는 변복을 안 하고 護喪의 얼굴만 보고 오는
것으로 기록되어 있다. 이 또한 오늘날과 차이를 보이고 있다.

다음은 眉巖이 유배지에서 모친상을 당한 후 행한 禫祭에 대해 살
펴보자. 眉巖은 유배지 종성에서 모친상을 당하였다. 그래서 그는 상
례에 의거하여 禫祭를 행하였다. 해배 후 李滉을 만났을 때, 이에 대
해 문의한 대목이다. 禫祭는 大祥(죽은 날로부터 2년 만에 지낸다. 상
복을 벗고 소복을 입는다)을 지낸 다음 달에 날을 골라 소복을 벗고
평상복을 입는 제사를 지내는 것을 말한다. 眉巖은 모친상을 달이 넘
어서야 듣게 되었다. 그런바 들은 날을 기준으로 한 달 뒤에 담제를
지냈던 것이다.

옛날에는 부모가 돌아가시면 三年喪을 치렀다. 이는 부모가 서거
하더라도 報恩의 뜻을 살리는 의미에서 三年喪을 치룬 것이다. 그러

---

157 〈戊辰(1568年) 7月 23日〉. "早朝 往謁李判府事退溪先生 …(中略)… 希春問昔在北鄙遭
母喪也, 逾月而始開及其禫祭也 退行於一月 又量移恩津也 往省親墓 行素變服 到墓散髮
略如奔喪之禮 所遭之變 既異於常人 禮亦隨變 未知是否 先生曰 如此處事當矣"

한 뜻은『禮記』에 잘 나타나 있는데, "자식은 나서 3년 뒤에라야 겨우 부모의 품에서 벗어난다. 그래서 삼년상이란 천하에 공통된 상례"[158]라 하였다. 또 자식은 부모가 죽으면 사흘 동안 밥을 짓거나 먹지도 않는다고 한다.

(4) 祭禮

祭禮는 조상을 제사지내는 의식 절차이다. 조상숭배를 도덕적 실천이라 여긴 조선조에서는 四禮 중 으뜸이 祭禮였다.

인간은 누구든지 자기를 존재하게 한 근본에 보답해야 한다. 그것이 바로 효도이다. 효도란 부모와 조상을 극진한 정성과 공경으로 섬기는 일이다. 그러면 제례의 내용에 대해 살펴보자.

> 나는 내일 11일이 先妣忌日이므로 齋戒하기 위해 미리 서리를 시켜 病狀을 내게 하고 저녁에 집으로 돌아 왔다. 尼山 趙慶福을 만나 보았다.[159]
> 비가 온다. 내일이 先祖考의 忌日이므로 齋戒를 하고 素食을 했다.[160]
> 새벽에 先祖考妣 兩位의 제사를 지냈다. 祭物을 엄숙하게 갖추었으니, 城主가 마련해 보내준 덕분이다.[161]

158 『禮記』,〈三年問〉참고.
159 〈戊辰(1568年) 2月 8日〉. "余以明日乃十一日先妣忌之齋戒 故豫令吏呈病狀 夕歸舍 見尼山趙慶福"
160 〈丁卯(1567年) 12月 8日〉. "雨 以明日祖忌齋素"
161 〈丁卯(1567年) 12月 9日〉. "晨祭祖妣兩位 祭物嚴備 城主辦送之力也"

옛날에는 祭禮를 중시했기 때문에 관리들도 관청에 병가를 내고 기제사를 지내는 것이 통례였던 것으로 보인다. 또 목욕재계하고 素食을 하는 등 극진한 정성과 공경으로 조상을 섬기고 있어 현대인들에게 많은 교훈을 주고 있다.

忌日祭란 忌日에 지내는 제사로 忌祭 또는 忌祭祀라고도 하는데, 집에서 모시는 高祖(4대)까지의 조상에 대한 제사이다. 忌祭를 주관하는 祭主는 종손이다. 사실 眉巖은 차남이었기 때문에 기제를 지낼 필요가 없다. 왜냐하면 장남인 그의 형(柳成春)의 집에서 지내는 것이 원칙이기 때문이다. 眉巖이 서울에서 벼슬살이를 하는 관계로 고향의 형님 댁에 내려갈 수 없어 별도로 지낸 듯하다.

> 닭이 울자 일어나 머리 빗고 세수하고 관 쓰고 띠 띠고 曾祖·祖·考의 三世 六位의 紙榜을 공경히 썼다. 대저 이 時祭에 비로소 曾祖까지 追祭를 한 것이다. 먼동이 틀 무렵에 제사를 지내는데, 祭物이 풍비하고 깨끗하다. 부인이 안에서 애쓴 힘이 크다. 희춘의 자손이 곁에 있지 않기 때문에 讀祝·奠爵 등을 모두 몸소 했다.[162]

> 닭이 울어 일어나 세수하고 의관을 정제한 후, 공경한 마음으로 축문을 썼다. 날이 밝아 오자, 祖考妣·考妣 양위 신주 두 독을 받들어 대청 평상판자 위의 작은 상에 모셨다. 제물은 정비되었으나, 다만 노비 雪梅의 잘못으로 약과 1접시를 다시 쌓게 되었다. 그러나 반 이상이 무너

---

162 (癸酉(1573年) 2月 20日). "鷄鳴而起 梳洗冠帶 敬書曾祖·祖·考三世六位紙榜 蓋此 時享 始追祭曾祖也 昧爽行祭 祭物豊潔 夫人內修之力居多 希春以子孫不在側 凡讀祝奠爵 皆躬親"

졌다. 다만 닦아 올릴 뿐이었다. 아내 또한 와서 제사상을 보았다. 두 분 양위를 개반 하였다. 오래지 않아 제사를 마쳤다.[163]

時祭 지낸 일을 기록한 대목이다. 時祭는 家廟祭儀의 하나로서 四時祭라고도 한다. 四時祭란 춘하추동 매 계절의 仲月에 날을 골라 高祖에서 부모까지를 제사지낸다. 그런데 위의 기록을 보면, 眉巖은 癸酉年에는 三代, 丙子年에는 二代만 시제를 올렸다. 家禮에 밝았던[164] 그가 그때그때 사정에 따라 2대 또는 3대만 시제를 올린 것이 특이하다.

그런데 다음의 기록을 보면, 중국의 家禮를 따르기는 했으나 완전히 정착된 것은 아닌 듯하다.

내일 金慕齋의 墓에 祭를 지내기 위해 보낸 것을 헤아려 보니 公山에서 부조해 준 酒果가 2斗 1刁요, 中朴桂가 86同이다. 가히 四行床을 차릴 만하다.[165]

163 〈丙子(1576年) 5月 15日〉. "鷄鳴而起 盥洗衣冠 敬書祝文 質明 奉祖考妣·顯考妣兩兩神主二櫝 詣大廳平床板子鋪陳上 安於小床之上 祭物精備 但因婢雪梅之誤 改策藥果一坐 然過半不壞 只修補而已 夫人亦往視祭床 並開飯鉢於第二位 良久祭畢"
164 眉巖이 존숭한 朱子는 四代 奉祀를 주장하였다.
옛 부터 제례법에 대해서는 논란이 많았다. 정몽주가 제정한 제례규정에 의하면, 三品官 이상은 曾祖까지 三代를 제사 지내고, 六品官 이상은 조부모까지 二代를 제사지내며, 七品官 이하 서민들은 부모만 제사 지내라고 하였다. 또 조선조 경국대전의 제례 규정에 의하면, 三品 이상은 高祖까지 四代, 六品 이상은 曾祖까지 三代, 七品 이하 선비는 조부모까지, 서민은 부모만 제사지내라고 하였다. 이러한 四代 奉祀의 제례법은 계급 차등설에서 비롯된 것으로, 조선조에 들어와 논쟁도 많았다. 이처럼 四代 奉祀를 고집하게 된 가장 큰 이유는 조상 숭배사상과 신라의 五廟 제도, 그리고 程子·朱子의 영향 때문인 듯하다.
〈戊辰(1568年) 5月 4日〉. "許筬許筍以書問家禮疑處 余隨問答之"
165 〈丁卯(1567年) 10月 29日〉. "以明日 遣祭于金慕齋墓 計公山所扶酒果二斗一刁·中朴桂

날이 환히 밝아서 忌辰祭를 지냈다. 外祖妣와 外祖考 錦南先生을 함께 모신 것으로 俗例를 따른 것이다. 祭需用으로는 魚肉을 쓰고, 祭禮는 중국 것을 따르고 東俗(우리나라 예속)을 따르지 않았다. 祭物이 매우 완비되어 몹시 기쁘다.[166]

식후에 성묘를 하기 위하여 牟木洞으로 가서 먼저 先妣의 묘소를 뵙고 땅에 엎드려 哭을 하였다. 그리고 다시 先君의 묘소 앞으로 가서 땅에 엎드려 哭을 하였다.[167]

진설을 五行床이 아니라 四行床으로 차리려고 한 것이라든지, 先考의 산소에 성묘를 먼저 하는 것이 원칙인데도 이를 따르지 않은 것이라든지, 그리고 앞에서 언급한 三代 또는 二代 봉사 등으로 보아 당시까지는 『朱子家禮』의 일반화가 덜된 듯하다. 그럼에도 眉巖은 가급적이면 東俗보다는 중국의 家禮(朱子家禮)를 따르려고 했던 것 같다.

이날 새벽에 관대를 갖추고 祖妣의 神主를 책방의 책장에서 뵈었다.[168]

가족들이 나들이 할 때는 조상 신주에게 반드시 告해야 한다. 여기서 神主는 밤나무로 만든다. 그 이유는 밤나무는 서쪽(西) 나무(木)라

八十六同 可謂四行床矣"

166 〈辛未(1571年) 1月 8日〉. "質明 設忌辰祭 爲外祖妣兼祭外祖錦南先生 從俗例也 祭用魚肉 從中華而不從東俗也 祭物頗備 深喜"

167 〈丁卯(1567年) 12月 5日〉. "食後 以展墓詣牟木洞 先謁先妣墓 伏地以哭 遂往先君墓前 伏而哭"

168 〈丁卯(1567年) 11月 26日〉. "是日晨 具冠帶 謁祖妣神主于冊房冊欌"

쓰는데, 서쪽은 死者의 방위이며, 밤나무는 단단하기 때문이다. 또, 옛날에는 사당에 밤나무를 심었는데, 이런 연유에서 유래된 것 같다.[169] 眉巖은 仲子이기 때문에 사당을 세우지 않았던 것으로 보인다.

이상에서 살펴본 바와 같이, 위의 冠·婚·喪·祭禮에 대한 기록들은 당시의 民俗 내지는 禮俗을 살필 수 있어 주목된다. 眉巖은 儀禮에 대한 관심[170]과 지식이 상당하였으나 정밀하지는 않았던 것 같다.[171]

3) 맺음말

필자는 지금까지 『眉巖日記』에 나타난 의례, 특히 冠·婚·喪·祭禮에 대하여 살펴보았다. 앞에서 논의한 사항들을 종합 요약하여 결론으로 삼겠다.

---

[169] 돌아가신 조상을 살아계신 조상 섬기듯이 모시려니까 섬길 대상이 필요하므로 조상을 상징하는 표상이 필요했다. 이를 位牌라 하는데, 위패를 모시는 장소를 家廟라고 한다. 옛날에는 조상의 표상으로 화상을 그려서 모셨기 때문에 影堂이라 했다. 그러나 약 800년 전부터 터럭 하나만 틀려도 조상이라 할 수 없으므로 조상의 칭호를 글씨로 쓴 신주를 만들어 모셨기 때문에 祠堂이라 했다. 우리나라에 가묘 제도가 도입된 것은 고려 말로, 정몽주가 가묘를 처음 설치했다고 한다. 古禮에는 사대부는 五祀라 해서 始祖 또는 先祖와 高祖까지의 四代를 모시는 것이 원칙이었다. 보통은 四代를 모시었다. 오늘날은 가묘를 찾아볼 수 없다.

[170] 〈丁卯(1567年) 10月 12日〉. "閔都事朱子儀禮經傳通解□□□示之 是我平生願見之書 然此乃書也"

[171] 眉巖은 仁順王后 복제로 인한 服議論爭 時, 대부분 五禮儀와 복제변경을 주장할 때, 祖宗의 법을 주장하면서 임금의 居喪은 사대부와 다르다 하여 金繼輝에게 비난을 받은 적이 있다. (『국역 연려실기술』IX, 〈祀典典故〉, 민족문화추진회, 1977, 109~111 참고.) 『眉巖先生集』, 〈庭訓 內·外篇〉에는 각종 儀禮들이 기록되어 있는바, 의례에 대한 지식이 상당한 수준임을 알 수 있다.

유희춘의 『眉巖日記』를 보면, 冠·婚·喪·祭禮의 경우 『朱子家禮』를 따르기는 했으나 완전히 정착되지는 못했던 것 같다. 그것은 관례를 행할 때 약식으로 하거나, 士大夫家에서 조차 관례가 잘 이루어지지 않는 경우도 있었기 때문이다. 뿐만 아니라 상례에서는 古禮를 따르는 경우도 있었다. 즉, 襲과 小殮을 첫째 날에 한꺼번에 행하거나, 弔問할 때 成服을 하지 않았는데도 變服을 안 하고 護喪의 얼굴만 보고 오는 것을 들 수 있다. 그리고 제례 때 진설(특히 제사 상 차림)이나 성묘 순서, 奉祀 代數 등에서 『주자가례』와 차이를 보이고 있다. 이로써 보건대 당시까지 『주자가례』의 일반화가 덜된 듯하다. 그럼에도 불구하고 『眉巖日記』에는 당시의 의례와 禮俗 등을 살펴볼 수 있는 기록들이 많은바 주목할 필요가 있다.

이상에서 살펴본 결과, 『眉巖日記』는 당시의 禮俗과 의례절차 등을 기록으로 남기고 있는바, 당시의 의례를 살펴볼 수 있는 귀중한 문헌 자료로 평가된다. 그러므로 『眉巖日記』는 16세기의 대표적인 의례 관련 문헌 자료로 민속학적·의례사적으로도 그 가치가 높다고 하겠다.

아울러 『眉巖日記』에 기록된 의례는 임진왜란 이후의 의례, 나아가 조선 후기의 의례가 어떻게 변모되었는지를 이들 의례들과 비교하여 추찰해 볼 수 있는 매우 중요한 자료이다.

5

『계암일록』

1) 머리말

金坽(1577~1641)의 자는 子峻, 호는 溪巖, 본관은 光山이다. 어려서부터 품성이 영특하고, 학행이 뛰어나 14·15세에 학문과 문장으로 이름이 드러났다. 임진왜란이 일어나자 17세의 나이로 柳成龍 막하로 자진 종군했으며, 당시 명나라의 총병사 吳維忠과 유격장 盧得功 두 사람으로부터 후한 대접을 받았을 정도로 학식이 숙성하였다. 그 뒤 1612년(광해군 4) 증광 문과에 병과로 급제해 승문원에 등용된 뒤 여러 벼슬을 거쳐 주서에 이르렀으나, 당시 집권세력이었던 북인들의 用事에 실망하고, 광해군의 어지러운 정치를 비관해 40세에 벼슬을 그만두고 예안으로 낙향하였다. 이후 조정에서 수차례 벼슬을 내렸으나 병을 핑계로 나아가지 않았다.

병자호란이 일어나 청나라 병사가 남한산성을 포위하자 가산을 모두 털어 의병들의 군량미로 충당했으며, 남한산성이 함락되자 비분강개한 시 몇 편을 남기기도 하였다.

벼슬에서 물러나 처음에는 제자들과 경치가 아름다운 곳을 찾아 마음을 달래었다. 그러나 죽을 때까지 마지막 20여 년 간은 문 밖 출입을 삼가며 오가는 사람도 방에 앉아 영접하고 보냈다. 세상에서 그를 영남의 첫 번째 인물이라고 불렀다. 저서로는 『계암선생문집』 있다. 시호는 文貞이다.[172]

필자가 주목한 것은 김령이 39년에 걸쳐 쓴『溪巖日錄』(1603~1641) 때문이다. 『계암일록』은 17세기 영남지역(특히 예안)의 사회문화와 일상생활 등을 기록으로 남기고 있어 그 자료적 가치가 높이 평가된다. 특히 당시 실제로 행했던 의례를 엿볼 수 있는바, 필자는 여기에 초점을 맞추었다. 논의는 관례, 혼례, 상례, 제례 순으로 하겠다.

이상의 논의를 통해 17세기 실제로 행했던 의례의 실상(비록 영남지방이지만)을 살펴볼 수 있어 의례사적으로도 의미가 있다고 하겠다.[173]

---

172 김령의 생애에 대해서는 황패강의 논문(「계암 김령의 인간과 문학」,『퇴계학연구』제13·14·15합집, 단국대 퇴계학연구소, 2001.)을 참고할 것. 그리고 자료의 이본에 대해서는 이성임의 논문(「계암일록(1603~1641)에 대한 자료적 검토」,『한국사학보』57집, 고려사학회, 2014.)을 참조할 것.
173 Text는 김영 지음, 신상목·김용환 옮김,『계암일록 1, 2, 3』, 한국국학진흥원, 2013. 이후『계암일록』인용 시 연월일만 명기함.

2)『계암일록』에 나타난 의례

(1) 관례

『계암일록』에는 관례에 대한 기록이 매우 적은 편이다. 이에 대해 살펴보겠다.

『계암일록』을 보면, 관례는 대개 혼례를 앞두고 행했다.

> 맑고 바람이 불었다. 아이의 관례를 내일 치른다. 이지에게 賓이 되어 달라고 청했기 때문에 밥을 먹은 뒤 침락정에 가서 한참 동안 이야기 했다.[174]
>
> 비가 내렸다. 밥을 먹은 뒤 이실 및 김참이 홀기를 베꼈다. 자개·이지·여희·덕여 삼형제, 원선·덕원·김시량 및 김직, 서숙 등이 모두 모였다. 홍계형도 자리에 있었다. 오시에 관례를 치렀다. 이지가 賓이 되고 원선이 贊者가 되었다. 三加禮를 마치고, 가묘에 고유하고 잔을 올렸다. 마침내 이어서 손님에게 상을 들이고 술을 돌리며 조용히 술잔을 주고 받아 저녁까지 이어졌는데 모두 취했다. 이날 이직이 영덕에서 와서 또한 모임에 참석했다.[175]
>
> 맑음. 밥을 먹은 뒤 아이를 데리고 방장 가묘에 가서 배알하고 선영에 성묘했다.[176]

---

[174] 〈1621년 3월 18일〉.
[175] 〈1621년 3월 19일〉.
[176] 〈1621년 3월 20일〉.

100

 김령은 1621년 3월 19일 맏아들 김요형의 관례를 치렀다. 관례 하루 전날에는 재종질인 김광계에게 賓이 되도록 청하고 참여할 친지들을 초청했다. 관례 당일에는 아침에 친척들이 홀기를 베껴서 관례를 준비했고, 오시에 관례를 치렀는데, 김광계가 빈이 되고 裵元善이 贊者가 되어 아이에서 어른으로 거듭나는 三加禮를 행한 뒤 가묘에 고유하고 잔을 올린 뒤 연회를 벌였다. 관례 다음날 20일 방장 가묘에 가서 배알하고 선영에 성묘했다.

 아들 김요형은 관례를 행한 직후, 4월 3일 혼례를 치렀다. 16세기의 일기 『미암일기』를 보면, 관례를 일반적으로 행했던 정월에 치렀지만, 약식으로 행했던 것으로 보인다.[177] 반면, 『계암일록』에는 삼가례를 제대로 행했다. 그렇지만 보통 시행했던 정월이 아니라 3월, 그것도 혼인을 앞두고 치렀다는 점이 차이점이라 하겠다.

(2) 혼례

 『계암일록』에는 혼례에 대한 기록이 많은 편이다. 이에 대해 알아보기로 하자.

 김령의 큰아들 김요형의 혼례는 관례 행한 직후에 바로 진행되었다. 김령은 1621년 4월에 맏아들을 안동의 權泰一의 딸과 혼인시켰다. 4월 2일에는 친지들과 모여서 婚狀을 쓴 뒤 술잔을 나누었고, 4월 3일 새벽에 혼인 폐백을 준비해서 보내고 오시에는 가묘에 고하고

---

177 졸고, 앞의 논문, 308쪽.

醮禮를 치렀으며, 5일에는 아들이 돌아왔고, 6일에는 신부 집에서 보낸 음식과 술을 친지들과 나누었다. 맏아들은 신부 집에서 대례를 치른 뒤 혼자 귀가했다.[178]

신부의 于歸 혹은 新行은 이듬해 1월에 이루어졌다. 신부의 우귀가 9개월 정도 늦어진 것이 눈길을 끈다. 이로써 짐작컨대, 우귀는 아직 제대로 정착되지 못한 것 같다. 그리고 『계암일록』에는 맏아들의 건강이 좋지 않아서 혼사에 차질을 빚을까 노심초사하는 아버지의 모습도 상세하게 나타나 자식에 대한 父情을 엿볼 수 있다.[179]

1622년, 김령은 1월 4일에 아들의 병을 염려하여 5일에는 柯谷으로 사람을 보내어 증세를 물어보았는데, 6일 아들의 편지로 증세가 호전되는 양상을 확인한 뒤 8일에 비로소 신행에 대한 계획과 준비에 본격적으로 들어갔다. 신행 하루 전날인 10일에는 笏記를 작성하고 주변 사람들을 초청하였으며, 사돈댁과 폐백과 홀기에 대한 내용을 주고받았다. 신행날인 11일 오후에 맏아들이 병든 모습으로 처가인 가곡에서 출발하여 예안에 도착했으나, 신부의 新行은 깜깜한 밤이 되어 도착했다.[180] 12일 오시에 신부가 시부모를 뵙는 見舅姑禮를 행한 뒤에 여러 친척들을 뵙고 盟饋禮와 향례饁禮를 차례대로 행했으며, 13일 아침에는 음식을 갖추어 薦禮를 올리고 신부를 祠堂에 참배시켰다.[181]

---

178 〈1621년 4월 2·3·5일〉.
179 〈1622년 1월 4일·5일·6일·8일〉 참고.
180 〈1622년 1월 11일〉.
181 〈1622년 1월 12·13일〉.

김요형의 혼례는 가례의 친영제가 아니라 전통적인 남귀여가혼의 풍속에 따른 것이었다. 전안례, 교배례, 합근례가 신부 집에서 이루어졌고, 신부의 신행이 해를 넘겨서 이루어지는 '해묵이' 풍습이 나타나므로 三日新行에 따른 반친영도 아니었다.[182]

『계암일록』을 보면, 혼례의 경우, 기존의 男歸女家婚 풍습이 여전히 주류를 이루는 가운데 親迎을 수용하는 양상이 일부 나타난다.

17세기 전반 예안지역에서는 아직 가례의 친영이 제대로 실천되지 못했으며, 기존의 남귀여가혼 풍습이 지배적인 관행이었으며, 親迎을 일부 수용하거나 半親迎을 하는 양상이 일부 있었던 것으로 보인다.『계암일록』에서 親迎에 대한 기록이 나오는 것은 딱 1번뿐이다.[183]

> 榮川 全兄 집에 도착했을 때는 오시가 가까웠다. 저녁 무렵에 생질 仙의 親迎이 당도하였는데, 바로 全舜憲의 딸이었다. 전사헌, 전상헌 군이 데리고 왔는데, 빈객의 접대는 장여직 공·권경섭·전형·전현지·김효길이 하였고, 나도 함께 하였다. 밤이 깊어지자 두 빈객은 몰래 돌아갔다.[184]

김령의 자형인 全景業의 딸, 곧 김령의 甥姪인 全仙의 친영을 직접 목도하고 빈객 접대에 참여하기도 했다. 그러나 신부를 맞으러 온 신랑 측의 친영에 대한 기록은 이어지지 않지만, 친영 혹은 반친영을

---

182 박종천, 앞의 논문, 281~282쪽.
183 위의 논문, 279쪽.
184 〈1615년 1월 5일〉.

했을 가능성이 높다. 그러나 『계암일록』에 나오는 혼례들은 대체로 친영이나 반친영이 아니라 남귀여가혼의 풍습에 따라 이루어진 것으로 보인다. 예컨대, 1607년 載寧 이씨 집안의 石溪 李時明이 김령의 6촌인 近始齋 金垓의 딸과 혼인했는데, 신부 집에서 交拜禮를 하고 신부 집에서 며칠간 머물면서 잔치를 벌였다.[185] 당시 김령은 동네에서 하는 관례로 鷄酒와 농어를 보냈다. 본래 가례의 친영은 신부 집에서 奠雁禮를 행한 뒤에 신랑 집으로 가서 교배례와 合卺禮를 하는 것이었으나, 신부 집에서 전안례, 교배례, 합근례를 모두 치르는 것으로 보아 친영이 아니라 반친영 혹은 남귀여가혼을 실행했던 것으로 보인다. 김령 집안의 혼인 사례로 볼 때 남귀여가혼의 가능성이 훨씬 더 높다.[186]

그런데 김령은 당시 혼인의 풍토에 대해 『계암일록』에 기록하면서 잘못된 사회적 풍조를 비판했다. 병자호란 직후 조선에서는 청나라의 요구에 따라 심양으로 처녀를 뽑아서 보낸다는 소문 때문에 급히 혼인을 치르려는 풍조가 확산되었다. 김령은 당시 서울에서는 변란의 여파로 12~13세의 남녀가 혼인하는 조혼의 풍습이 만연함을 안타까워하는 동시에, 당시 혼인이 경제적 이익을 기준으로 이루어지고 있음을 다음과 같이 개탄했다.

근세의 혼인은 오직 재물과 이익만 알고 상대가 어떤 사람인지를 묻

185 〈1607년 11월 12일〉.
186 박종천, 앞의 논문, 278쪽.

지 않는다. 만일 재산이 넉넉한 사람이 비록 비루하고 더럽다고 할지라도 머리가 터지도록 다투어 혼인하려고 하니, 오히려 무슨 말을 하겠는가?[187]

이러한 비판적 의식으로 인해 김령은 이익 추구를 위해 이루어진 혼인의 실제 사례를 비판했다.[188] 그래서 그는 지역적 기반도 약하고 가난하지만 선비 집안의 딸을 며느리로 받아들여 아들과 혼인시켰다.[189] 김령은 둘째 아들을 혼인시킬 때 좋은 혼처가 있었음에도 불구하고, 사돈댁이 지역적 기반이나 경제력이 미미한 것을 알면서도 가문을 고려해 혼인할 대상으로 선택했다고 기록하고 있다.

그리고 혼례를 마친 뒤 신랑이 벗들에게 음식 대접을 하는 東床禮를 지나치게 크게 잔치를 벌이면서 사회적 물의를 일으키는 일이 종종 있었다. 이에 대해 김령은 서원을 동상례 장소로 사용하는 것에 대한 문제점 지적과 함께, 동상례를 치루기 위해 서원의 공금까지 멋대로 가져다 사용하고 소를 도살하여 술안주로 삼는 일들도 있었음을 신랄하게 비판했다.[190]

이상에서 보는바와 같이, 17세기에는 우귀 기간이 길다는 점이 눈길을 끌 뿐만 아니라, 친영이 아니라 반친영 혹은 남귀여가혼(특히 영남지방)을 많이 실행했던 것 같다.

187 〈1637년 11월 21일〉.
188 〈1638년 11월 9일〉.
189 〈1636년 11월 25일〉.
190 〈1612년 5월 17일~20일〉.

(3) 상례

『계암일록』에는 상례에 대한 기록이 많다. 이에 대해 살펴보겠다.

『계암일록』을 보면, 전통적인 관습의 영향력이 강했던 혼례에 비해, 상례에서는 상당한 진전이 있었다. 조선 전기에는 부모님의 시체를 모신 무덤 옆에 여막을 짓고 시묘살이 하는 일이 효라는 명목 아래 확대되었다. 그러나 시묘살이를 하게 되면 장례를 지낸 후 신주를 사당에 새로 모시는 返魂을 시행할 수 없게 된다. 이러한 상황은 사당보다 무덤, 神魂보다 體魄을 중시하는 전래의 습속에서 비롯된 것이다.

그러나 『계암일록』에는 반혼을 상당히 철저히 실천하는 예안현 사족들의 상례 관행이 분명하게 나타난다. 예컨대, 1603년 12월 4일, 김령은 종형 金圻의 喪을 당했는데, 대체로 가례의 상례 방식에 충실하게 진행되었다.

> 땅거미가 질 무렵 북애 형이 홀연히 돌아가셨다. 통곡하고 통곡할 일이다.[191]
> 여러 친지들과 喪事를 준비하느라 밤에는 탁청정에서 자고 집으로 오지 않았다.[192]
> 成服하고 비로소 집에 돌아와 여러 형들과 羊場에 가서 북애 형의 葬

---

[191] 〈1603년 12월 4일〉.
[192] 〈1603년 12월 5·6일〉.

地를 살펴보았다.[193]

함께 모여 북애 형의 廬次에서 곡하고 마침내 상주 형이하 모두 이지의 집으로 가서 사당에 배알했다.[194]

밥을 먹은 뒤 김의정과 함께 북애 형 여차로 갔다. 여러 빈객들도 모였다. 나와 평보 형 및 이지 등 10여 명은 일찍이 북애 형에게 글을 배웠다. 생선과 고기, 쌀 등을 모아서 별도로 奠을 드리며 잔을 올렸다. 오시에 장례 준비를 하는데 상여꾼들이 소식을 듣고 자발적으로 이르러 일하기가 아주 쉬웠다.[195]

새벽에 북애 형의 발인이라서 여러 친족들이 다 장례에 참여하여 통곡했다. 저녁에 반혼했다.[196]

아침에 일찍 일어나서 평보 형·태지 형과 함께 북애 형의 여차에 내려가 우제에 참여하고 집으로 돌아왔다.[197]

다시 북애 형 여차에 가서 우제에 참여했다. 김봉길도 왔기에 잠시 이야기한 뒤 헤어졌다.[198]

상을 당한 당일 初終을 행하고, 12월 5일과 6일에는 친족들이 함께 탁청정에 모여서 소렴과 대렴을 거행하면서 喪事를 치를 준비를 했다. 12월 7일에는 成服을 했다. 1604년 1월 1일 廬次에서 哭을 했고, 1월

[193] 〈1603년 12월 7일〉.
[194] 〈1604년 1월 1일〉.
[195] 〈1604년 1월 4일〉.
[196] 〈1604년 1월 5일〉.
[197] 〈1604년 1월 6일〉.
[198] 〈1604년 1월 7일〉.

4일에는 여차에서 빈객 모임을 갖고, 생선·고기·쌀 등을 모아서 별도로 奠을 드리고 잔을 올렸다. 오시에는 장례를 준비하고 상여꾼들의 모임이 있었다. 1월 5일에는 새벽에 발인하여 장례를 치르고 나서 저녁에 반혼을 실시했다.[199] 그리고 1월 6일과 7일에는 우제에 참여했다.

1618년에 있었던 종형인 金坪의 발인 날 광경은 발인에서 반혼에 이르는 상황을 분명하게 보여 준다. 遣奠으로부터 及墓·下棺·題主·반혼 등의 의식이 모두 발인한 날에 이루어졌다.

> 새벽에 급히 갔다. 遣奠하는 때가 되어 통곡하고 통곡하니 슬프고 애석하기 그지없다. 마을의 상민 10여 명이 마을 입구에 設奠하였으니 가상한 일이다. 황군과 우군도 설전하였다. 큰 절 앞에 오니 날이 비로소 밝았다. 西村 앞에 오니 마을 사람들이 길 가에서 모여서 奠을 드리는데 매우 성대하였다. 이로 인해 장례 행렬을 護衛하는 이도 매우 많았다. 산소에 도착하여 下棺하고는 통곡하고 통곡하였다. 전 형이 영천에서 도착하였고, 치원도 왔다. 이 날은 맑고 따뜻하더니 오후에는 갑자기 바람이 불었다. 눈발이 날리다 그쳤다 하였다. 題主하고 난 뒤에 返魂하였다.[200]

발인 당일에 반혼을 실시한 것은 1622년에 11월 27일 새벽 발인하여 장사를 지낸 庶叔 金富生의 상에서도 마찬가지였다. 김부생의 경

---

[199] 1월 6일에는 아침 일찍 再虞를 드렸으며, 다음날인 7일에는 三虞를 드렸다. 이후 진행 역시 가례에 충실했다.(박종천, 앞의 논문, 283쪽 참고.)
[200] 〈1618년 1월 12일〉.

우에는 11월 27일 새벽에 발인하여 장사를 지내고 초우를 지내고 29일에 再虞를 지내고 12월 3일 아침 일찍 졸곡제를 지냈다. 1618년 생질 俔의 상례에서도 4월 20일 발인하여 저녁에 반혼했다. 이렇듯 예안지역 사족들은 17세기 초반부터 발인 당일에 바로 반혼을 실시했다.

그러나 반혼을 실천한 뒤에는 여전히 여차 혹은 여막에서 시묘살이를 하는 것을 병행하는 양상도 함께 살펴볼 수 있다. 광산김씨 예안파는 물론 예안지역 사람들은 반혼을 중심으로 하는 가례의 철저한 실천과 함께 기존의 시묘살이 풍속도 병행하는 양상을 보여주고 있다. 가묘 중심의 가례 실현을 위해 핵심적인 반혼을 철저하게 실천하면서도 시묘살이 하는 종래의 풍속도 병행한 것은 종법의 큰 원칙을 지키면서도 시속의 현실을 조화시키려고 했던 영남 퇴계학파의 점진적 예교화의 한 양상으로 파악할 수 있다.[201]

17세기에는 반혼 중심의 상례로 정착되는 것 같다.

(4) 제례

『계암일록』에는 제례에 대한 기록이 매우 많다. 이를 살펴보기로 하자.

　　　바람과 추위가 몹시 심했다. 밥을 먹은 뒤에 芳岑齋舍에 갔다가, 오

---

201 박종천, 「16~17세기 예문답으로 살펴본 퇴계와 퇴계학파 예학」, 『퇴계학보』 125, 퇴계학연구원, 2009, 참고.

시에 큰 拜掃를 행했다. 全兄宅 누이가 제물을 준비할 차례였다. 참석한 인원은 세 종형 및 나, 汝熙·德興 형제, 大而·而實·庶叔 3父子 및 光碩이었다. 周村과 溫溪의 加供이 오지 않았다. 저녁에 福飯을 먹은 뒤에 돌아오면서 汝熙 무리와 함께 다리 가에서 잠시 이야기를 나누었다.[202]

12월 28일, 흐림. 어버이의 節祭를 이날 모시려고 했는데, 榮川의 생질 등이 오지 않아서 내일로 미루기로 정했다. …(중략)… 陵洞의 배소를 오늘 행했다.[203]

12월 29일, 바람이 사납게 불었다. 아침밥을 먹은 뒤에 제물을 점검했다. 저녁 때 정월 초하룻날 節祭를 어버이 신주에 지냈다. 제물 준비는 龍宮宅 차례였다. 음복을 마치니 이미 캄캄했다.[204]

12월 30일, 추위가 풀렸다. 늦은 아침에 咸昌의 節祭를 神主에 지냈다. …(중략)… 김참이 초저녁 나례를 보러왔다.[205]

芳峃은 김령의 조부와 부친의 묘가 있는 외내(烏川) 근처이다. 아마 절사가 있었던 것으로 여겨지는데, 당시 참석한 인원이 10명 정도이다. 등장인물의 면면을 살펴보면, 여희와 덕여 형제는 『계암일록』에 상주형과 북애형으로 표기된 사촌 壕와 圻이다. 대이는 종형 址의 둘째 아들이며, 이실은 從姪 光纘의 아들 確이다. 대종가의 제사가 아닌데도 종질과 종질의 아들까지 제사에 참석하였다. 여기서 全

202 〈1607년 12월 27일〉.
203 〈1607년 12월 28일〉.
204 〈1607년 12월 29일〉.
205 〈1607년 12월 30일〉.

兄宅 누이가 제물을 준비할 차례라는 대목이 눈길을 끈다. 全兄은 둘째 누나의 남편으로 김령에게는 자형이 된다. 영주에 기거하는 둘째 누나 집안에서 제물을 준비한다는 사실로 보아, 아마 당시의 제사는 집안사람들끼리 돌려가며 제물을 준비했음을 알 수 있다. 『계암일록』에는 시집간 누이들이 제물을 번갈아 준비하는 모습이 여러 차례 기록되어 있다.[206]

여기서 윤회봉사는 부계에만 국한되지 않았으며, 동일한 조상을 공유하는 내·외손과 아들과 딸의 자손들이 모두 포함되었다. 김령은 12월 27일에 방잠에서 배소하고, 28일에 능동에서 배소했으며, 본래 28일에 예정되었으나 29일로 미루어서 선친의 신주에 절제를 지냈고, 30일에 함창 외가의 절제를 지냈다. 방잠은 김령의 조부 김유와 선친 김부륜의 무덤이 있는 곳이고, 능동은 증조부 김효로의 묘소가 있는 곳이다. 배소와 절제의 참가자는 대체로 동일한 조상의 내외 자손들이었고, 제물의 준비는 자손들이 돌아가며 준비했으며, 연말의 절제도 친가와 외가를 순차적으로 지냈다. 무덤 배소와 절제의 순서와 양상은 가묘에서 지내는 의례를 행하는 순서와 대동소이하다. 특별한 일이 발생했을 때에는 배소를 생략하기도 했다. 예컨대, 1608년 12월 28일에는 조서모 상으로 성복하는 바람에 방잠 배소를 생략했다. 그러나 그것은 그와 연관된 친족범위에서만 국한되었다. 이틀이 지난 12월 30일 저물녘에 설월당에서 외가의 절제를 행하고 구나의

---

206 오용운, 「계암일록을 통해 본 禮安 士族의 일상」, 『퇴계학논집』 제13집, 영남대 퇴계학연구원, 2013, 281~282쪽 참고.

식을 행했는데, 이는 조서모의 상이 외가의 제사와는 무관하기 때문이었다. 또한 돌아가신 분이 조서모였기 때문에 외가 제사를 폐하지 않았던 것으로 보인다. 이어서 1609년 1월 1일에는 선친 신주에 절제를 지냈으며, 윗마을 仲父의 가묘에 배알하고, 외조부의 신주, 소종가인 상주댁 가묘, 대종가인 김광계 집안의 가묘를 배알했다. 이러한 양상은 연말 무덤 배소에서 연초 가묘 배알 순으로 전개되는 세밑-신년 의례의 병행적 구성의 양상을 잘 보여준다.

　물론 전염병을 비롯한 특별한 재난이 발생했을 때에는 재사와 무덤에서 배소하는 것을 가묘에서 행하기도 했다. 예컨대 1609년 12월 28일 저녁에는 어버이 신위에 정월 초하룻날 절제를 행했는데, 이는 방잠 재사에 홍역이 퍼져서 할 수 없이 집안에서 지낸 것이다. 이어서 12월 29일에는 지례에서 증조부 묘제를 지냈는데, 제천 표숙과 김평 이하 9사람이 참여했으며, 12월 30일 아침에는 외가 절제를 지냈으나, 조부산소의 배소는 홍역 때문에 가묘에서 지냈다. 따라서 높은 항렬의 연장자를 기준으로 증조부까지 4대를 기준으로 연말 배소와 正朝 절제를 지냈음을 알 수 있다. 신년 의례인 세배와 배소가 가묘를 중심으로 선친을 중심으로 한 친족에서 조부모, 증조부모 등을 중심으로 한 친족으로 확대되어 가는 반면, 대체로 세밑의례는 재사에서 절제를 지내고 무덤에서 배소하는 양상이 나타났다. 다만 세밑의례는 묘제로 인식하는 양상이 눈에 띈다. 아울러 증조부 김효로를 대상으로 하는 지례의 능동 재사, 조부 김유와 선친 김부륜의 방잠 재사 순으로 진행하는 경우가 많기는 하지만, 언제나 의식적으로 그 순서를 지킨 것은 아니었으며, 외가 함창 절제까지 포함하여 방잠 재사를 거쳐 능동 재사로 진행하는 경우도 있었다. 따라서 세밑의례로서 절제와 배소에는 일정한 순서는 없었던 것으로 추정된다.

신년의례가 주로 가묘를 중심으로 이울어진 반면, 세밑의례는 주로 재사와 무덤에서 이루어졌다. 『계암일록』을 보면, 김령과 그 친족들은 그 조부 김유와 선친 김부륜 묘소 근처에 자리 잡은 방잠 재사와 입향조인 증조부 김효로의 묘소가 위치한 능동 재사에서 배소했다. 예컨대, 1613년 12월에는 27일 아침 식사 후 방잠 재사에 갔다가 오후에 정조 배소를 실행했고, 29일에는 능동에서 배소를 실행하고 오시에 증조부의 묘제를 지냈다.

이렇듯 김령의 가문은 세밑에 조상의 무덤과 무덤 근처 재사에서 배소와 묘제를 통해 한 해를 마무리하는 유교적 의례화를 실행했다. 이는 묵은세배 풍속과도 연결 지어 생각해 볼 수 있다. 그러나 더욱 중요한 대목은 지례 능동 재사와 방잠 재사를 중심으로 무덤의 체백에게 드리는 연말 무덤 배소와 설날에 가묘의 신혼에게 드리는 가묘 절사가 병행되고 있다는 점이다. 이는 가례의 유교식 正禮와 민간의 비유교적 俗禮가 병행되는 조선적 양상의 대표적 사례라고 할 수 있다. 이렇듯 조선 중기 김령 집안은 연말 세밑에는 무덤과 재사를 찾아 묘제와 배소를 행하고 年初 설날에는 가묘에 獻禮를 드렸다. 이러한 양상은 체백에서 신혼으로 새롭게 의례적 중심을 이동하는 동시에, 무덤과 가묘, 체백과 신혼, 배소와 헌례를 절묘하게 병립하고 병행하는 유교적 의례화 양상을 잘 보여주는데, 전례적 풍습과 유교적 풍습을 껍습시키는 방식이 아니라 병행시키는 조선적 방식의 의례화라고 할 수 있다. 이렇듯 연말과 연시에 이루어지는 신년의례에는 묵은 시간을 잘 보내는 측면과 새로운 시간을 잘 맞는 측면이 공존하는데, 묵은해를 보내는 의식을 전래적 방식으로 무덤에서 거행하고, 새 해를 맞는 의식을 유교적 방식으로 가묘에서 실행함에 따라 체백을 중시하는 조선적 풍습과 신혼을 중시하는 유교적 의식이 양립될 수 있었다. 결국 이러한 의례화는 의례적 장소·대상·방식의 병립과 병행의 양상을 잘 보여준다. 이는 전래적 풍습과 『주자가례』를 중심으로 하는 성리학적 의례관의 병존이자 중심 이동이라고 해석할 수 있다.[207]

그런데 여기서 특히 주목할 것은 16세기 일기인 『묵재일기』와 『미암일기』를 보면, 윤회봉사와 외손봉사, 차자봉사까지 하고 있을 뿐 아니라, 봉사대수 또한 2대 봉사내지 3대 봉사를 했다.[208] 이는 『주자가례』 보다는 『경국대전』의 영향을 따른 것으로 보인다. 반면, 김령은 4대 봉사를 실천하고 있다.[209] 그는 『미암일기』의 유희춘처럼 차자가 제사를 모시지 않을 뿐만 아니라 적장자인 종자를 중심으로 4대 봉사를 행하고 있다. 그리고 외가의 신주를 본가의 신주와 함께 祭廳에서 合祀하는 것은 불가하며, 외가의 신주는 먼저 본가의 신주를 가묘에서 제사 드리고 나서 별도로 제사하는 것이 바람직한 것이었다. 이는 윤회봉사 혹은 외손봉사가 지속되고 있는 가운데 본가를 처가,

---

207 박종천, 「조선 중기 광산김씨 예안파의 의례 실천과 일상생활-계암일록과 매원일기를 중심으로」, 『국학연구』 제33집, 한국국학진흥원, 2017, 416~421쪽 참고.
208 졸고, 「묵재일기와 미암일기를 통해 본 16세기의 관·혼·상·제례」, 『한문학논집』 제30집, 근역한문학회, 2010, 303~320쪽 참고.
209 박종천, 「계암일록에 나타난 17세기 예안현 사족의 의례생활」, 『국학연구』 제24집, 한국국학진흥원, 2014, 266쪽.

외가와 차별화하는 종법적 인식의 진전으로 이해할 수 있다.[210] 한편, 김령은 설이나 추석 차례 시 병으로 아내가 대신 지냈다[211]는 점이 다른 집안(특히 당파가 다른 경우)과 다르고, 추석 차례를 대부분 지냈지만, 간혹 안 지내는 경우도 있었다. 또 단오 때는 제를 지냈지만, 한식 때는 제를 올리지 경우가 드물었다.

이상에서 보듯, 17세기에 이르면 16세기의 제례와 차이점을 드러내고 있음을 알 수 있다.

3) 맺음말

필자는 지금까지 『계암일록』에 나타난 冠·婚·喪·祭禮에 대하여 살펴보았다. 앞에서 논의한 사항들을 종합 요약하여 결론으로 삼겠다.

관례의 경우, 16세기에는 일반적으로 행했던 정월에 약식으로 행했다면, 17세기 일기인 『계암일록』에는 삼가례를 제대로 행했다. 그렇지만 보통 시행했던 정월이 아니라 대개 혼인을 앞두고 치렀다.

혼례의 경우, 17세기에는 우귀 기간이 길다는 점이 눈길을 끄는데, 우귀가 제대로 실행되지 못한 것 같다. 그리고 친영이 아니라 반친

---

210 위의 논문, 268~269쪽.
211 김령은 질병으로 제사를 주관하지 못하고 아들이나 부인이 제사를 대신 지내도록 하는 경우가 빈번했기 때문에, 1624년부터는 주로 아들이 제사를 주제했지만, 1624년 이전에는 부인이 제사를 홀로 지내거나 부인이 주관하는 제사에 김령이 참제 하는 경우가 더 일반적이었다. 1624년을 기점으로 제사의 주체가 총부에서 아들로 변한 것은 가부장적 종법질서가 진전되는 양상으로 이해할 수 있다.(박종천, 같은 논문, 278쪽.)

영 혹은 남귀여가혼(특히 영남지방)을 많이 실행했던 것으로 보인다.

상례의 경우, 반혼을 실천한 뒤에 여차 혹은 여막에서 시묘살이를 하는 것을 병행하는 양상도 함께 파악할 수 있다. 특히 17세기에는 반혼 중심의 상례로 정착되는 것 같다.

제례의 경우, 16세기에는 윤회봉사와 외손봉사, 차자봉사까지 하고 있을 뿐 아니라, 봉사대수 또한 2대 봉사내지 3대 봉사를 했다면, 17세기 일기인 김령의『계암일록』를 보면, 적장자인 종자를 중심으로 4대 봉사를 행하고 있다. 그리고 외가의 신주를 본가의 신주와 함께 祭廳에서 合祀하는 것은 불가하며, 외가의 신주는 먼저 본가의 신주를 가묘에서 제사 드리고 나서 별도로 제사를 지냈다. 이것은 윤회봉사 혹은 외손봉사가 지속되고 있는 가운데 본가를 처가, 외가와 차별화하는 종법적 인식의 진전으로 볼 수 있다.

이상의 논의를 통해 17세기 실제로 행했던 의례의 실상(비록 영남지방이지만)을 살펴볼 수 있어 의례사적으로도 의미가 있다고 하겠다.

6

『역중일기』

1) 머리말

『역중일기(曆中日記)』는 崔興遠이 1735년부터 1786년까지 52년간
쓴 일기로. 18세기 친족과 향촌 사회의 모습을 가족사 중심으로 잘
보여주고 있다. 『역중일기』에는 의례, 특히 혼·상·제례 등의 기록이
있는바, 18세기 의례 실행(특히 영남지역, 그 중에서도 대구지역) 살
펴볼 수 있어 자료적으로 가치가 있다. 그런바 필자는 여기에 주목
하였다. 논의는 먼저 최흥원에 대하여 간략하게 언급한 후, 『역중일
기』에 나타난 의례 중 관례, 혼례, 상례, 제례 순으로 살펴보겠다.

崔興遠(1705~1786)의 자는 太初·汝浩, 호는 百弗庵, 본관은 慶州이
다. 최흥원은 1778년(정조 2년) 학행으로 천거되어 참봉·교관·장악
원주부·공조좌랑·세자익위사좌익찬 등을 지냈다. 최흥원은 대구 출
신으로, 어려서부터 침식을 잊을 정도로 학문에 열중하였으며, 대대

로 달성의 칠계에 살았기 때문에 漆溪先生이라고도 불리었다. 그는 백성들의 어려운 삶을 목도하고 藍田鄕約에 의거하여 규약을 세우고 講學과 근검으로 저축에 힘쓰게 하며 先公庫·恤貧庫 등을 두어 생활 안정을 얻게 하였다. 이것이 당시 夫仁洞洞約이며 100여 년 동안 지속된 유명한 향약이다. 죽은 뒤 1789년 효행으로 정문이 세워졌고, 이듬해 좌승지에 추증되었다. 저서로는 『백불암집』(8권 7책)이 있다. 그러면 『역중일기』에 나타난 의례에 대하여 살펴보기로 하자.

2) 『역중일기』에 나타난 의례

(1) 관례

『역중일기』에는 관례 관련 자료들이 매우 적다. 이에 대해 살펴보겠다.

> 식후에 용채가 관례를 올리나, 예의를 갖추지 못해 아비의 도리를 다하지 못하니 매우 한탄스럽다.(《1744년 12월 15일》)
> 식후에 용채에게 예를 익히게 하고, 이어서 이름을 '思鑽'이라 하고 자를 '靜而'이라고 하니, 그가 이름을 돌아보고 의리를 생각하여 종신토록 생각하고 힘쓰는 바탕으로 삼게 하려는 것이다.(《1744년 12월 18일》)
> 조카 사진의 초행을 꾸려서 보내는데, 셋째아우인 입부가 데리고 갔다. 삼가 친척어른과 외사촌 조국로가 와서 그가 초행길 떠나는 것을

보고 많은 친척들이 돌아갔다.(《1744년 12월 19일》)

　최사진은 초행에 앞서 관례를 올렸다. 그러나 예를 갖추지 못해 한탄스럽다고 하였듯이, 『주자가례』에 의거하여 행하지 못한 것 같다. 이 때문인지 冠名과 字名이 주어진 것도 관례가 행해진 지 한 달 지난 초행 바로 전날이었다.

　아들 최상진(아명 龍輝)은 17세 되던 1745년 9월에 관례를 행하였다. 물론 초행에 임박해서였다.

　　용휘의 관례를 위해 편지를 올려서 황학동 어른을 초대하였는데, 그 답을 받아보니 기꺼이 오겠다고 허락하여 다행이다.(《1745년 9월 9일》)
　　용령이를 사교에 보내 조중길이 와서 관례를 돕도록 청하게 하다. 둘째아우가 임중징을 가서 보고 贊者가 되기를 청하다. 晨謁을 통해 관례 올리는 일을 고했다.(《1745년 9월 10일》)
　　황학동 어른이 과연 오시니 다행스러운 일이다. 나아가 절을 하고 인하여 관례의 의식과 절차를 강론하니 한결같이 주자가례를 따랐다.(《1745년 9월 12일》)
　　일찍 아침을 먹은 뒤에 관례를 행함에 의식대로 진설하다. '尙鎭'으로 이름을 하니 황학동 어른이 字辭를 짓고 임중징을 贊者로 삼고, 자를 '以安'이라고 했다. 족인이 많이 모이지 않아서 매우 무안했다.(《1745년 9월 13일》)

　최상진이의 관례 기록이 가장 상세하다. 처음으로 『주자가례』에

따라 의식절차에 의거하여 행했던 것으로 보인다. 황학동 어른을 초
대하고, 조중길에게 돕게 하고, 임중징에게 찬자가 되게 했다. 관례
를 행하기 3일 전에 사당에도 고하였고, 특히 황학동 어른은『주자가
례』에 의거하여 의식과 절차를 강론하기도 하였다. 이런 과정을 거
쳐 관명과 자를 지었다. 그러나 이를 보러온 族人들은 민망할 정도로
적었다. 아마 관례란 아직 익숙한 의례가 아니었던 것으로 보인다.
다음의 기록은 이 같은 사정을 여실히 보여주고 있다.

> 용문이 관례를 올리지만 의례대로 하지 못하여 한탄스럽다. 다만 사
> 당에 고하고 어른들을 뵙다.(《1755년 3월 17일》)
> 갓골에서 두 사람과 말을 보내와 우리 형제를 부르기에 하는 수 없
> 이 삼가례[관례]에 가서 참석했다. 삼가례의 의식을 갖추지 못하고 임
> 중징이 와서 賓이 되었지만, 빈이 하는 예절도 능숙하지 않았다.(《1762년
> 10월 22일》)

관례가 익숙한 의례가 아니었던 탓에 모인 사람도 매우 적을 수밖
에 없었다. 그래서 관례를 대부분 초행 전날에 행하였던 것으로 보
인다.[212]
여기서 18세기에도 관례를 정월에 행하지 않고, 대개 혼인 임박해
서 행했던 것으로 보이며, 더구나 의식절차도 대부분 약식으로 행했

---

[212] 정진영, 「대구지역 한 양반가의 일기자료를 통해본 18세기 혼인풍속-百弗庵 崔興
遠의 曆中日記(1735~1786)를 중심으로-」,『古文書研究』제54호, 한국고문서학회,
2019, 244~245쪽 참고.

던 것으로 보아 아직도 제대로 정착되지 못한 것 같다.

(2) 혼례

『역중일기』에는 혼례 관련 자료들이 많다. 이에 대해 살펴보기로 한다.

최흥원의 『역중일기』에 가장 먼저 나타나는 혼례 기록은 사촌동생 남매에 대한 것이다. 사촌 남매의 혼례는 전적으로 최흥원이 담당하였다. 그것은 숙부 최진석이 일찍 죽었기 때문이다. 사촌여동생의 혼인은 1739년 11월 19일에 경주 손씨 손맹걸의 집안으로 확정되어 허락하는 글을 보내면서 시작된다. 혼례 과정을 제시하면 다음과 같다.

①종매 혼사가 경주 손맹걸의 집으로 확정되어 허락하는 글을 손숙달씨에게 보냈다고 한다.((1739년 11월 19일))

②단석이를 양좌동에 보내어 사주를 받아오게 했다.((1739년 12월 4일))

③양동에 옷 치수를 재기 위해 갔던 심부름꾼이 돌아왔다.((1739년 12월 21일))

④아당이를 부중에 보내 혼구를 마련하도록 했다.((1740년 1월 6일))

⑤신랑이 아랫마을에 와서 묵는다고 한다.((1740년 1월 23일))

⑥아침을 먹기 전에 納徵을 받고 오후에 혼례를 행하다. 상객은 신랑의 형 손희증이다.((1740년 1월 24일))

⑦상객이 먼저 돌아가니 모인 손님들이 모두 흩어져 돌아갔다.((1740년

1월 25일》)

⑧ 신랑의 행장을 꾸려서 보냈다.(《1740년 1월 26일》)

⑨ 신랑이 데리고 갔던 하인과 말이 돌아왔는데, 잘 도착하였다니 기쁘다.(《1740년 1월 29일》)

⑩ 손서방이 스스로 오니 기쁘면서도 미안하다.(《1740년 3월 6일》)

⑪ 말을 빌려 손군을 보냈다.(《1740년 3월 19일》)

⑫ 사촌누이의 見舅禮날인데 날씨가 좋으니 참으로 다행이다.(《1744년 10월 27일》)

①은 신랑 집에 허혼서를 보내는 내용이고, ②는 사람을 보내 신랑 집에 가서 사주단자를 받아 오는 내용이다. ③은 혼구를 준비하는 내용이고, ④~⑨는 혼례식과 혼례 후 신랑의 귀가 등에 대한 내용이다. 이때 신부는 신랑을 따라가지 않고 신부 집에 머물렀다. ⑩~⑪은 돌아갔던 신랑이 다시 신부 집을 찾아왔는데 한 달 정도 지난 3월 6일이었다. 그리고 신랑은 신부 집에서 14일 넘게 머물다가 돌아갔다. 그리고 사촌 여동생이 시댁으로 와서 현구고례를 행한 것은 1744년 10월 27일이었다. 사촌 여동생은 혼례 이후에도 4년 9개월이나 친정에서 머물렀다.

이로써 짐작건대 당시에는 신행이나 현구고례가 제대로 체계 있게 정착되지 못한 것으로 보인다.

다음은 사촌 남동생의 혼례에 대해 살펴보기로 하자.

사촌동생 최흥부는 23세 되던 1742년 3월 6, 7일경에 혼례를 올렸다.

①조관진의 편지에 답하여 사촌 아우의 혼인을 장진사 집에 허락했다.(《1742년 1월 12일》)

②막남이가 인동에서 돌아와서 장진사의 답장과 율리 집안어른의 편지를 받아보니 혼인할 뜻이 없어졌다.(《1742년 1월 14일》)

③아당과 철수를 부중에 보내 혼서지와 가위 등의 물건을 구하게 했다. 종제의 초례를 위함이다.(《1742년 2월 22일》)

④서촌 할아버지께서 부중에서 돌아와 采緞으로 쓸 만한 것이 있다고 하시고, 모든 물품도 모두 빌려 왔으며, 대명동에서 빌린 장복과 사모·관대도 가져오셨다.(《1742년 3월 3일》)

⑤식후에 폐백을 봉하였다. 문중 어른들과 젊은 사람들이 모두 모였다. 종제에게 관복을 갖추어서 예를 익히게 했다. 노비 10명과 말 4필이 와서 기다렸다.(《1742년 3월 4일》)

⑥아침을 일찍 먹은 후에 초행을 꾸려서 보냈다. 아우들이 모두 천연두를 기피하여 막내아우를 시켜 데리고 가게 했지만 나이가 어려서 체면을 잃을까 걱정이다.(《1742년 3월 5일》)

⑦해가 저물 때 종제 신행이 잘 돌아왔는데, 그 옷과 이불이 바라던 것 보다 좋다.(《1742년 3월 9일》)

⑧온 문중 어른과 젊은 사람들을 맞이하여 종제의 차반을 대접하니 또한 하나의 즐거움이다. 오산 하인을 돌려보내면서 차반 의례에 답했지만 아주 소략해서 매우 부끄럽다.(《1742년 3월 10일》)

⑨종제가 갑자기 병을 무릅쓰고 돌아오니 기쁘면서도 걱정이 된다. 신부가 편지와 버선을 보내와서 돈 1관으로 답례했다.(《1742년 4월 22일》)

⑩사촌 제수의 신행 날에 보러 오는 손님들이 전혀 없으니 나의 박

덕이 부끄럽고 사촌의 아버지가 돌아가시고 안계시니 더욱 가련하다.
오직 성산과 슬곡 두 친척어른만 오셨다. 신행이 어두워진 뒤에 도착
했는데, 上客은 장지조이다.(《1743년 10월 29일》)

①은 최흥원이 1742년 1월 12일에 조관진의 편지에 답하는 형식으
로 인동의 장진사 집에 혼인을 허락하는 편지를 보낸 내용으로, 신랑
의 집에서 청혼한 것이 아니라 신부 집의 청혼에 허락하는 형식을 취
하였다.[213] ②는 이유를 알 수 없지만, 혼인에 차질이 있을 수 있다는
내용을 담고 있다. ③과 ④는 혼례 준비로, 혼서지 구입과 혼수품, 사
모·관대 등의 혼구 등을 빌렸다는 기록이다. ⑤~⑧는 폐백 봉함과,
신랑이 빌려온 관복을 입고 예를 익힌다는 내용, 그리고 동생들이 천
연두를 기피해 상객으로 26세인 막내아우가 따라갔다는 사실과 상
객이 돌아올 때 혼수품과 차반도 함께 왔는데, 혼수품이 생각했던 것
보다 좋아서 흡족했고, 차반이 문중 어른과 젊은이를 대접할 만큼 넉
넉해 즐거웠다. 그러나 답례로 보내는 차반은 소략해 부끄러웠다는
내용이다. ⑨는 사촌동생이 병을 무릅쓰고 돌아와 기쁘면서도 걱정
이 된다는 내용이다. ⑩은 사촌동생이 재행을 거쳐 신행이 거행된 것
은 혼인 이후 1년 8개월 뒤인 1743년 10월 29일이었다는 내용으로,
신행을 축하하는 손님들은 많지 않아 안타까움을 표하고 있다. 이는
신랑인 사촌동생의 아버지가 돌아가셨기 때문이라 생각하고 있다.
여기서도 신행이 사촌 여동생 때와 기간의 차이가 있는바, 아직 제대

213 위의 논문, 238쪽.

로 정착되지 못한 것 같다.

이번에는 최흥원의 아들과 딸의 혼례에 대해 살펴보겠다.

먼저 최흥원의 아들 최주진의 혼례에 대한 사항이다. 최주진의 아내는 류영의 딸이다. 류영은 1743년 1월 18일 최흥원의 집안과 혼인할 뜻이 있음을 편지로 알렸다. 이어 1743년 2월 10일과 3월 7일에는 최흥원과 가까운 사이인 하회의 류호이가 최흥원에게 류영이 경주 최씨 집안과 혼인할 뜻이 분명하게 있음을 알려주었다.[214] 마침내 1743년 4월 30일 양쪽 집안에서 혼인을 최종적으로 결정하였다.[215] 최흥원이 사주단자와 의양단자를 류영에게 보내자,[216] 풍산 류씨는 혼인 날짜를 10월 13일로 정했다.[217] 최흥원 아들 최주진의 혼사가 거론된 이후 9개월 만에 혼례를 치르게 된 것이다.

다음은 최흥원의 딸 혼례에 대해 살펴보기로 하자.

최흥원의 딸은 여러 곳에서 혼담이 들어왔다.

> 이평중이 와서 말하기를, 충주의 이만전이 아들이 있어 나에게 구혼한다고 하나 딸아이의 나이가 아직 어리다고 사양하고 돌려보냈다.(〈1749년 9월 4일〉)

---

[214] 『역중일기』, 〈1743년 2월 10일〉·〈1743년 3월 7일〉. 이후 『역중일기』는 인용 시 연월일만 명기하겠다.
[215] 〈1743년 4월 30일〉.
[216] 〈1743년 8월 18일〉. "낮에 河上 柳泳씨 집 심부름꾼이 왔다. 곧 사주단자를 들고 온 심부름꾼인데 편리함을 좇아서 온 김에 아울러 의양단자를 청하였으니, 이것은 실례 중에서도 또 실례이다. 그러나 저쪽에서 이미 시속의 간편함을 따르고자 하는데 하필 나 혼자만 무리들과 달리 고고하게 굴 수 있겠는가?"라고 했다. 이는 시속에 따른 혼례의 변화 과정을 확인할 수 있는 내용이다.
[217] 〈1743년 10월 16일〉.

　　석전의 인화형 집에서 혼인을 청하는 편지가 왔다. 내 생각은 좋지만 어머니는 좋지 않게 여기니 걱정이다.(《1751년 1월 16》)

　　이대중이 곽형에게 부친 편지를 전해오니, 대개 이 참봉 둘째 아들을 위하여 나에게 구혼하는 것이었다.(《1751년 2월 19일》)

　　이세적의 집에서 혼사를 청해왔다.(《1751년 2월 25일》)

　　생질 곽형주가 가지고 온 노첨군의 편지를 받아보니, 바로 나에게 이참봉의 아들 순과의 혼사를 권하는 내용이다.(《1751년 3월 1일》)

　　하회의 편지를 받아보니 호이형이 김 참봉의 막내아들 때문에 나에게 혼사를 권하는 내용이다.(《1751년 3월 15일》)

　　하회에서 보낸 편지에 …(중략)… 바로 류연이 우리 집에 혼사를 요구했다.(《1751년 9월 4일》)

　　오산에서 온 소식을 들으니, 횡곡의 이생에게 아들이 있어서 나에게 혼인을 청한다고 했다.(《1751년 12월 21일》)

　　하회에서 보낸 편지를 받아보니 류연 형이 혼인을 구함이 매우 간절하여 민망한 노릇이다.(《1752년 1월 12일》)

　　혼담이 오간 곳은 충주의 이만전, 석전의 인화 형, 이 참봉, 김 참봉, 하회의 류연, 횡곡 이생 등이다. 이미 인척관계에 있는 그래서 서로가 잘 아는 곳에서는 직접 청혼을 하였지만, 나머지는 친인척을 사이에 넣어 청혼하고 있다. 여러 곳 가운데서도 일찍부터 석전의 인화 형의 집으로 마음을 굳히고 있었다. 그러나 그 과정은 거의 1년이나 걸렸다. 아마 좋게 생각하지 않는 모친을 설득하는 시간이 필요했던 것으로 보인다. 모친이 좋게 생각하지 않는다거나 또는 인화형이라고 호칭한 것은 이미 聯臂가 있었기 때문이다. 그것은 고모부가 다름 아닌 석전의 李柱崇이었다. 이른바 연줄혼인 셈이다.[218]

> 날을 받는 심부름꾼을 석전에 보냈다.(《1753년 11월 15일》)
> 석전에서 보낸 답서를 보니 속되고 촌스러워 볼 만한 것이 없고, 인화도 끝내 편지를 하지 않으면서 도리어 내가 편지를 하지 않는 것이 잘못되었다고 하니 참으로 우습다.(《1753년11월 19일》)

혼례날짜는 신부 집에서 일방적으로 정하여 통보하였던 것이 아니라 신랑 집에 심부름꾼을 보내 날을 잡았다. 사주단자 역시 신랑 집에서 일방적으로 보내는 것이 아니라 신부 집에서 심부름꾼을 보내 요청하였다.

아무튼 날을 통보한 것이 아니니 허혼서가 동봉되지는 않았을 것이다. 그래도 신랑 집에서는 답서를 보냈어야 했는데 그것을 본 최흥원은 크게 실망했다. 신랑 집에서 보낸 편지가 촌스러웠고, 또 인화(혼주)도 편지를 하지 않으면서 도리어 최흥원에게 잘못되었다고 하였기 때문이었다. 혼인 절차에 익숙하지 못한 때문이었는지도 모른다. 그래도 혼인 준비는 계속되었다.[219]

> 석전의 심부름꾼이 와서 紗帽冠帶와 검은 신을 구하기가 어렵다고

218 정진영, 앞의 논문, 241쪽.
219 같은 논문, 같은 곳.

아뢰었다.(〈1753년 12월 5일〉)

해가 뜸에 혼서를 받고 오후에 예식을 치렀다.(〈1753년 12월10일〉)

폐백은 두 단으로 하니 專沙細와 花專細 각각 1필이다.(〈1753년 12월 11일〉)

사위를 돌려보냈다.(〈1753년 12월 12일〉)

혼례에 앞서 해가 뜨자 혼서(납징, 납폐)를 받고, 오후에 혼례를 행하였다. 그리고 혼례 다음다음 날에 서둘러 사위를 돌려보냈다. 그리고 한 달여 뒤에는 말과 하인을 석전으로 보내 사위를 맞이하고 있다. 이른바 재행인 셈이다. 이후 수차례에 걸쳐 사위는 처가를 왕래하였다. 딸이 시집으로 들어가는 신행이 행해진 것은 1755년 9월 28일이었다. 혼례 후 13개월 만이었다. 딸 또한 자주 근친을 했고, 1년여 훨씬 넘게 머물기도 하였다.[220]

위에서 보듯, 오전에 혼서를 받고, 오후에 혼례를 행하는 것으로 볼 때, 이 시기까지도 제대로 체계가 안 잡힌 것으로 보인다. 그리고 신행 역시 중구난방으로 체계가 잡히지 않은 것 같다.

한편, 밀양에 사는 최흥원의 처남 孫鎭民은 자신의 딸을 최흥원의 조카(아우의 둘째 아들)과 맺어주려고 하였다.[221]

장모께 작별을 고하고 价川(손진민)과 손을 맞잡고 대문 밖으로 나

220 위의 논문, 242쪽.
221 〈1741년 9월 27일~28일〉·〈1743년 2월 5일〉·〈1744년 4월 16일〉.

와 작별하였는데, 개천이 또 그의 조카를 시켜 다시 나를 문 안으로 맞
아들이게 하여 말하기를, "여식의 혼사는 반드시 둘째아우 집으로 결
정하여 결단코 다른 뜻이 없다는 뜻으로써 돌아가 말하여 주게." 하였
다. 내가 대답하기를 "우리 두 집안이 말을 하지 않았다면 그만이겠으
나 이미 말을 꺼냈다면 일이 아주 중대하게 되었습니다."라고 하니, 개
천이 말하기를 "나의 뜻은 아주 확고하네." 하였다.[222]

밤이 깊은 뒤에 손 개천이 또 혼담을 꺼냈는데, 말의 뜻이 아주 굳건
하였다. 나도 생각해보니 부탁을 물리치기가 어려웠으므로 돌아가서
둘째 아우와 의논해보겠다는 뜻으로 대답하였다.[223]

밤에 손 개천이 그의 여식의 혼사에 대해 말하였는데, 둘째조카와
혼인을 시키기로 굳게 정하고 가을이 되기를 기다리겠다고 하였다.[224]

일직 손씨는 자신의 딸을 최흥원 집에 시집보내려고 몇 년을 걸쳐
정성을 들였다. 최흥원도 처남의 부탁을 거절하기가 곤란했던 것으
로 보인다. 결국 손진민의 누이(최흥원의 부인)를 비롯하여 그의 딸
(崔尙鎭의 부인)과 손녀(崔華鎭의 부인)가 옻골로 시집왔다.[225]

그런데 『역중일기』에는 파혼에 대한 기록도 있어 눈길을 끈다.

둘째아우 집과 말이 오가던 영천의 진사 김서절 집과의 혼사는 본래

222 〈1741년 9월 28일〉.
223 〈1743년 2월 5일〉.
224 〈1744년 4월 16일〉.
225 김명자, 「역중일기(曆中日記)를 통해 본 18세기 대구 사족 최흥원의 관계망」, 『국
학연구』 제38집, 한국국학진흥원, 2019, 18쪽 참고.

류 산음이 중간에서 말해준 것인데, 서로 몇 달을 기다린 뒤에 이제야 물린다고 한다. 요즈음 선비들이 하는 일이 대부분 이와 같으니, 참으로 한심한 노릇이다.[226]

이상에서 살펴본 바와 같이, 『역중일기』에 나타난 혼례는 의식절차나 신행, 현구고례 등이 제대로 체계 있게 정착되지 못한 것으로 보인다. 특히 영남지역(그 중에서도 대구)의 경우 그런 것 같다.

(3) 상례

『역중일기』에는 상례에 대한 기록이 매우 많다. 이에 대해 알아보기로 하자.

최흥원의 처 일직 손씨는 1740년 4월 4일 41세의 나이로 사망했다. 최흥원이 치룬 아내의 상례에 대해 알아보기로 한다.

아내가 辰時에 이르러 갑자기 숨을 거두니 통곡하고 통곡하다. 지동 [갓골] 경주 친척아저씨가 판자를 빌려 주었는데 품질이 좋아 다행이다. 낮에 목욕시키고 염습에 圓衫을 쓰고자했으나 옷을 지을 줄 잘 몰라 쓸 수가 없으니 한탄스럽다.(《1740년 4월 4일》)

오후에 小斂을 하고 기만이에게 관을 만들게 하다. 관의 두께는 겨우 2치 5푼이지만 黃腸은 매우 좋다.(《1740년 4월 5일》)

---

[226] 〈1744년 8월 12일〉.

130

낮에 손도제가 오고 손선달이 이어서 오다. 大斂을 하고 입관했다.(《1740년 4월 6일》)

아침 上食으로 인해 成服을 했다.(《1740년 4월 7일》)

부고를 알리려고 인발이를 价川(처남 손진민의 임소)에 보냈다.(《1740년 4월 9일》)

최흥원은 아내가 죽자, 칠성판 준비, 망자 목욕, 염습, 소렴, 대렴, 성복, 부고 등을 상례 절차에 의거하여 행하고 있다. 여기서 성복을 대렴과 더불어 한 것이 아니라 다음 날 아침상식에 이어 행한 것만이 다르다.[227]

그리고 최흥원은 아내의 묘지를 정하기 위해 4월 15일부터 5월 말까지 지사인 승 진문과 류생 등을 동원하여 광리, 고모촌, 반야촌, 도덕산 등 여러 곳을 살펴 일단 광리에 표석까지 묻어 두었지만, 마음에 차지 않아 다시 혈처를 구하는 일을 계속하였다.

감여승 진문을 데리고 광리[廣洞] 여러 산을 가서 보았으나 눈에 차는 데가 없으니 걱정이다.(《1740년 4월 15일》)

승려 진문이 돌아가며 고모촌 뒤쪽과 반야촌 서쪽 귀영동이 모두 쓸만하다고 하여 저물게 가서 보았으나 모두 눈에 차지 않는다.(《1740년 4월 18일》)

---

227 정진영, 「18세기 대구지역 한 양반가의 일상의례, 상례와 제례-백불암 최흥원의 역중일기(1735~1786)를 중심으로-」, 『민족문화논총』 제73집, 영남대 민족문화연구소, 2019, 536쪽 참고.

식후에 승려 진문이 종지 아래 독산에 가서보고 쓸 만하다고 말하나 그것이 그런지 알지 못하겠고, 길을 돌려 광리[廣洞]에 이르러서 아버지 산소 뒷동을 보고 매우 좋다고 하다. 저물게 함께 집에 돌아와 빙곡 위에 조금 떨어진 혈자리 乾坐가 좋다고 했다.(〈1740년 4월 22일〉)

류생에게 승려 진문과 함께 가서 다시 광리[廣洞]에 정해 놓은 곳을 보게 하였더니 류군이 본 바도 좋다고 했다.(〈1740년 4월 24일〉)

인동 할아버지에게 어제 본 묘 자리에 表石을 묻게 했다.(〈1740년 4월 26일〉)

지사 안군이 광리[廣洞]에 정해놓은 곳을 가서 보고 지극히 좋다고 하다. 아버지 산소도 좋다고 했지만 할아버지·할머니 산소는 좋다고 말하지 않으니 좋다고 말하여 안심시키는 것만 같지 못하다.(〈1740년 5월 25일〉)

이군과 함께 광리[廣洞]에 정해놓은 곳을 가보니 또한 매우 좋다고 했다.(〈1740년 5월 28일〉)

위에서 보듯, 최흥원이 묘지 선정에 고심했음을 알 수 있다. 묘지 선정에 어려움과 함께 석회와 곽재, 옻을 장만하거나 구하는 일도 어렵기는 매 한가지였다.

옻과 槨, 灰를 아직 마련하지 못해서 장사 시기가 늦어지니 매우 걱정이다.(〈1740년 5월 26일〉)

坐槨과 옻, 회를 모두 마련하기 어려워 장례를 장차 기한을 넘으려 하니 매우 걱정할 일이다.(〈1740년 5월 29일〉)

개똥[巬同]이가 (석전에서) 돌아와서 알현하고 석회 100말에 6냥을 주었다고 한다.(《1740년 6월 18일》)

아내의 빈소에 屍汁이 많이 나와서 結棺을 풀게 하고 송진으로 채워서 막도록 했다. 수삼이 7냥으로 값을 정해서 덧널 재목을 사왔다.(《1740년 6월 26일》)

죽은 아내의 널 오른쪽이 잣나무 판자이기 때문에 관을 바꿀 생각을 하니 마음이 백배나 슬프고 심란하다.(《1740년 6월 29일》)

덧널과 옻을 살 길이 없어서 장삿날을 정하지 못하니 어찌 할 바를 모르겠다. 안 널을 바꾸려고 하지만 판자를 구할 수 없으니 매우 심란하다.(《1740년 6월 22일》)

최흥원은 아내 하관 시 사용할 물건들(석회, 덧널, 옻 등)을 준비하지 못해 1달 이상 장삿날을 정하지 못했음을 고백하고 있다. 여기서 당시 양반 사대부가에서도 장례 치르기가 만만치 않음을 짐작할 수 있다.

산역은 참파제(무덤을 만들려고 풀을 베고 땅을 파기 전에 지내는 제사), 개금정(관이 들어갈 구덩이를 파는 것)을 거쳐 외관(槨)을 설치하는 순으로 진행된다. 이러한 준비를 마치고 드디어 장일에 맞추어 발인을 하게 된다. 이때 상여를 메는 향도들이 동원되어야 한다. 이들 향도는 당시 마을 단위로 조직되어 있던 것으로 보인다. 최씨가에서는 부인 동 동약의 향도군을 동원하였다.[228] 여자의 상이라서 그런지 몰라도 상여 메는 향도들이 부인네들이라는 것이 눈길을 끈다.

---

228 《1740년 7월 7일》.

최흥원 처의 장례는 1740년 7월 8일이었으니 임종(1740년 4월 4일)에서부터 무려 4개월이 넘게 걸렸다.(이 사이에 윤6월이 있었다.) 일반적으로 행해지는 3개월을 넘긴 것은 혈처를 정하는 과정과 석회, 옷, 관곽 등의 준비가 늦어짐에 따른 결과였다. 장례 다음으로는 반혼, 초우, 재우, 삼우를 거쳐 7월 12일에는 졸곡제를, 그 다음 날에는 부제를 지냈다. 최흥원은 이러한 모든 절차와 과정을 『주자가례』에 근거해서 진행하고자 했다. 따라서 예서에 근거가 없는 경우는 준비가 되지 않거나 혼란스러울 수밖에 없었다.[229] 최흥원은 처의 상례를 기년 상으로 치렀다. 11개월이 되는 1741년 2월에 練祭를 피병하던 곳에서 지냈다. 당시에 천연두가 창궐하자 최흥원은 빈소를 모시고 이곳저곳을 떠돌았다. 죽은 날인 4월 4일에는 역시 우거하던 곳에서 제사를 지냈다. 그리고 6월 달에는 禪祭를 지냈다. 이로써 모든 상례 절차는 끝났다.[230]

이처럼 당시만 해도 사대부가임에도 불구하고 『주자가례』에 의거한 장례 기간을 지키기가 쉽지 않음을 엿볼 수 있다.

다음은 최흥원의 어머니 상례에 대해 살펴보기로 하자.

최흥원의 모친 함양 조씨는 1765년 8월 7일 84세에 별세했다. 『역중일기』에는 임종에서 8월 22일까지 약 보름간은 날씨만이 기록되어 있을 뿐이다. 아마 경황 등이 없어서 그랬던 것으로 보인다. 기록은 없지만, 이 기간 동안 염습, 소렴, 대렴, 입관, 성복 등을 거쳤던 것

---

[229] 〈1740년 7월 13일〉. "行祔祭 無空櫝可出主 以紙牓行事 於禮無攄 恨不預備"
[230] 정진영, 앞의 논문, 540~541쪽 참고.

같다. 그래서 최흥원은 어머니 묘 자리를 잡기 위해 애쓰는 모습을
엿볼 수 있다.

> 산소자리를 정하기가 아직도 희망이 없으니 다만 통곡하고 통곡할
> 따름이다.(《1765년 8월 23일》)
> 하인, 말, 노자를 류 노형에게 보내어 길을 돌려 팔공산 동쪽으로 가
> 서 쓸 만한 터를 구하게 하였으나 직접 따라가지 못하니 불안하고 불
> 안하다.(《1765년 9월 1일》)
> 류 노형이 이 친척과 함께 하양과 신령에서 돌아와 말하기를 쓸 만
> 한 곳이 없다고 하고, 오직 하양의 懶翁臺가 매우 쓸 만한 곳이라고 했
> 다.(《1765년 9월 6일》)
> 둘째 아우가 류 노형과 함께 (하양의) 두락산에 가서 산세를 보았
> 다.(《1765년 9월 11일》)
> 오늘은 이에 두락산에 斬破祭를 지냈다.(《1765년 9월 12일》)

어머니 임종 후 한 달이나 지나 겨우 하양의 두락산 나옹대에 터
를 잡았다. 그리고 참파제를 지내는 데에 이르렀다. 그러나 나옹대는
'나왕대'라고도 하듯이 불교 또는 민간신앙과 관련된 臺가 설치되어
있거나 아니면 대가 있었던 터였던 것으로 보인다.[231] 따라서 동민들
의 저항이 있었다. 동민들은 관아와 영문에 진정서를 올려 부당함을
주장하면서 격렬하게 저항하였다. 결국 도장동에 다시 묘 터를 잡아

---

231 〈1765년 10월 16일〉. "河陽兼官慈倅, 取見河陽邑誌, 以無羅王臺報營"

야만 했다. 이러한 과정에서 자연히 장례 날은 몇 번이고 연기되었다
가[232] 해를 넘겨 1766년 1월 12일에 치러졌다. 임종에서 장례가 치러
지기까지는 무려 5개월이 넘게 걸렸다. 장지 선택에 이렇게 집착하
였던 것은 최흥원 뿐만이 아니라 당시 儒者들의 일반적인 현상이었
다. 이것은 풍수문제를 朱子는 효의 차원에서 강조하였고, 程子는 조
상과 자손의 관계를 同氣感應說로 설명하였기 때문이다.[233] 따라서
당시 유자들에게는 효 관념과 풍수지리설이 아주 강하게 결합되어
있었다. 이렇게 우여곡절 끝에 장지가 다시 결정되면서 이후의 절차
는 순조롭게 진행되었다. 새해 연초(1766년 1월 2일)부터 上洞 동민
들이 상여를 메는 연습을 했으나 뜻대로 되지는 못하자 부인동의 동
민들이 자청하여 예행연습에 적극 참여함으로써 方牀도 제자리를
찾게 되었다. 발인 전날 아침 식사 후에는 사당에 고하는 朝祖의 의
절을 행하였고, 저녁에는 영결을 고하는 祖奠을 풍속에 따라 성대하
게 차렸다.[234] 특히 조전이란 의식은 물론『주자가례』에 명시되어 있
기는 하나 그와는 다른 속례로 행해졌던 것으로 보인다. 풍속에 따랐
다는 것은 이 같은 사정을 두고 한 말일 것이다.[235]

발인은 4일 전에 했다. 1766년 1월 9일 卯時에 노제인 遣奠祭를 지
낸 다음, 발인하여 1월 12일에 묘지(도장동)에 당도하여 오시에 轆轤
라는 도르래를 이용하여 하관하였다. 녹로를 이용하였던 것은 무덤

232 〈1765년 11월 7일〉. "數變葬期, 恐駭瞻聆, 以姑爲權厝之意, 將送議于諸弟"
233 『주자가례』,「상례」, 〈治葬〉.
234 〈1766년 1월 8일〉. "食後乃朝祖 …(中略)… 祖奠用俗殷設"
235 정진영, 앞의 논문, 543쪽 참고.

의 깊이가 7척(약 210cm)이나 되었기 때문이다. 평토 후에는 신주를 쓰고, 반혼하여 초우제를 지냈다. 다음 날의 재우와 그 다음 날의 삼우를 거쳐 1월 16일에는 졸곡제를 지냈다. 최흥원의 형제들은 시묘살이를 했다. 그것은 삼우제를 마치고 막내 아우가 산소에 들어간 것으로부터 시작한다.[236] 최흥원도 望奠을 행하고 곧 이어 들어갔던 것으로 보인다. 묘막에서 식사도 직접 해결했다.[237] 그러나 삭망에는 집에 돌아와 제사를 올렸다.[238] 아버지의 상례에서는 소상을 치른 뒤, 대상에 임박한 1737년 4월 6일에 비로소 여막을 지어 시묘살이를 했던 것으로 보인다.[239]

　최흥원은 상례의 의절을 『주자가례』에 근거해서 진행하고자 했다. 죽을 먹고 밤이 되어도 옷을 벗지 않았다[240]는 것이 바로 그것이다. 그러나 전적으로 『주자가례』에만 의거했던 것도 아니었다. 앞에서 언급하였듯이 祖奠을 행한 것이라던가, 山神壇을 설치하는 것에서 알수 있다.[241] 물론 시묘살이도 『주자가례』에 없는 의식이었다. 졸곡 다음 날에는 부제를 지냈다. 이것은 신주를 사당에 합설하는 것이니 시묘살이에는 신주를 모시지 않았음을 알 수 있다. 따라서 삭망전에는 늘 집으로 돌아와 제사를 올렸다. 시묘살이는 3년 상을 마칠 때까지 계속되었다. 물론 여막에만 머문 것은 아니었다. 집을

236 〈1766년 1월 14일〉. "三虞祭畢, 末弟入山所, 恨不得挽止以參明日望奠也"
237 〈1766년 1월 24일〉. "李平仲送借小鼎, 自今白石炊飯"
238 〈1766년 1월 15일〉. "望奠並設藥飯"; 〈1766년 1월 30일〉. "爲參朔奠, 與仲弟出"
239 〈1767년 4월 6일〉. "以十三人, 送爲結幕之役"
240 〈1766년 1월 27일〉. "自昨復夕粥, 當夜又不解衣"
241 〈1766년 2월 25일〉. "又造山神壇"

왕래한 것은 제사를 지내거나 이런저런 집안의 잡사를 처리하기 위함이었다.

> 10달 동안 산소 여막에서 지내다가 이제 비로소 돌아오니 듣고 싶지 않은 일이 많으니 수신하지 못해 생긴 소치를 자책했다.(《1767년 6월 17일》)
>
> 둘째아우가 또 산소여막에 들어갔다.(《1767년 7월 3일》)
>
> 오후에 바로 산소여막에 들어가 묵었다.(《1767년 8월 4일》)

그렇다고 10달 동안 산소 여막에서 지냈다고는 하지만 계속 머문 것은 아니었다. 물론 10달 동안 여막에서 지낸 것도 아니었다. 이후에도 마찬가지였다. 형제가 서로 번갈아 가면서 여막을 지키거나 건강이 좋지 못할 때에는 집에서 기거했다. 삭망전을 지낸다든가 다른 제사들도 모셔야 했으니 당연하다 할 것이다. 어쨌든 3년 상을 마칠 전날 저녁에는 축문으로 사당에 고하기도 하고, 또 제수를 넉넉하게 마련해서 빈소에 하직을 고하는 제사를 올리기도 하였다. 이 역시 『주자가례』에는 없는 의식이고 절차라 하겠다. 역시 세속의 전례 등을 따른 것이라고 볼 수 있다.

> 저녁에 세속의 전례를 따라 넉넉한 제수로 제사를 지내다. 또 부끄럽고 죄스러운 마음으로 빈소에 고하고 하직을 고했다. 사촌 통숙에게 축문을 쓰게 하여 오늘 사당에 먼저 고했다.(《1767년 1월 17일》)
>
> 새벽에 제사를 지냈다. 잠깐 사이 25개월 상제가 벌써 다 끝나버렸

으니 망극하여 죽고 싶은 심정이다. 이어서 사당에 合祀했다.(《1767년 8월 5일》)

앞에서 언급한바와 같이, 시묘살이에도 불구하고 반혼과 부제는 그대로 행해졌다. 그런바 대상 후에 "사당에 합사"하였다는 것은 신주를 별도로 정침에 모셨다가 다시 사당에 합사함을 말하는 것으로 보인다. 최흥원은 시묘살이에도 불구하고 반혼과 부제를 『주자가례』대로 행하였다. 이 같은 절차는 16세기 혹은 18세기의 李文楗이나 李庭檜, 혹은 黃胤錫 등이 여막에서 신주를 모시고 대상을 치른 후에 부제를 거행했던 것과는 다르다.[242]

끝으로 미성년자와 노비의 상례에 대해서도 살펴보겠다.

아이의 병은 이미 어찌할 수가 없다. 어미를 잃은 뒤로 겨우겨우 길러서 오늘에 이르렀는데, 우연히 병을 얻어 끝내 구할 수 없는데 이르니, 이 얼마나 혹독한 액운인가? 마디마디 창자가 끊어지는 듯하다. 오후에 끝내 요절하니, 나도 모르게 통곡했다.(《1741년 6월 21일》)

식후에 관을 만들었다고 하여 곧 염습하고 그 어미의 묘 옆에 묻었다.(《1741년 6월 22일》)

둘째 아우의 손녀가 요절했다고 하여 나가서 보고 통곡하다. 그 곱

---

242 김문택, 「상례와 시묘살이」, 『조선시대 생활사』 2, 2000, 58쪽. ; 정진영, 앞의논문, 545~546쪽 참고.

고 효제가 있는 자질 때문에 더욱더 참담하고 애석하다.((1767년 8월 2일))

오후에 관이 완성되어 이에 날에 맞춰 대렴하고 입관하니 그만이고 그만이다.((1767년 8월 3일))

둘째아우가 성복을 한 뒤에 바로 알리게 하여 광동 안산의 골짜기 남쪽에 장례를 지내니, 애통하여 가슴이 찢어지고 찢어진다.((1767년 8월 4일))

최흥원의 아들(용장)과 종손녀의 죽음과 관련된 기록이다. 이들의 죽음은 그 당일이나 다음 날에 렴(대렴)을 하고 관이 만들어지는 대로 입관하여 장례를 치렀다. 보통 사망 다음 날에 장례를 치렀던 것으로 보이나 종손녀의 경우에는 3일 만에 치러졌고, 아버지가 성복까지 하였음을 알 수 있다. 여기서 성복을 한 것이 눈길을 끈다.

다음은 노비의 상례에 대해 알아보자.

아침을 먹기 전에 유모비 옥례의 부음을 듣고 한번 소리를 질러 통곡하다. 어젯밤 二更에 죽었다고 한다. 관구를 장만하기 위해 돈 5냥을 보내 주고, 또 먼저 계집종을 보내고, 또 감투(甘頭 : 망건)를 만들었다.((1746년 8월 9일))

당이가 또 원북에서 돌아와서 고하기를, 옥례의 시신을 겨우 입관해서 밖에 出殯했다고 한다.((1746년 8월 11일))

내일은 유모비 옥례를 매장하는 날이기 때문에 약간의 장례에 쓸 물품을 주고, 또 가로 널을 만들어 보내며 아울러 주진이를 보내 매장하는 것을 보게 하다.((1746년 10월 8일))

늙은 노비 담손이가 병막에 나간 지 사흘 만에 위태롭다는 소식이 들리니 불쌍하고 염려된다.(《1742년 12월 8일》)

담손이가 끝내 죽으니 매우 슬프고 불쌍하다.(《1742년 12월 10일》)

노 담손이를 어제 매장했다고 한다.(《1743년 3월 18일》)

밤에 늙은 노비 앵월이가 죽으니 참으로 슬프고 애처롭다.(《1750년 7월 9일》)

노비 앵월을 오늘 장사지냈다고 하니 마음이 좋지 않다.(《1750년 9월 7일》)

노비 예금이가 병막에서 죽었다고 하니 매우 슬프고 불쌍하다.(《1742년 11월 7일》)

죽은 계집종 예금을 오늘 광촌에 매장한다고 하니, 슬프고 가엾다.(《1743년 3월 22일》)

위에서 보듯, 노비 옥례와 앵월이를 매장하는데 3개월이 걸렸다. 그런데 노비 담손이는 4개월, 예금이는 사망에서 장례를 치르기까지 무려 5개월이나 걸렸다. 노비들의 장례가 3월장이었다는 것은 예외적인 경우만은 아니었음을 알 수 있다. 노비들은 3월장 또는 4월장이나 5월장도 행하였을 뿐만 아니라 장례 이후에는 3년 상을 치렀다.

노비 만세가 대상 제사를 지낸다고 고했다.(《1752년 7월 9일》)

노비 백석이에게 휴가를 주어 들여보내니 그 아비의 小祥이 3일이

기 때문이다.(《1767년 3월 29일》)

노비 만세나 백석이는 최흥원의 앙역노비였다. 노비 만세는 대상
제사를 지낸다고 하였고, 노비 백석이는 그 아비의 소상을 위해 휴
가를 얻어 집으로 갔다. 노비들의 대상과 소상에 대해 최흥원은 특
별한 언급이 없다. 특별한 일이 아니었기 때문이었을 것이다. 이 같
은 사정을 본다면 노비들의 상제례도 그 형식과 절차에 있어서는
양반들과 크게 다르지 않았을 것임을 알 수 있다. 그러나 이러한 상
례가 모든 노비나 하층민에게 행해졌던 것만은 아니었던 것으로 보
인다.[243]

양반가의 미성년자가 사망 시 성복을 하는 것, 그리고 노비들도
장례를 치르는데 3개월 또는 5개월, 소상·대상을 행했다는 것은 필
자의 과문인지는 몰라도 16세기나 19세기의 일기에는 거의 찾아볼
수 없는 것 같다. 특히 노비들의 장례기간(3개월, 5개월, 소상, 대상)
등에 대한 기록이 『역중일기』에만 있는바 주목된다.

이상에서 살펴본바와 같이, 『역중일기』에 나타난 상례의 경우, 장
례기간, 상여 메는 향도들이 부인네들이 참여, 祖奠을 행한 것, 山神
壇 설치, 시묘살이 등등은 『주자가례』에 없는 것들로, 일부는 속례를
따르고 있음을 엿볼 수 있다. 따라서 18세기에도 『주자가례』가 완전

---

243 정진영, 앞의 논문, 567~568쪽 참고.

히 정착되지 못했다고 본다. 그리고 미성년자의 성복이나 노비들의 장례기간(3개월, 5개월, 소상, 대상) 등에 대한 기록은 『역중일기』에 만 있는바, 자료적 가치와 함께 의미가 있다고 하겠다.

(4) 제례

조선후기에는 제례 또한 『주자가례』를 따랐다. 『주자가례』에 규정한 제사는 사시제, 시조제, 선조제, 예제, 기일제, 묘제 등이다. 四時祭는 사계절의 仲月(2, 5, 8, 11월)에 가묘에서 고조 이하의 조상에게 올리는 합동제사이고, 始祖祭는 동짓날 시조에게 올리는 제사이다. 先祖祭는 입춘에 시조에서 고조부까지의 조상께 올리는 제사이고, 禰祭는 아버지에게 올리는 제사로 매년 9월에 거행한다. 忌日祭는 돌아가신 날, 墓祭는 3월 상순에 조상의 묘소에서 거행하는 제사이다. 그런데 이들 모두가 조선사회에서 실행되었던 것은 아니었다. 중국에서는 사시제가 가장 중요하게 거행되었다면, 조선에서는 기일제가 더 중시되었고 사시제는 설, 한식, 단오, 추석 등의 절일제와 겸하여 실행되는 경우가 많았다.

『역중일기』에는 제례에 대한 기록이 가장 많다. 이에 대해 살펴보겠다.[244]

---

[244] 『역중일기』를 보면, 최흥원은 다양한 제사를 지내고 있다. 이에 대해서는 정진영, 위의 논문, 547~550쪽을 참고할 것.

(가) 삭망

보리떡을 사당에 올렸다.(《1747년 6월 1일》)

새벽에 일어나 제사에 참예하고 밀떡을 천신했다.(《1749년 6월 1일》)

오늘은 마땅히 사당에 천신해야하지만 사촌 누이의 상이 성복하기 전이라 지내지 못하니 마음이 매우 편치 않다.(《1756년 7월 1일》)

과일로 사당에 참례하고 술은 진설하지 않다.(《1767년 11월 15일》)

아침에 둘째아우가 역질을 겪고 단란하게 모인 뜻으로 고유문을 짓고, 닭과 주과를 사당에 올렸다.(《1747년 5월 8일》)

참외를 가묘에 薦新했다.(《1749년 6월 7일》)

내일 햅쌀로 가묘에 천신하려고 한다.(《1757년 7월 18일》)

삭망전은 사당에 간단한 음식을 차려 제사를 지내는 것이다. 그러나 굳이 제사라 하지 않고 천이라 한 것은 犧牲(고기)을 쓰지 않기 때문이다.[245] 다시 말해 제철의 새로운 음식이나 과일 등을 올린다는 점에서 천신이라 하였다. 그런데 위에서 보듯, 천신은 반드시 초하루와 보름에만 행해지는 것은 아니었다. 사당에 올리는 제사 또는 천신은 초하루 보름만이 아니라 철따라 나는 새로운 음식이 생기거나 집안에 우환이 있을 때는 잠시 늦추어 평안할 때 행했다. 최흥원은 삭망을 1일이나 15일에만 지낸 것이 아니라 집안에 우환이 있을 때는 유연하게 행했던 것으로 보인다.

---

[245] 『주자가례』, 「제례」, 〈사시제〉. "何休云 有牲曰祭 無牲曰薦"

(나) 時祀

새벽에 별묘에 時祀를 지낸다. 내일이 가묘 시사여서 餕禮(음복)를
행하지 않다.《1740년 2월 22일》
새벽에 시사를 별묘에서 지냈다.《1744년 2월 7일》
새벽에 안마루에서 時祀를 지냈다.《1744년 2월 19일》

시제는 四時의 仲月에 지낸다.『주자가례』를 보면, 四時祭는 사계
절의 가운데 달인 2월, 5월, 8월, 11월에 지낸다. 그런데 경주 최씨 최
흥원 집안에서는 2월과 5월, 8월에만 실행하였다.[246] 그리고 사당에
서 지내는 제사이기 때문에 別廟와 家廟에서 혹은 같은 날, 혹은 다른
날 각기 지냈다. 별묘는 5대조를 모시는 사당이다.

시제를 11월에는 안 지내고, 2·5·8월에만 지내는 것이 특이하다.
이로써 짐작컨대『주자가례』를 무조건으로 따른 것은 아닌 것 같다.
그리고 최흥원의 집안에서 운영했던 別廟와 家廟를 주목할 필요가
있다. 부친이 살아계실 때 최흥원의 집 사당에는 崔東㟍(1586~1661)·
최위남·최경함·최수학·최인석의 신주가 있었다. 최흥원을 기준으
로 하면 5대조-4대조-3대조-2대조와 백부의 신주였다. 최동집은 백
불암 종택이 있는 옻골로 처음 거주한 입향조이다. 최동집은 1644년
에 관직을 버리고 팔공산 부인동에 들어와 은거하면서 향약을 실시
하며 후진을 가르쳤다. 이후 최위남-최경함으로 이어진 종가의 가계

---

246 정진영, 앞의 논문, 547~550쪽 참고.

는 최수학의 대에 위기를 맞이한다. 그에게 최인석과 최정석 두 아들
이 있었는데 장자가 아버지보다 먼저 후사도 없이 죽었다. 당시 宗子
에게 후사가 없으면 작은 집에서 양자를 들이는 것이 관례였다. 그러
나 1735년에 유배지에서 죽음을 맞이한 최수학은 장자인 최인석 아
래로 양자를 들이지 않고 차자인 최정석에게 종통을 물려주었다. 양
자로 들일 차자의 자식들이 너무 어려 제사를 비롯한 집안을 꾸려 갈
수 없다고 판단하여 兄亡及弟의 예를 선택한 것이었다. 이에 최정석
이 종손이 되어 가문을 경영하고 이를 아들 최흥원에게 전하였다. 그
리고 둘째 아들 최흥점에게 백부 최인석의 제사를 맡겼다. 이런 상황
에서 최흥원이 부친 최정석의 신주를 사당에 모시면 그에게 5대조
에 해당하는 최동집의 신주를 사당에서 모셔내고 그 제사를 폐지해
야 한다. 그리고 형인 최인석 신주는 후사로 정해진 최흥점의 집으
로 옮겨야 했다. 여기서 종손인 최흥원에게 주어진 첫 번째 과제는 5대
조 최동집을 위한 別廟를 만드는 것이었다. 입향조가 되는 최동집의
사당을 지어 불천위로 모시려는 것은 부친의 遺志였다. 최정석은 사
당 건립을 위해 살아있을 때부터 친족들과 함께 곡식을 모으고 契를
만들어 준비하였다. 그리고 임종 때 자식들에게 별도의 사당을 만들
어 제사할 것을 명하였다. 선친의 뜻을 받들어 최흥원은 喪中에 이미
별묘의 건립을 준비하였다. 1737년 3월 14일에 별묘의 터 닦는 일을
시작하여 1738년 10월 26일에 공사를 마치고, 다음날 이곳에 신주를
봉안하였다. 이후 매번 제사 때마다 사람들이 모일 수 있는 적당한
공간이 없어서 제례의 의절을 다 갖출 수가 없었다. 이에 1753년에
별묘 앞에 祭堂을 세우고 '報本堂'이라 이름하였다. 최흥원은 이 보본

146

당의 記文을 이상정에게 부탁하여 받았다. 당시 이상정은 퇴계 학풍을 잇는 안동 지역 중심인물이었다. 그로부터 기문을 받았다는 것은 별사에 모셔진 최동집의 不遷位 제사가 정당하다는 사회적 공인을 받는 것이었다. 4대를 넘어선 불천위 제사는 사대부가에서 참람하다는 혐의를 받을 수 있다. 이러한 사정을 이상정은 보본당의 기문에 잘 서술하였다. 영남 지역에는 이런 사례가 많은데 4대를 모신 가묘와 구분하여 별사를 세우고 제사의 빈도를 줄여서 5대봉사의 혐의를 벗어난다고 하였다. 이에 비추어 볼 때 최흥원이 최동집을 별사에 모신 것은 제도에 합당하다고 설명하였다. 한편, 1737년 7월 10일에 최흥원은 큰아버지(최인석) 신주를 가묘에서 아우 최흥점의 집으로 옮겼다. 이로써 최흥원은 종자의 지위를 확실히 갖추었다.[247]

(다) 명절 차사

정월 보름의 참례는 시속에서 지내는 절사(節祀)와 같은 것인데, 지난해와 올해 두 해는 문득 기후가 좋지 않아 지내지 못하니, 참으로 한스럽다.(《1743년 1월 15일》)

새벽에 먼저 별묘에 참례하고, 그 다음에 가묘에 참례하였으며, 백부와 계부의 사당에 참배했다.(《1744년 1월 15일》)

올해부터 한식날에 가묘의 차례를 다시 진설할 생각이다.(《1763년 2월

---

247 이욱, 「역중일기에 나타난 상·제례 운영의 특징」, 『국학연구』 제38집, 한국구학연구원, 2019, 49~52쪽 참고.

23일))

　단오절엔 마땅히 사당에 천신을 하고 또 빈소에 제전을 진설해야하지만 형제가 모두 나와 밖에 있어서 모두 지내지 못했다.((1737년 5월 5일))

　일찍 일어나 참례할 때 술과 과일로 먼저 祧廟에 지내고 다음에 가묘에서 지냈다.((1743년 5월 5일))

　일찍 일어나서 빗질하고 목욕한 뒤 차례를 지냈다. 대추·밤·참외는 좋은 햇과일이지만 모두 구해서 천신하지 못하고 오직 햅쌀로만 떡을 해 올리고, 소고기는 얻지 못해 닭을 구워서 대신 올려서 제사에 모양을 갖추지 못했다. 흉년에는 예의도 줄어든다고 하니 이를 이른 것인가?((1745년 8월 15일))

　오늘은 동짓날이지만 역질 기운으로 參禮를 하지 못하니 매우 허전하고 한스럽다.((1742년 11월 22일))

　새벽에 먼저 증조할머니의 기제사를 지내고, 밝기를 기다려서 冬至茶祀를 지냈다. 제삿날에 節薦을 행함이 예의 뜻에 어긋나는 것 같으나, 우선 풍속을 따르고 다시 훗날을 기다려 생각해볼 것이다.((1744년 11월 18일))

　명절 차례는 정월 보름, 한식, 단오, 추석, 동지에 각기 사당에서 차사를 올렸다. 그러나 설날 곧 정월 초하루에는 보통의 삭전으로 행해졌고, 한식은 지내려고 하였으나 그 설행 여부를 확인하기 어렵고, 동지는 11월 사시제의 하나로도 이해되지만 '節薦'으로 표현되고 있었다.[248] 그런

248　정진영, 앞의 논문, 552쪽.

데 최홍원은 양반임에도 불구하고 차례 음식(제수)에 소고기를 올리지 못했던 것으로 보아 당시의 실상을 짐작할 수 있다.

(라) 기제사

새벽에 5대조할머니 제사를 지냈다. 축이 없으니 제사를 지내지 않은 것과 같다.((1737년 12월 24일))

새벽에 고조할아버지 기제사를 지내나 제관을 갖추지 못하고 법도도 갖추지 못하니 제사를 지내지 않은 것과 같다.((1757년 5월 25일))

새벽에 증조할머니 제사를 지내니 마음에 슬픔이 끓어오름을 이기지 못하겠다.((1738년 11월 18일))

우거하는 곳에서 소박하게 할머니 제사를 지내니 제사를 지내지 않는 것 같다.((1738년 3월 23일))

새벽에 돌아가신 아버지의 제사를 지냈다.((1749년 7월 16일))

오늘은 죽은 아내의 제삿날이지만 장모의 장사를 치루기 전이라 제사를 지낼 수 없다. …중략)… 통곡만하고 그치니 마음이 갑절이나 좋지 않다.((1742년 4월 4일))

최홍원은 기제사를 4대가 아닌 5대까지 지낸 것으로 보인다. 그런데 제관도 못 갖추고 제사를 지내거나 축도 없이 지낸 것에 대해 안 지낸 것 같다고 진술하고 있다. 여기서 이 당시까지도 기제사를 5대까지 지내는 집도 있었던 것으로 보이며, 또, 기제사를 제대로 지내지 않고 약식으로 지내는 집도 있었던 것 같다. 최홍원의 경우가 그

대표적이라 할 수 있다.

(마) 墓祭

> 아침을 일찍 먹고 광동에 가서 먼저 조부모 묘사를 지내고, 다음에 아버지 묘사를 지내고, 아이에게 그 어미 묘사를 지내게 했다. 묘사가 끝난 뒤에 마을 상민들을 불러서 예전대로 술을 주었다.((1745년 10월 14일))
>
> 오늘부터 여러 신위에 묘사를 지내지만 병으로 바람이 두려워서 여전히 직접 갈 수가 없다. 둘째아우는 도장동으로 보내고, 사촌아우는 직지동으로 보냈다. 나는 상진이와 함께 지동과 경산에 가서 애써 기운을 내어 묘사에 참여했다.((1748년 10월 6일))
>
> 두 아우와 함께 광동 묘사에 가서 참석하니 따뜻한 날씨에 힘입어서 잘 지낼 수 있었고, 산 아래 사람들을 불러서 술과 떡을 주었다. 또 산소 주위를 침범해서 나무를 베고 산지기를 욕보인 죄를 다스렸다.((1748년 10월 7일))

묘제는 5대조 이하 모든 묘소에서 거행되었다. 형제나 아들이 주재하기도 하였지만, 윤행한 것은 아니었다. 묘제 역시 종손이 주관하여 설행하였다. 묘사는 다만 묘소에서 제사 지내는 기능만 한 것이 아님을 알 수 있다. 그것은 묘사를 지낸 다음 늘 산 아래 마을 사람들을 불러 술과 떡을 나누어 주거나 산소 주위를 침범하여 나무를 베고 산지기를 욕보인 사람들에 대해 징치하는 시간이기도 하였다.[249]

---

[249] 정진영, 위의 논문, 553쪽.

그런데 묘제는 『주자가례』를 보면, 3월 상순에 조상의 묘소에서 거행하는 제사라고 하였다. 그러나 경주 최씨 최흥원 집안에서는10월 중에 설행되고 있었다. 이처럼 『주자가례』에 있는 그대로 따르지 않았던 것 같다.

(바) 禰祭

> 아버지의 제사를 다음달 9월 18일로 정해서 새벽 알묘 때 아뢰었
> 다.(《1743년 8월 29일》)

예제는 아버지의 제사를 9월에 지내는데 『주자가례』대로 따르고 있다.

이상과 같이 『역중일기』에 나타난 제례에 대해 살펴보았다. 삭망의 경우, 최흥원은 삭망을 1일이나 15일에만 지낸 것이 아니라 집안에 우환이 있을 때는 유연하게 행했던 것으로 보인다. 시제의 경우, 11월에는 안 지내고, 2·5·8월에만 지내는 것이 특이하다. 『주자가례』를 무조건으로 따른 것은 아닌 것 같다. 그런데 별묘를 따로 모신 것이 특이하다. 명절 차사의 경우, 사정으로 안 지내는 때도 있었을 뿐아니라, 제수를 제대로 갖추지 못했던 때도 있었다. 그리고 동지 차사 때는 『주자가례』를 따르지 않고 풍속에 따르고 있었던 것으로 보인다. 기제사의 경우, 최흥원은 5대까지 지냈고, 때로는 약식으로 지내기도 하였다. 묘제 역시 『주자가례』에 따르면 3월 상순에 지내야하는데, 최흥원은 10월에 행하고 있었다. 예제는 『주자가례』대로 따

랐다. 그리고 시조제와 선조제는 『주자가례』에 있는 대로 행하지 않고 있다. 이처럼 18세기까지도 『주자가례』가 제대로 완전하게 정착되지 못한 것 같으며, 또 그대로 따르지도 않았던 것으로 보인다.

상례나 제례의 경우, 지역·당파·가문에 따라 차이(특히 제례)를 보이고 있는 것도 사실이다. 그러나 최흥원의 『역중일기』에 나타난 제례는 영남지역(그 중에서도 대구)에 국한된다고 볼 수도 있지만, 그렇다고 그 외의 지역에서도 이와 비슷하게 따르거나 다르게 행할 수도 있다. 이에 대해서는 종합적이고 정밀한 검토가 필요하다. 제례의 경우만 보더라도 『역중일기』는 자료적으로도 그 가치가 높이 평가된다.

3) 맺음말

필자는 지금까지 『역중일기』에 나타난 의례에 대하여 살펴보았다. 앞에서 논의된 사항들을 종합 요약하여 결론으로 삼겠다.

관례의 경우, 정월에 행하지 않고 대개 혼인 임박해서 행했던 것으로 보이며, 더구나 의식절차도 대부분 약식으로 행했던 것으로 보아 아직도 제대로 정착되지 못한 것 같다.

혼례의 경우, 의식절차나 신행, 현구고례 등이 제대로 체계 있게 정착되지 못한 것으로 보인다. 특히 영남지역(그 중에서도 대구)에서 그런 것 같다.

상례의 경우, 장례기간, 상여 메는 향도들이 부인네들이 참여, 祖

奠을 행한 것, 山神壇 설치, 시묘살이 등등은 『주자가례』에 없는 것들로, 일부는 속례를 따르고 있음을 엿볼 수 있다. 따라서 18세기에도 『주자가례』가 완전히 정착되지 못했다고 본다. 그리고 미성년자의 성복이나 노비들의 장례기간(3개월, 5개월, 소상, 대상) 등에 대한 기록은 『역중일기』에만 있는바, 자료적 가치와 함께 의미가 있다고 하겠다.

제례의 경우, 삭망의 경우, 최흥원은 삭망을 1일이나 15일에만 지낸 것이 아니라 집안에 우환이 있을 때는 유연하게 행했던 것으로 보인다. 시제의 경우, 11월에는 안 지내고, 2·5·8월에만 지내는 것이 특이하다. 『주자가례』를 무조건으로 따른 것은 아닌 것 같다. 그런데 별묘를 따로 모신 것이 특이하다. 명절 차사의 경우, 사정으로 안 지내는 때도 있었을 뿐 아니라, 제수를 제대로 갖추지 못했던 때도 있었다. 그리고 동지 차사 때는 『주자가례』를 따르지 않고 풍속에 따르고 있었던 것으로 보인다. 기제사의 경우, 최흥원은 5대까지 지냈고, 때로는 약식으로 지내기도 하였다. 묘제 역시 『주자가례』에 따르면 3월 상순에 지내야 하는데, 최흥원은 10월에 행하고 있었다. 예제는 『주자가례』대로 따랐다. 그리고 시조제와 선조제는 행하지 않고 있다. 이처럼 18세기까지도 『주자가례』가 제대로 완전하게 정착되지 못한 것 같으며, 또 그대로 따르지도 않았던 것으로 보인다.

그리고 전염병으로 인해 의례(특히 상례와 제례)가 대부분 취소·연기되기도 하였다. 전염병으로 인해 혼례, 상례, 제례가 연기되거나, 제례가 취소된 기록은 『역중일기』에 자세하게 언급되고 있다. 이러한 사례들은 다른 일기에서는 찾아보기 힘들다.

상례나 제례의 경우, 지역·당파·가문에 따라 차이를 보이고 있는 것도 사실이다. 그러나 최흥원의 『역중일기』에 나타난 상례와 제례는 영남지역(그 중에서도 대구)에 국한된다고 볼 수도 있지만, 그 외의 지역에서도 이와 비슷하게 따르거나 다르게 행할 수도 있다. 이에 대해서는 종합적이고 정밀한 검토가 필요하다. 『역중일기』에 나타난 상례와 제례는 자료적으로도 그 가치가 높이 평가된다.

이상에서 보듯, 『역중일기』에 나타난 의례는 민속학적으로나 의례사적으로 평가되며, 18세기의 의례 자료로도 그 가치가 매우 높이 평가된다.

『임하필기』

1) 머리말

橘山 李裕元(1814~1888)은 조선 후기 憲宗~高宗 때의 대표적인 官人·學者·文人 가운데 한 사람이다. 이유원이 생존했던 19세기는 세도정치 아래 민란과 외세의 침략 등으로 얼룩진 격변과 암흑의 시대였다고 해도 과언이 아니다. 그리고 이 시기는 18세기에 성장하고 있던 문화를 승계하고 정리하는 역할을 한, 식민지 왜곡과 서구적 변신을 당하기 이전의 민족 전통과 창조의 역량을 평가하는 終審의 자리에 위치한 시기[250]이기도 하다. 이러한 시기에 이유원은 官人으로서 浮沈을 겪지 않은 것은 아니지만 출세가도를 달린 것은 분명하

---

[250] 임형택, 「문화현상으로 본 19세기」, 『역사비평』 37호, 역사문제연구소, 1996, 58~72쪽.

다. 한때 흥선대원군과의 대립으로 위기를 맞기도 하였고, 말년에 잠시(수개월) 거제도로 유배되기도 하였지만, 그의 관직생활은 비교적 평탄하였다. 어쨌든 이유원은 관리로서 맡은바 임무에 충실했던 것으로 보인다.[251]

한편, 이유원은 당대 비중 있는 학자 가운데 한 사람이었으며, 다방면에 풍부한 지식을 소유한 박학한 학자였다. 특히 經學과 金石學에 조예가 깊었던 것으로 보이며, 금석학에 대해서는 당대의 대가였다고 할 수 있다.[252] 뿐만 아니라 文人으로서도 높이 평가받았다. 이유원은 시인으로서 빼어난 자질을 발휘하여 많은 시를 남겼는데, 특히 樂府詩 창작에 많은 관심을 가졌다. 뿐만 아니라 문장으로도 일가를 이룬 것으로 평가된다.[253]

---

251 이유원은 字가 景春, 호는 橘山, 혹은 墨農, 林下老人이며, 시호는 忠文이다. 본관은 慶州이며, 白沙 李恒福의 9세손으로 명문가의 후예이다. 1814년 8월 12일 한양 남부 생민동 私第에서 부친 李啓朝와 모친 반남 박씨 사이에서 태어났으며, 14세에 鄭憲容의 딸 東萊 정씨와 혼인하여 슬하에 1남 2녀를 두었다. 28세에 과거에 급제한 이래 홍문관, 승문원, 규장각, 예문관, 교서관 등의 주요 문한 관직을 두루 거쳤고, 목민관(의주부윤, 전라도·황해도·함경도 관찰사, 수원유수), 예조·형조·공조판서, 좌의정과 영의정 등을 역임하였다. 그리고 1845년 동지사 서장관으로 옹방강의 사위이자 금석학자였던 葉志詵을 비롯한 당대의 중국학자들과 교류를 가졌고, 1875년 세자책봉주청사의 정사로 이홍장과 회견하였으며, 1882년 전권대신으로 하나부사와 제물포조약을 조인하여 黃玹에게 소인배라는 평을 듣기도 하였다. 이밖에 『대전회통』편찬 총재관, 실록총재관, 산실청 도제조 등도 역임하였다. 이유원은 말년에 경기도 양주의 嘉梧谷에 살면서 한양을 왕래하다가 1888년 9월 5일 별세하였다.(이유원의 생애에 대해서는 함영대, 「임하필기 연구─문예의식을 중심으로」, 성균관대 대학원 석사학위논문, 2001, 7~10쪽. ; 남형일, 「임하필기 연구」, 단국대대학원 석사학위논문, 2002, 9~14쪽.을 참고할 것.) 참고로 自號 橘山은 『임하필기 제27권』, 「春明逸史」에, 林下에 대한 유래는 『임하필기 제35권』, 「薛荔新志序」에 언급되어 있다.

252 안대회, 「해제」, 『국역 임하필기 1』, 민족문화추진회, 1999, 2쪽. ; 남형일, 위의 논문, 75~86쪽.

253 안대회, 위의 글, 2~3쪽.

이유원은 『橘山文稿』, 『嘉梧藁略』, 『林下筆記』 등등의 저술을 남겼다.[254] 필자가 여기서 주목하는 것은 『林下筆記』(한문. 필사본 39권)이다. 『임하필기』는 이유원의 대표적인 저술 가운데 하나로, 정치·경제·사회·문화·역사·사상·제도·지리·금석 및 서화·음악·문학·민속학 등 각 분야를 박물학적·백과사전식으로 기술한 책이다. 뿐만 아니라 이 책은 단순한 기록만이 아닌, 사회 전반에서부터 國事와 개인 신변잡사에 이르기까지 다방면에 관한 내용과 견문, 체험까지도 기록하고 있다. 그런바 그 가치가 매우 높이 평가된다. 그럼에도 불구하고 『임하필기』에 대한 연구는 미진한 실정이다. 그것도 문학과 음악적 측면에서의 연구[255]가 주류를 이루고 있다. 그러나 문학과 음악 분야를 제외한 각 분야별 연구는 거의 전무한 실정일 뿐만 아니라, 종합적이고 심도 있는 연구도 이루어지지 않았다.[256]

이유원의 師友關係 및 교유인물들을 살펴보면, 朴綺壽, 鄭元容, 徐有榘, 尹定鉉, 申緯, 權敦仁, 趙寅永, 鄭基世, 洪淳穆, 金炳學 등 당대의 대표적인 학자 또는 문인들로서 이들과 인간적·학문적·문학적으로 서로 존경하면서 친밀하게 교류하였다.(안대회, 위의 글, 2~4쪽. ; 함영대, 앞의 논문, 24~28쪽. ; 남형일, 앞의 논문, 14~18쪽.)

254 이유원의 저서는 『임하필기 제30권』, 「춘명일사」를 보면, 저서 목록에 『體論類編』, 『國朝謨訓』, 『沙礦零金』, 『諸子百雋』, 『戰國策節要』, 『李氏金石錄』, 『漢隸叢薈』, 『楓嶽卷』, 『乘槎日錄』, 『嘉梧稿略』, 『林下筆記』 등을 제시하고 있다.

255 『임하필기』를 문학적으로 조명한 연구는 김영숙, 「이유원의 가오악부 연구」, 『대동한문학』 6집, 대동한문학회, 1994. ; 김영숙, 「이유원의 해동악부 연구」, 『어문학』 56집, 한국어문학회, 1995. ; 이민홍, 「귤산 이유원론」, 『한국한문학연구』 24집, 한국한문학회, 1999. ; 함영대, 「임하필기 연구-문예의식을 중심으로」, 성균관대 대학원 석사학위논문, 2001. ; 남형일, 「임하필기 연구」, 단국대대학원 석사학위논문, 2002. 음악적 측면의 연구는 김주연, 「이유원의 임하필기에 나타난 음악 기사 연구-전모편·문헌지장편·춘명일사편·순일편에 한하여」, 전남대대학원 석사학위논문, 2003. 등이 있다. 이외 정병학, 「해제」, 『임하필기』, 성균관대 대동문화연구원, 1961. ; 안대회, 「해제」, 『국역 임하필기』, 민족문화추진회, 1999. 등이 있다.

256 『임하필기』에 대한 전반적인 논의는 남형일의 논문이 유일하다. 그러나 개괄적인 논의내지는 소개로, 심도 있는 정치한 연구가 이루어지지 않았다.

  그동안『임하필기』의 중요성과 가치에 대해서는 이미 연구자들에 의해 언급된바 있다. 정병학은 "『임하필기』는 광범위한 분야에 걸쳐 이유원의 해박한 식견을 전개한 것으로, 우리나라의 典故·習俗·詩文 등등 손대지 아니한 것이 없으리만큼 넓어, 이러한 점에서 볼 때 李圭景의『五洲衍文長箋散稿』와 필적할만한 것"[257]이라 高評하였고, 이민홍은 "『임하필기』는 대단히 중요한 저술로 筆記體가 갖는 모든 점을 포용하고 있으며, 국가와 민족이 갖는 제반사항들을 빠짐없이 수렴하여 논술한 역저로서 귀중한 문헌이다."[258]라고 평하였다. 또 안대회는 "『임하필기』는 18·9세기의 풍속사를 이해하는데 매우 풍부한 자료를 담고 있을 뿐 아니라, 조선 후기의 문물제도와 민간의 생활모습, 특히 사대부의 생활에 대하여 많은 정보가 담겨 있다."[259]고 하였다. 그리고 함영대는 "『임하필기』는 19세기의 문화를 잘 대변해 주고 있는 책으로 알려져 있다."[260]고 하였으며, 남형일은 "『임하필기』는 조선 후기의 문화를 이해하는데 중요한 자료로 인정되어 왔다."[261]고 하였다.

  이상에서 보듯,『임하필기』의 가치와 중요성에 대해서는 재론할 필요가 없다. 여기서 특히 필자가 주목한 것은『임하필기』에 나타난 儀禮이다.『임하필기』에는 의례 관련 내용들이 매우 많다. 그 중에는 왕실의례와 관련된 내용들이 많은데, 조선 전기 보다는 후기의 왕실

---

[257] 정병학, 앞의 글, 1~16쪽.
[258] 이민홍, 앞의 논문, 339쪽.
[259] 안대회, 앞의 글, 15쪽.
[260] 함영대, 앞의 논문, 1쪽.
[261] 남형일, 앞의 논문, 1쪽.

의례에 대한 내용들이 더 많다. 그리고 士大夫家의 의례들도 많이 수록되어 있다. 필자는 그동안 한국 의례의 사적 연구의 일환으로 고대서부터 조선시대까지 의례에 대해 연구를 해오고 있다.[262] 이러한 작업의 하나로 조선 후기의 의례를 살펴보기 위해서는 『임하필기』에 나타난 의례에 대한 연구는 필수적이라고 판단하였다. 그러므로 여기에 연구목적을 두었다.

그런바 필자는 『임하필기』에 나타난 의례(주로 18~19세기의 왕실 의례와 사대부가의 의례), 특히 출산의례, 관례, 혼례, 상례, 제례에 초점을 맞추어 논의하겠다. 이상의 논의를 통해 18~19세기, 특히 19세기의 의례를 파악하는데 일조를 할 수 있다고 본다.

2) 『임하필기』에 나타난 儀禮

본고에서는 먼저 『임하필기』의 저술 배경과 과정, 편차 내용 등에 대하여 간단히 살펴본 후, 의례에 대하여 고찰하겠다.

그러면 『임하필기』의 저술배경에 대하여 살펴보기로 하자. 이유원이 『임하필기』를 저술한 배경은 대략 두 가지였던 것으로 보인다.

---

262 졸고, 「삼국유사에 나타난 의례의 연구-관·혼·상·제례를 중심으로」, 『동양고전연구』 제33집, 동양고전학회, 2008. ; 졸고, 「임란 전 의례 연구-사대부가의 의례를 중심으로」, 『동아시아고대학』 제20집, 동아시아고대학회, 2009. ; 졸고, 「묵재일기와 미암일기를 통해 본 16세기의 관·혼·상·제례」, 『한문학논집』 제30집, 근역한문학회, 2010. ; 졸고, 「용재총화에 나타난 민속 연구」, 『동양고전연구』 제38집, 동양고전학회, 2010.

첫 번째는 그 시대 지식인 문화에 영향을 받았다는 점이다. 18세기 이래 조선 지식인들의 학문은 博物學的 경향이 있었다.[263] 또 18·9세 기의 많은 지식인들이 그들의 견문과 학문을 筆記라는 형식에 담아 公刊하기를 희구하였다.[264] 특히 조선 후기에는 이에 대한 강한 욕구 가 있었다. 그러므로 조선 후기의 필기는 조선 후기 지식인들의 역사 의식의 증대와 著書 立說에 대한 강한 욕구에 의해 새로운 내용을 가 지고 저술되었다고 하겠다. 그 내용은 정치에 대한 관심을 포함하여 사대부 집단의 다양한 일화, 신변잡기, 그리고 문예물과 예술에 대 한 기호, 여항의 민간생활과 풍속에 대한 다양한 관심을 담고 있다. 일반적인 역사서에서 잘 다루지 않은 미세한 역사, 다른 말로 하면 사대부와 민중 생활사의 자질구레하고 세세한 사실을 기록하고 있 기 때문에 독자들에게 그 시대의 진실하고 생동하는 면모를 충실하 게 전해주고 있다. 조선 후기 필기가 현대의 독자에게 주는 감동과 지식은 바로 여기에 있다고 할 수 있다. 그런 측면에서『임하필기』가 가진 자료적 가치는 매우 크다고 할 수 있다. 아무튼『임하필기』는 이러한 학풍의 영향 아래 저술된 것으로 보인다. 두 번째는 우리나라 의 문헌에 대한 이유원의 개인적 관심이 지대하였다는 점이다. 이러

[263] 李萬運의『東國文獻備考』, 李德懋의『靑莊館全書』, 兪晩柱의『欽英』, 李圭景의『五洲 衍文長箋散稿』, 趙在三의『松南雜識』, 徐有榘의『林園經濟十六志』등을 대표적인 저 술로 꼽을 수 있다.
이유원이 생존했던 19세기는 청나라 문화의 유입과 출판유통의 확대 등으로 장서 가의 출현과 아울러 고증, 박학의 학풍을 불러 일으켰던 시기(강명관,「조선후기 서적의 수입·유통과 장서가의 출현」,『민족문학사 연구』9호, 1996, 188쪽.)였음을 주목할 필요가 있다.
[264] 柳得恭의『古芸堂筆記』, 洪爽周의『鶴岡散筆』, 鄭元容의『袖香編』, 李裕元의『林下筆 記』등등을 대표적으로 들 수 있다.

한 문헌에 대한 지대한 관심과 더불어 『政院日記』 등과 같은 우리 조정의 문헌들이 화재 등으로 소실되는 것을 안타까워하며 현황을 조사한 것[265]도 그러한 관심 표명의 하나로 볼 수 있다. 이러한 요인들이 『임하필기』의 저술배경이었던 것으로 보인다.

다음은 저술 과정에 대하여 알아보기로 하자. 『임하필기』는 그 양이 방대한바 단시일 내에 완성되었다고 볼 수 없다. 이유원은 「自序」에서 저술 과정을 간략하게 밝혀 놓았다. 그에 따르면 평소에 소견거리로 옛 책과 평상시 경험한 사실을 초록해 두었는데 이를 오랫동안 팽개쳐 두었다가 1871년 겨울에 대궐에 숙직하면서 긴긴밤에 정리하였다고 밝혔다. 그러니까 이 해 겨울에 정리한 부분은 권1 「사시향관편」에서 권30의 「춘명일사」까지였다. 이것을 당시 80세가 넘은 정원용에게 보여 감정을 부탁하였더니, 정원용은 이를 일독하고 수정하여 돌려보냈다. 이에 고무된 이유원은 「춘명일사」에 쓰려다가 쓰지 못한 미진한 부분을 열흘 만에 완성하고 「순일편」2권과 「화동옥삼편」을 추가하여 1872년에 기본 골격이 완성되었다고 본다. 1872년에 정원용의 아들 정기세가 쓴 서문을 보면, 11개 항목에 34편이라고 하였는바, 이로써 보건대 이 해 겨울에 권1 「사시향관편」에서 권33, 34의 「화동옥삼편」까지를 일단 완성한 것이 분명하다. 노년의 이유원이 겨울 한 철에 이 많은 내용을 자필로 필사하였다고 보기는 무리가 있다. 이 때 정리한 중요한 내용은 「춘명일사」와 「순일편」 정도인 것 같고, 나머지 내용은 거의 그 이전에 써 놓은 것을 정리한 데 불

---

265 안대회, 앞의 글, 16~17쪽.

과한 것으로 보인다. 1872년 1차 정리를 끝내고 그 다음에 「벽려신지」,
「부상개황고」, 「봉래비서」를 편찬하여 본편에 첨가하고, 자신의 시
가 작품인 「해동악부」와 「이역죽지사」를 여기에 부록했던 것으로
보인다. 이것이 모두 완성된 때는 尹成鎭이 『임하필기』의 발문을 쓴
1884년으로 추정된다. 이때 윤성진은 16편 39권이라 밝힌바 있다.[266]
그런바 『임하필기』는 1884년 가오곡에서 완성되었던 것으로 짐작
된다.

『임하필기』의 편차 내용을 살펴보면, 16편 39권(권1 四時香館編,
권2 瓊田花市編, 권3~4 金薤石墨編, 권5~6 掛劍餘話, 권7 近悅編, 권8
人日編, 권9~10 典謨編, 권11~24 文獻指掌編, 권25~30 春明逸史, 권
31~32 旬一編, 권33~34 華東玉糝編, 권35 薜荔新志, 권36 扶桑開荒考,
권37 蓬萊祕書, 권38 海東樂府, 권39 異域竹枝詞)으로 구성되어 있고,
제각기 독립적인 내용을 담고 있다. 전체적으로 짤막한 기사와 자료
로 구성되어 있지만, 그 내용은 대단히 폭이 넓어 일일이 거론할 수
없을 정도이다.

이유원은 의례에 대하여 관심이 많았고 조예도 깊었다.[267] 그러므
로 그는 『임하필기』에 의례 관련 기록들을 많이 남기고 있다. 『임하
필기』에 나타난 의례를 간략히 살펴보면, 「문헌지장편」이 가장 많
고,(주로 왕실 의례) 다음으로 「춘명일사」에 많이 수록되어 있다. 「문
헌지장편」은 주로 문헌이나 관직에 있을 때 담당했거나 본 의례 관

---

266 『임하필기』의 저술 과정에 대해서는 안대회의 견해가 설득력이 있는바 그의 견해
　　를 따랐다.(같은 글, 3~4쪽.)
267 『국역 임하필기 1』, 「사시향관편」, 《儀禮》, 민족문화추진회, 1999, 17쪽.

련 사항들 위주로 기술되어 있다. 그런데 「문헌지장편」에 수록된 의
례 관련 자료들의 자료적 가치가 감쇄하는 것은 결코 아니다. 「문헌
지장편」에는 전체적으로 조선 중기 이래 18세기까지의 의례, 민속,
풍속, 의복, 식품, 음악, 제도 등등이 풍부하게 망라되어 있다. 그러
므로 각 분야에 관심을 가진 연구자에게 흥미로운 자료를 제공하고
있는바, 『임하필기』에서 「문헌지장편」이 자료적 가치가 가장 뛰어
나다고 할 만하다.[268]「춘명일사」는 대개 견문과 체험한 의례 관련 사
실들(주로 사대부)을 기록하고 있는바, 이 또한 자료적 가치가 높이
평가된다.

그러면 출산의례에 대하여 살펴보기로 하자.

(1) 出産儀禮

『임하필기』에 수록된 출산의례 관련 내용은 왕실의 産室 설치와
捲草를 제외하고는 찾아볼 수 없다. 조선 전기의 경우, 『용재총화』에
도 왕실의 捲草之禮가 수록[269]되어 있기는 하지만 이 또한 흔한 편은
아니다. 특히 사대부가의 출산의례에 대해서는 임란 이전의 경우, 이
문건의 『묵재일기』를 제외하고는 거의 찾아볼 수가 없다.[270] 아마 사

---

268 위의 글, 8~10쪽. 「문헌지장편」의 자료적 가치에 대해서는 필자도 인정한다. 그러
   나 본고는 조선 후기, 특히 18~19세기 그 중에서도 1800년도인 19세기에 실제로 행
   했던 의례에 주로 관심을 가지고 있는바, 이런 점으로 볼 때는 다소 아쉬움이 남는
   다. 그럼에도 본고의 논의의 초점에 맞추어 고찰한다면 별로 무리는 없을 것으로
   사료된다.
269 이에 대해서는 졸고, 앞의 논문, 「용재총화에 나타난 민속 연구」, 233~234쪽 참고.
270 졸고, 앞의 논문, 「임란 전 의례 연구-사대부가의 의례를 중심으로」, 345~349쪽.

대부라 출산 관련 사실들을 기록으로 남기는 것을 꺼려했기 때문이었던 것 같다. 그러면 산실과 권초에 대해 살펴보자.

　산실을 설치할 때는 정시(正時) 전 일각(一刻)에 약원의 세 제조가 대령의관(待令醫官), 별장무관(別掌務官), 범철관(泛鐵官) 등을 거느리고 교태전(交泰殿)으로 나아가고 본원(本院)의 아전 또한 따른다. 이때 여러 집사들은 방에 나아가서 24방위도를 각 해당 방위에 붙이고 또 당월도(當月圖)와 차지부(借地符)를 붙이는데 모두 주홍색으로 쓴 것이다. 그렇게 하고 나서 길방(吉方)에 먼저 볏짚을 깐다. 그다음에는 고석(藁席), 다음에는 백교석(白絞席), 다음에는 양모전(羊毛氈), 다음에는 유둔(油芚), 다음에는 흰 말가죽, 다음에는 세고석(細藁席)을 깔고, 또 다람쥐가죽과 삼실을 말가죽 밑에 둔다. 조금 가까이 위에 태의(胎衣)가 놓일 방위에는 또한 붉은 글씨의 부적을 붙인다. 그리고 의관이 차지법 부적을 세 번 읽는다. 말고삐를 방의 벽에 거니, 해산할 때 잡는 것이다. 구리 방울은 청 난간에 거니 일이 생기면 흔들어 의관을 부르는 것이다. 이러한 절차를 홀기(笏記)에 모두 기재한다. 상이 헌창(軒窓)에 임하여 보고, 여러 사람들은 제각기 거행하고 물러난다. 그날은 당저 8년 신미(1871) 10월 7일 갑자였다. 도제조는 나이고, 제조는 조성교(趙性敎)이고, 부제조는 김원식(金元植)이었다.[271]

　궁중에서 아이를 낳으면 권초하는 예가 있어서 아이를 낳은 날에 볏짚으로 새끼를 꼬아서 문에다 달아매고 상이 대신(大臣)과 여러 신하

271 『국역 임하필기 6』, 「춘명일사」, 〈産室의 설치〉, 민족문화추진회, 1999, 98~99쪽.

들 중 재해(災害)가 없는 자에게 명하여 사흘 동안 소격전(昭格殿)에서
재계하고 초제(醮祭)를 지내도록 하는데, 이때 상의원(尙衣院)에서는
오색 비단을 공상(供上)하며 남자 아이의 경우에는 복두(幞頭)와 포홀
(袍笏) 및 오화(烏靴)와 금대(金帶)를, 여자 아이의 경우에는 비녀와 배
자(背子) 및 신발 등의 물건을 노군(老君 노자(老子)) 앞에 올린다. 그러
고는 헌관(獻官)이 새끼줄을 걷어서 칠함(漆函)에 담아 붉은 보자기에
싸서 내자시 정(內資寺正)에게 주면 내자시 정은 이를 받아서 곳간 안
에 봉납(奉納)한다. 그런데 만약 여자 아이일 경우에는 내섬시(內贍寺)
에서 주관한다.[272]

첫 번째 인용문은 이유원이 산실청 도제조로 임명되어 산실 설치
와 절차 등을, 두 번째 인용문은 권초에 대하여 기록한 내용이다. 궁
중에서 산실 설치 시 그 의식절차와 방법 등이 매우 엄격하였음을 알
수 있다. 그리고 이러한 산실 설치 의식과 절차와 방법 등은 사대부
들의 저술에서는 흔히 볼 수 있는 기록이 아닌바 나름대로 의미가
있다. 그런데 여기서 주목할 것은 주로 도교의례를 따르고 있다는
점이다. 이는 두 번째 인용문의 권초지례(특히 醮祭)에서도 마찬가
지이다. 유교를 국시로 하는 조선시대에 왕실에서 도교의례를 행하
는 것에 대하여 일부 사대부들(특히 임란 전. 예를 들어 성현, 유희춘
등등)은 이를 못마땅하게 생각하거나 비판적이었다.[273] 그러나 이유

272 『국역 임하필기 3』, 「문헌지장편」, (捲草), 민족문화추진회, 1999, 261~262쪽.
273 졸고, 앞의 논문, 「임란 전 의례 연구-사대부가의 의례를 중심으로」, 346쪽.

원은 이에 대한 찬반의 언급을 하지 않고 자신이 목도한 사실들만을 기술하였다. 이로써 짐작컨대 이유원은 궁중에서 행했던 이러한 도교의례에 대하여 암묵적으로 수긍했던 것 같다.

　두 번째 인용문은 권초지례에 대한 내용인데, '권초'란 妃嬪의 産室에 깔았던 짚자리를 해산 후에 걷어치우는 것을 말한다. 그리고 그 의식절차를 행함에 있어, 왕명을 받은 대신이 소격전에서 사흘 동안 초제를 지내는 것이 핵심 절차이다. 이러한 도교의례의 초제는 16세기에 이르면 일부 士大夫家에서 왕실의 영향을 받아 행하였으며,[274] 임란 이후에는 사대부가 태반은 초제를 지냈던 것으로 보인다.[275] 그렇다면 왕실에서 왜 산실 설치나 권초지례를 도교적 의례절차와 방법을 따랐을까? 이는 도교에서 지향하는 무병장수, 벽사 등과 연관이 있을 것이라는 생각에서 행했던 것은 아니었는지. 아무튼 왕실의 권초지례는 조선 전기뿐만 아니라 후기까지도 별로 변모됨이 없이 계속 지속되어 왔다.[276] 그리고 위의 인용문들을 보면, '붉은 글씨의 부적', '붉은 보자기', '세 번 읽는다.', '사흘', '구리 방울' 등이 언급되고 있다. 붉은 글씨나 붉은 보자기는 벽사 등의 의미로 볼 수 있으며, 세 번이나 사흘에서의 3은 완전, 완성, 화합, 신성, 최고, 재생, 생명 등의 의미로 볼 수 있다.[277] 아울러 출산 당일에 권초관은 산자리를 붉은 색의 줄로 묶어서 산실문 밖의 위에 매달아 놓는다. 문 위에 매

---

[274] 졸고, 앞의 논문, 「용재총화에 나타난 민속 연구」, 234쪽.
[275] 졸고, 앞의 논문, 「임란 전 의례 연구-사대부가의 의례를 중심으로」, 349쪽.
[276] 『용재총화』와 『임하필기』에 수록된 권초지례를 비교한 결과, 그 내용이 거의 동일하였다. 그런데 그 의식절차와 방법은 『임하필기』에 더 구체적으로 기록되어 있다.
[277] 졸저, 『개정 증보판 한국 의례의 연구』, 박문사, 2010, 79~80쪽.

달려 있는 산자리는 순산을 알리는 역할도 하는데, 민간의 금줄을 대신하는 것으로 7일간 매달아 둔다.[278] 특히 산실청 門楣에 달아 두는 구리 방울에 대해 이유원은 "산실청을 설치할 때 門楣에 금은 두 개의 방울을 달아 두었다가 남아가 태어나면 금방울을, 여아일 경우에는 은방울을 흔든다고 세상에 전하고 있는데, 이는 잘못된 것으로 『設始節目』을 상고해보니 실제로는 구리 방울을 달았다. 그리고 산실청을 설치한 뒤에는 의관이 으레 상태를 보아가며 수시로 들어가 진찰하므로 매번 지휘할 때에 방울을 흔들어 들어온 사람들을 경계시키고, 탄생한 뒤에는 방울의 끈을 임금이 직접 흔든다고 한다."[279] 고 고증하였는바 주목할 필요가 있다.

산실 설치와 권초지례의 의식절차와 방법은 19세기 왕실의 출산의례의 일면을 엿볼 수 있는바 나름대로 자료적 가치가 있다고 본다. 특히 구리 방울이 눈길을 끈다.

(2) 冠禮

관례는 成人이 되었다는 것을 알리는 의식으로 오늘날의 成年式과 같은 것이다. 『임하필기』에는 조선 후기 17세기와 18세기의 왕실의 관례(특히 18세기)에 대한 기록들이 있다. 사실 사대부가의 관례에

---

278 신명호, 『조선의 왕』, 도서출판 가람기획, 1999, 23쪽.; 『국역 임하필기 6』, 「춘명일사」, 〈풀을 매다는 문〉, 민족문화추진회, 1999, 99~100쪽.
279 『국역 임하필기 6』, 「춘명일사」, 〈방울을 다는 것에 대한 분변〉, 민족문화추진회, 1999, 100쪽.

대한 기록은 그리 흔치 않다.(특히 임란 전의 경우)[280] 더구나 이유원
이 생존했던 19세기는 세도정치의 폐해와 경제적 피폐, 사회적 혼란
과 민란 및 외세의 침략 등으로 조선 왕조의 멸망 직전의 시기였던
바, 사대부가에서 실제로 행했던 관례에 대한 기록을 찾아보기가 쉽
지 않다. 따라서 여기서는 18세기 후반의 왕실의 관례에 대해 소개
하기로 한다.

　　영종 41년(1765)에 왕손의 관례를 행할 때에 빈(賓)은 당상의 정3품
으로, 찬(贊)은 사예(司藝)로 하고 주인(主人)은 종신(宗臣)의 당상 정3
품, 주인의 찬관(贊冠)은 종부시 직장(宗簿寺直長)으로 하도록 하였다.
그리고 잡물(雜物)과 삼가(三加)의 장복(章服)은 자내(自內)에서 마련
토록 하고 일반적인 집사(執事)는 중관(中官)이 하도록 하였으며 기타
의절(儀節)은 모두 사대부의 관례(冠禮)의 예에 따라서 하도록 하였다.
얼마 있다가 하교하기를, '다시 생각해 보니, 다른 종반(宗班)들은 아직
부직(付職)을 하기 전이며 설령 부직을 한다고 하더라도 기껏해야 초
직(初職)은 당하관에 불과하다. 그러므로 삼가(三加)의 복색은 사(士)
의 예를 따르는 것이 옳지만, 왕손으로 말하면 사체(事體)가 이들과는
차이가 있고 또한 왕자의 관례와는 차등을 두어야 할 것이다.'하였다.
마침내 복색 이하를 고쳐서 정하였는바, 초가(初加)에 대해서는 처음
에 흑립(黑笠)과 청포(靑袍)로 정했는데 다시 입자(笠子)와 도포(道袍)
및 홍대(紅帶)로 고쳤으며, 재가(再加)에 대해서는 처음에 연건(軟巾)

과 난삼(襴衫)으로 정했는데 다시 복두(幞頭)와 공복(公服)으로 고치고, 삼가(三加)에 대해서는 오모(烏帽)와 흑단령(黑團領)에 금대(金帶)로 하도록 다시 정한 뒤, 처음에 중광원(重光院)으로 마련했던 장소를 다시 고쳐서 전설사(典設司)로 바꾸었다.[281]

왕손의 관례 의식절차를 사대부가의 관례의 禮에 따라 하도록 명하였다가 복색은 차등을 둘 것을 지시한 내용이다. 관례는 본래 士冠禮뿐이었고, 士로서 근본을 삼았다. 그러나 조선시대 왕실의 관례는 특히 國本의 의미에서 국왕의 후계와 관련되는바 가장 주목되는 관례였다. 이 같은 이유와 함께 儀節이 체계적으로 정립되지 못한 때문인 듯 매번 논란이 있었다. 이러한 이유 등으로 인해 조선 왕실의 관례는 시대별로 변모의 모습을 보이고 있다.[282] 이는 조선 왕실의 관례 절차나 방법 등이 완벽하게 정립되지 못했기 때문이다. 이 같은 사실은 위의 인용문을 보면, 18세기 후반까지도 왕실의 관례가 그 제반 절차에 있어 흔들리고 있는바, 이를 통해서도 확인할 수 있다. 이는 비단 이 시기뿐만 아니라 그 이전의 시기에도 그러했지만, 특히 복색의 경우 더욱 그러했던 것으로 보인다.

위의 기록은 18세기 후반 조선 왕실의 관례, 특히 관례 시 복색의 변모의 일면을 엿볼 수 있다는 점에서 의미가 있다고 하겠다.

---

281 『국역 임하필기 3』, 「문헌지장편」, 〈王孫의 관례〉, 민족문화추진회, 1999, 265쪽.
282 조선 왕실 관례의 변모에 대해서는 권오영 외 5인, 『조선 왕실의 嘉禮』(한국학중앙연구원, 2008, 15~56쪽.)를 참고할 것.

(3) 婚禮

『임하필기』에는 혼례에 대한 내용이 많다. 그 가운데 왕실 혼례에 대한 내용들이 주류를 이루고 있다. 그리고 이들 내용들 태반은 17세기 이전의 자료들일 뿐만 아니라 『조선왕조실록』이나 『동국문헌비고』 등등의 책들에 수록되어 있다. 본고의 주된 관심은 조선 후기(18~19세기)의 혼례, 특히 이유원이 생존했던 19세기에 실제로 행했던 혼례에 있다. 그런데 『임하필기』를 보면, 사대부가에서 실제로 행했던 혼례에 대한 내용들이 적은 편이다. 그러므로 여기서는 18세기의 혼례와 19세기 사대부가에서 실제로 행했던 혼례 등을 중심으로 논의하겠다. 논의는 〈親迎을 거듭 강조하여 밝힌 下敎〉, 〈혼례의 白馬〉, 〈혼례의 신부복〉, 〈혼례를 검소하게 치른 일〉 순으로 하겠다.

먼저 〈친영을 거듭 강조하여 밝힌 하교〉에 대해 살펴보기로 한다.

> 영종(英宗) 40년(1764)에 다음과 같이 하교하였다. …(중략)… '친영의 예는 본래 사람의 큰 인륜(人倫)이다. 『국조오례의(國朝五禮儀)』에 이미 이에 대한 것이 실려 있고 주 문공(朱文公)의 『가례(家禮)』에도 나와 있다. 그런데 근래에 와서 이 예가 거의 없어져 버렸다. 지난번의 하교에서 예(禮)가 서인(庶人)에게까지 미치지 않는다고 하였는데, 이 뜻은 평민을 두고 한 말이 아니라 곧 사부(士夫)를 가리켜서 한 말이었다. 그래서 지금은 이것이 시행이 되고 있으리라고 생각하고 있었다. …(중략)… 이 禮가 아직도 제대로 시행이 되지 않고 있다고 하니 실로 개탄스러움을 금할 수가 없다. 아, 이와 같이 당당한 예의의 나라에서 어

찌 제(齊)나라의 비루한 풍속을 본받을 수가 있단 말인가. 지금 들으니 예문(禮文)이 너무 번쇄하다고 하는데, 그러나 공자는 그림을 그리는 일은 흰 화포(畫布)를 마련한 뒤에 한다고 말하였으며, 또 중유(仲由 자로(子路))가 번잡한 것을 간단히 하여 예를 이루고 비용이 많이 드는 것을 덜어서 예문을 회복한 것을 칭찬하였으니, 이 또한 성훈(聖訓)의 뜻을 체득한 것이다. …(중략)… 그러니 내가 늘그막에 근본을 바로잡고자 하는 이 하교를 누가 감히 소홀히 할 수가 있겠는가. 중외(中外)에 지시를 내려서 각별히 독려하도록 하라.' 하였다.[283]

사대부가에서 조차 친영이 제대로 행해지지 않자, 이를 바로 잡아 시행할 것을 下敎한 내용이다. 친영은 임란 전에도 왕실이나 사대부가에서 제대로 행해지지 않았다.[284] 위의 인용문에서 보듯, 친영은 18세기 후반뿐만 아니라 19세기에도 제대로 시행되지 않았던 것으로 보인다.

다음은 〈혼례의 백마〉에 대해 살펴보겠다.

우리나라는 기자(箕子)가 토대를 닦았는데, 기자는 은(殷)나라 사람

---

283 『국역 임하필기 3』, 「문헌지장편」, 〈親迎을 거듭 강조하여 밝힌 下敎〉, 민족문화추진회, 1999, 414쪽.
284 졸저, 앞의 책, 95쪽. 혼례에서 가장 문제되는 것은 친영이었다. 조선시대의 경우, 『주저가례』에 근거해 부계 중심의 혼인제도인 친영을 정착시키기 위해 노력하였지만, 오랜 관습으로 그 실효성을 거두지 못하였다. 중국의 親迎禮를 우리나라에 실현시키고자 하는 위정자들의 노력은 조선조 내내 계속 되었지만, 국가시책이었음에도 불구하고 우리고유의 婿留婦家婚俗 등의 저항으로 인하여 실행에 어려움을 겪었고, 그 절충으로 半親迎이 행해지기도 하였다.(졸고, 앞의 논문, 「임란 전 의례 연구-사대부가의 의례를 중심으로」, 355쪽.)

171

으로서 여전히 예전 풍속을 지켰다. 그래서 충선왕(忠宣王)의 혼례 때에 백마 81필을 폐백으로 하였고, 그러한 전해 내려온 습속이 지금까지도 없어지지 않고 있으니, 사인(士人)이나 서인(庶人)의 혼례에 반드시 백마를 구하는 데에서 볼 수 있다.[285]

이유원은 혼례 때의 백마에 대한 유래와 함께 이러한 습속이 당시까지도 이어져 내려오고 있음을 밝히고 있다. 혼례 시 신랑이 타는 백마의 婚俗에 대한 연유를 알 수 있어 의미가 있다.

이번에는 〈혼례의 신부복〉에 대하여 알아보기로 하자.

이익(李瀷)이 이르기를, '오늘날 혼례 때 신부들이 입는 포의(袌衣), 활수(闊袖), 대대(大帶), 장군(長裙)은 곧 중국의 제도이다. 『삼국사(三國史)』를 살피건대, 송(宋)나라 사신 유규(劉逵) 등이 와서 시골의 잘 꾸민 창녀(倡女)들이 활수의(闊袖衣)와 색사대(色絲帶), 대군(大裙)으로 차린 것을 보고 말하기를, 이는 모두 삼대(三代)의 복식인데 뜻밖에 이곳에서 아직까지 유행하고 있다. 하였는데, 곧 오늘날 신부의 복색이 이것이다. 이보다 앞서 진덕왕(眞德王) 때에 김춘추(金春秋)가 당(唐)나라에 들어가 중국의 제도를 따라 행할 수 있도록 청하여 의대(衣帶)를 받아 가지고 돌아와 오랑캐의 습속을 중국의 제도대로 바꾸도록 하였다. 문무왕(文武王) 4년에 이르러 부인들의 복색도 바꾸어 중국의 제도와 같아지도록 하였으니, 문무왕은 곧 태종왕(太宗王) 김춘추의 아들

---

285 『국역 임하필기 4』, 「문헌지장편」, 〈혼례의 白馬〉, 민족문화추진회, 1999, 15쪽.

이다. 절절하게 중국을 사모하여 이때에 이르러 남녀의 복색을 모두 변화시켰으니, 훌륭하다고 할 만하다. 오늘날 부녀들이 소매가 좁은 [窄袖] 단삼(短衫)을 입는 것은 어떻게 시작되었는지 알수 없는데 귀천 (貴賤)이 통용하니 매우 놀랍고 기이하다.' 하였다. 또 안정복(安鼎福) 이 이르기를, '우리나라 부녀의 복색은 윗도리와 아랫도리가 연결되어 있지 않고 윗도리가 짧아 허리를 덮지 못한다. 원(元)나라 세조(世祖)가 중국의 풍속을 변화시켜 남자는 소매가 좁은 고습(袴褶)을 입고 여자 는 소매가 좁은 짧은 저고리에 아래는 치마[裙裳]를 입게 하였다. 생각 건대, 이때에 원나라의 제도를 따랐다가 이후로 마침내 그대로 답습하 여 오늘날까지 변화시키지 못한 듯하다.'하고, 또 이르기를, '오늘날의 습속 가운데 혼례 때의 수식(首飾)과 붉은 장삼(長衫)을 입는 제도는 명 승(明昇)에게서 나온 것이다.' 하였다.[286]

　위의 기록에서 이익 생존 시까지(18세기) 사용하던 우리나라 신부 의 혼례복은 중국의 것을 받아들인 것임을 알 수 있다. 그리고 이익 은 신라 문무왕이 중국을 사모하여 남녀의 복색을 변화시킨 것에 대 하여 훌륭하다고 평하였는바, 그의 사대주의적인 면모를 엿볼 수 있 다. 그런데 여기서 이익이 "오늘날 부녀들이 소매가 좁은[窄袖] 단삼 (短衫)을 입는 것은 어떻게 시작되었는지 알 수 없는데 귀천(貴賤)이 통용하니 매우 놀랍고 기이하다."는 내용과, 안정복이 "우리나라의

---

286 『국역 임하필기 4』, 「문헌지장편」, 〈혼례의 신부복〉, 민족문화추진회, 1999, 113~ 14쪽.

복색이 원나라의 것을 당시까지도 그대로 답습하고 있다는 사실, 그리고 혼례 때의 首飾과 붉은 長衫을 입는 제도는 明昇[287]에게서 나온 것이다."는 주장을 주목할 필요가 있다. 결국 당시까지 남자들이 입던 袴褶(바지)과 부녀자들이 입던 단삼과 치마 등은 원나라의 것을 답습내지는 모방한 것으로 보이며, 특히 신부의 혼례복(수식과 붉은 장삼)은 大夏의 것을 답습 또는 모방한 것 같다. 결론적으로 조선 후기 18세기까지(19세기도 이와 같았을 것으로 추정됨.) 사용하던 신부의 혼례복은 중국의 복식들(명나라, 원나라, 대하 등)을 혼용한 것으로 여겨진다.

끝으로 〈혼례를 검소하게 치른 일〉에 대해 살펴보기로 한다.

나는 아들의 혼사(婚事)를 치르면서 한결같이 주자(朱子)의 『가례(家禮)』를 준행하여, 사단(紗緞)이나 주취(珠翠)를 가까이하지 않고 오직 토산(土産)의 물건만으로 줄이고 절약하여 혼수를 마련하였으며, 여피(儷皮)로 폐백(幣帛)을 삼아 친영의(親迎儀)를 거행하고는, 그것을 그대로 법식으로 정하여 후손으로 하여금 준행하게 하였다. 할아버지인 효정공(孝貞公)께서 항상 말하기를, '나이 어린 아이들에게 비단옷을 입히고 귀한 음식을 먹이는 것은 양복(養福)하는 방도가 아니다.'하셨는데, 가정(家庭)에서 익히 들어온 것이 이와 같았으므로 지금까지도 가슴에 새겨 두고 잊지 않고 있다.[288]

287 명승은 명나라 太祖 때 蜀을 근거지로 大夏를 세웠다가 항복한 인물로, 恭愍王 21년 (1372) 5월에 명 태조가 우리나라로 보내어 安置하였다.(『東史綱目 卷15』.)
288 『국역 임하필기 6』, 「춘명일사」, 〈혼례의 신부복〉, 민족문화추진회, 1999, 42쪽.

174

이유원이『주자가례』에 의거하여 아들의 혼례를 치룬 내용이다. 조선시대의 경우, 왕실이나 사대부들의 혼례 기록들을 보면, 태반은 사치스러웠고 과다한 혼례비용으로 인해 국가 및 가정 경제에 심각한 문제를 야기 시킬 지경에까지 이르렀던 것이 사실이다.[289] 그런데 위의 기록을 보면, 이유원이 혼수를 절약했을 뿐만 아니라 親迎儀을 거행했다는 사실, 여기서 사대부로서『주자가례』의 준수와 함께 그의 검소한 성품의 일면도 엿볼 수 있다.

『임하필기』에 나타난 혼례에 대한 기록들을 살펴보면, 혼례 절차에 대한 내용이 소략하여 아쉬움을 남긴다. 그럼에도 혼례 시 신랑이 타는 백마에 대한 혼속과 신부의 혼례복이 중국의 것들을 혼용하고 있다는 내용, 그리고 친영이 제대로 행해지지 않고 있다는 사실 등은 18세게~19세기의 혼례를 이해하는데 있어 중요한 자료로 평가된다. 특히 이유원의 아들 혼례 시『주자가례』의 준행과 親迎儀 거행, 혼수 비용의 절약 등은 높이 평가할 만하다.[290]

(4) 喪禮

『임하필기』를 살펴보면, 상례에 관한 내용이 가장 많다.[291] 그런데

---

289 졸고,「의례와 경제-관·혼·상·제례를 중심으로」,『비교민속학』제27집, 비교민속학회, 2004, 239~262쪽 참고.
290 참고로『임하필기』에는 이유원의 처 백부인 정원용(장인 정헌용의 형. 鄭寅普의 증조부)과 장인의 回졸禮(回婚. 혼인한지 60년이 되는 해), 回졸詩 등이 있다.(『국역 임하필기 5』,「춘명일사」,〈鄭氏 가문의 回졸禮〉, 민족문화추진회, 1999, 282~283쪽.; 허경진,「13종 저술을 통해 본 관인 정원용의 기록태도」,『동방학지』제146집, 2009, 91쪽 참고.)

왕실 상례에 대한 내용이 태반(그 중에서도 16~17세기의 기록)이다.
그러므로 본고에서는 18~19세기(특히 19세기)의 기록들 중 이유원
이 견문, 체험했던 내용들 위주로 언급하겠다. 여기서는 〈여든 나이
에 상복을 입은 일〉, 〈유배 중에 있는 자의 歸葬〉, 〈石誌의 시초〉, 〈合葬
과 改葬〉, 〈제주 장례의 시초〉, 〈女眞의 옛 무덤〉 순으로 논의하겠다.
　먼저 〈여든 나이에 상복을 입은 일〉에 대하여 살펴보겠다.

　　예전에 오은군(鰲恩君)이 일찍이 회혼(回婚)을 지나서 모친상을 당하
　　였는데 사람들이 슬프게 여기지 않고 영예로운 것이라고 하였고, 지금
　　정헌용(鄭憲容) 또한 회혼을 지나 모친상을 당하였다. 이는 모두 내가
　　보고 들은 것이다. 공의 내외가 모두 나이 팔순이 다 되었고, 누이 또한
　　70여 세였으며, 상복을 입은 날 아흔이 다 된 경산(經山) 상공이 족질의
　　항렬에 있었으니, 더욱 희귀한 일 이다. 예경(禮經)에 '일흔이 된 상주는
　　최질(衰絰)을 만들어 놓기만 한다.' 하였으니, 매우 늙은 사람은 상주 노
　　릇을 할 수 없음을 말한 것이다. 그러나 공은 그렇게 하지 않고 한결같
　　이 예제(禮制)에 따라 행하였으니, 그 정력은 우러러볼 만하다.[292]

　여든 나이에 상복을 입은 사실을 기록한 내용이다. 이유원은 자신

291　조선시대 의례 관련 저술들을 살펴보면, 관·혼·상·제례 중 상례에 대한 내용이 가
　　장 많다. 이 때문인지는 몰라도 조선시대 조정에서 있었던 의례 논쟁(典禮 및 禮訟
　　論爭) 중 상례에 대한 내용이 대부분이다.(졸고, 「의례와 정치-관·혼·상·제례를 중
　　심으로」, 『비교민속학』 제26집, 비교민속학회, 2004, 375~410쪽 참고.)
292　『국역 임하필기 6』, 「춘명일사」, 〈여든 나이에 상복을 입은 일〉, 민족문화추진회,
　　1999, 155쪽.

이 듣고 본 李敬一과 장인 鄭憲容의 모친상에 대한 내용, 특히 장인의 모친상을 직접 보고 기록으로 남겼다. 팔십 나이에 상을 당한 것은 어찌 보면 호상이라 할 수 있다. 이유원은 장인이 80세 임에도 불구하고, 禮에 의거하여 상복을 입고 상주 노릇을 한 일에 대하여 높이 평가하고 있다. 高齡의 상주가 병이 있어 거동이 불편하다면 상주 노릇을 하기가 어렵다. 그러나 만약 그렇지 않다면 상복을 입고 상주 노릇을 하는 것이 마땅하다. 위의 인용문을 보면, 이유원은 고령의 나이라도 禮에 따라 상복을 입고 상주를 하는 것이 맞는다는 것을 은연중 내비치고 있다.

다음은 〈유배 중에 있는 자의 歸葬〉에 대해 살펴보기로 하자.

> 영종행록(英宗行錄)에 이르기를, '12년(1736)에 대신이 말하기를, 유배 중에 있는 자가 부모의상을 당한 경우 돌아가 장사를 치르도록 허락하는 문제에 있어 법전에는 이에 대한 명문화된 규정이 없습니다. 하니, 왕이 이르기를, 임금은 효도로써 다스림을 삼는다. 어찌 돌아가 장례를 치르도록 하지 않겠는가. 돌아가 장례를 치르도록 하여야 할 것이다.'하였다.[293]

英祖 때 대신이 유배 중인 자가 喪을 당했을 경우, 법전에 규정이 없으므로 이의 처리문제에 대하여 질의를 하자, 英祖가 고향으로 돌

---

293 『국역 임하필기 3』, 「문헌지장편」, 〈유배 중에 있는 자의 歸葬〉, 민족문화추진회, 1999, 407쪽.

아가 장례를 치르라고 명한 내용이다. 그런데 1500년도에는 유배 중인 자의 경우, 돌아가 장례를 치를 수 없었다. 『眉巖日記』를 보면, 柳希春의 경우(모친상 때)가 그러했다.[294] 이로써 짐작컨대 귀양 중인 자가 돌아가 장례를 치를 수 있었던 것은 18세기부터였던 것 같다. 위의 내용은 중요한 자료로 평가된다.

이번에는 〈石誌의 시초〉에 대하여 알아보자.

돌로써 무덤을 표지(標識)하는 일은 남조(南朝)의 안연지(顔延之)에게서 비롯된 것이다. 옛날의 장사(葬事)에는 지석(誌石)이 없었으나, 근대에는 존귀한 사람이나 미천한 사람이나 모두 통용하고 있다. …(중략)… 우리나라의 풍속에는 존귀한 자나 미천한 자를 막론하고 석회(石灰)를 두드려서 지석을 만드는데, 공덕(功德)이 있는 자는 더러 몇 조각을 석각(石刻)하기도 하고 혹은 자기를 구워 묻기도 하니, 실로 애책(哀策)을 모방한 것이다.[295]

위의 인용문은 石誌의 시초와 고대에는 誌石을 사용하지 않은 사실, 그리고 오늘날에는 貴賤에 관계없이 지석을 만든다는 내용이다. 중국의 경우, 고대에는 원래 지석을 만들지 않았다. 그런데 후대에 이르러 孝子가 先人의 덕을 드러낼 수 없기 때문에 돌에 새기어 功을 기념하였으므로 이로부터 비롯되었는데, 우리나라도 이를 따랐던

294 졸저, 『미암일기 연구』, 제이앤씨, 2008, 64쪽.
295 『국역 임하필기 6』, 「춘명일사」, 〈石誌의 시초〉, 민족문화추진회, 1999, 20~21쪽.

것이다. 이유원도 지석을 만드는 것에 대하여 동조하고 있다. 그러나 당시 대부분(특히 사대부) 지석 등을 만들었는바, 이로 인해 경제적인 폐해가 만만하지 않았음을 감지할 수 있다. 여기서 당시 장례의 일면을 엿볼 수 있다.

다음은〈合葬과 改葬〉에 대한 내용이다.

> 경기의 어떤 고을에서 석곽(石槨) 하나를 발굴하였다. 그 석곽 안에는 두골(頭骨)이 세 개 있었는데, 가운데 있는 것은 크고 양쪽에 있는 것은 작았으니 필시 셋을 합장하면서 한 곽을 함께 쓴 것이리라. 그렇다면 신라 및 고려 시대에도 곽을 함께 쓰는 예법을 행하였던 것이다. 감여가(堪輿家)가 가장 양혈(兩穴)을 꺼리니, 혹 곽을 같이하면서 한 묘혈을 썼던 것인가. 알 수 없는 일이다.[296]

> 내가 개장하는 경우를 지켜보니, 대부분 물이 고였든가, 불기운이 들었든가, 나무뿌리가 침투했든가, 벌레가 생겼든가 한 경우는 오히려 예사였다. 널이 무거워서 움직일 수 없는 경우도 있어서 열어 보았더니, 바로 물에 마모된 난석(卵石)이 그 속에 가득히 들어 있었으며, 또 그 난석을 걷어 내고 보았더니 마른 뼈가 널빤지 밑에 붙어 있었다. 그 이치는 도저히 헤아릴 수 없었다. 이런 때문에 사람들이 많이 미혹되었다. 더러 까닭 없이 무덤을 헤치는 자가 있는데, 여간 탄식할 노릇이 아니다.[297]

---

296 『국역 임하필기 7』, 「화동옥삼편」,〈合葬〉, 민족문화추진회, 1999, 122~123쪽.
297 『국역 임하필기 7』, 「화동옥삼편」,〈改葬〉, 민족문화추진회, 1999, 123~124쪽.

위의 첫 번째 인용문은 합장, 두 번째 인용문은 개장에 대한 내용으로, 이유원이 목도한 사실을 기록한 것이다. 風水에 의하면 合葬과 改葬, 移葬 등은 아무 때나 하는 것이 아니다. 다시 말해 年과 坐向이 맞아야 하는 것이다. 그리고 고대에는 대부분 북방식은 有槨無棺, 남방식은 有棺無槨(오늘날까지 전해지고 있음.)이었다. 아무튼 첫 번째 합장에 대한 내용을 보면, 한 곽에 세 사람이 합장되었다는 기록이다. 원래 고대에는 합장이 禮에 어긋난다 하여 하지 않았는데, 周나라 周公 때부터 비롯되었다.[298] 그런데 합장은 시대나 풍수 또는 지역이나 가문, 色目 등에 따라 다를 수 있다. 그러니까 합장을 할 때 시신(2명〈부부〉)을 한 곽에다 넣는 경우도 있고, 두 관을 나란히 하되 한 관에 시신을 1명씩 따로 넣어 봉분을 하나로 만드는 경우도 있다. 필자의 풍수 지식으로 볼 때 후자가 맞는 것 같다. 요즈음에도 대부분 후자를 택한다. 어쨌든 셋을 합장하였다는 것은 부인이 2명이었다는 얘기이다. 그러나 이런 葬法은 특이하다. 두 번째 개장에 대한 내용은 꼭 개장을 할 때만 하는 것이 아니라 여차하면 시도 때도 없이 개장을 했다는 사실이다. 두 번째 내용을 통해 조선 후기, 특히 19세기까지도 개장이나 이장 등이 수시로 행해졌음을 알 수 있다. 주지하는 바와 같이 조선 후기까지도 개장이나 이장은 극심하였다. 여기서도 이러한 사실들을 엿볼 수 있다. 그리고 이유원은 이에 대해 개탄과 함께 비판적 시각을 보이고 있다. 뿐만 아니라 풍수에 대해서도 깊은 관심이 있었던 것은 아닌 듯하다.

---

[298] 졸저, 앞의 책,『개정 증보판 한국 의례의 연구』, 45쪽.

마지막으로 〈제주 장례의 시초〉와 〈女眞의 옛 무덤〉에 대하여 언급
하겠다.

기건(奇虔)이 제주 목사(濟州牧使)에 제수되었다. 그런데 제주의 본
래 풍속이 어버이를 장사 지내지 않고 죽으면 시체를 구렁에다 갖다
버리는 것이었다. 그래서 기건이 아직 부임지에 도착하기 전에 먼저
고을에 지시를 내려 관곽(棺槨)을 갖추어 습렴(襲殮)을 해서 장사 지내
도록 가르쳤는데, 이 고을에서 어버이를 장사 지내기 시작한 것이 바
로 이때부터 비롯되었다. 하루는 그의 꿈에 3백여 명의 사람이 나타나
뜰 밑에 와서 머리를 조아리며 사례하기를, '공의 덕택으로 우리의 해
골이 맨땅에 나뒹구는 것을 면하게 되었습니다.' 하였다 한다.[299]

북청부(北靑府) 지역에 오래된 옛 무덤이 하나 있는데, 매우 커다랗
게 생겨 사람들이 다들 이상하게 여겼다. 마을 사람이 스스로 자기 선
조(先祖)의 무덤이라고 하더니 어느 날 다른 산으로 이장(移葬)하였다.
이에 고을 사람들이 앞 다투어 가서 그것을 보니, 무덤 안에 시신(屍身)
이 있었는데 그 복색(服色)이 호족(胡族)의 차림새였다. 일곱 겹의 상의
(上衣)가 혹은 청색(靑色)이고 혹은 흑색(黑色)이었으며, 염주(念珠)가
걸려 있고 얼굴에는 수염(鬚髥)이 많았는데 꼭 살아 있는 모습 같았다.
체구(體軀)가 매우 장대한 걸 보니 틀림없이 여진 때의 사람으로 500년
이 못 되었기 때문에 지금까지도 완전(完全)할 수 있었을 것이다.[300]

299 『국역 임하필기 3』, 「문헌지장편」, 〈濟州 장례의 시초〉, 민족문화추진회, 1999, 398
쪽.
300 『국역 임하필기 6』, 「춘명일사」, 〈女眞의 옛 무덤〉, 민족문화추진회, 1999, 4쪽.

첫 번째 내용은 世宗~世祖 때의 문신인 奇虔이 제주목사 시절 유교 의례, 다시 말해 『주자가례』에 의거하여 상례를 행했다는 기록이다. 그런데 이러한 풍속은 이후(15~16세기까지) 제대로 행해지지 않았던 것 같다. 이는 中宗 때의 문신인 金淨이 제주도에서 귀양살이를 할 때, 喪葬禮와 祭禮를 시골 백성들에게 가르치고 인도하여 풍속이 크게 바뀌었다는 기록[301]에서 알 수 있다. 19세기에도 『주자가례』에 의거한 상례가 제대로 시행되었는지는 알 수 없다. 아무튼 위의 내용은 제주도의 장례 풍습의 시초를 알 수 있는 중요한 자료로 가치가 있다. 두 번째 내용은 古墓에서 미이라 형태의 女眞人의 시신을 발굴했다는 기록으로, 500여 년 전의 장례 복식을 짐작할 수 있어 나름대로 의미가 있다고 본다. 그런데 첫 번째 내용은 이유원이 문헌을 통해 본 것을 기록한 것이고, 두 번째 내용은 함경도 관찰사 재임 시 들은 내용을 기록한 것으로 보인다.

『임하필기』에 나타난 상례에 대한 기록들을 살펴보면, 18세기부터 유배 중인 자가 돌아가 장례를 치를 수 있었다는 내용, 19세기까지도 귀천에 관계없이 누구나 지석 등을 만들려고 했을 뿐만 아니라 개장이나 이장 등이 극심했다는 사실의 확인, 그리고 제주도의 장례 풍습의 시초 등등을 알 수 있었다. 그런바 이러한 기록들은 19세기의 상례를 이해 파악하는데 중요한 정보를 제공하고 있다고 하겠다.

---

301 『국역 임하필기 3』, 「문헌지장편」, 〈濟州의 풍속이 변화하다〉, 민족문화추진회, 1999, 351쪽.

(5) 祭禮

『임하필기』에 나타난 제례 관련 기록은 상례 다음으로 많다. 그런
데 여기서도 왕실 제례에 대한 내용이 많은 편이다. 그러므로 왕실
제례는 논의에서 제외하고,[302] 19세기 당시 사대부 이유원이 실제로
행했던 제례들을 중심으로 다루겠다. 그러면 〈禫服으로 제사를 거행
한 일〉, 〈이씨 影堂〉, 〈선영을 성묘하다〉, 〈關北의 儒風〉, 〈祭品을 준비
할 때의 규모가 각기 다른 일〉, 〈廢朝의 분묘〉순으로 살펴보겠다.
　먼저 〈禫服으로 제사를 거행한 일〉에 대하여 살펴보겠다.

　　예(禮)에 담복은 제사를 거행할 때 쓴다고 하였는데, 경산(經山)은
　　담제(禫祭) 때의 옷을 침실(寢室)에 간직해 두고서 매양 기일(忌日)을
　　당할 때마다 이를 입고서 제사를 거행하였다. 50년이나 되어 옷이 해
　　져서 쓰지 못하게 되자 깁고 꿰매어 입었는데, 사람들이 다들 이 옷을
　　귀하게 여겼다. 나도 담복을 제사를 거행할 때 입는데, 비록 시제(時祭)
　　를 제명(齊明)하게 하는 의절(儀節)에는 어긋나지만, 이로써 추모(追慕)
　　하는 성의를 부친 것이다.[303]

　이유원이 담복을 입고 제사를 지낸다는 내용이다. 담복은 원래 복

302　조선 왕실의 상례와 제례에 대해서는 특별한 내용이 없고, 또 신명호가 『조선 왕실
　　의 의례와 생활』(도서출판 돌베개, 2002.)에서 비교적 상세하게 언급하였는바, 이
　　에 미룬다.
303　『국역 임하필기 6』, 「춘명일사」, 〈禫服으로 제사를 거행한 일〉, 민족문화추진회,
　　1999, 42쪽.

을 다 벗는 제사인 禫祭 때까지 입으면 된다. 그러나 이유원은 처 백
부인 정원용이 담복을 입고 제사 지내는 것을 칭송하면서, 자신도 비
록 禮에 어긋나지만 담복을 입고 제사를 지내는데, 이는 추모의 성의
때문이라고 하였다. 여기서 이유원의 追遠報本, 報本感恩의 자세를
엿볼 수 있다.

다음은 〈이씨 影堂〉과 〈선영을 성묘하다〉에 대하여 언급하겠다.

> 양호영당(陽湖影堂)에는 이씨 여섯 선생의 유상(遺像)이 모셔져 있
> 는데, 이들은 모두 일찍이 제향을 받은 분들이다. 그런데 아직 사사(祀
> 事)를 거행하는 일이 없으니, 그 후손들이 빈한한 것을 알 수 있다. 내
> 가 가오곡(嘉梧谷)에도 당(堂) 하나를 건립하여 조선(祖先)의 유상을
> 봉안하였는데, 모두 11위(位)이다. 혹은 초본(初本)을 모시기도 했고 혹
> 은 이모(移模)하여 모시기도 하였는데, 첩책(貼冊)으로 장성(粧成)하여
> 같은 함에 넣어서 선적(先蹟)과 함께 소장하였다. 이는 제향을 위한 것
> 이 아니고 대체로 후세에 전하려는 나의 정성이다.[304]
>
> 내가 젊었을 때부터 선영을 모두 참배하려고 기약을 하였는데, 30년
> 이 지나서야 그 일을 마칠 수 있었다. 혹은 공무로 인하여 들어가기도
> 하였고, 혹은 오로지 그 일을 위하여 찾아가서 성소(省掃)를 하기도 하
> 였다. 조선(祖先)의 산소뿐만이 아니라 비록 방계 친족의 묘소도 모두
> 돌아다니며 배알을 하였는데, 이는 나의 필생의 사업이다.[305]

---

[304] 『국역 임하필기 5』, 「춘명일사」, 〈이씨 影堂〉, 민족문화추진회, 1999, 315~316쪽.
[305] 『국역 임하필기 5』, 「춘명일사」, 〈선영을 성묘하다〉, 민족문화추진회, 1999, 314쪽.

첫 번째 인용문은 이유원이 말년에 거처했던 가오곡에다 조상의 영당을 봉안했는데, 이는 제향을 위한 것이 아니라 후세에 전하려는 정성 때문이라는 내용이다. 조선시대 사대부들은 대부분 家廟를 설치하여 位牌를 모셨다. 16세기 때의 인물인 李文楗은 절에다 영당을 마련하여 조상의 影幀을 봉안하고 매년 影堂祭를 지냈지만, 이러한 불교색 짙은 영당제는 매우 드문 경우였다.[306] 물론 여기서는 이문건의 경우와 다르지만 영당을 만들어 조상의 遺像을 봉안했다는 사실은 19세기에도 흔했던 것은 아닌 듯하다. 두 번째 인용문은 이유원이 젊은 시절부터 선영을 모두 참배할 것을 기약하였는데, 30년이 넘어 그 뜻을 이룰 수 있었다는 내용이다. 여기서 이유원의 崇祖尙門과 追遠報本의 인식태도를 감지할 수 있다.

이번에는 〈關北의 儒風〉에 대하여 살펴보자.

> 함관(咸關) 이북 지방은 가옥(家屋)이 토굴(土窟)과 같고 사람들이 짐승의 가죽을 입고 산다. 그러나 평소 유풍(儒風)을 숭상하여 남자들은 모두 글을 읽을 줄 알고 여자들은 다 길쌈을 할 줄 안다. 제사(祭祀)는 반드시 정성스레 지내되, 탁의(卓椅)를 설치하는 일이 없고 땅바닥에 척포(尺布)를 펴고 그 위에 과일과 어포(魚脯) 등의 제물을 벌여 놓는데, 멀리서 바라보면 마치 수달이 물고기를 제사 지내는 것처럼 보인다.[307]

---

306 졸고, 앞의 논문, 「묵재일기와 미암일기를 통해 본 16세기의 관·혼·상·제례」, 316쪽.
307 『국역 임하필기 6』, 「춘명일사」, 〈關北의 儒風〉, 민족문화추진회, 1999, 47쪽.

이유원이 함경도 관찰사로 있을 때 본 것을 기록한 내용이다. 이
유원은 咸關 이북 지방의 사람들이 儒風을 숭상하고 글을 읽을 줄 알
뿐만 아니라,[308] 제사도 정성스레 지내는데, 제사상에 진설하지 않고
제사지내는 것에 대하여 못마땅하게 여겼다. 이로써 짐작컨대 함경
도 지방에서는 제사를 『주자가례』에 의거하여 지내되, 일부 집안에
서는 변칙적으로 행했던 것으로 추정된다.

그 다음은 〈祭品을 준비할 때의 규모가 각기 다른 일〉에 대하여 알
아보자.

> 인가(人家)에서 제사를 지낼 때 아이들을 금하여 가까이하지 못하
> 도록 하는 것이 상례(常禮)이다. 예전에 이공 태영(李公泰永)이 제품을
> 마련할 때 아이들이 간혹 집어다가 먹더라도 이를 금하지 않고 말하기
> 를, '조상님이 비록 아시더라도 반드시 이놈들에게 나누어 주실 것이
> 다.'라고 하였다. 서공 기순(徐公箕淳)은 독자(獨子)가 어릴 때 제물(祭
> 物)에 손을 댔다고 해서 담뱃대로 호되게 때렸는데 이로 인하여 병이
> 들어 죽고 말았다. 서공은 다시 아들을 얻지 못하였고, 이공은 자손이
> 많다. 이 두 사람은 모두 어질기로 알려졌는데, 그 규모는 크게 달랐으
> 니, 괴이한 일이다.[309]

---

308 이의 시초가 된 사람은 유희춘이다. 유희춘은 종성에서 19년간 귀양살이를 하였
　　다. 이때 이 지방 사람들에게 글을 가르쳤다.(졸저, 앞의 책, 『미암일기 연구』, 63쪽
　　참고.)
309 『국역 임하필기 5』, 「춘명일사」, 〈祭品을 준비할 때의 규모가 각기 다른 일〉, 민족문
　　화추진회, 1999, 343쪽.

위의 내용은 제수, 즉 제사 물품 준비에 대한 내용이다. 조선시대의 경우, 제사를 지내기 위해 이틀 전부터 목욕재계하고, 소식하는 등 만반의 준비를 다 하는 것이 도리였다. 제사 물품 준비 역시 마찬가지였다. 그런데 위의 내용은 제사 지내기 전 준비하는 제사 물품을 아이들이 집어 먹기도 하는데, 이를 엄격하게 금하여 혼내기보다는 너그럽게 대하는 것이 낫다는 실화를 일례로 든 기록이다. 이유원의 유연한 자세를 엿볼 수 있다.

끝으로 〈廢朝의 분묘〉에 대하여 살펴보자.

> 연산군(燕山君)의 묘는 양주(楊州)의 해등촌(海等村)에 있는데, 그 외예(外裔)가 서로 전하여 수호해 온 것이다. 아직껏 예전의 곤룡포가 묘사(墓舍)에 소장되어 있고, 매년 가을마다 무격(巫覡)으로 하여금 푸닥거리를 하도록 하는 일이 곧 연례가 되었다고 한다. 내가 젊었을 때 동서(東墅)에서 독서하면서 일찍이 한 번 본 적이 있는데, 그 의식이 매우 외설스러워 못하게 금하려고 생각하였으나 마을 사람들이 모두 나서서 간하기에 그만두었다. 광해군(光海君)의 묘도 같은 현(縣)의 적성동(赤城洞)에 있다.[310]

廢位된 연산군과 광해군의 묘에 대한 내용이다. 그런데 이유원은 연산군의 묘에서 무격이 푸닥거리 하는 것을 보고 격분하여 이를 금지시키려 했는데, 마을 사람들이 모두 나서 간하기에 그만두었다는

---

310 『국역 임하필기 5』, 「춘명일사」, 〈廢朝의 분묘〉, 민족문화추진회, 1999, 319쪽.

사실을 기록으로 남겼다. 아무리 이미 오래 전에 폐위된 왕이라 하지만, 이유야 어찌 되었던 『주자가례』에 의거하여 격식을 차려 제사지내는 것이 마땅하다. 그럼에도 이를 돌보지 않는 왕실이나 조정도 문제라 아니할 수 없다. 여기서는 이유원의 무속에 대한 비판만 있을 뿐이다.

『임하필기』에 나타난 제례에 대한 내용들을 살펴보면, 禮에 어긋나지만 담복을 입고 제사를 지낸 일, 영당을 만들어 조상의 遺像을 봉안했다는 사실과 30여 년에 걸친 선영 참배 등에서 진심으로 조상을 위하는 이유원의 마음을 읽을 수 있었다. 여기서는 영당을 만들어 조상의 초상을 봉안했다는 이유원의 진술이 눈길을 끈다. 위의 내용들은 19세기 제례의 실상을 이해하는 자료로 가치가 있다고 하겠다.

3) 맺음말

필자는 지금까지 『임하필기』에 나타난 의례, 특히 출산의례, 관례, 혼례, 상례, 제례에 대하여 살펴보았다. 앞에서 논의한 사항들을 종합 요약하여 결론으로 삼겠다.

『임하필기』에 나타난 의례는 「문헌지장편」에 가장 많이 실려 있고, 그 다음으로 「춘명일사」에 많이 수록되어 있다. 특히 상례에 대한 내용이 가장 많고, 그 다음은 제례, 혼례, 관례, 출산의례 순이다.

출산의례의 경우, 산실 설치와 권초지례의 의식절차와 방법은 19세기 왕실의 출산의례의 일면을 엿볼 수 있어 의미가 있다. 또 산실청 문미에 달아두는 구리 방울도 주목된다.

관례의 경우, 왕실의 관례 절차나 방법 등이 완벽하게 정립되지 못하고, 18세기 후반까지도 흔들리고 있음을 확인할 수 있었다. 특히 복색의 경우 더욱 그러했던 것으로 보인다. 그럼에도 18세기 후반 조선 왕실의 관례, 특히 관례 시 복색의 변모의 일면을 엿볼 수 있어 의미가 있다.

혼례의 경우, 혼례 시 신랑이 타는 백마에 대한 혼속과 신부의 혼례복이 중국의 것들을 혼용하고 있다는 것, 그리고 친영이 제대로 행해지지 않고 있다는 사실 등은 18~19세기의 혼례를 이해하는데 있어 중요한 자료로 평가된다. 아울러 당시 재상이었던 이유원이 아들 혼례 때 『주자가례』의 준행과 親迎儀 거행, 그리고 혼수비용을 절약했다는 사실들은 눈길을 끈다.

상례의 경우, 18세기부터 유배 중인 자가 돌아가 장례를 치를 수 있었다는 내용과 19세기까지도 귀천에 관계없이 누구나 지석을 만들려고 했을 뿐만 아니라 개장이나 이장 등이 극심했다는 사실의 확인, 그리고 제주도의 장례 풍습의 시초에 대한 기록들은 19세기의 상례를 이해하는데 중요한 정보를 제공하고 있다고 하겠다.

제례의 경우, 禮에 어긋나지만 담복을 입고 제사를 지낸 일, 영당을 만들어 조상의 遺像(肖像)을 봉안했다는 사실과 30여 년에 걸친 선영 참배 등에서 이유원의 追遠報本의 마음을 엿볼 수 있었다. 그리고 함경도 지방의 경우 『주자가례』에 의거하여 제사를 지내되, 일부 집안에서는 변칙적으로 행했던 것으로 짐작된다. 아무튼 이러한 내용들은 19세기 제례의 실상을 이해하는 자료로 가치가 있다고 본다.

이상에서 살펴본 결과, 『임하필기』에 나타난 출산의례, 관례, 혼례, 상례, 제례 관련 기록들은 18~19세기, 특히 19세기의 의례를 파악할 수 있는 귀중한 문헌자료 가운데 하나라 할 수 있다. 그러므로 이 같은 논의는 의례사적으로나 민속학적으로도 그 의미가 있다고 하겠다.

8

『하재일기』

1) 머리말

지규식(1851~?)이 생존했던[311] 1850년~1910년대는 임술 농민봉기·강화도조약·임오군란·갑신정변·동학혁명·갑오개혁·청일전쟁·을미왜변·아관파천·러일전쟁·한일의정서 강제 체결·을사늑약·통감부 설치·경술국치 등으로 얼룩진 격변과 암흑, 치욕의 시대였다고

---

[311] 지규식(池圭植)은 1851년(철종 2) 6월 17일(음력)에 출생하였으며, 사망년도는 정확히 알 수 없다. 그러나 환갑인 1911년까지는 생존해 있었다.(『하재일기』, (1911년 6월 17일). "今日卽吾回甲也") 그리고 본관은 충주(忠州), 호는 하재(荷齋)이다. 지규식의 생애에 대해서는 박은숙, 「분원 공인 지규식의 공·사적 인간관계 분석」, 『한국인물사연구』 제11호(한국인물사연구회, 2009), 221~259쪽 ; 김종철, 「하재일기를 통해 본 19세기 말기 판소리 창자와 향유층의 동향」, 『판소리연구』 제32집(판소리학회, 2011), 61~103쪽 ; 김소영, 「전통과 근대를 살아간 인물, 하재 지규식의 '일상'을 통해 본 그의 사상과 종교」, 『한국인물사연구』 제19호(한국인물사연구회, 2013), 3~108쪽 ; 유호선, 「하재일기를 통해 본 공인 지규식의 삶과 문학」, 『한국인물사연구』 제19호(한국인물사연구회, 2013), 3~28쪽을 참고할 것.

해도 과언이 아니다.

　사옹원(司饔院) 분원(分院)의 공인(貢人)[312]이었던 지규식이 1891년 1월 1일부터 1911년 윤6월 29일까지 20년 7개월에 걸쳐 거의 매일 쓴『하재일기(荷齋日記)』[313]에는 보고 들은 이러한 사실들뿐만 아니라 국내외 정세와 풍속, 의례, 분원 관련 각종 제반사항, 일상생활사 등을 다방면에 걸쳐 다양하게 기록으로 남기고 있다. 특히 지규식의 신분은 양반계층이 아닌바,[314] 이 같은 신분으로 쓴 일기는 흔치 않다. 따라서『하재일기』는 정치·경제·사회·문화·역사·종교·예술·의학·문학·민속 등 각 분야를 기술하고 있어 사료적 가치가 높이 평가

---

[312] 지규식의 직업은 본래 사옹원 소속 원역(員役)이었으나, 1883년 분원자기 공소(貢所)가 출범할 때 공인(貢人)으로 전환하여 자기의 생산·납품과 경영에 관여했다. 이후 번자회사 출자사원이 되어 자기업에 종사했다.(박은숙,「경기도 분원마을 지도자 지규식의 외세인식과 그 변화(1894~1910)」,『한국인물사연구』제26호(한국인물사연구회, 2016), 247~248쪽.)

[313] 현재『하재일기』는 1891년 1월 1일부터 1911년 윤6월 29일까지의 기록이 전해지고 있다. 지규식은 자신이 몸소 편철한 표지에 "신해 윤6월 29일 필(畢)"이라고 적고, 스스로 일기 쓰기를 마감했다. 그리고『하재일기』는 경기도 양근군(楊根郡) 남종면(南終面) 분원리(分院里)(현재의 경기도 광주시 남종면 분원리)의 분원공소(分院貢所)의 공인(貢人)이었던 지규식이 체면을 중시하는 양반들의 일기와는 달리, 자신의 내면과 일상적 자질구레한 일들을 솔직하게 드러내고 있어, 더욱 인간적이고 사실적이다. 원본은 서울대 규장각에 소장되어 있고, 한문본 9책이다. 2005년~2009년 서울시사편찬위원회에서 전체를 탈초(脫草), 번역(『국역하재일기 1~8』, 김상환·이종덕 역, 박은숙 해제, 서울시사편찬위원회, 2005~2009.)하였다. 이하 이 자료에서의 인용은 편의상 일기인 점을 감안하여 연월일만 밝히기로 하고, 특별한 경우가 아니면 탈초 원문의 제시는 생략한다.

[314] 지규식의 신분에 대해서는 중인(中人), 상한(常漢), 평민 등으로 추정하고 있어 논란이 있다. 필자는『하재일기』를 통해 엿볼 수 있는 지규식의 출신배경, 직장 내 역할, 사회적 활동과 교유관계 등 제반사항을 종합·검토해볼 때 그의 신분을 상한이나 평민 보다는 중인출신으로 보는 것이 설득력이 더 있어 보인다.(졸고,「하재일기에 나타난 국가의례와 민간신앙 일고찰」,『동양고전연구』제69집, 동양고전학회, 2017, 353쪽 참고.)

된다.[315]

필자가 여기서 주목하는 것은『하재일기』에 기록된 의례 관련 내용이다. 지규식은 양반이 아닌 신분으로 당시 실제로 행했던 의례 관련 내용을『하재일기』에 기록으로 남겼는바, 이러한 일기는 매우 드물 뿐만 아니라 자료적으로도 그 가치가 매우 높이 평가된다. 특히 19세기 말~20세기 초의 의례의 일면을 엿볼 수 있어 여기에 초점을 맞추었다. 논의는 출산의례·관례·혼례·상례·제례·수연례 순으로 살펴보겠다.

2)『하재일기』에 나타난 의례

(1) 출산의례

『하재일기』에는 지규식 집안과 관련된 출산의례 관련 기록은 적은 편으로, 대부분 해산 관련 꿈과 출산에 대한 내용이다. 먼저 아들 해산 꿈과 득남에 대한 내용을 살펴보면, 지규식은 아내가 여섯 째 아들 수구(水龜)를 해산하는 꿈을 꾸고 갑자기 깨어났는데, 아내의

---

315 참고로『하재일기』에는 동학혁명 및 의병활동, 청일전쟁과 러일전쟁에 승리한 일본인들의 횡포, 단발령, 일본인들의 명성황후 시해 및 시신처리, 민영환·조병세·홍만식 자결, 안중근 의사의 이등박문 사살, 헤이그 사건, 을사늑약, 경술국치, 학교에서의 애국가 제창, 풍속과 의례의 변모 등 당시의 실상을 여실히 보여주고 있어, 현재 일부 연구자들이 연구를 하고 있지만, 앞으로 각 분야별로 심도 있고 정치한 연구를 체계적이고 종합적으로 할 필요가 있다.

신음소리를 듣고는 집안 청소와 세수를 하고 향을 피우는 등 집안과 몸을 깨끗하게 하였을 뿐만 아니라, 아내의 순산을 위해 약을 달여 먹였다. 여기서 출산에 임하는 지규식의 마음가짐을 엿볼 수 있다. 그리고 편지를 붙이려고 잠깐 외출했다 집으로 돌아오니 어머니로부터 아들을 낳았다는 말씀을 듣고 기쁘고 행복한 심정을 기록으로 남겼다. 그런데 지규식은 며느리의 득녀에 대해서는 순산하여 다행이지만 아쉬움 심정을 표출시키고 있다. 여기서 당시의 남아선호사상을 감지할 수 있다.[316]

먼동이 틀 무렵에 집사람이 해산하는 꿈을 꾸고 갑자기 깨어 보니 신음 소리가 들렸다. 내가 일어나 집 안을 깨끗이 하고서 세수하고 향을 피우고 급히 불수산(佛手散) 1첩을 달여 먹였다. 마침 백토의 일로 인하여 원주 최명극(崔明極)에게 편지를 써서 상경하는 짐꾼에게 부치려고 외출했다가 조금 있다 돌아와 대문에 들어서니 이미 아이를 낳았다. 고고지성(呱呱之聲)을 지르며 울어 대어 해를 보니 벌써 사시(巳時)가 되었다. 마음이 몹시 기쁘고 행복하였다. 어머님께서 크게 기뻐하시며 나에게 "네 처가 또 생남을 하였으니, 문호(門戶)가 크게 번창할 모양이다." 하시기에 내가 "네, 네" 하고 사랑으로 물러나왔다.[317]

며늘아기가 해산할 조짐이 있어서 정영달(鄭英達) 가게에서 미역 1속

[316] 그런데 지규식의 광주 분원에서 궁중에 태항아리 등을 납품하고 있었다는 기록((1897년 9월 14일))이 눈길을 끈다. 하지만 이에 대한 자세한 기록을 찾아볼 수 없어 아쉽다.
[317] 〈1892년 11월 26일〉.

(束)을 23냥에 샀다. …(중략)… 오늘 진시(辰時)에 며늘아기가 딸을 낳았다. 비록 아들을 낳은 것만 못하나 순산하였으니 매우 다행스럽다.[318]

출산의례의 경우, 종전과 다른 모습은 거의 찾아볼 수 없다. 그리고 남아선호사상은 양반뿐 아니라 중인이나 평민들까지도 여전하였음을 알 수 있다. 그렇지만 아내나 며느리의 해산의 고통과 과정을 보고 이에 임하는 지규식의 마음가짐이나 태도 등을 통해 그의 인간적인 면모를 엿볼 수 있었다는 점에서 나름대로 의미는 있다고 하겠다. 그리고 궁중에서 사용했던 태항아리에 대한 기록은 참고할 만하다.

(2) 관례

지규식이 일기를 썼던 시기는 갑오개혁과 단발령, 정치·사회적 혼란과 경제적 피폐, 민란 및 외세의 침략 등으로 조선 왕조의 멸망 직전과 일제강점 초기까지였던바, 당시 실제로 행했던 관례에 대한 기록을 찾아보기가 쉽지 않다. 그런데 『하재일기』에는 관례 관련 기록들이 많지는 않지만 변화의 일면을 엿볼 수 있는 기록이 있다. 이에 대해 살펴보기로 하자.

문구(文龜) 관례에 신을 마른신(건혜(乾鞋))을 일찍이 팔곡(八谷) 혜공(鞋工)에게 부탁하였는데 아직 만들어 놓지 않아서 낭패스럽게 되었

---

[318] 〈1894년 1월 17일〉.

다. 그러므로 서울로 전인하여 보내 사 오게 하려고 신석주에게 편지
하였다.[319]

익준 아들 진복(鎭福)이 관례를 행한다. 내가 가서 보니 사제 연식이
상투를 매어주고 옷을 입히고 정제(整齊)하기를 마쳐서 내가 축을 읽
고 사당에 고함을 돕고 돌아왔다.[320]

이른 아침에 귀천 김 판서 댁에 갔다. 김 좌랑 자제의 관례에 내가 복
인(福人)으로 상투를 짜고 삼가(三加) 후에 내려왔다.[321]

-판독불가-관례를 행하였다. 이른 아침에 사당에 고한 다음 예를 행
하고 술과 국수를 약간 준비하여 제공하였다.[322]

재구(再龜)가 관례를 행하였다. 술과 음식을 마련하여 이웃 친구와
동료를 초대하여 함께 마셨다.[323]

위의 인용문 내용들은 간단하지만 관례 준비과정과 의식절차 등
을 기록하고 있어 나름대로 의미가 있다. 그런데 관례 의식절차는 시

319 〈1895년 4월 2일〉. 참고로 지규식의 셋째아들 문구는 4월 3일에 관례를["문구 관례
를 치렀다. 주과(酒果)를 간략히 마련하여 모모를 접대하였다."〈1895년 4월 3일〉]
그리고 4월 15일에 혼례를 했다.["문구 혼례가 순조롭게 이루어졌다. 중당(中堂)에
잔치를 베풀고 찾아온 손님을 정성껏 대접하였다."〈1895년 4월 15일〉]
320 〈1893년 1월 12일〉.
321 〈1893년 12월 12일〉.
322 〈1898년 10월 13일〉.
323 〈1894년 1월 8일〉.

행시기만 빼고는 이전과 다르지 않은 것 같다. 그리고 관례 다음 날 혼인 날짜를 잡는 것으로 보아 혼례 절차 속에 포함된 간략화한 관례 절차로 보인다. 여기서 눈여겨 볼 것은 관례는 보통 1월에 행하는데, 인용문들을 보면, 1월·4월·10월·12월에 관례를 했다. 양반이 아니었 든 지규식은 아들들 혼례를 앞두고 관례를 행했던 것으로 보인다. 그런데 양반인 김 좌랑은 아들 관례를 12월에 한 것이 눈길을 끈다. 이 당시에는 정월에 관례를 행했던 것은 아닌 것 같다. 이 시기에는 관례가 엄격하게 지켜지지 않았을 뿐 아니라 그 절차도 점차적으로 축소되었던 것으로 보인다. 그리고 양반이 아닌 평민들은 대부분 혼 례 전에 관례를 행하는 것이 관습화되다시피 했던 것 같다. 시행시기 의 다변화된 모습을 엿볼 수 있다.[324]

(3) 혼례

『하재일기』에는 혼례 관련 기록들, 특히 과정과 절차 등에 대한 세 분된 기록들(의혼에서부터 현구고례와 묘현까지)이 많을 뿐 아니라 변화를 엿볼 수 있는 내용들이 있다.

먼저 혼사를 의논하는 의혼의 경우, 혼사를 파기하는 기록들이 빈 번하게 등장한다.

---

[324] 관례는 1895년 단발령 선포를 기점으로 크게 변모된다.(졸고, 「개화기에서 일제강 점기까지 관·혼·상·제례의 지속과 변용」, 『동아시아고대학』 제30집(동아시아고 대학회, 2013), 155~191쪽 참고.)

남성 처남 한시규(韓始奎)가 내려왔다. 임씨(林氏) 규수가 나이 18세
인데, 재구(再龜) 혼사를 언급하여 승낙을 받고 전인하여 왔다고 하였다.[325]

재구의 사주(四柱)를 써서 한시규에게 주고 임씨 집에 보내어 택일
하여 속히 알려 달라고 신신 부탁하였다.[326]

남성 임봉재(林奉才)가 내려왔다. 혼사를 의논하였으나 흔쾌히 허락
하지 않고 뒤에 마땅히 의논하여 결정하겠다고 하였다.[327]

남성 안씨 댁 규수와의 혼사가 중간에 파의(破議)하였다고 하므로,
나도 모르게 놀라고 의아해서 한시규에게 편지를 부쳤다.[328]

박소성(朴小成)이 서울에서 왔는데, 김익준의 편지를 보니, 딸아이
혼사가 궁합이 맞지 않은 이유로 다른 곳으로 정했다고 했다.[329]

첫 번째~세 번째 인용문은 지규식이 둘째아들의 혼사를 성사시키
려고 했으나 성사시키지 못했다는 내용이다. 그리고 궁합이 안 맞는
다는 등의 이유로 혼사가 성사되지 못한 경우도 있었음을 짐작할 수
있다. 이 시기에는 혼사를 논의할 때 개화되어 가는 과정 때문에 그

---

[325] 〈1893년 2월 11일〉.
[326] 〈1893년 2월 12일〉.
[327] 〈1893년 2월 15일〉.
[328] 〈1893년 11월 6일〉.
[329] 〈1899년 10월 27일〉.

런 것인지는 몰라도 종전보다 파기하는 경우가 흔했던 것으로 보인
다. 더구나 혼인 약속을 해놓고 파혼하는 경우도 있었다.[330]

다음은 택일과 혼수에 대해 살펴보기로 하자. 택일의 경우, 관련
기록 들이 많다. 그런데 신부 집에서 택일을 하는 것이 예(禮)인데,
신랑 집에서 하는 사례도 있었다.

> 밤에 이이선(李二先) 집에 가서 재구의 혼사 날을 택일하여 왔다. 납
> 폐(納幣) 정월 29일, 전안(奠雁) 2월 18일, 우귀(于歸) 2월 24일이다.[331]

> 영의(榮義) 혼인날을 택일하여 정했다. 납폐(納幣)는 이달 10일, 전
> 안(奠雁)은 이달 21일이다.[332]

> 여아 혼인날을 택일하였다. 납폐(納幣) 2월 6일, 전안(奠雁) 4월 2일,
> 우귀(于歸) 4월 6일이다. 택일을 기록하여 한시규에게 부쳤다.[333]

> 용인 박 오위장 집에서 사람을 보내왔는데, 박정인(朴正寅)의 편지

---

330 "안정기(安鼎基) 선달이 서울에서 편지를 보냈다. "장시를 도로 우천으로 내보내
라고 말하고, 또 그 여혼(女婚)을 이미 남한산성에 정하였으나 지금 갑자기 서울에
서 정혼할 곳이 생겼다고 하고, 선의 집에 파혼하겠다는 뜻을 기별하여 주라."고
말하였다. 그러므로 어제 안의 편지 내용을 전인하여 선가에게 알렸더니 한시규
가 전인하여 왔다. 선영순(宣永淳) 편지를 보니 크게 불안해하는 생각을 가지고 있
었다. 그러나 일이 이미 위와 같이 되었으니 어찌하겠는가? 다시 다른 규수를 구하
라고 답서를 써서 보냈다."((1904년 1월 17일))
331 〈1894년 1월 9일〉.
332 〈1904년 1월 5일〉.
333 〈1901년 1월 19일〉.

를 보니, 질녀 혼사는 이달 20일에 납폐(納幣)하고 28일에 전안(奠雁)한 날로 전하여 보내고, 우귀(于歸)는 택일해서 보낸다고 했다.[334]

김희묵 참봉 편지와 가아(家兒) 편지가 아울러 도착했다. "가내가 무고하고, 둘째 아이 혼사는 처음에 이달 12일 납폐(納幣), 25일 전안(奠雁)으로 택일하였으나 내가 객지에 있기 때문에 뒤로 물리어 10월 5일 납폐, 30일 전안으로 고쳐 택일했다."고 하였다.[335]

지규식은 아들과 딸의 혼인날을 자신이 택일하였다. 그리고 조카 딸의 택일도 신랑 집에서 보낸 것으로 보인다. 이로써 보건대 이 당시에는 택일도 반드시 신부 집에서 정했던 것은 아니었던 것 같다. 그리고 신랑 집안에 사정이 있을 경우, 신부 집에서 택일을 조정한 것을 보면, 신랑 집에서 혼사를 주도했던 것으로 보인다.[336] 다음은 혼수에 대해 살펴보자.

종루로 나와 김경여(金敬汝)를 보고 혼수에 관한 일을 말하니, 김경 여가 말하기를, "내일 마땅히 해 주겠네." 하였다. 돌아오다가 동현(銅

---

334 〈1897년 9월 14일〉.
335 〈1900년 9월 17일〉.
336 지규식의 아들의 혼인 나이는 대략 16세(만 15세) 전후로 나타났다. 그런데 갑오개혁 때 정부에서 "남녀의 조혼을 엄금하고, 남자는 20세 여자는 16세 이후라야 비로소 혼인을 허락한다."(『고종실록』, 고종 31년(1894) 6월 28일.)고 했지만, 지규식의 자녀들은 여전히 조혼을 하였다.(박은숙, 「경기도 분원 마을 지규식의 자녀 혼사와 사돈 관계(1891~1910)」, 『한국인물사연구』 제19호(한국인물사연구회, 2013), 29~63쪽.)

峴) 은방(銀房)에서 비녀와 반지 개조한 것을 찾아왔는데, 공전(工錢)이
20냥이다.[337]

김경여·신석주(申石主)와 함께 입전(立廛)에 가서 여러 가지를 흥정
했더니 합계가 1,080냥 이었다. 또 백목 5필 값이 162냥이다. 김경여에
게서 돈 100냥이 오고, 신석주에게서 돈 28냥 5전이 와서 자질구레한 여
러 가지를 산 다음 광교로 돌아와 안영기(安永基)를 보고 작별하였다.[338]

서구(筮龜)의 납폐(納幣)를 유용현(柳龍賢)과 김진한(金鎭漢)에게 가
져가도록 보냈다. 강 진사(姜進士)도 동행했다가 초경(初更)이 지난 뒤
돌아왔다. 신부 집에서 이불솜을 준비하지 못해 신랑 집에서 준비해
보내야 이불을 재봉할 수 있다고 했다.[339]

의아(義兒) 혼례의 납폐 물품을 아직 변통하지 못하였다. 이취홍(李
取弘)을 찾아가서 서울 친분 있는 곳에 채단(綵緞) 몇 가지를 부탁해 얻
도록 편지 1통을 써 달라고 청하니 수락하였다. 값은 얼마가 되었든 간
에 며칠 전 우상옥(禹相玉)에게 그릇 2천여 냥 어치를 내주어 서울에서
팔게 하였으니, 이 돈이 들어오는 대로 마련해 갚기로 약속하였다.[340]

337 〈1898년 10월 4일〉.
338 〈1898년 10월 5일〉.
339 〈1898년 10월 10일〉.
340 〈1904년 10월 7일〉.

지규식의 넷째아들 혼수 관련 기록으로 당시의 혼수 장만 실상(특히 중인 출신)을 참고할 수 있다. 특히 신부 집이 가난해 이불을 준비 못해 신랑 집에서 마련해 보냈다는 대목이 눈길을 끈다. 조선시대 사대부들의 혼례 기록들을 보면, 태반은 사치스럽고 과다한 혼례비용으로 인해 가정경제에 심각한 문제를 야기 시킬 지경에까지 이르렀던 것이 사실이다. 『임하필기』에도 이유원(1814~1888)이 혼수를 절약하려 애쓴 흔적을 엿볼 수 있다.[341] 그러나 이 같은 경우는 소수에 불과했다.[342]

그 다음은 근친의 상중(喪中)에도 혼례를 강행한 사례에 대해 언급하겠다.

> 영의(榮義) 혼례의 납폐 날이다. 인아에게 당정리 이 선달 집으로 거느리고 가게 하였다. 저녁이 되어 돌아왔는데 신부의 외조부 병세가 위중하다고 하였다.[343]

---

[341] 송재용, 「의례와 경제-관·혼·상·제례를 중심으로-」, 『비교민속학』 제27집(비교민속학회, 2004), 239~262쪽 ; 졸고, 「임하필기에 나타난 의례 연구」, 『동아시아고대학』 제24집(동아시아고대학회, 2011), 297~330쪽 참고.

[342] 참고로 이 당시에도 혼인 때 권문세가의 횡포가 여전했던 것으로 보인다. "며칠 전 박 판서 댁에서 혼인 때에 서당 앞에 가가(假家)를 만들려고 초둔(草芚) 10건을 빌려 보내라고 하교하셨다. 그래서 세소(稅所)에 사통을 보냈는데 결국 빌리지 못하였다. 그래서 어떻게 회보(回報)해야 할지 난감해 하고 있는데, 마침 박 판서댁 으로부터 하인이 와서 독촉하였다. 몇 명의 동료가 초둔 설치하는 것을 며칠 전부터 예습했는데, 결국 구하여 얻지 못했으니 개초(蓋草)로 대용하는 것이 좋을 듯싶어서 그렇게 어줍게 했더니, 나왔던 하인이 돌아가고 얼마 되지 않아서 대감의 분부로 금 선생(琴先生)을 불러다가 크게 꾸짖고 심지어 체포하려고까지 하였다. 그래서 황송함을 견디지 못하여 사방으로 널리 구하여 초둔 8건을 구하여 보냈다."(〈1891년 5월 9일〉)

[343] 〈1900년 10월 6일〉.

당정리 이 선달 내간(內間)이 친상(親喪)을 당하여 혼례를 다음 달로 물려 정하자고 하였다. 이일로 시일을 끌 수 없으므로 이달 19일 반드시 예식을 행할 것이다. 만일 불편한 일이 있으면 신부를 분원으로 데리고 와서 예식을 행하겠다고 안 상인 내간에게 편지하여, 이 선달 집에 전하여 알려 주게 하였다. 그리고 결정하여 회시(回示)하라고 영지(榮智)를 전인하여 보냈다. 그릇을 가마에서 꺼냈다. 영지가 해가 저물어서 돌아왔는데 "저쪽 집에서 12월에 예식을 행하자고 말했다."고 하였다. 밤이 깊은 뒤 대풍이 불었다.[344]

당정리 이씨 집에 편지하여 반드시 19일에 혼례를 행하자고 영지를 다시 보냈다. 그런데 풍랑으로 인해 나룻배가 끊겨 건너갈 수 없어서 해가 저물어서 헛걸음하고 돌아왔다. 매우 한탄스럽다.[345]

화경이 돌아왔다. "내일 새벽에 교자(轎子)를 보내어 신부를 데리고 와서 예식을 행하기로 약속 하고 돌아왔다."고 하였다. 오후에 화경에게 교군꾼을 거느리게 하여 전인하여 당정리로 보냈다.[346]

신부 일행이 저녁이 되어 도착했다. 즉시 혼례를 행하고 사당에 고하였다.[347]

---

[344] 〈1900년 10월 15일〉.
[345] 〈1900년 10월 16일〉.
[346] 〈1900년 10월 18일〉.
[347] 〈1900년 10월 19일〉.

원래 근친의 상중에는 혼례를 하지 않는 것이 전례이다. 지규식의
둘째아들 재혼 시 신부 집에서 신부의 외조부 상(喪)을 당해 혼사 연
기를 요청했음에도 불구하고, 지규식은 예법을 무시하고 시일을 끌
수 없다는 이유로 혼례를 강행했다.[348] 그것도 신랑 집에서 혼례를
치렀다. 『하재일기』를 보면, 이 기록을 빼고는 모두 신부 집에서 혼
례를 행하였다.[349] 이로써 짐작컨대 중인들이나 평민들의 경우, 신부
집에서 혼례를 치렀지만, 부득이 한 경우에는 신랑 집에서 혼례를 치
루기도 했던 것으로 보인다. 지규식 자녀들의 혼례는 전통적 절차를
비교적 충실하게 밟고 있었지만, 양가의 형편과 사정에 따라 유동적
으로 적용한 것으로 보인다. 위의 예문에서 보듯, 전통적 예법을 무
시한 채, 상중에 혼례를 치르거나 신부를 데려와 신랑 집에서 혼례
를 거행한 것은, 근대화 과정에서 외래 종교 및 외래문화의 유입과
이식, 일제의 식민통치, 특히 유교적 사회질서 쇠퇴 등도 연관성이
있는 것으로 보인다.[350]

---

348 상중(喪中)에 결혼식을 거행하는 사례는 지규식의 조카딸 혼사에서도 나타난다.
조카딸의 대례 전날 그 동생이 죽었는데, 설왕설래하다가 "질녀의 혼기가 다음 날
이라, 집안에서 불상사로 혼인을 물려야 한다면 장차 용인에 특별히 기별을 하고
자 했다. 혹은 신랑 집은 한창 경사로 기뻐하고 있을 것이니 안 좋은 일을 알릴 필요
가 없으므로 덮어 두고 발설하지 않는 것이 좋을 듯하다고 했다. 나도 고집하기 어
려웠으므로 물의(物議)를 따랐다."(《1897년 9월 25일》)고 하였는바, 혼사를 그대로
진행하였음을 알 수 있다.
349 "오늘은 곧 재구가 전안(奠雁)하는 날이다. 비가 계속 멈추지 않아서 할 수 없이 비
를 무릅쓰고 길을 떠났는데, 엄현(奄峴)에 이르니 비가 조금 멈추었다. 남성으로 들
어가서 곧바로 친구 박정인 집에 이르러 안부 인사를 나눈 뒤에 장복(章服)을 갖추
어 신부 집으로 가서 전안하였다. 이때에 비낀 틈으로 햇빛이 비추니 매우 상쾌하
였다. 밤에 정인과 이야기하고 파루(罷漏)가 되어 잠자리에 들었다."(《1894년 2월
18일》)
350 박은숙, 앞의 논문, 48쪽 참고.

204

끝으로 개가 및 이혼 등에 대해 알아보기로 하자.

주인집에 아가씨 하나가 와서 몸을 의탁해 살면서 주인 아가씨와 같이 바느질을 하는데, 어떤 사람인지 알 수 없었다. 그런데 그 어미가 와서 자세히 이야기하는데, 벽을 사이에 두고 자세히 들으니 "본 남편은 패악하고 부랑한 자로, 무단히 쫓아낸 지 이미 몇 해가 되었으니, 이제 개가를 시키려 하나 마땅한 곳이 없다."라고 하였다. 홍천 종인(宗人) 하징(河澄)이 마침 이 말을 듣더니, 지금 여자 하나를 구하는 중이라고 하면서, 나에게 말을 통하여 중매를 서 달라고 청하였다. 그래서 주인 노파를 불러 의논하니, 즉시 그 아가씨에게 말하고, 아가씨도 좋아하면서 따랐다. 우연한 일이 아니었다. 그 아가씨의 성은 이씨이고 나이는 지금 23세였다.[351]

이씨 아가씨가 종인(宗人) 하징(河澄)을 따라가기를 원했는데, 내가 곰곰이 생각해 보니 하징은 일찍이 측실(側室)이 있었다. 만약 이씨 아가씨를 속이면 뒷날 반드시 원통함을 호소할 꼬투리가 있으므로 알리게 하였다. 그랬더니 이씨 아가씨 모녀가 머리를 흔들며 기꺼이 따라가려고 하지 않아서 의논을 없던 것으로 하였다.[352]

이일명(李一明)이라는 사람이 새 각령(閣令)에서 병으로 세상을 떠

351 〈1891년 5월 23일〉.
352 〈1891년 5월 26일〉.

났는데, 그 아내가 자식들을 데리고 광주(廣州) 늑현(勒峴)으로 개가한
다고 했다. 그러므로 엄장(掩葬)한다고 통기하였다. 김창교(金昌敎)가
친분이 있어 간검하였으므로 불러서 타일렀더니, 그날 밤에 다른 곳으
로 옮겨가 즉시 내다 묻었다.[353]

정선여학생(貞仙女學校) 최해만(崔海萬)이 일찍이 5리 홍완식(洪完
植)에게 출가하였다. 요즈음 의견이 맞지 않는 일이 있어서 서로 만나
지 않더니 출장소에서 재판하는 지경에까지 이르렀다. 최가 상종하지
않겠다고 맹세하니 홍도 어찌할 수 없어서 그의 사주단자를 도로 찾아
가 영원히 이혼하였다.[354]

첫 번째와 두 번째 인용문은 지규식이 먼 일가뻘 사람에게 별거 중
인 여자를 중매시키려다가 측실이 있는 사람을 잘못 중매해 후일이
염려스러워, 여자 측에게 측실이 있음을 알리자 혼담이 흐지부지 됐
다는 사례이다. 그리고 세 번째 인용문은 남편이 죽자 개가하기 위해
몰래 장례를 치른 내용이다. 이로써 짐작컨대 이 당시에는 사대부가
와는 달리[355] 중인이나 평민출신들은 개가가 가능했던 것으로 보인
다. 한편, 네 번째 인용문은 재판을 통한 이혼 시, 남편이 아내가 간직
하고 있던 자신의 사주단자를 찾아가는 것으로 영원히 이혼하게 되

[353] 〈1898년 11월 30일〉.
[354] 〈1911년 2월 7일〉.
[355] 실례로 명망 있는 사대부가의 외동딸이었던 필자의 증조모(연안 이씨, 1884년생)
는 1904년(21세)에 홀로 되시어(필자의 조부가 유복자임) 1978년(95세) 별세하실
때까지 수절하셨다.

었다는 사실이 흥미롭다. 종전과는 달리 이 당시에는 이혼도 가능했던 것 같다. 개가 및 이혼이 가능하다는 것은 종전보다 다소 변화된 풍속이라 할 수 있다.

(4) 상례

『하재일기』에는 상례 관련 기록이 가장 많을 뿐만 아니라 변화의 모습을 엿볼 수 있는 내용들이 있다. 이들을 중심으로 언급하겠다.

먼저 임종에서 발인하여 하관하기까지의 기간에 대해 살펴보겠다.

(①-8일)

서울 두 신우가 천덕윤(千德允)과 서로 더불어 교회당에 모여서 놀았다. …(중략)… 함영섭(咸英燮)이 모친상을 당하여 저녁을 먹은 뒤 가서 조문하였다.(《1905년 10월 13일》)

함영섭이 저녁을 먹은 뒤 모친상을 발인하였다.(1905년 10월 20일》)

(②-7일)

김익준의 자당이 술시(戌時)에 별세하였다.(《1892년 1월 16일》)

김익준 집에 가서 종일 호상(護喪)하였다.(《1892년 1월 17일》)

익준 집에 20냥을 부조하였다. 익준이 갈현(葛峴)에 가서 안(安) 생원과 산소 자리를 둘러보고 한 곳을 잡아 놓고 돌아왔다.(《1892년 1월 19일》)

익준 집에 가서 일을 보았다. 귀천 김 좌랑 댁에서 하인 2명을 보내어 상차(喪次)를 따라 내려왔다.(《1892년 1월 21일》)

익준 집에서 발인(發靷)하여 휴암(鵂岩) 뒤편에 이르러 광중(壙中)을 만들었다. 해좌사향(亥坐巳向)이다. 미시(未時)에 하관(下棺)하고 봉분을 만드는데 비와 눈이 번갈아 내려서 주인과 빈객이 모두 흠뻑 젖은 채로 돌아왔다.(《1892년 1월 22일》)

(③-7일)

해시(亥時) 무렵 이원유(李元裕)가 친상(親喪)을 당했다.(《1898년 5월 4일》)

이원유 집 양례(襄禮) 때 10냥을 부조했다. …(중략)… 원유 집에서 발인(發靷)을 호송하므로 내가 먼저 화랑방(花郞坊) 산역소(山役所)에 가서 예전 구덩이를 보니 물이 꽉 차 쓸 수 없었다. 같은 언덕보다 조금 위 구덩이를 파 보니 토색(土色)이 적합하였다. 해가 저물어서야 상여(喪輿)가 도착하여 제청(祭廳)에 널을 멈추었다. 군정(軍丁)은 돌아가게 놓아두고 여러 사람들과 밤을 새웠다.(《1898년 5월 9일》)

인시(寅時)에 하관(下棺)하였다. 산역(山役)을 할 때 비가 그쳤다. 봉분에 띠를 심고 제사를 지내고 반우(返虞)했다. 중도에서 비를 만나 돌아와 초우제(初虞祭)를 지내고 모든 손님이 각각 흩어져 집으로 돌아갔다.(《1898년 5월 10일》)

(④-7일)

김창한(金昌漢) 대부인이 별세하였다. 팥죽 1동이를 끓여서 보내고 저녁에 가서 위문하였다.(《1905년 7월 7일》)

김창한 집 장삿날이다. 발인하여 광주 동문 밖 미라동(尾羅洞)으로

갔다.(《1905년 7월 13일》)

(⑤-6일)

김익준 부친이 우천에 있는 사위 이대이(李大伊) 집에서 병으로 서거하였다.(《1905년 8월 7일》)

우천 익준이 성복(成服)하고 저녁을 먹은 뒤 성복제(成服祭)를 지냈다. 성창(聖昌)이 아내[內眷]와 함께 왔다.(《1905년 8월 10일》)

우천에 나가 상여와 함께 산소에 가서 중폄(中窆)하고, 오후에 반우(返虞)하였다.(《1905년 8월 12일》)

(⑥-5일)

하오 6시에 어머님이 갑자기 호흡이 급해지더니 술시(戌時) 정각에 별세하셨다. 그 망극함을 말로 표현할 수 없다. 초종범절(初終凡節)을 예법에 따라 거행하였다.(《1910년 4월 23일》)

오정이 되어 비가 그쳤다. 염습(斂襲) 제구(諸具)와 치관(治棺)을 마침을 고하였다. 하오 3시에 대·소렴(大小斂)을 마치고 입관하고 각처에 부고하였다.(《1910년 4월 24일》)

영의를 전인하여 광주 법화동 친산으로 보내어 고유하고 광중(壙中) 파는 예를 미리 거행하게 하였다.(《1910년 4월 25일》)

상오 8시에 비가 개었다. 즉시 군정(軍丁)을 불러 발인을 동독(董督)하여 우천으로 나가니 배가 이미 준비하고 기다렸다. 회집한 군중 수백 명이 일제히 배를 타고 출발하여 창우(倉隅)에 이르러 하륙하였다. 점심을 먹고 즉시 출발하여 산 밑에 이르니, 해는 이미 유시(酉時) 초가 되었다. 광중(壙中) 파는 일을 살펴본 뒤 즉시 하관(下棺)하고 평토(平土)한 뒤 제주제(題主祭)를 지냈다. 영의에게 산역(山役)을 부탁하고 나는 즉시 반우(返虞)하여 집에 돌아오니 이미 축정(丑正)이 지났다. 초우제(初虞祭)를 준비하여 제사를 지내니 날이 이미 밝았다.(《1910년 4월 27일》)

재우제(再虞祭)를 지냈다.(《1910년 4월 28일》)

삼우제(三虞祭)을 지냈다. 연식이 산소에 갔다.(《1910년 4월 29일》)

(⑦-소상 1년)

자정에 어머니[先妣] 소상을 지냈다. 고랑리 진사선(陳士先)과 쌍령(雙嶺) 정치(鄭致)가 함께 제사에 참석하였다.(《1911년 4월 22일》)

(⑧-5일)

이덕보(李德甫)가 죽었다. 매우 놀랍고 한탄스럽다.(,1907년 2월 26일》)

이덕보를 하당현(下堂峴)에 장사 지냈다.(,1907년 2월 30일》)

(⑨-발인 날 비 때문에 4일)

사시(巳時)쯤에 둘째 며느리가 불행하게도 세상을 떠났다. 그런데 집사람이 내가 마음 아파할까 염려하여 숨기고서 알리지 않았다. 저녁이 된 뒤 신을 보내고 축문과 폐를 태우는 등 여러 가지 일을 다 마치고 집으로 돌아오니 며느리가 이미 염습을 갖추었으니 비참함을 견딜 수가 없었다. 어떻게 하면 좋단 말인가? 밤새 잠을 자지 못했다.(《1900년 3월 18일》)

목수를 불러 관을 다듬어 해가 저물어서야 일을 마쳤다. 저녁이 된 뒤 입관하였다.(《1900년 3월 19일》)

장례를 치르려고 하다가 비 때문에 하지 못했다.(《1900년 3월 20일》)

며느리를 서산(西山) 백숙부 묘 아래에 장례를 치렀다. 관을 다듬은 수공 값 25냥을 지급하였다.(《1900년 3월 21일》)

(⑩-당일)

묘시(卯時)에 영의(榮義) 처가 죽었다. 가문의 운수가 어찌 이 지경에 이르렀는가? 매우 한탄스럽다. 오래 머물러 둘 수 없어 즉시 염(斂)하고 입관(入棺)하여 오후 2시[未正]에 서산(西山) 영의 초취 처 안씨 무덤 아래에 장사 지냈다.(《1902년 4월 7일》)

(⑪-3일)

숙모님이 해시(亥時)쯤에 세상을 떠났다. 초혼(招魂)하고 거애(擧哀)한 뒤 닭이 울었다.(《1898년 1월 20일》)

관(棺)을 다듬어 염습을 모두 마쳤다.(《1898년 1월 21》)

서산당(西山堂) 숙부 묘 오른쪽에 터를 닦기 시작했다. 밥을 먹은 뒤 발인(發靷)하여 양례(襄禮)가 순조롭게 지나갔다. 해가 저물고 나서야 돌아왔다.(《1898년 1월 22일》)

(⑫-3일)

계수씨가 숙환으로 오늘 해시(亥時)경에 별세하였다.(《1909년 2월 24일》)

계수씨를 염습(斂襲)을 갖추어 오후에 입관하였다. 이경목(李京穆)이 백지와 양초를 부의로 보내왔다. 보통학교에서 당오전(當五錢) 200냥을 꾸어 보냈으므로 우선 받아서 썼다. 산지(山地)를 뒷산 아래 보리밭으로 정하였다.((1909년 2월 25일))

뒷산 아래 임좌병향(壬坐丙向)에 계수씨를 장사 지냈다.((1909년 2월 26일))

(⑬-3일)

자시(子時)쯤 되어 안에서 울부짖는 소리가 들려서 급히 들어가 보니, 예아(禮兒)가 막 운명하였다. 하늘은 어찌하여 그를 내고 또 어찌하여 요절하게 하는가? 금년 나이 24세요, 아직 혈속이 없으니 매우 애석하고 슬프며 대단히 한탄스럽다.((1902년 4월 18일))

목수를 불러 관을 짜고 염습하여, 오후에 입관하고 성복(成服)하였다.((1902년 4월 19일))

이른 아침에 발인하여 서산(西山)에 장사 지냈다.((1902년 4월 20일))

(⑭-대상 2년)

오늘은 바로 셋째 아들 영례(榮禮)의 대상이다. 슬픈 회포가 처음 당했을 때와 같다. 밤이 깊은 뒤에 취침하였다.((1904년 4월 17일))

(⑮-2일)

홍순팔이 죽었다. 그 노모의 정상과 과부·고아의 참상은 차마 말로 형용할 수 없다. 백지 2속을 부의로 보냈다.((1896년 6월 20일))

홍순팔 집에 술 1동이를 얻어 보냈다. 홍순팔을 서산(西山) 기슭에 장사 지냈다..(《1896년 6월 21일》)

(⑯-밤에 사망해 2일)

밤에 서손녀(庶孫女)의 참변을 만났으니 매우 탄식스럽다.(《1900년 5월 22일》)

이른 아침에 가례(家隸)로 하여금 손녀를 내다 묻도록 했다.(《1900년 5월 23일》)

(⑰-당일)

최성재(崔聖才)가 동곡령(東谷令)에서 병으로 죽었다. 공소에서 품꾼을 얻어 100냥을 주어 염(殮)하여 장사 지냈다.(《1893년 3월 18일》)

(⑱-당일)

조카 택구의 병세가 갑자기 심해지더니 사시(巳時)쯤에 운명하였다. 참혹하고 놀라움을 금할 수 없다. 즉시 내다가 서산 아래에 묻고 오후에 돌아왔다.(《1896년 4월 17일》)

(⑲-당일)

날이 채 밝기도 전에 문을 두드리며 집의 하인이 불렀다. 그래서 놀라 일어나 집에 도착하니 온 식구들이 일제히 모여 있었다. 안방에 들어가 병든 아이를 보니, 숨이 가물가물하여 나를 보고도 말을 하지 못하더니, 날이 밝자 숨이 끊어졌다. 비참하고 가련한 심정을 어찌 견딜

수 있겠는가? 나이 한창 9세에 천성이 총명하고 민첩하며, 효성스럽고
순종하며, 배우기를 좋아하고 재주가 많아 온 동네 사람들이 칭찬하였
다. 하늘이 어떻게 태어나게 했는지 수명이 어찌 이렇게도 짧단 말인
가? 매우 애석하고 불쌍하다. 오래 머물러 둘 필요가 없어서 즉시 관을
갖추고 염을 한 다음 서산에 장례를 치렀다. 밤새 슬픈 생각에 젖어 잠
을 붙일 수 없었다.(《1900년 8월 9일》)

위의 인용문을 보면, 임종에서 발인하여 하관까지의 기간이 8일,
7일, 6일, 5일, 4일, 3일, 2일, 당일 등 다양하다. 인용문 ①은 8일장
인데, 저녁 먹은 뒤 발인을 하는 것이 특이하다. ②와 ⑤는 지인 김
익준의 부모상으로, 모친상에는 7일장을, 부친상에는 6일장을 하
였는데 독특하다. 그리고 ⑥은 지규식의 모친상으로 5일장을 하였
는데, 대·소렴과 입관을 별세 다음날 한꺼번에 행한 것도 눈길을
끈다. ⑨는 둘째 며느리 상으로 비 때문에 발인을 하루 연기해 4일
장을 하였다. 그런데 ⑩은 재취의 둘째 며느리 상으로 당일 장사를
지냈다. 위의 인용문에서 보듯, 부고와 습, 소렴, 대렴, 성복, 발인
등 상·장례 절차를 형편과 사정에 따라 유동적으로 적용한 것으로
보인다. 그리고 보통은 3일장(지규식의 숙모, 제수, 아들의 상 등)
을 치렀다. 이밖에 2일 장과 당일 장사를 지내기도 하였는데, 혼인
을 안 했을 경우(지규식의 조카, 아들, 손녀 등) 대개 당일 장사를
지냈다.

이상에서 보듯, 임종에서 발인하여 하관까지의 기간이 종전보다
다소 변화된 것을 확인할 수 있었다. 『사례편람』에 보면, "선비도 지

금은 보통 임종서 발인까지 3개월인데"[356] 여기서는 7일인바 이를
안 지키는 양반가도 있었던 것으로 보인다. 그런데 평민들은 5일장
이나 3일장(주로), 또는 당일에 장례를 치렀던 것으로 보인다. 그리
고 오늘날 일반적으로 행하는 3일장과 초우·재우·삼우제의 흔적을
『하재일기』에서 찾을 수 있는바, 위의 자료들은 그 가치가 매우 높이
평가된다.

그런데 여기서 지규식이 장모 상을 당한 기록을 살펴볼 필요가 있다.

> 남성 빙모님이 오늘 인시(寅時)에 세상을 떠났다는 부음이 왔다. 제
> 주(祭酒)와 제잔(祭盞) 각 1개를 가져와 하인 편에 부쳤다.[357]

> 아이 영례(榮禮)와 영의(榮義)를 모두 남성 처가로 보내고 돈 100냥
> 을 부쳤다. 집사람에게 편지를 부쳤다.[358]

> 산성(山城) 빙모님 소상(小祥)이다. 어제 집사람이 특별히 갔는데,
> 나는 진참(進參)하지 못하고 돈만 20냥을 부조해 주었다.[359]

> 나는 연제(演弟)와 함께 정치삼(鄭治三)을 거느리고 광주 북문 밖 법
> 화동(法華洞) 친산(親山)에 가서 차례를 행하였다. 오후에 성(城)에 들

---

356 우봉이씨대종회 역, 『국역사례편람』, 명문당, 2003, 123쪽.
357 〈1897년 5월 28일〉.
358 〈1897년 5월 29일〉.
359 〈1898년 5월 26일〉.

어가 박 지사(朴知事)를 방문하여 문안을 하고 바로 처가에 이르러 빙모님 영연(靈筵)에서 곡을 하였다.[360]

남성(南城) 빙모님 대상(大祥)이다. 어제 효도를 끝내지 않을 수 없어 병을 붙들고 강행했더니, 둘째 며느리도 귀녕(歸寧)차 수행했다[361].

위의 인용문에서 보듯이, 지규식은 장모의 상을 당했을 때 특별히 긴급하고 중요한 일이 없었음에도 불구하고, 본인이 직접 가지 않고 아들들을 보냈고, 소상 때도 안 갔다. 단지 소상이 지난 추석 때 지규식이 친산에 가서 차례를 지낸 후, 근처에 처가에 있어 가서 장모 영연에 곡한 정도이다. 그리고 대상 때는 참석했다. 지규식의 이러한 행동은 당시 처가와 거리를 두려는 풍속이 있다고는 하지만 이해하기 어려울 뿐만 아니라, 오늘날의 정서로는 더더욱 납득하기 어렵다. 다음은 부의에 대해 살펴보기로 하자.

어제 남성 친구 박정인(朴正寅) 집에서 부고가 왔는데, 이달 17일에 정인 자친이 별세하였다. 백지 5속(束)과 황촉(黃燭) 2쌍의 부의를 온 하인 편에 부쳤다.[362]

난인(蘭人) 조부 부음이 왔다. 몽득(夢得)이 승중(承重)으로 분상(奔

---

[360] 〈1898년 8월 15일〉.
[361] 〈1899년 5월 26일〉.
[362] 〈1894년 4월 21일〉.

喪)하려 하여 돈 50냥을 부조하였다.[363]

이천(利川) 이 선달의 부음이 왔다. 형수씨가 발상(發喪)하니 애통하였다. 상복에 필요한 당목 15자가 함옥순(咸玉順)의 가게에서 왔는데, 매 자에 2냥 2전이다. 부조금으로 50냥을 지급하였다.[364]

미음(渼陰) 김 선달은 연식(演植)이의 빙장(聘丈)이다. 어제 신시(申時)에 별세하여 부고가 왔다. 몹시 놀라고 슬프다. 계수씨가 몹시 애통해 하였다. 즉시 상복 옷감과 백지와 양초를 갖추어 길을 떠났다.[365]

이경필(李京必) 장례에 술 한 동이를 부조하고, 발인할 때에 장송(葬送)하여 교외에 이르렀다.[366]

고랑리(高浪里) 진 선달(陳先達)이 내일 장례를 치르므로 위문하기 위해 연식(演植)을 위임해 보내고 돈 20냥을 부조했다.[367]

이신구(李信求)의 장례에 10냥을 부조하였다.[368]

363 〈1892년 윤6월 15일〉.
364 〈1898년 2월 24일〉.
365 〈1904년 4월 9일〉.
366 〈1893년 8월 22일〉.
367 〈1898년 3월 1일〉.
368 〈1898년 11월 17일〉.

밥을 먹은 뒤 한상혁을 조위하고 돈 15냥을 부조하고 제기 접시 1죽과 사발·대접 각 5개, 보시기 5개, 제주병 2개, 향로·향합 1벌을 얻어 주었다.[369]

법화동(法華洞) 장상주(張喪主)가 찾아와서 모레가 그의 부친 소상(小祥)이라고 하였다. 그래서 돈 10냥을 정인에게 빌려서 제수를 마련하는 데 보태어 쓰라고 주었다.[370]

귀천 김 판서 댁 소상에 북어 2두름을 부조하였다.[371]

석촌 김 교관 댁 대상이다. 돈 20냥을 부조하고 단자를 수정하여 소매 속에 넣고 직접 가니 본동 여러 친구들이 이미 먼저 도착하였다. 제사를 지낸 뒤 넘어오니 날이 새려고 하였다.[372]

김문백(金文伯)의 대상(大祥)이므로 10냥을 부조했다. 함춘교(咸春敎) 집이 성복(成服)이므로 10냥을 부조하였다. 저녁밥을 먹은 뒤 두 집에 조문하고 돌아왔다.[373]

지규식은 직접 조문 또는 인편으로 부의 금품을 보낼 경우 다양했

---

[369] 〈1896년 3월 10일〉.
[370] 〈1891년 1월 10일〉.
[371] 〈1902년 1월 5일〉.
[372] 〈1892년 9월 6일〉.
[373] 〈1897년 7월 25일〉.

다. 그런데 태반은 돈으로 부의하였다. 당사자와의 관계에 따라 차이는 있지만, 부의금은 대체로 10냥 정도(당시 쌀 4~5되 값 정도)였다.[374] 애사 때 부조도 경사 때와 마찬가지로 점차적으로 돈으로 변화하는 모습을 엿볼 수 있다.

(5) 제례

『하재일기』에는 제례 관련 기록이 많은데 주로 기제사와 설·한식·추석 때의 차례와 묘제, 그리고 지규식 부친의 생신차례(생일제사) 등이다. 이들을 중심으로 살펴보겠다.

먼저 기제사의 경우, 19세기 이후 대개 4대 봉사를 행했다. 그런데 지규식은 고조부모의 제주(題主)를 고쳤다는 기록[375]이 있어 4대 봉사를 지냈을 가능성도 있지만, 고조부모의 제사를 지냈다는 기록은 일기에 보이지 않는다.[376]

> 이날 밤은 곧 정인의 조부 기일(忌日)이다. 파루(罷漏) 후에 제사를 지냈다. 제사 음식을 함께 먹고 닭이 운 뒤에 갔다.[377]

---

374 이 당시에도 상을 당하면 장례비용이 만만하지 않았다.("남계 박 판서 댁에서 장례비가 부족하자, 나에게 돈 500냥을 빌려 달라고 요구하였다. 그래서 회사에 의논했더니, 상장(上掌)이 500냥을 빌려 보냈다."(《1899년 6월 29일》))

375 "깊은 밤에 증조할아버지 제사를 지냈다. 고조할아버지·할머니와 증조할아버지·할머니의 제주(題主)를 고쳐 불초의 이름으로 봉사한다고 썼다."(《1899년 10월 5일》)

376 참고로 지규식의 아버지는 입양된 것으로 보인다.(류채형, 「하재일기에 나타난 19세기 말~20세기 초 공인 지규식의 제사 설행」, 『역사교육논집』 제61집(역사교육학회, 2016), 207~256쪽 참고.)

377 《1892년 2월 5일》.

　　생가 조모님 기일이다. 제사를 지내고 닭이 운 뒤에 잠을 잤다.[378]

　　밤에 벽운루(碧雲樓)에 가서 꽃을 감상하고 돌아왔다. 축정(丑正)에
할아버지 제사를 지냈다.[379]

　　밤이 깊은 뒤에 조모님 제사를 지내고 남은 음식을 차려서 동료들과
함께 먹었다.[380]

　　축정(丑正)에 집으로 돌아와 생가 조비 기제사를 지냈다.[381]

　　이현구가 찾아왔다. 그간 입교(入敎)한 사람의 가족록(家族錄)을 작
성하여 보냈다. 천도교 시일(侍日) 예식을 처음 설행하였다. 아직 미비
한 건이 많아서 간략히 마련하여 설행하였다. 자정에 선고 기제사를
지냈다.[382]

　　위의 인용문을 보면, 제사 시간이 일정하지 않다. 일반적으로 대
개 자시(12시 지나서)에 지내는데, 지규식은 파루(4시경)에 지내거
나 축정(2시경) 등에 지냈다. 그리고 기제사를 지내기 전에 재계(齋
戒)를 안 했으며, 심지어 제사 전날 술집에 가서 애인을 만나거나[383]

378 〈1892년 9월 2일〉.
379 〈1899년 3월 20일〉.
380 〈1893년 7월 28일〉.
381 〈1906년 8월 3일〉.
382 〈1911년 3월 18일〉.

또는 술을 마신다든지[384] 아니면 밤에 술집에 가서 꽃을 감상하고 집으로 돌아와 제사를 지내기도 하였다. 당시 양반사대부가 하고는 다소 차이를 보이고 있다. 제사 후 지인들이나 동료들과 음식을 나누어 먹는 것은 흔히 있는 일이다. 그런데 지규식은 기독교에 입교하고 나서도 넷째아들의 소상(小祥) 제사[385]와 생가의 할머니 기제사를 지냈다.[386] 그리고 천도교에 입교한 후에도 아버지 기제사를 지냈다.[387]

다음은 설·한식·추석 때의 차례와 묘제에 대하여 알아보자.

> 아침에 일어나 세수하고 머리 빗고 아이들을 거느리고 가묘(家廟)를 청소하였다. 차례를 지낸 뒤 원중(院中) 어른들을 찾아뵈었다.[388]

> 오늘은 바로 한식이다. 동생 연식에게 산구(山龜) 3형제를 데리고 우산동으로 가게 하고, 나는 남한산성으로 가서 법화동에 이르니, 어머

383 〈1892년 3월 17일〉.
384 〈1892년 3월 18일〉.
385 〈1906년 5월 26일〉.
386 〈1906년 8월 3일〉. 지규식은 1905년 9월 말 미국 기독교 전도부인이 분원의 박봉래 집에 왔을 때 다른 몇 사람과 찾아가 기독교에 입교(〈1905년 9월 29일〉)하였다. 이후 주일예배(〈1905년 10월 2일〉) 등에 참석하였을 뿐만 아니라 부활절에도 추모기도(〈1906년 3월 22일〉)를 하였다, 그래서 그는 신사(神祀)를 폐지(〈1905년 12월 20일〉)하려고 한 적도 있었다. 그러다가 1906년 4월에 세례 받기를 권하자, 무슨 이유인지는 모르겠지만 다음에 받겠다는 말로 거절하고 세례를 받지 않았으며, 큰아들도 세례를 받지 않았다.(〈1906년 4월 17일〉) 이후 1910년까지 기독교인으로서의 활동은 계속되었으나, 1911년 3월부터 천도교에 입교한 것으로 보인다. 그리하여 1911년 4월에는 천도교중앙총본부에서 손병희를 만난다.(〈1911년 4얼 4일〉)『하재일기』 뒷면에 게재된 〈텬도교력사〉는 지교식이 이 무렵에 쓴 것으로 보인다.
387 〈1911년 3월 18일〉.
388 〈1895년 1월 1일〉.

니와 처고모 한씨 부인이 먼저 묘지기 집에 도착하셨다. 문후를 마치고 조금 앉아서 다리를 쉰 뒤 제수(祭需)를 가지고 묘소에 올라가서 차례를 지내고, 묘지기 집으로 내려 와서 점심을 먹었다.[389]

아이들은 우산(牛山) 산소로 보내고, 나는 연식과 남성(南城)으로 가서 북문 밖 법화동으로 나가 친산(親山)에 올라가 제사를 지냈다.[390]

우산동 산소 묘지기 염기중(廉基仲)이 그 아들이 무죄인데도 붙잡힌 소치로 분노와 원한을 견디지 못해 앞 시내에 빠져 죽었다. 이 때문에 제수를 변통하여 준비할 수 없었으므로 가묘(家廟)에서 차례를 지냈다.[391]

지규식은 설에는 배소례(拜掃禮)를 행한 후, 가묘(사당)에서 차례를 지냈다. 한식과 추석 때에는 조상의 묘소를[392] 찾아가 차례를 지냈다. 그런데 추석 때 부득이한 경우(묘지기의 죽음)에는 가묘에서 차례를 지냈다. 여기서 특이한 것은 가문마다 차이가 있지만, 일반적으로 추석 차례는 사당에서 지내고 성묘를 가는 것이 보통이다. 헌데 지규식은 특별한 경우를 제외하고는 한식과 추석 때 직접 또는 동생이나 아들들을 보내 묘소에 가서 차례(묘제)를 지내게 했다. 그렇

389 〈1891년 2월 28일〉.
390 〈1894년 8월 15일〉.
391 〈1899년 8월 15일〉.
392 지규식의 조상 묘는 법화동, 우산동, 미라동 남한산성 남문 밖 등에 있었는데, 이곳
　　에는 선산과 묘지기가 있었다. 이 가운데 부모님의 묘가 있는 법화동에 가서 한식·
　　추석 차례를 대부분 지냈다.

다고 지규식이 10월에 묘제(시사)를 지냈다는 기록은 찾아볼 수 없다. 예로부터 묘제는 설·한식·단오·추석 명절에 지내왔으나, 『주자가례』의 보급으로 가묘가 설립된 후부터 논란이 있었다. 이재는『사례편람』에 네 번의 묘제를 폐지하고 3월에 묘제를 한 번으로 대신할 것을 주장했고, 이이는 〈제의초〉에서 한식과 추석에는 묘제, 정초와 단오는 간단하게 지낼 것을 제시하였다. 그리고 이언적은『봉선잡의』에서 명절날 아침에 가묘에서 천식 후, 묘소에 가서 배례하는 절충안을 제시하였고, 만약 묘소가 멀다면 제사 이삼일 전에 묘소에 배례하는 것도 허용하였다. 아무튼 지규식이 추석 때 묘소에 가서 차례(묘제)를 지낸 것은 눈길을 끈다.

끝으로 생신차례(생일제사)에 대해 살펴보자.

오늘은 곧 선고(先考) 생신이다. 이른 아침에 술과 과일을 진설하고 차례를 지냈다.[393]

선고(先考)의 생신에 차례를 지내고, 이른 아침에 제사를 지냈다. 운루와 밤에 이야기를 나누었다.[394]

생신차례는 생휘일제(生諱日祭)라고도 하는데, 돌아가신 부모의 생일에 지내는 제사이다. 조선시대 사대부가에서는 보편적으로 행

393 〈1894년 8월 27일〉.
394 〈1899년 8월 27일〉.

해져 왔다. 지규식은 돌아가신 아버지를 대상으로 지내는 생일제사를 '생신차례(生辰茶禮)'라고 하여 거의 매년 지냈다. 생신제사(차례)는 대부분 이른 아침에 지내는데, '선고생신차례조조행사(先考生辰茶禮早朝行祀)'(〈1899년 8월 27일〉)라는 기록을 보면, 이 해에는 차례와 제사를 별개로 지냈음을 알 수 있는데 특이하다고 하겠다. 그런데 생신차례(제사)를 지낸 후, 밤에 애인과 정담을 나눈 것도 흥미롭다.

신분제도가 철폐되고 일제가 강점할 무렵의 경기도 광주지역 중인출신 집안의 기제사, 차례와 묘제, 생신차례를 지내는 모습은 양반가의 제례 관행보다는 약간 다르고 덜 엄격하지만, 양반이 아닌 집안의 제례라는 점에서 그 의의가 크다고 하겠다.

(6) 壽筵禮

『하재일기』에는 수연례 관련 자료가 적은 편이다. 이에 대해 살펴보기로 하자.

> 申時경에 비가 그치고 석양에 붉은빛이 나왔다. 내일이 남한산성 박지사 회갑이라고 하므로 생선을 사 오려고 許昌孫을 石湖 홍생원에게 보냈다. 그런데 조금 있다 돌아와서 이르기를 "비가 많이 와서 1마리도 잡지 못하여 구하여 보낼 수 없다고 하였다."라고 하니 낭패이다. 어찌하면 좋은가? 어찌하면 좋은가?[395]

---

[395] 〈1891년 4월 17일〉.

鄭恩漢의 慈堂 환갑잔치에 10냥을 부조하였다.[396]

鄭元會 소실 회갑이다. 몸소 와서 초청하였는데, 학도와 자신회 아이들을 모두 인솔하고 오라고 하였다. 그러므로 오후에 인솔하고 가서 잔치에 참석하고 저녁때 돌아왔다.[397]

집사람 회갑이다. 아침을 장만하여 이웃을 초청하여 함께 먹었다. 서울에 사는 崔永昌이 금 1원을 가지고 와서 부조하였다.[398]

오늘은 곧 내 회갑이다. 술과 음식을 장만하여 이웃을 초청하여 함께 먹었다. 남한산성 韓始奎가 비를 무릅쓰고 왔다.[399]

洪玉圃의 62세 생신이다. 나와 같은 회사 사람들을 초청하여 함께 술과 국수를 먹었다.[400]

위의 첫 번째 인용문~다섯 번째 인용문은 회갑 관련 내용인데, 세 번째 인용문은 지인 소실 회갑에 학생들까지 오라고 한 기사가 흥미롭다. 그리고 네 번째와 다섯 번째 인용문은 부인과 지규식 회갑 관련 내용이며, 여섯 번째 인용문은 진갑 관련 내용이다. 수연례는 회갑과 진갑 관련 기록 밖에 없고 특이한 사항은 없다. 다만, 부조(扶助)의 경우 물품도 다양하고 많지만, 이 시기에는 돈으로 내는 사례가 더 많았다. 이는 혼·상례에서도 마찬가지로 부조 방식 변화 조짐의 일면을 엿볼 수 있다.

---

396 〈1898년 11월 17일〉.
397 〈1906년 8월 17일〉.
398 〈1911년 2월 16일〉.
399 〈1911년 6월 17일〉.
400 〈1899년 11월 21일〉.

3) 맺음말

필자는 지금까지 『하재일기』에 나타난 의례에 대하여 살펴보았다. 앞에서 논의한 사항들을 종합하여 결론으로 삼겠다.

출산의례의 경우, 종전과 다른 모습은 거의 찾아볼 수 없다. 다만, 궁중에서 사용했던 태항아리에 대한 기록은 참고할 만하다.

관례의 경우, 일반적으로 정월에 행했는데, 이 시기에는 시행시기의 다변화된 모습을 엿볼 수 있다. 이는 일부 양반가도 예외는 아니었다. 이 시기에는 관례가 엄격하게 지켜지지 않았을 뿐 아니라 그 절차도 점차적으로 축소되었던 것으로 보인다. 그리고 평민들은 대부분 혼례 전에 관례를 행하는 것이 관습화되다시피 했던 것으로 보인다.

혼례의 경우, 혼사를 논의할 때 개화되어 가는 과정 때문에 그런 것인지는 몰라도 파기하는 경우가 종전보다 흔했던 것으로 보인다. 그리고 택일도 신부 집에서 정했던 것은 아니었던 것 같다. 그리고 중인들이나 평민들의 경우, 신부 집에서 혼례를 치렀지만, 부득이한 경우에는 신랑 집에서 혼례를 치루기도 했던 것으로 보인다. 지규식 자녀들의 혼례는 전통적 절차를 비교적 충실하게 밟고 있었지만, 양가의 형편과 사정에 따라 유동적으로 적용한 것으로 보인다. 전통적 예법을 무시한 채, 상중에 혼례를 치르거나 신부를 데려와 신랑 집에서 혼례를 거행한 것은, 근대화 과정에서 외래 종교 및 외래문화의 유입과 이식, 일제의 식민통치, 특히 유교적 사회질서 쇠퇴 등도 연관성이 있는 것으로 보인다. 그리고 이 시기에는 이혼도 종전보다 흔했던 것 같다.

상례의 경우, 임종에서 발인하여 하관까지의 기간이 다양한바, 종전보다 다소 변화된 것을 확인할 수 있었다. 사대부도 보통 임종서 발인까지 3개월인데, 여기서는 7일인바 이를 안 지키는 양반가도 있었던 것으로 보인다. 그리고 오늘날 일반적으로 행하는 3일장과 초우·재우·삼우제의 흔적을 『하재일기』에서 찾을 수 있는바, 위의 자료들은 그 가치가 매우 높이 평가된다.

제례의 경우, 제사 시간이 일정하지 않았을 뿐만 아니라, 지규식은 기제사를 지내기 전에 재계(齋戒)를 안 했으며, 심지어 제사 전날 술집에 가서 애인을 만나거나 또는 술을 마시기도 하였다. 당시 양반사대부가 하고는 다소 차이를 보이고 있다. 그런데 지규식은 기독교에 입교하고 나서도 기제사를 지냈으며, 천도교에 입교한 후에도 제사를 지냈다. 한편, 지규식은 특별한 경우를 제외하고는 한식과 추석 때 직접 또는 동생이나 아들들을 보내 묘소에 가서 차례(묘제)를 지내게 했다. 그렇다고 지규식이 10월에 묘제를 지냈다는 기록은 찾아볼 수 없다. 그리고 지규식은 돌아가신 아버지를 대상으로 지내는 생일제사를 생신차례라고 하여 거의 매년 지냈다. 그런데 생신차례와 제사를 별개로 지낸 적도 있어 특이하다. 신분제도가 철폐되고 일제가 강점할 무렵의 경기도 광주지역 중인출신 집안의 기제사, 차례와 묘제, 생신차례를 지내는 모습은 양반가의 제례 관행보다는 약간 다르고 덜 엄격하지만, 양반이 아닌 집안의 제례라는 점에서 그 의의가 크다고 하겠다.

수연례의 경우, 특이한 사항은 거의 없지만, 부조(태반은 돈으로)

방식 변화 조짐의 일면을 감지할 수 있다.

이상에서 보듯, 『하재일기』에 나타난 관·혼·상·제례의 내용은 자료적으로 그 가치가 매우 높을 뿐만 아니라 민속학적으로도 의미가 크다고 하겠다.

III

결론

문헌을 통해 본 한국의 의례

필자는 지금까지 문헌들을 통해 당시 실제로 행했던 우리의 의례들에 대하여 살펴보았다. 앞에서 논의한 사항들을 종합 요약하여 결론으로 삼겠다.

『삼국유사』에 나타난 출산의례는 주로 산전의례, 그 중에서도 기자와 태몽에 대한 것이 대부분이다. 기자는 거의 치성기자로, 특히 웅녀가 신단수 아래서 기원을 했다는 내용은 최초의 기자에 대한 기록이라는 점에서 그 의미가 매우 크다. 치성기자는 후대(삼국시대, 특히 통일신라시대)로 내려올수록 그 대상은 대개 부처가 된다. 이는 불교와 연관이 있는 것 같다. 그럼에도 치성기자는 우리 고유의 습속으로 현재까지 계속 이어져 내려온 것으로 보인다. 그리고 태몽 또한 삼국 이후 불교와 관련된 면도 있는 것으로 여겨지지만, 이는 부차적인 것 일뿐 기자처럼 우리 고유의 습속으로 오늘날까지 전해지는 것 같다. 고대 역시 오늘날과 마찬가지로 기자(특히 치성기자)와 태몽이 존재했음을 알 수 있다.

『삼국유사』에 나타난 관례는 왕이나 귀족계층들의 자제들이 행했으며, 그 연령도 13세, 15세, 18세로 추정되는데 확실하지 않다.『삼국유사』에는 관례 관련 기록이 분명하게 나타나지 않지만, 관례와 관련된 유사 기록으로 미루어 고대에는 우리 나름대로의 관례를 행했던 것으로 보인다.

『삼국유사』에 나타난 혼례는 고대의 혼례를 엿볼 수 있는 중요한 자료이다. 그 중에서 수로왕과 허황옥의 혼례 절차에 대한 기록은 신화적 요소와 후대의 문식이 가미되었지만, 고려 이전의 왕실의례의 일면을 엿볼 수 있을 뿐 아니라 최초의 왕실혼례 절차라는 점에서 그 의미가 크다. 특히 반친영이나 삼일우귀 등과 흡사한 혼인 절차는 우리의 고유 혼속으로 볼 수 있는바 평가할 만하다. 그리고 유화와 해모수의 사통 내용을 통해 당시의 혼인이 중매를 통해 이루어졌음을 엿볼 수 있을 뿐 아니라, 고려 초에 근친혼을 했다는 기록은 자료적으로도 가치가 있다.

『삼국유사』에 나타난 상례는 고대의 상례를 살펴볼 수 있는 소중한 자료이다. 그 중에서 혁거세왕의 상례에 대한 기록은 신화적인 요소와 후대의 문식이 가미되었지만, 최초의 상례(특히 왕실상례) 기록으로 볼 수 있다. 그리고 수로왕의 장례 내용을 통해 제후에 준하는 봉분을 사용했다는 점과, 탈해왕의 장사 기록을 통해 세골장 풍속과 소상을 만들었다는 것 등은 주목할 필요가 있다. 특히 장례방식, 예를 들어 초빈, 풍장, 세골장, 매장, 수장, 화장과 장례기간, 분묘, 왕릉의 봉분 높이와 둘레, 소상을 만들고 비석 등을 세웠다는 기록에서 고대의 상례를 어느 정도 파악할 수 있는바, 자료적 가치가 높다. 그리고 고대의 상례가 부분적이지만 오늘날의 상례와도 연관성이 있는 것으로 보인다.

『삼국유사』에 나타난 제례는 고대의 제례를 살펴볼 수 있는 귀중한 자료이다. 특히 수로왕의 제사에 대한 구체적인 기록, 예컨대 제사방식과 절차, 제전(祭田), 제수, 사당, 진영 등에 대한 기사들, 그리고 고대의 국가 제의의 일면을 파악할 수 있다는 점에서 자료적 가치가 크다고 하겠다.

『삼국유사』는 신화, 설화적인 요소와 후대의 문식이 가미되었지만, 그럼에도 불구하고 우리 고대의 출산의례, 관례, 혼례, 상례, 제례를 살펴볼 수 있는 매우 귀중한 자료라는 점에서 예학사적으로나 민속학적으로 그 가치가 매우 크다.

『고려도경』에 나타난 고려의 의례 중 국가의례의 경우, 圓丘祭와 宗廟제사, 神祠제사를 지냈다. 일반의례의 경우, 당시의 납폐와 혼인제도(일부다처제와 축첩, 이혼과 재혼)의 일면을 엿볼 수 있다. 특히 가난한 서민들 중에는 봉분도 안 만들고 野葬을 한 사실, 그리고 제례에 불교의식이 영향을 끼쳤다 점 등을 주목할 필요가 있다. 12세기의 혼례와 상례, 제례 등을 엿볼 수 있어 의미가 있다.

현재 고려시대 의례 관련 자료들을 찾아보기 힘든 상황에서, 『고려도경』은 12세기의 고려의 의례를 살펴볼 수 있는 귀중한 자료라 할 수 있다. 그러므로 『고려도경』은 예학사적으로나 민속학적으로도 그 의미와 가치가 크다고 하겠다.

『慵齋叢話』에 나타난 儀禮의 경우 출산의례는 왕실의 捲草之禮가 유일한데, 중요한 자료로 평가된다. 捲草之禮는 조선 후기까지 왕실에서 계속 행해졌던 것으로 보인다. 그리고 婚禮는 사치스러웠으며, 喪禮는 『朱子家禮』대로 행해지지 않았고, 祭禮는 『주자가례』에 근거한 유교식 제사를 바탕으로 하되 완전히 정착되지 못하고 時俗과 불교식이 융합되어 행했던 것 같다.

『용재총화』는 당시의 禮俗과 의례 등을 기록으로 남기고 있는바,

당시의 의례를 살펴볼 수 있는 매우 귀중한 문헌자료라 할 수 있다. 그러므로『慵齋叢話』는 조선 전기의 대표적인 의례 관련 문헌자료로 그 가치가 높이 평가된다.『慵齋叢話』는 한국 의례의 통시적 연구를 위해서도 반드시 다루어야 할 문헌자료이다.

『眉巖日記』를 보면, 冠·婚·喪·祭禮의 경우『朱子家禮』를 따르기는 했으나 완전히 정착되지는 못했던 것 같다. 그것은 관례를 행할 때 약식으로 하거나, 士大夫家에서 조차 관례가 잘 이루어지지 않는 경우도 있었기 때문이다. 뿐만 아니라 상례에서는 古禮를 따르는 경우도 있었다. 즉, 襲과 小殮을 첫째 날에 한꺼번에 행하거나, 弔問할 때 成服을 하지 않았는데도 變服을 안 하고 護喪의 얼굴만 보고 오는 것을 들 수 있다. 그리고 제례 때 진설(특히 제사 상 차림)이나 성묘 순서, 奉祀 代數 등에서『주자가례』와 차이를 보이고 있다. 이로써 보건대 당시까지 주자가례의 일반화가 덜된 듯하다. 그럼에도 불구하고『眉巖日記』에는 당시의 의례와 禮俗 등을 살펴볼 수 있는 기록들이 많은바 주목할 필요가 있다.

『眉巖日記』는 당시의 禮俗과 의례절차 등을 기록으로 남기고 있는 바, 당시의 의례를 살펴볼 수 있는 귀중한 문헌 자료로 평가된다. 그러므로『眉巖日記』는 16세기의 대표적인 의례 관련 문헌 자료로 민속학적·의례사적으로도 그 가치가 높다고 하겠다. 아울러『眉巖日記』에 기록된 의례는 임진왜란 이후의 의례, 나아가 조선 후기의 의례가 어떻게 변모되었는지를 이들 의례들과 비교하여 추찰해 볼 수 있는 매우 중요한 자료이다.

관례의 경우, 16세기에는 대개 약식으로 치렀던 것으로 보인다.

혼례의 경우, 16세기에는『주자가례』를 主로 하되, 우리 고유의 혼속이 가미 혼용되어 치러졌다고 하겠다. 특히 반친영이 그렇다. 그리고 이 시기에는 木雁 대신 산 기러기의 사용이 흔했던 것 같다.

상례의 경우, 16세기에는 특히 그 절차가 체계적으로 정비 시행되지 못했던 것으로 보인다. 그런데 여기서 주목할 것은 소렴과 시묘이다. 소렴은 16세기에는 亡者가 죽은 당일에 대개 한 것 같다. 그리고『주자가례』에도 없는 시묘살이를 한 것도 눈길을 끈다. 이 시기는 염습, 조문, 시묘살이 등에서 조선 후기와 차이를 보이고 있다.

제례의 경우, 16세기에는『주자가례』방식의 제사는 완전하게 적용되지 못하고, 이전부터 행해지고 있던 東俗을 부분적으로 수용하면서 시행했던 것으로 보인다. 그런데 16세기의 제례에서 눈길을 끄는 것은 제대로 안 지켜졌던 봉사대수와『주자가례』에도 없는 生諱日祭, 그리고 일부 지역이나 가문에서 행했던 불교적 색채가 강한 影堂祭와 윤회봉사 등이다. 특히 윤회봉사를 주목할 필요가 있다. 이러한 윤회봉사는 묘제 때에도 행하였다.

이처럼 16세기는 관, 혼, 상, 제례의 경우,『주자가례』가 완전히 정착하지 못한 시기라 할 수 있다.

壬亂 前 士大夫家에서 실제로 행했던 儀禮를 살펴 본 결과, 출산의례의 경우 무속과 불교, 도교의례 등이 혼합되어 행해졌다. 여기서 산전의례의 경우 도교의례인 초제형식을 빌어 기자치성을 하고 있는데, 이는 임란 후에도 삼신이나 칠성신에게 기자하는 사대부가도 있지만, 이들 사대부가 역시 태반은 초제를 지냈던 것으로 보인다.

그리고 산후의례에서 신생아를 복숭아와 자두와 매화 뿌리를 끓인
물로 씻긴다는 내용이 눈길을 끈다. 복숭아는 잡귀퇴치, 매화와 자
두는 건강과 장수의 상징적 의미 때문에 사용한 것 같다. 관례의 경
우 사대부가에서만 대개 약식으로 치렀던 것으로 보인다. 그러나 임
란 후『주자가례』가 정착 심화되고, 禮學書들의 출현 등으로 인해 사
대부가의 관례도 정식으로 행해진 것 같다. 그럼에도 불구하고 관례
는 조선말까지 약식으로 행하는 경우도 허다했다. 혼례의 경우『주
자가례』를 主로 하되, 우리 고유의 혼속이 가미 혼용되어 치러졌다.
이는 임란 후에도 그대로 지속되었던 것으로 보인다. 특히 반친영의
경우가 그렇다. 그리고 임란 전에는 木雁 대신 산 기러기를 사용했던
사대부가도 흔했던 것 같다. 그러나 임란 이후, 특히 조선 후기에는
대부분 목안을 사용한 것으로 보인다. 상례의 경우 특히 그 절차가
완전하게 체계적으로 정비 시행되지 못했던 것으로 보인다. 그러나
임란 후에는 점차적으로 체계화하여 정비 시행되었던 것 같다. 그런
데 여기서 주목할 것은 소렴과 시묘이다. 소렴은 임란 전에는 亡者가
죽은 당일에 대개 한 것 같다. 이는 17세기 초까지도 별로 변하지 않
은 것으로 보인다. 그리고『주자가례』에도 없는 시묘살이를 임란 전
에도 했지만, 임란 후, 특히 조선후기에는 더 극진하게 했던 것 같다.
제례의 경우 임란 전까지『주자가례』방식의 제사는 완전하게 적용
되지 못하고, 이전부터 행해지고 있던 時俗을 부분적으로 수용하면
서 시행했던 것으로 보인다. 그러나 임란 후, 특히 조선후기에는『주
자가례』에 근거한 제례가 정착 시행하게 된다. 그렇다고 해서 임란
후에도『주자가례』에 근거한 제례를 그대로 완전히 추종하지는 않

았던 것 같다. 그런데 임란 전 제례에서 눈길을 끄는 것은 임란 전에는 제대로 안 지켜졌던 봉사대수와 『주자가례』에도 없는 生諱日祭, 그리고 일부 지역이나 가문에서 행했던 불교적 색채가 강한 影堂祭와 윤회봉사 등이다. 그러나 임란 후, 특히 조선후기에는 四代奉祀를 하며, 생휘일제와 영당제도 거의 사라진다. 특히 윤회봉사의 경우 18세기 이후까지도 극히 일부 지역이나 가문에서 윤행하였지만, 19세기 이후에는 장자단독봉사로 바뀐다. 수연례의 경우 임란 전에는 수연례를 제대로 시행하지 않았던 것 같다. 그 이유는 대부분 60세 이전에 사망하거나, 인식부족, 경제형편 등 때문에 시행하지 못했던 것으로 보인다. 그러나 임란 후, 특히 조선후기에는 대부분의 사대부가에서 수연례를 행하였다. 그런데 이것도 경제적으로 넉넉한 사대부가에서만 제대로 행했고, 태반은 형편에 맞게 행했던 것으로 보인다.

『계암일록』에 나타난 관례의 경우, 16세기에는 일반적으로 행했던 정월에 약식으로 행했다면, 17세기 일기인 『계암일록』에는 3가례를 제대로 행했다. 그렇지만 보통 시행했던 정월이 아니라 대개 혼인을 앞두고 치렀다.

혼례의 경우, 17세기에는 우귀 기간이 길다는 점이 눈길을 끄는데, 우귀가 제대로 실행되지 못한 것 같다. 그리고 친영이 아니라 반친영 혹은 남귀여가혼(특히 영남지방)을 많이 실행했던 것으로 보인다.

상례의 경우, 반혼을 실천한 뒤에 여차 혹은 여막에서 시묘살이를 하는 것을 병행하는 양상도 함께 파악할 수 있다. 특히 17세기에는

237

반혼 중심의 상례로 정착되는 것 같다.

　제례의 경우, 16세기에는 윤회봉사와 외손봉사, 차자봉사까지 하고 있을 뿐 아니라, 봉사대수 또한 2대 봉사내지 3대 봉사를 했다면, 17세기 일기인 김령의『계암일록』를 보면, 적장자인 종자를 중심으로 4대 봉사를 행하고 있다. 그리고 외가의 신주를 본가의 신주와 함께 祭廳에서 合祀하는 것은 불가하며, 외가의 신주는 먼저 본가의 신주를 가묘에서 제사 드리고 나서 별도로 제사를 지냈다. 이것은 윤회봉사 혹은 외손봉사가 지속되고 있는 가운데 본가를 처가, 외가와 차별화하는 종법적 인식의 진전으로 볼 수 있다.

　『계암일록』은 17세기 실제로 행했던 의례의 실상(비록 영남지방이지만)을 살펴볼 수 있어 의례사적으로도 의미가 있다.

　『역중일기』에 나타난 관례의 경우, 정월에 행하지 않고 대개 혼인 임박해서 행했던 것으로 보이며, 더구나 의식절차도 대부분 약식으로 행했던 것으로 보아 아직도 제대로 정착되지 못한 것 같다.

　혼례의 경우, 의식절차나 신행, 현구고례 등이 제대로 체계 있게 정착되지 못한 것으로 보인다. 특히 영남지역(그 중에서도 대구)에서 그런 것 같다.

　상례의 경우, 장례기간, 상여 메는 향도들이 부인네들이 참여, 祖奠을 행한 것, 山神壇 설치, 시묘살이 등등은『주자가례』에 없는 것들로, 일부는 속례를 따르고 있음을 엿볼 수 있다. 따라서 18세기에도『주자가례』가 완전히 정착되지 못했다고 본다. 그리고 미성년자의 성복이나 노비들의 장례기간(3개월, 5개월, 소상, 대상) 등에 대한 기록은『역중일기』에만 있는바, 자료적 가치와 함께 의미가 있다고 하겠다.

제례의 경우, 삭망의 경우, 최흥원은 삭망을 1일이나 15일에만 지낸 것이 아니라 집안에 우환이 있을 때는 유연하게 행했던 것으로 보인다. 시제의 경우, 11월에는 안 지내고, 2·5·8월에만 지내는 것이 특이하다.『주자가례』를 무조건으로 따른 것은 아닌 것 같다. 그런데 별묘를 따로 모신 것이 특이하다. 명절 차사의 경우, 사정으로 안 지내는 때도 있었을 뿐 아니라, 제수를 제대로 갖추지 못했던 때도 있었다. 그리고 동지 차사 때는『주자가례』를 따르지 않고 풍속에 따르고 있었던 것으로 보인다. 기제사의 경우, 최흥원은 5대까지 지냈고, 때로는 약식으로 지내기도 하였다. 묘제 역시『주자가례』에 따르면 3월 상순에 지내야 하는데, 최흥원은 10월에 행하고 있었다. 예제는『주자가례』대로 따랐다. 그리고 시조제와 선조제는 행하지 않고 있다. 이처럼 18세기까지도『주자가례』가 제대로 완전하게 정착되지 못한 것 같으며, 또 그대로 따르지도 않았던 것으로 보인다.

그리고 전염병으로 인해 의례(특히 상례와 제례)가 대부분 취소·연기되기도 하였다. 전염병으로 인해 혼례, 상례, 제례가 연기되거나, 제례가 취소된 기록은『역중일기』에 자세하게 언급되고 있다. 이러한 사례들은 다른 일기에서는 찾아보기 힘들다.

상례나 제례의 경우, 지역·당파·가문에 따라 차이를 보이고 있는 것도 사실이다. 그러나 최흥원의『역중일기』에 나타난 상례와 제례는 영남지역(그 중에서도 대구)에 국한된다고 볼 수도 있지만, 그렇다고 그 외의 지역에서도 이와 비슷하게 따르거나 다르게 행할 수도 있다. 이에 대해서는 종합적이고 정밀한 검토가 필요하다.『역중일기』에 나타난 상례와 제례는 자료적으로도 그 가치가 높이 평가된다.

이상에서 보듯, 『역중일기』에 나타난 의례는 민속학적으로나 의례사적으로 평가되며, 18세기의 의례 자료로도 그 가치가 매우 높이 평가된다.

임란 후 18세기(1700년도)까지의 의례를 살펴보면, 관례는 의식절차도 대부분 약식으로 행했던 것으로 보아 아직도 제대로 정착되지 못한 것으로 보인다. 그리고 혼례의 경우, 17세기에는 우귀 기간이 길었고, 우귀가 제대로 실행되지 못한 것으로 보인다. 그리고 친영이 아니라 반친영 혹은 남귀여가혼(특히 영남지방)을 많이 실행했던 것 같다. 18세기 역시 의식절차나 신행, 현구고례 등이 제대로 체계 있게 정착되지 못한 것으로 보인다. 특히 영남지역의 경우가 그렇다. 상례의 경우, 17세기에는 반혼 중심의 상례로 정착되는 것으로 보인다. 그리고 18세기에도 『주자가례』에 없는 것들이 행해지고 있는 등, 일부는 속례를 따르고 있다. 그러므로 18세기에도 『주자가례』가 완전히 정착되지 못했던 것으로 보인다. 제례의 경우, 17세기에는 적장자인 종자를 중심으로 4대 봉사를 행하고 있다. 그리고 윤회봉사 혹은 외손봉사가 지속되고 있는 가운데 본가를 처가, 외가와 차별화하고 있다. 18세기에는 『주자가례』가 제대로 완전하게 정착되지 못한 것 같으며, 또 그대로 따르지도 않았던 것으로 보인다.

『임하필기』에 나타난 의례는 「문헌지장편」에 가장 많이 실려 있고, 그 다음으로 「춘명일사」에 많이 수록되어 있다. 특히 상례에 대한 내용이 가장 많고, 그 다음은 제례, 혼례, 관례, 출산의례 순이다.

출산의례의 경우, 산실 설치와 권초지례의 의식절차와 방법은 19세기 왕실의 출산의례의 일면을 엿볼 수 있어 의미가 있다. 또 산실청 문미에 달아두는 구리 방울도 주목된다.

관례의 경우, 왕실의 관례 절차나 방법 등이 완벽하게 정립되지 못하고, 18세기 후반까지도 흔들리고 있음을 확인할 수 있었다. 특히 복색의 경우 더욱 그러했던 것으로 보인다. 그럼에도 18세기 후반 조선 왕실의 관례, 특히 관례 시 복색의 변모의 일면을 엿볼 수 있어 의미가 있다.

혼례의 경우, 혼례 시 신랑이 타는 백마에 대한 혼속과 신부의 혼례복이 중국의 것들을 혼용하고 있다는 것, 그리고 친영이 제대로 행해지지 않고 있다는 사실 등은 18~19세기의 혼례를 이해하는데 있어 중요한 자료로 평가된다. 아울러 당시 재상이었던 이유원이 아들 혼례 때『주자가례』의 준행과 親迎儀 거행, 그리고 혼수비용을 절약했다는 사실들은 눈길을 끈다.

상례의 경우, 18세기부터 유배 중인 자가 돌아가 장례를 치를 수 있었다는 내용과 19세기까지도 귀천에 관계없이 누구나 지석을 만들려고 했을 뿐만 아니라 개장이나 이장 등이 극심했다는 사실의 확인, 그리고 제주도의 장례 풍습의 시초에 대한 기록들은 19세기의 상례를 이해하는데 중요한 정보를 제공하고 있다고 하겠다.

제례의 경우, 禮에 어긋나지만 담복을 입고 제사를 지낸 일, 영당을 만들어 조상의 遺像(肖像)을 봉안했다는 사실과 30여 년에 걸친 선영 참배 등에서 이유원의 追遠報本의 마음을 엿볼 수 있었다. 그리고 함경도 지방의 경우『주자가례』에 의거하여 제사를 지내되, 일부 집안에서는 변칙적으로 행했던 것으로 짐작된다. 이러한 내용들은

241

19세기 제례의 실상을 이해하는 자료로 가치가 있다고 본다.

『하재일기』에 나타난 의례 가운데 출산의례의 경우, 종전과 다른 모습은 거의 찾아볼 수 없다. 다만, 궁중에서 사용했던 태항아리에 대한 기록은 참고할 만하다.

관례의 경우, 일반적으로 정월에 행했는데, 이 시기에는 시행시기의 다변화된 모습을 엿볼 수 있다. 이는 일부 양반가도 예외는 아니었다. 이 시기에는 관례가 엄격하게 지켜지지 않았을 뿐 아니라 그 절차도 점차적으로 축소되었던 것으로 보인다. 그리고 평민들은 대부분 혼례 전에 관례를 행하는 것이 관습화되다시피 했던 것으로 보인다.

혼례의 경우, 혼사를 논의할 때 개화되어 가는 과정 때문에 그런 것인지는 몰라도 파기하는 경우가 종전보다 흔했던 것으로 보인다. 그리고 택일도 신부 집에서 정했던 것은 아니었던 것 같다. 그리고 중인들이나 평민들의 경우, 신부 집에서 혼례를 치렀지만, 부득이한 경우에는 신랑 집에서 혼례를 치루기도 했던 것으로 보인다. 지규식 자녀들의 혼례는 전통적 절차를 비교적 충실하게 밟고 있었지만, 양가의 형편과 사정에 따라 유동적으로 적용한 것으로 보인다. 전통적 예법을 무시한 채, 상중에 혼례를 치르거나 신부를 데려와 신랑 집에서 혼례를 거행한 것은, 근대화 과정에서 외래 종교 및 외래문화의 유입과 이식, 일제의 식민통치, 특히 유교적 사회질서 쇠퇴 등도 연관성이 있는 것으로 보인다. 그리고 이 시기에는 이혼도 종전보다 흔했던 것 같다.

상례의 경우, 임종에서 발인하여 하관까지의 기간이 다양한바, 종전보다 다소 변화된 것을 확인할 수 있었다. 사대부도 보통 임종서 발인까지 3개월인데, 여기서는 7일인바 이를 안 지키는 양반가도 있었던 것으로 보인다. 그리고 오늘날 일반적으로 행하는 3일장과 초우·재우·삼우제의 흔적을 『하재일기』에서 찾을 수 있는바, 위의 자료들은 그 가치가 매우 높이 평가된다.

제례의 경우, 제사 시간이 일정하지 않았을 뿐만 아니라, 지규식은 기제사를 지내기 전에 재계(齋戒)를 안 했으며, 심지어 제사 전날 술집에 가서 애인을 만나거나 또는 술을 마시기도 하였다. 당시 양반사대부가 하고는 다소 차이를 보이고 있다. 그런데 지규식은 기독교에 입교하고 나서도 기제사를 지냈으며, 천도교에 입교한 후에도 제사를 지냈다. 한편, 지규식은 특별한 경우를 제외하고는 한식과 추석 때 직접 또는 동생이나 아들들을 보내 묘소에 가서 차례(묘제)를 지내게 했다. 그렇다고 지규식이 10월에 묘제를 지냈다는 기록은 찾아볼 수 없다. 그리고 지규식은 돌아가신 아버지를 대상으로 지내는 생일제사를 생신차례라고 하여 거의 매년 지냈다. 그런데 생신차례와 제사를 별개로 지낸 적도 있어 특이하다. 신분제도가 철폐되고 일제가 강점할 무렵의 경기도 광주지역 중인출신 집안의 기제사, 차례와 묘제, 생신차례를 지내는 모습은 양반가의 제례 관행보다는 약간 다르고 덜 엄격하지만, 양반이 아닌 집안의 제례라는 점에서 그 의의가 크다고 하겠다.

수연례의 경우, 특이한 사항은 거의 없지만, 부조(태반은 돈으로) 방식 변화 조짐의 일면을 엿볼 수 있다.

『하재일기』에 나타난 관·혼·상·제례의 내용은 자료적으로 그 가치가 매우 높을 뿐만 아니라 민속학적으로도 의미가 크다. 특히 중인이 쓴 일기라는 점에서 우리의 의례를 사대부뿐만 아니라 일반 평민들의 의례까지 살펴볼 수 있는바 주목할 필요가 있다.

　개화기와 일제강점기는 격변과 굴욕의 시기요 근대화되는 시기이기도 하다. 이러한 시기에 국내외 상황이나 배경, 기독교와 천주교의 포교활동과 서양문물의 유입, 그리고 국내의 주요 사건이나 정책, 당대인들의 인식태도 등은 관·혼·상·제례의 지속과 변용에 영향을 줄 수밖에 없었다. 특히 일본의 조선 강점은 관·혼·상·제례의 변용에 결정적인 계기가 되었다. 그런데 그 변용이 급박하게 변화하는 시대 흐름 속에서 자발적이 아닌 강압적이라는데 문제가 있는 것이다. 그럼에도 불구하고 우리 관·혼·상·제례는 이 같은 상황 속에서 나름대로 지속과 변용을 하였다고 본다. 관례는 개화기 뿐 아니라 단발령 이후 특히 일제강점기에 행하지 않는 사람들도 많았지만, 행하는 경우 새롭게 변용되거나 또는 혼례의 선행의식으로 약식화 되거나 흡수되고 말았다. 혼례의 경우 개화기에는 일제강점기와는 달리 변모는 되었지만 크게 변모되지는 않았던 것으로 보인다. 그러나 갑오 1차 개혁과 함께 서양문물의 유입과 근대화 과정, 그리고 당시의 시대적 상황과 흐름, 당대인들의 인식태도 등에서 변화는 필연적이었다고 본다. 그런데 그것이 자의에 의한 것이 아니라는데 문제가 있다. 일본의 조선 강점은 우리 전통혼례에 대한 강제적 전환이라 할 수 있다. 결국 일제강점기의 경우, 일본의 강압에 의해 우리의 전통혼례는 변용될 수밖에 없었다. 비록 일본에 의해 변용되었지만, 나름대로 개선하려는 노력도 있었고, 또 주로 지방이나 시골에서는 우리의 전통혼례를 고수하려고도 하였다. 상례는 개화기에는 큰 변모가 없는 편이었던 것 같다. 그러나 일제강점기에는 일본에 의해 강제적으로 많은 변용을 하였다. 특히 1934년에 공포한 〈의례준칙〉은 결정적이라 할 수 있다. 그렇지만 우리의 전통상례는 변용은 있었지만, 쉽게 바뀌지는 않았던 것 같다. 여기서 주목할 것은 중인 출신 지규식이 쓴『하재일기』에서 오늘날 시행되고 있는 3일장의 단초를 엿볼 수 있다는 점이다. 제례는 개화기 때는 그렇게 큰 변모는 없었던 것으로 보인다. 그리고 일제강점기의 경우, 변용은 있었지만 혼례나 상례보다는 변용이 적었다.

우리의 의례(특히 상례와 제례)는 같은 시기에 실행했더라도 가문·당파·지역에 따라 차이가 있을 수 있다. 그러므로 이를 서로 비교 검토할 필요가 있다.

필자가 논의한『삼국유사』,『고려도경』,『용재총화』,『미암일기』,『계암일록』,『역중일기』,『임하필기』,『하재일기』는 시대별·시기별로 한국의 의례(특히 관·혼·상·제례)를 살펴볼 수 있는 소중한 자료들이다. 특히『삼국유사』,『미암일기』,『역중일기』,『하재일기』에는 의례에 대한 기록이 구체적이면서 다양하게 제시하고 있는바 자료적으로 그 가치가 매우 높이 평가된다.

필자는 한국의 의례를 문헌별·시대별·시기별로 고찰하였다. 이같은 논의는 민속학적으로나 의례사·예학사적으로 반드시 필요한 바, 그 의미가 매우 크다고 하겠다.

필자가 논급한 의례 관련 자료들은 한국의 의례 연구 시 반드시 참고할 필요가 있다.

245

문헌을 통해 본 한국의 의례

IV

부록

문헌을 통해 본 한국의 의례

1

임란 전 의례 연구
－사대부가의 의례를 중심으로－

1) 머리말

한 개인이 일생을 살아가면서 그때그때 마디가 되는 시기, 즉 出
生, 成年, 結婚, 還甲, 死亡 등과 같은 중요한 시기에 행해지는 儀禮를
아놀드 반 게넵(Arnold Van Gennep)은 通過儀禮라 일컬었다. 우리의
의례로 치자면 冠婚喪祭가 이에 해당한다. 관혼상제는 四禮라고 해
서 조선시대에는 기본적인 禮學으로 중시되었다.[1] 그러므로 조선시
대 士大夫들은 예학에 대하여 깊은 관심을 가지고 연구를 하였고, 태
반은 이를 기록으로 남겼다.

그러나 壬辰倭亂으로 현재 임란 이전의 의례 관련 문헌 자료가 별

---

1 拙著, 『韓國 儀禮의 硏究』, 서울, 제이앤씨, 2007, 124쪽.

로 없는 상황에서, 이에 대한 연구는 그리 많지 않다. 그리고 이러한 연구도 국가의례나 왕실의례에 대한 논의가 주를 이루고 있을 뿐[2] 士大夫家의 의례에 대한 연구는 흔치 않다. 특히 임란 이전 당시 실제로 행했던 사대부가의 민속이나 의례를 기록으로 남긴 문헌 자료는 매우 적을 뿐만 아니라 이를 토대로 한 연구[3] 또한 극히 적다. 더구나 임란 이전 당시 실제로 행했던 사대부가의 의례에 대한 통시적인 연구는 필자의 과문인지는 몰라도 거의 없다. 그러므로 본고는 여기에 주목하였다.

필자는 한국 의례의 사적 연구의 일환으로, 임란 전 사대부가에서 실제로 행했던 의례를 기록으로 남긴 成俔(1439~1504)[4]의 『慵齋叢話』, 李文楗(1494~1567)[5]의 『默齋日記』, 柳希春(1513~1577)[6]의 『眉巖日記』 등을 중심으로[7] 이들 문헌 자료에 나타난 儀禮, 특히 出産儀禮, 冠禮, 婚禮, 喪禮, 祭禮, 壽筵禮 등에 초점을 맞추어 논의하겠다.[8] 논의

2 　대표적인 연구업적으로 池斗煥, 『朝鮮前期 儀禮硏究-性理學 正統論을 中心으로-』, 서울, 서울大學校出版部, 1996.를 들 수 있다.

3 　대표적인 연구업적으로 이복규, 『묵재일기에 나타난 조선전기의 민속』, 서울, 민속원, 1999.; 拙稿, 「眉巖日記에 나타난 민속 일고찰」, 『東아시아古代學』第15輯, 東아시아古代學會, 2007. 등을 들 수 있다.

4 　성현의 생애에 대해서는 洪順錫, 『成俔文學硏究』, 서울, 한국문화사, 1992, 42~58쪽을 참고할 것.

5 　이문건의 생애에 대해서는 이복규, 앞의 책, 16~37쪽을 참고할 것.

6 　유희춘의 생애에 대해서는 拙著, 『眉巖日記 硏究』, 서울, 제이앤씨, 2008, 53~67쪽을 참고할 것.

7 　임란 이전에 사대부가에서 실제로 행했던 의례와 민속을 기록으로 남긴 문헌 자료는 매우 드물다. 그 중에서도 『용재총화』, 『묵재일기』, 『미암일기』는 15, 16세기의 대표적인 의례, 민속 관련 문헌 자료로, 이들 문헌 자료들을 통해 임란 이전의 의례와 민속을 통시적으로 어느 정도 조망할 수 있다고 판단된다.

8 　본고에서 사용한 '의례'는 '통과의례'와 '가례'를 포괄한 것이다. 그리고 통과의례와 가례(관혼상제)는 차이가 있다. 이 점 오해 없기를 바란다.

과정에서 공통점과 차이점, 지속과 변모의 일면도 아울러 살펴보겠다.

이상의 논의를 통해 임란 전 의례(특히 출산의례, 관례, 혼례, 상례, 제례, 수연례)를 통시적으로 파악하는데 일조를 할 수 있으리라 본다. 뿐만 아니라 이는 임란 이후의 의례, 나아가 조선 후기의 의례가 어떻게 지속 변모되었는지를 파악하는 데도 도움이 될 것이다.[9] 그러므로 이러한 논의는 예학사적으로나 민속학적으로도 그 의미가 크다고 하겠다.

2) 士大夫家의 儀禮 分析

(1) 出産儀禮 ― 巫俗과 佛敎 및 道敎儀禮 等과의 混合으로 행해진 出産儀禮

出産儀禮는 産前儀禮와 産後儀禮로 나눌 수 있다. 출산의례에 대한 기록은 많지 않다. 아마도 사대부들이라 출산의례에 대하여 기록으로 남기는 것을 꺼렸기 때문인 것 같다. 이 때문인지는 몰라도 출산의례에 대한 기록은 주로 『묵재일기』에서 찾아 볼 수 있다. 그러면 산전의례, 산후의례 순으로 살펴보겠다.

---

9 필자가 시기를 임란 전과 후로 나눈 것은 임란 이후 가례(관혼상제)가 관심의 중심 대상으로 부각되고, 사대부들에 의해 본격적으로 연구 심화될 뿐만 아니라 정착화 되기 때문이다.(졸저, 앞의 책, 284~285쪽.)

먼저 산전의례에 대한 기록을 제시하면 다음과 같다.[10]

①종 만수를 시켜 초제에 사용할 쌀·옷·종이·초·솜·기름·향 등의
물품을 가지고, 아침에 가리현에 사는 김자수 처소로 보냈다. 그 이유
는 김자수의 말에 따라 액을 피하게 해달라고 비는 일을 하기 위해서
였다.(묵재일기)[11]

②만수가 돌아왔다. 주야로 초제에서 기도하는데 중이 주관하고 있
다고 한다.(묵재일기)[12]

③점쟁이 김자수가 와서 만났다. 점을 치기 위해 만났는데 …(중
략)… '여아를 얻을 것 같습니다. 만약에 사내를 낳으면 어머니와 서로
맞지 않을 것이니,' …(중략)… '낳는 시간은 자시, 묘시, 유시에 낳을
것입니다.'라고 하였다.(묵재일기)[13]

④부인이 꿈에 '본가에 이르러 큰 새 두 마리가 있는 것을 보고 사랑
스러워서 곧 품고 안으로 들어갔다'고 하는데, 이는 뒷날 또 두 손자를
볼 징조이다.(미암일기)[14]

⑤景濂이 말하기를 '지난 밤 꿈에 어떤 사람이 어린 사내아이를 안
고 보여주기에 봤다'고 한다. 이는 아들을 낳을 징조이니, 9·10월에 맞

---

10 관련 자료는『용재총화』,『묵재일기』,『미암일기』순으로 제시하였다. 그리고 해
   당사항에 대한 자료가 없을 때에는 있는 자료만 제시하였다.
11 〈1548年 1月 11日〉. "令奴萬守 持醮用米衣紙燭木綿油香等物 朝送加利縣居金自粹處
   依其言 祈避厄事也"
12 〈1548年 1月 12日〉"萬守還 日夜爲祈醮 僧人幹爲云云"
13 〈1551年 1月 4日〉. "卜生金自粹來見 爲卜出見 …(中略)… 似得女子 若生男 則與母不相
   宜 …(中略)… 日期則由子卯酉産云"
14 〈1569年 6月 26日〉. "夫人憶夢見到本家 開門而入 有大鳥二雛可愛 卽懷抱入內 乃後日
   又得二孫男之兆也"

을 것이다.(미암일기)[15]

위의 인용문 ①과 ②는 이문건이 손자가 태어나기 3년 전, 醮祭를 지내 자식을 얻게 해달라고 빈 내용이다. 여기서 초제의 목적이 '액을 피하기 위한 것'이라고 되어 있으나, 이문건의 『養兒錄』에 실린 당일의 〈초제문〉을 보면 祈子를 위한 것임을 분명히 알 수 있다.[16] 결국 이문건이 손자를 얻기 위해 가리현에 사는 점쟁이 김자수에게 초제용 제수물품을 보내고 기도문까지 직접 작성했고, 이에 따라 승려가 종일토록 초제를 주관했음을 알 수 있다. 비록 위탁의 형태를 취했지만 기자행위로 볼 수 있다. 사대부가 점쟁이와 승려를 통해 기자치성을 한 것도 눈길을 끌지만, 특히 도교의례인 초제 형식을 빌려 기자치성을 하였다는 것이 독특하다. 다시 말해 기자치성의 대상 神格이 삼신이나 칠성신이 아니라 도교의 최고신인 옥황상제라는 점이다.[17] 그런데 왕실에서도 아이가 탄생하면 捲草之禮를 행하였는데, 이때 大臣이 昭格殿에서 齋를 올렸다.[18] 이로써 추정컨대 사대부가에서 행했던 초제 형식의 기자치성은 왕실의 영향을 받아 행했던 것이 아닌

---

15 〈1570年 7月 26日〉. "景濂言 去夜夢見入抱一孩男以示之 乃生男之兆 當驗於九十月矣"
16 이복규, 앞의 책, 43쪽.
17 위의 책, 44쪽.
18 권초지례(産室에 깔았던 초석(짚자리)을 해산 후에 걷어치우는 절차를 말한다.)는 성현 생존 시나(성현은 소격서에서 이러한 행사를 하는 것과 제사 비용이 많이 드는 것을 비판하였다. 『용재총화』, 『국역 대동야승Ⅰ』, 민족문화추진회, 1982, 56~57쪽.) 조선 후기에도 행하였다.(이유원 저, 홍승균 역, 『국역 임하필기3』, 서울, 민족문화추진회, 1999, 261쪽.) 유희춘 역시 무속이나 불교, 도교를 비판하였다.(拙著, 앞의 책, 『眉巖日記 研究』, 193~197쪽.)

가 생각된다. ③은 출산 하루 전에 점쟁이에게 태어날 아이의 성별과 출산시간을 물어 본 내용인데 하나도 맞지 않았다. 여기서 당시 점복이 어느 정도 성행했음을 짐작할 수 있다. 이상에서 추측컨대 임란 전 기자치성은 무속이나 불교, 도교 형식 등을 혼용하여 행했던 것 같다. ④는 유희춘의 부인이, ⑤는 유희춘의 아들이 꾼 태몽을 유희춘이 해몽한 내용인데 실제로 모두 적중하였다. 당시 사대부가에서도 사대부들이 태몽을 해몽하는 경우도 있었던 것으로 보인다.

다음은 산후의례에 대하여 살펴보기로 하자. 산후의례는『묵재일기』에만 나타난다.

⑥진시 말경에 淑孫이 태어났다. 그 어미가 아침부터 복통이 점점 통증이 더 하더니, 진시 경에 더욱 심했다. 진시 말에 이르러 아들을 낳았는데, 포동포동하고 건장하다 하니 기쁘다. 아기에게 감초 탄 물과 주사가루 탄 꿀을 삼키게 하였다.(묵재일기)[19]

⑦여자종들을 시켜 胎를 가지고 개울가로 나가게 했는데, 나도 뒤따라가서 깨끗이 씻도록 하고 항아리 속에 담아 기름종이로 싸게 했다. 그리고 生氣의 방위(동쪽)에다 매달도록 시키고 그 자리에 머물러서 태를 풀 위에 놓고 태우는 모습을 지켜보았다. 그러고는 태 불태운 것을 핏물 속에다 채워서 묻게 시키고 돌아왔다.(묵재일기)[20]

---

[19] 〈1551年 1月 5日〉. "辰時末淑孫生 其母自朝腹痛漸加痛 辰時中益痛 至末乃解産男兒 肥壯云可喜 用甘草水朱蜜 令嚥之"

[20] 〈1551年 1月 6日〉. "令婢等 持胎衣出川邊 吾亦尾往 使之淨洗 盛于缸中 裏以油紙 使還 縣于生氣方 留看燒坐草 使共塡血水中 埋之乃還"

⑧만수와 귀손 등을 시켜 태를 넣은 항아리를 가지고 北山에다 묻으라고 했더니, 그 말을 지나쳐 듣고 南山에 가서 먼 곳에 묻고 왔다 하니 마음에 걸린다.(묵재일기)[21]

⑨만수를 시켜 태 담은 그릇을 도로 가지고 와서 전에 있던 곳에다 두게 했다.(묵재일기)[22]

⑩남자종 귀손을 시켜 태를 담은 그릇을 가지고 새벽에 북산에 가서 남이 보이지 않는 곳에다 깊이 감추도록 했다. 남자종 거공이도 동행하게 하였다. …(중략)… 오시 사이에 남자종들이 돌아와 항아리를 묻고 왔노라고 보고하였다.(묵재일기)[23]

⑪복숭아와 자두와 매화의 뿌리를 얻어서 껍질을 벗겨 끓여가지고 오시에 아이를 씻기었고, 비로소 옷을 입히어 포대기에 쌌는데 젖을 잘 먹는다고 한다.(묵재일기)[24]

⑫숙길이의 생일이었다. 아침 일찍 가서 보았는데, 玉冊, 붓, 먹, 벼루, 활, 도장, 土環, 쌀, 실, 떡 등 여러 가지 물건을 자리에 깔아 방 중앙에다 차리고는, 숙길이를 동쪽 벽 아래에 앉혀 놓아 세로로 그것들을 보도록 하였다. 그러자 숙길이가 엉금엉금 기어 좌석의 가장자리에 와서는 응시하다가 오른손으로 필묵을 쥐고 한참 동안 가지고 놀았다. (묵재일기)[25]

21 〈1551年 1月 8日〉. "令萬守貴孫等 持胎缸 使埋北山 過聽投南山 遠地埋來 不合於心焉"
22 〈1551年 1月 10日〉. "令萬守還取胎衣器 置前處"
23 〈1551年 1月 18日〉. "令奴貴孫 持胎衣器 早往北山及人之未見 使之深藏 奴巨公偕之 … (中略)… 午間 奴等還報埋缸來云"
24 〈1551年 1月 8日〉. "取桃李梅根 刮皮煎湯 午時洗兒 始養衣裏褓焉 能飲乳云云"
25 〈1552年 1月 5日〉. "淑吉生日 早下見之 以玉冊筆墨硯弓矢印土環米絲餠等雜物 肆筵陳 之字于房中 間坐吉于東壁下 縱而見之 葡匐來筵際 熟視之 以右手搜筆墨 持戲良久"

255

⑬무녀를 불러다 밥을 차려 놓았으니 아이의 눈병이 속히 낫도록 기도하는 일이었다.(묵재일기)[26]

⑭가리현산에서 액을 쫓는 초제를 지냈다.(묵재일기)[27]

위의 인용문 ⑥은 이문건의 손자 출산 시의 내용으로, 여기서 신생아에 대한 解毒의 일환으로 감초 물과 주사가루를 탄 꿀(극히 미량)을 삼키게 하는 부분이 특이하다. 그런데『묵재일기』에는 '금줄치기'는 찾아볼 수 없다. 그리고 ⑦~⑩은 태 처리과정을 기록한 내용이다. 태 처리 방식은 지역에 따라 다양한데, 위의 내용에서 생기의 방위에 매달고 태를 태우는 것이라든지, 태 항아리를 북산에 묻는다는 기사가 눈길을 끈다. 태 항아리를 산에 묻는 풍속은 왕실에서 왕자가 탄생하면 태반을 좋은 자리에 묻었던 胎室의 영향 때문으로 보인다. ⑪은 생후 4일 만에 복숭아와 자두와 매화의 뿌리를 끓인 물로 아기를 씻긴 내용인데, 여기서 복숭아나무를 사용한 것은 귀신 퇴치 능력을 지니고 있다고 믿은 민간의 속신에 의한 것이며, 매화와 자두는 건강, 장수의 의미를 상징하기 때문 인듯하다. ⑫돌날 돌잡히기의 모습을 자세히 보여주고 있어 주목할 만하다. 이문건의 손자가 필묵을 잡은 것은 문장을 업으로 삼을 것이라는 의미인데, 후일 이문건의 비문을 짓고 쓴 이가 손자 李守封(兒名: 淑吉)이다.[28] ⑬과 ⑭의 인용문은 손자 숙길이 눈병이 나자 治病의 일환으로 무당을 부르고, 초제를

26 〈1554年 9月 18日〉. "招巫女設飯 禱兒目疾速差事"
27 〈1565年 4月 2日〉. "加利縣山行禳厄事"
28 이복규, 앞의 책, 18~19쪽.

지냈다는 내용이다.

　이상에서 보듯 임란 전 사대부가의 출산의례의 경우, 무속과 불교, 도교의례 등이 혼합되어 행해졌음을 엿볼 수 있다. 특히 권초지례는 조선 후기에도 왕실에서 행하였던바 임란 후에도 크게 변모되지 않은 것으로 보인다. 그런데 기자 대상이 옥황상제라는 점에 대해, 이복규는 후대로 내려오면서 칠성신으로 그 대상을 구체화하게 되었으리라는 가능성과 함께, 민간에서는 삼신이나 칠성신에게 기자하고, 상층에서는 옥황상제에게 기자했다는 기자 대상의 이원화 현상을 제기하고 있다.[29] 필자의 견해로는 임란 후 삼신이나 칠성신에게 기자하는 사대부가도 있지만, 이들 사대부가 역시 태반은 초제를 지냈던 것으로 보인다.

(2) 冠禮 ─ 略式으로 치러진 冠禮

　冠禮(여자는 笄禮)는 成人이 되었다는 것을 알리는 의식으로 成年式과 같은 것이다. 관례는 대개 정월달에 행하였는데, 정월은 1년의 시작이며 인생의 출발점에 있다는 공통점 때문에 비롯된 것 같다. 그런데 관례에 대한 자료는 주로『미암일기』에 나타나는데, 그 기록도 별로 없다. 이에 대하여 살펴보기로 하자.

　　①날이 밝기 전에 祖考 神主 앞에 향촉을 피우고 早飯을 올리고 나

29　위의 책, 56~57쪽.

서, 希春은 검은 옷에 冠을 쓰고 再拜하였다. 卯時에 光先에게 冠을 씌웠는데 초립망건이 드러났다. 祖考 神主 앞에 가 절한 후 우리 두 사람에게 절하였다.(미암일기)[30]

②許篈이 牙山에 있으면서 편지를 보내왔는데, 그의 字序(冠者에게 字와 序文을 지어주는 것)를 요구했지만 나는 겨를이 없다.(미암일기)[31]

①은 유희춘의 손자 光先이 冠禮를 행한 내용이고, ②는 유희춘이 제자 허봉의 字序 부탁을 거절한 내용이다. 그런데 위의 ①의 예문을 보면 三加禮의 내용이 자세히 설명되어 있지 않다. 위의 내용으로 보건대 약식으로 행했던 것 같다. 사실 조선 전기의 경우, 관례는 사대부 가문에서 조차 잘 행해지지 않았던 것으로 보인다.[32] 이는 梁誠之가 "관례를 하지 않은 자제에게는 입학과 혼인 및 벼슬하는 것을 허락하지 말고 선왕의 제도를 회복시켜야 한다."라고 말한 것을 보아서도 짐작할 수 있다.[33] 또 1512년 11월에 시강관 윤은필이 관례가 폐지된 지 오래되었으니 시행할 것을 건의하였고,[34] 1516년 11월에 시강관 유부도 관례의 시행을 건의하였다.[35] 유부와 성세창 등의 건의에 대해 대신들도 찬성하여, 이에 中宗은 禮官으로 하여금 禮文을 마련하여 시행하게 하였다.[36] 그러나 제대로 시행되지 않았는지 1518년 정월 중종은

---

30 〈1576年 1月 1日〉. "未明 於祖考神主前 設香燭進早飯 而希春以黑衣冠再拜 卯時 令光先 加冠 卽著草笠網巾也 旣著而入拜祖考神主前 然後拜於吾二人"
31 〈1567年 10月 14日〉. "許篈在牙山送簡來 求其字序 余則不暇"
32 朴景嬰, 『韓國禮俗硏究』, 서울, 서광학술자료사, 1993, 33쪽.
33 같은 책, 같은 곳.
34 『中宗實錄』 卷17, 7年 11月 壬辰.
35 『中宗實錄』 卷26, 11年 11月 乙未.

"관혼상제가 모두 한 가지 일이다. 친영례도 이미 행하게 하였으므로 관례도 역시 행해야 한다."라고 하며 관례의 시행을 강조하였다.[37] 그리하여 1522년 10월에 세자의 관례가 행해졌다.[38] 그럼에도 불구하고 관례는 상층에서만 행해지고 하층에서는 행해지지 않았다.[39]

이상에서 보듯 관례 시행에 대한 조정 신하들의 건의와 왕명에도 불구하고, 이후에도 관례는 주로 사대부 계층에서만 행해졌고 그것도 약식으로 행하는 경우(주로『주자가례』의 미정착과 경제적 문제 때문인 듯)가 많았다. 원래 관례는 當年의 정월 가운데 하루를 정하여 주인이 관례 3일 전에 사당에 고하고 관례를 올리는 날 아침 일어나 행하였다. 그런데 위의 기록을 보면 이를 지키지 않았던 것 같다. 그러므로 임란 전 관례는 사대부가에서만 대개 약식으로 치렀던 것으로 보인다. 그러나 임란 후『朱子家禮』가 정착 심화되고, 禮學書들의 출현(金長生의『家禮輯覽』, 李縡의『四禮便覽』, 許傳의『士儀』등) 등으로 미루어 사대부가의 관례도 정식으로 행했던 것 같다.

(3) 婚禮 ―『朱子家禮』와 우리 고유의 婚俗 일부가 가미 혼용되어 치러진 婚禮

옛날의 婚禮에는 周六禮와 朱子四禮가 있었다. 그러나 중국의 예법

---

36 『中宗實錄』卷26, 11年 11月 丙申.
37 『中宗實錄』卷31, 13年 正月 丙午.
38 『中宗實錄』卷46, 17年 10月 辛卯.
39 『中宗實錄』卷77, 29年 3月 庚午.

이 우리와 맞지 않는다 하여 우리의 先人들은 고대부터 내려오는 婚俗과 유교적 혼례를 혼용하여 사용하였다. 대개 朱子四禮(의혼·납채·납폐·친영)를 따랐지만 논란이 있어 우리 나름의 전통혼례를 행하는 경우도 많았다. 그리고 실제로 행해지는 혼례 절차의 경우, 지방 혹은 가문 등에 따라 약간씩 차이를 보이기도 한다.[40] 우리의 傳統婚姻禮는 대개 朱子 四禮를 따르고 있지만, 고유의 婚俗도 혼용하고 있다.[41] 임란 전 사대부가의 혼례는 관례와 더불어『주자가례』의 내용에서 상대적으로 시행이 덜되었다.[42] 임란 전 사대부가의 혼례에 대한 기록은『묵재일기』에서는 거의 찾아볼 수 없고,『용재총화』와『미암일기』에 주로 나타나는데,『미암일기』에 가장 많다. 그러면 혼례에 대하여 살펴보겠다.

　①羅士惇·士忱이 알려 주기를 '珍原의 사윗감으로 합당한 곳이 두 곳이 있는데, 그 중 한 곳은 李彦訥이요, 다른 한 곳은 우리 外玄祖 崔有中公의 孫 崔鷹의 長子이다. 인물이 英明하고 학문의 기상도 있으며, 재산도 넉넉하며 나이 겨우 18세인데도 학문이 진취되고 있다'고 한다. 나는 崔郎에게 정하고 싶다.(미암일기)[43]

　②들으니 '金景憲의 아들 光運이 글을 잘해 이름을 얻을 만한데도 朴

---

40 拙著, 앞의 책,『韓國 儀禮의 硏究』, 347쪽.
41 우리나라의 傳統 婚姻禮는 대개 혼담, 납채, 납기, 납폐, 대례, 우귀 순이다.(성균관 전례위원회 편,『우리의 生活禮節』, 서울, 성균관, 1992, 136~137쪽.)
42 拙著, 앞의 책,『韓國 儀禮의 硏究』, 287쪽.
43 〈1567年 12月 18日〉. "羅士惇·士沈報 珍原迎壻可當處有二 其一李彦訥 其一則吾外玄祖崔公有中之孫崔鷹長子也 人物英明 又有學氣 産勢溫足 年纔十八 年芳學進云云 余欲定于崔郎"

海의 딸에게 婚書를 퇴짜 맞았다' 한다. 이 사람은 宋君直의 사위가 될
만하다. 혼사를 논의해 보라고 통지해 볼까 한다.(미암일기)⁴⁴

③아침에 손수 光雯의 婚書를 썼다. 10月 15日 右承旨 官啣으로 썼다.
이 高家와의 婚事는 논의된 지 이미 오래되었다.⁴⁵

④부인이 편지에 쓰기를 '光雯의 婚事에 우리 집에서 마련해 준 것
은 鞍子·갓·검은 가죽 신·紅直領·紫地厚天益·羅厚裏肚·紬厚捧持·紬汗
衫·婚書·한양에서 사온 저고리 감 비단 1필·무명과 명주를 섞어서 짠
비단 1필·上馬裳 하나·精製한 가죽신 하나이니, 이것이 그 대강입니다'
하였다.(미암일기)⁴⁶

⑤光州牧使 成壽益君이 산 기러기를 보내 왔다(미암일기).⁴⁷

⑥琥珀 끈에 銀으로 꾸민 갓을 閔點에게 빌려 주었다. 그 아들이 내
일 娶妻를 하기 때문이다.(미암일기)⁴⁸

⑦옛날에는 혼가의 납채에는 옷 몇 가지만을 썼고, 혼례식 날 저녁
에는 찾아 온 종친들이 모여서 한 상의 음식과 술 두세 잔으로 그쳤는
데, 요즈음은 납채에 모두 채단을 사용하는데 많은 것은 수십 필, 적어
도 수필에 이르며 납채를 쌓는 袱도 명주나 비단을 쓴다. 혼례식 날 저
녁에도 연회를 베풀어 손님들을 위안하며, 신랑이 타는 말안장도 극히

---

44 〈1571年 11月 2日〉. "聞金景憲之男光運 能文可成名 而婚書見退於朴海女家 此可爲宋
　君直之嬌客 議婚事通喩爲計"
45 〈1570年 12月 15日〉. "朝手書光雯婚書 以十月十五日右承旨衙書塡 以此高家之婚 議之
　已久故也"
46 〈1570年 12月 30日〉. "夫人書云 光雯之婚娶 吾家辦給之物 鞍子·笠子·黑靴·紅直領·紫
　地厚天益·羅厚裏肚·紬厚捧持·紬汗衫·婚書 京買來赤古里段子一匹　錘錦紬間紗一匹
　上馬裳一靴精一 此其大者也"
47 〈1576年 1月 12日〉. "光州牧使成君壽益 送生雁來"
48 〈1571年 1月 18日〉. "以珀纓銀飾笠子 假閔點 爲其男明日娶妻也"

사치스럽게 꾸미려고 힘쓴다. 또 재물이 든 함을 지고 앞서 가는 자도 있었는데, 나라에서 법을 만들어 이를 금하여 미리 이것을 보낸다.(용재총화)[49]

위의 인용문 ①~⑥은 『미암일기』의 내용이다. 유희춘은 자신의 경제적 형편과 從孫子의 편안한 생활을 위한 때문인 듯, 혼사를 정하는데 상대방의 집안 형편을 고려한 것 같다. 그리고 당시 혼서를 퇴짜 놓는 일도 흔한 듯하며, 혼서작성·혼수장만 등 당시의 혼인 준비 과정의 일부를 생생하게 엿볼 수 있다. 여기서 奠雁(기러기를 올리는 것)으로 산 기러기를 구해 사용하려고 했다는 기사가 눈길을 끈다. ⑦은 『용재총화』에 기록된 납채 및 혼례식 날 연회에 대한 내용으로, 성현 생존 당시 납채나 연회가 사치스러웠음을 알 수 있다. 이러한 사치풍조는 임란 이후뿐만 아니라 지금도 그러하다. 그러나 임란 전 사대부들 중에는 유희춘처럼 경제형편에 맞게 혼수를 준비한 사대부들도 있었다. 뿐만 아니라 임란 이후 사대부들 중에는 검소하게 치른 사람도 있었다.[50] 그러나 사대부가 태반은 임란 전과 후를 막론하고 혼수나 연회를 사치스럽게 했던 것으로 보인다.

다음은 혼례 중 가장 중요한 대례 상황에 대하여 알아보자.

⑧申時에 景濂이 남원 婚所로부터 왔다. 成禮의 상황을 물었다. '19일

---

49 『용재총화』, 21쪽.
50 조선 후기 이유원의 『임하필기』를 보면, 이유원은 아주 검소하게 혼수를 준비하였다.(南亨一, 「林下筆記 研究」, 檀國大學校大學院 碩士學位論文, 2002, 128쪽.)

未時에 …(중략)… 경렴은 먼저 들어가 자리에 섰고, 신랑이 中房을 거
느리고 맨 나중에 문으로 들어갔습니다. 주변에 있던 집사는 옷이 黑團
領으로 문에서 맞이하며 揖하고는 들어오기를 청했습니다. 신랑은 세
번 사양한 후에 집사의 선도로 신부 댁으로 따라 갔습니다. 중방은 기
러기를 신랑에게 주고, 신랑은 기러기를 받들고 왼쪽으로 들어갔습니
다. 자리의 가운데로 나아가 무릎을 꿇어 앉았습니다. 기러기를 놓은
곳은 자리 앞의 왼쪽입니다. 엎드려 맹세하고는 천천히 물러나와 再拜
를 했습니다. 집사가 손으로 인도 하여 신랑은 마침내 중당으로 들어
가 신부를 향해 섰습니다. '신랑은 남쪽을 향해 서시오.' 신부는 비로소
나와 서로 對했습니다. 신랑을 향해 四拜를 하고 신랑은 이에 再拜로 답
했습니다. 신랑은 약간 구부려 揖하고 앉았습니다. 신랑이 먼저 상을
대하여 서고, 신부도 이를 따랐습니다. 상이 설치된 중간에서 부부가
서로 대했습니다. 부부가 각각 三盞을 마셨습니다. 侍者가 신랑을 인도
하여 병풍이 둘러친 별도의 의막으로 들어갔습니다. 贊婦와 乳母는 함
께 신부의 방으로 들어갔습니다. 찬부와 유모가 물러 나오자, 侍者가
신랑을 인도하여 방으로 들어가게 했습니다. 얼마 후 신부가 방으로
들어갔습니다.' ……(후략)(미암일기)[51]

51 〈1576年 2月 21日〉. "申時 景濂來自南原婚所 問成禮之狀 則十九日未時 … (中略)… 景
濂先入位而立 新郎最後率中房 而入至塞門 主邊執事 衣黑團領迎于門 揖請入 新郎三
讓 然後執事先導 新郎隨之 中房獻雁 新郎捧于向左而入 由拜席中道而進跪 置雁於席首
之左 暫伏興少退 行再拜禮 執事引手 新郎遂入至中堂 向新婦席而立 新郎向南而立 對新
郎 新婦始出相對 向新郎四拜 新郎答以再拜 新郎揖請入就坐 新郎先就 對床位而立 新婦
隨而就位 設床於中間 夫婦相對 齊進三盞 夫婦各飲三盞 侍者引新郎 就別幕屏風之內 贊
婦及乳母 同新婦入房去上衣 贊婦乳母退 侍者引新郎入房 少頃 新婦入內 …… (後略)"

　유희춘이 아들 경렴에게 전해들은 손자 光先의 大禮 상황을 상세히 기록한 내용이다. 대례는 혼인의 중심 의례로, 혼례를 올리기 위해 신랑이 신부 집에 가는 것을 初行[52]이라 한다. 이때 동행자로는 신랑 집을 대표하여 신랑의 부친이 가는데 이를 上客이라 한다. 이에 따르는 사람으로는 함과 관복 또는 木雁을 갖고 가는 함진아비와 중방이 있다. 또, 후객이라 하여 2-3명이 따르기도 한다.

　그런데 조선시대의 경우, 혼례에서 주로 문제가 된 것은 親迎이었다. 친영은 宗法制, 男貴女賤의 인식 등과 관련된 중요한 문제였다. 조선시대에는 典章文物에 있어서는 중국을 본받았으나 유독 혼례만은 오히려 옛 풍속을 따라 행하였다. 특히 친영의 경우, 『주자가례』에 근거해 부계 중심의 혼인제도인 친영을 정착시키기 위해 노력했지만, 오랜 관습으로 인해 실효성을 거두지 못하였다. 중국의 친영례를 우리나라에 실현시키고자 하는 爲政者들의 노력은 조선조 내내 지속되었다.[53] 그러나 친영은 국가시책이었음에도 불구하고 우리 고유의 婿留婦家婚俗의 저항으로 인하여 실행에 어려움을 겪었고, 그 절충으로 半親迎이 행해지기도 하였다. 유희춘의 『미암일기』를 보면, 손자 혼인식 때 반친영을 행했던 것으로 보인다.[54] 婿留婦家는 현

52　중국의 혼례는 남자가 여자를 데려다가 남자의 집에서 부부가 되는 의식을 행하기 때문에 '친히 맞이한다.'는 뜻으로 親迎이라 한다. 우리나라는 여자의 집에서 부부가 되는 의식을 행한다.

53　風俗에 대한 지배층의 태도는 규제를 통해 상하질서를 바르게 할 수 있고, 이것이 안 되면 만사가 해이해지고 국가가 위태롭다는 인식 때문이다.(鄭勝謨,「조선풍속과 民의 존재방식」,『한국 민속문화의 탐구』, 서울, 국립민속박물관, 1996, 393쪽.)

54　〈1576年 2月 22日〉, "忘設大床 專由半親迎 禮節繁多 講禮而不暇念及之所致也 後審則非忘設也 乃誤以爲半親迎 不必用大床云"

대사회에서 하룻밤 체류 형태로 변하여 오늘날까지 일반에서 지속되어 오고 있다.[55]

한편, 『용재총화』를 보면, 成宗이 승하하는 날에도 사대부가에서는 혼인하는 사람들이 많아 뒤에 발각되어 죄를 받았다는 내용[56]이 있는바 당시의 혼인 시행의 일면을 엿볼 수 있다.

이상에서 보는 바와 같이 임란 전 사대부가의 혼례는 『주자가례』를 主로 하되, 우리 고유의 혼속이 가미 혼용되어 치러졌다고 하겠다. 이는 임란 후에도 그대로 지속되었던 것으로 보인다. 특히 반친영이 그렇다. 그리고 임란 전에는 木雁 대신 산 기러기를 사용했던 사대부가도 흔했던 것 같다. 그러나 임란 이후, 특히 조선 후기에는 대부분 목안을 사용한 것으로 보인다.

(4) 喪禮 ─ 體系的으로 整備 施行되지 못한 喪禮

喪禮는 사람의 죽음을 맞이하고 보내는 절차이다.[57] 죽은 자를 산 자와 분리하는 장례의식은 인간만이 만들어낸 인간다운 행위이다. 그렇기 때문에 동서고금을 통해 사람의 죽음을 정중하게 맞이하고 보내는 장례의식이 없는 나라는 없다. 특히 우리나라는 효를 인륜의 으뜸으로 삼았기 때문에 슬프고 애절한 마음의 표현으로 정성을 다

---

55 朴惠仁, 『韓國의 傳統婚禮 研究』, 서울, 高大民族文化研究所 出版部, 1988, 217~218쪽.
56 『용재총화』, 180~181쪽.
57 喪이란 원래 사망을 뜻하며, 특히 자녀가 그의 부모의 사망을 말할 때 상이라고 한다. 『白虎通疏證』에 "상은 죽은 사람을 두고 일컫는 말로, 효자의 마음에 차마 죽었다고 말하지 못하기 때문에 死라 안하고 喪이라 한다."고 하였다.

해 상례를 지내는 것이 자식 된 도리였다. 그러므로『용재총화』,『묵
재일기』,『미암일기』에는 상례에 대한 기록이 많다. 이에 대하여 알
아보기로 하자.

①申時에 집에 돌아오니, 酉時에 羅兄이 苧前의 避寓所에서 작고했
다고 한다. 급히 景濂을 시켜 종들을 거느리고 가서 鞋前의 寓所로 모셔
오게 하고, 나도 곧 달려갔는데 문에 들어서며 哭이 나왔다. 兄의 五寸
姪인 李彦貞과 妻五寸叔인 李希年 및 庶人 朴孫石이 함께 襲과 小斂을 했
다. 나는 또 各司·政院·舍人司·歸厚署·戶曹·軍器寺·奉常寺 등에 편지를
띄우고 2更 5點이 되어서 집으로 돌아왔다.(미암일기)[58]

②提學 南簡이 죽음에 임하여 벤 손톱을 모두 모아가지고 棺 속에 넣
어 함께 묻으라고 명하고 나서, '이래야만 禮를 다하는 것이다.' 하였
다.(용재총화)[59]

③식후에 羅兄의 喪을 보러 가서 邊麒壽와 상여를 끌 수레와 소를 사
는 것, 祿을 받는 일을 상의했다.(미암일기)[60]

④이른 아침 羅兄의 成服 때문에 갔더니, 直講 閔德鳳·尙衣正 李仲虎
가 각기 奠物을 가지고 왔다. 午時에 이르러 成服을 했는데, 내가 緦麻
(三月服)을 입고 띠를 띠고 들어가 奠을 올렸는데 祭文도 있었다. 奠을
올리고 나서 스스로 제문을 읽고 계단 아래로 내려와 李·閔 二君 등과

---

58 〈1569年 6月 7日〉. "申時 歸舍 酉時 羅兄卒於苧前避寓所 急遣景濂 率僮僕 昇還鞋前寓所 余尋馳進 入門而哭 兄之五寸姪李彦貞·妻五寸叔李希年及庶人朴孫石 共爲襲小斂 余又 馳簡于 各司·政院·舍人司·歸厚署·戶曹·軍器寺·奉常寺等處 二更五點 歸舍"
59 『용재총화』, 87쪽.
60 〈1569年 6月 9日〉. "食後往看羅兄之喪 與邊麒壽 共議買車買牛受祿之事"

再拜를 하고 禮가 끝나자 의막으로 물러가 쉬니, 李·閔君이 따라 들어 왔다. 해가 기울 무렵 하인들을 시켜 빈소 곁에다 假家를 짓게 하고 끝 나자, 집으로 돌아오니 鄭恕가 찾아왔기에 부채를 주었다.(미암일기)[61]

⑤戶曹에서 羅兄에게 前官의 禮로 포목 20필과 백지 40권 등의 물품 을 부의했다. …(중략)… 선공감역 梁天遇를 불러 銘旌틀·魂魄床·香床· 香合·燭臺 등의 일을 부탁했다.(미암일기)[62]

⑥식후에 僉知 任尹을 찾아가 羅喪에 쓸 魂帛箱子의 腰輿를 수원부사 에게 말해 달라고 했더니 任公이 허락을 했다.(미암일기)[63]

⑦李希年이 와서 喪車를 논의했다. 또 喪車를 끌 土獻孫이 와서 인사 를 하니, 靑坡에 사는 자다.(미암일기)[64]

⑧지난 밤 三更에 잠에서 일어나 바로 羅兄의 빈소로 갔다. 전일 回 文을 낸 卿 大夫의 丘從이 각기 횃불을 들고 나타났고, 혹은 홰가 없이 온 자도 있었다. 모두 40명이고, 성균관의 下典이 28명이요, 호조의 사 람이 22명이다. 尙衣院에서 15명, 廣興倉에서 10명, 禮賓寺에서 10명, 軍 資監에서 20명이니 모두가 迎香軍이다. 성균관의 노비 8명은 內室의 교 군이다. 五更初에 발인을 했는데, 兵曹의 소 두 마리가 상여를 끌고, 漢 城府의 소 두 마리는 雜物을 싣고 뒤를 따랐다. 서소문에 이르렀는데

61 〈1569年 6月 10日〉. "早朝 以羅兄成服往臨 直講閔德鳳·尙衣正李仲虎 各持奠物而至 午 時 成服 余著緦麻帶 入奠有祭文 旣奠而自讀祭文 退于階下 與李·閔二君等再拜 禮畢 退 休依幕 李·閔從之 日昳 令下人造假家于殯側 畢而歸家 見鄭恕來訪 贈以扇"
62 〈1569年 6月 11日〉. "戶曹 以羅兄先生 賻木貳拾匹·白紙四十卷等物 …(中略)… 招繕工 監役梁天遇 懇銘旌機·魂魄床·香床·香合·燭臺等事"
63 〈1569年 6月 14日〉. "食後 往訪任僉知尹 具言羅喪魂魄箱子所入腰輿 通于水原府使 任 公諾"
64 〈1569年 6月 15日〉. "李希年 來議喪車 又引車土獻孫來謁 居于靑坡者也"

267

문이 아직 열리지 않았다. 이윽고 문이 열려 성균관 書吏는 桃渚口峴까지 전송을 하고, 各寺(官寺)의 迎香軍은 모두 물러갔다. …(중략)… 나는 상여를 따라 沙平院까지 갔는데, 羅士忱과 작별을 하자, 士忱이 엎드려 사례하기를 '이번 이 喪事에 형님의 덕을 입은 것을 말로 다 할 수가 없습니다. 형님이 힘써 도와주지 않았다면 이번 길의 모든 일을 어디에 의지할 수 있었겠습니까?' 하였다. 나는 돌아오다가 羅兄의 부인인 형수를 만나 말에서 내려 작별인사를 드리고 왔다. …(중략)… 내가 羅喪을 보살피기를 6월 초엿새부터 시작하여 지금까지 무릇 75일을 서두르고 진력하며 걱정하여 수고로움이 아주 많았다.(미암일기)[65]

⑨곧 장의동 槐山 辛輔商의 喪次로 갔는데, 成服을 안했기 때문에 나도 變服을 안하고 護喪의 얼굴만 보고 왔다.(미암일기)[66]

⑩조카 輝와 함께 여막을 지켰다. 식후에 閏山이를 데리고 앞들에 나아가 밭의 창고를 살펴보았다. 그리고는 고모님과 相甫 형님을 가서 뵈었다. 술을 마시다가 저녁에 여막으로 돌아왔다.(묵재일기)[67]

⑪이른 아침에 判府事 李退溪 선생을 찾아가 뵈었는데, …(중략)…

---

65 〈1569年 7月 21日〉. "去後三更起寢 卽造羅兄殯前 凡前日回文卿大夫士之丘從 各持炬或無炬來現者四十人 成均館下典二十八人 戶曹人二十二名 尙衣院十五名 廣輿倉十名 禮賓寺十名 軍資監二十名 皆迎番軍也 成均館奴八名 則爲內室轎軍也 五更初發引 兵曹二牛駕喪車 漢城府二牛駕雜物隨後 道由西小門 至門而門尙未開 尋開門 成均館吏 送至桃渚口峴 各寺迎番軍皆退 …(中略)… 余隨喪輀 至沙不院 與羅士忱叙別 士忱伏而謝曰 今此喪事 蒙兄氏之德 一口難言 微兄氏之力求 則此行凡事 何處依據乎 余回來遇羅嫂之行 下馬奉辭而來 …(中略)… 余之護羅喪也 自六月初六日 至今凡七十五日 經營盡力 憂勞至矣"

66 〈1570年 11月 4日〉. "遂往藏義洞辛槐山輔商喪次 以未成服 故余亦不變服 只見護喪而來"

67 〈1536年 1月 7日〉. "與輝共守廬 食後率閏山 投前郊 看審田庫 仍往姑氏及相甫兄主 飮酒夕還廬"

希春이 묻기를 '옛날 북도 변경의 유배지에서 모친상을 당했는데, 달이 넘어서야 비로소 듣게 되어 禪祭도 한 달을 물려서 지냈으며, 또 죄가 감등되어 한양에 더 가까운 恩津으로 배소를 옮겼을 때, 親山에 성묘 가면서 고기를 먹지 않고 채식하고 흰 옷으로 갈아입었으며, 묘소에 당도해서는 머리를 풀고 대략 타향에서 親喪의 소식을 듣고 집으로 급히 돌아가는 禮와 같이 했습니다. 변을 당하는 것이 평상과 다르므로 인정도 따라서 변하는데 이것이 옳은 것인지 알 수 없습니다.' 하였더니, 선생은 '그렇게 처사하는 것이 온당하다' 고 하셨다.(미암일기)[68]

위의 기록은 당시의 初終葬禮의 실상을 여실히 보여주고 있어 귀중한 자료로 평가된다. 인용문 ①은 유희춘의 이종사촌형의 임종과 염습, 부고 등에 대한 내용이다. 그런데 보통 喪을 당하게 되면, 첫째 날은 訃告와 襲, 둘째 날은 小斂, 셋째 날은 大斂, 넷째 날은 成服을 하게 된다. 그러나 유희춘 생존 당시는 古禮를 따르므로 오늘날과 차이가 있다. 유희춘은 이종사촌형이 죽자, 첫째 날의 襲에서부터 발인까지 직접 주관을 하였는데, 小斂에서 古禮와 차이를 보이고 있었다. 즉 襲과 小斂을 특별한 이유도 없이 첫째 날에 한꺼번에 시행하였다. 특히 인용문 ②를 보면, 남간은 임종 전에 미리 손톱을 깎아 관 속에 넣으라고 하였다. 이로써 보건대, 당시까지 家禮가 확실하게 정해지지 않은 것으로 보인다.

---

68 〈1568年 7月 23日〉, "早朝 往謁李判府事退溪先生 …(中略)… 希春問昔在北鄙遭母喪也 逾月而始聞 及其禪祭也 退行於一月 又量移恩津也 往省親墓 行素變服 到墓散髮 略如奔喪之禮 所遭之變 旣異於常人 禮亦隨變 未知是否 先生曰 如此處事當矣"

인용문 ③은 발인 준비, ④는 성복, ⑤는 부의와 장례 준비물, ⑥은 혼백상자, ⑦은 발인 시 喪車 준비, ⑧은 상여꾼과 발인과정 등에 관한 내용들이다. 그리고 ⑨는 조문에 대한 내용인데, 조문 시 成服을 입지 않은 경우에는 변복을 안 하고 護喪의 얼굴만 보고 오는 것으로 기록되어 있다. 이 또한 오늘날과 차이를 보이고 있다.

그런데 상례와 관련하여 『용재총화』를 보면, "요즘 풍속이 날로 야박해 오직 시골 그것도 대체로 賤人들이 모여 사는 곳에서는 초상을 당한 자가 있으면 같은 무리들이 상복을 갖추고 棺槨을 갖추며 무덤을 만들고 모두 緦麻服을 입으니 참으로 좋은 풍속이다."[69]라고 하여 상례가 제대로 시행되지 않음을 성현은 비판하고 있다. 이로써 보건대 15세기의 상례의 실상을 짐작할 수 있다.

다음은 시묘살이와 담제에 대하여 살펴보자. ⑩을 보면, 이문건이 시묘살이를 할 때 술을 마시고 여막으로 돌아왔다는 기록이 있어 눈길을 끈다. 이문건 생존 당시에는 시묘살이를 하면서도 음주를 했던 것 같다. 이는 임란 이후, 특히 조선후기와는 다른 모습이라 하겠다. ⑪은 유희춘이 유배지 종성에서 모친상을 당하였는바, 그는 상례에 의거하여 담제를 행하였다. 해배 후 李湛을 만났을 때, 이에 대해 문의한 대목이다. 담제는 大祥(죽은 날로부터 2년 만에 지낸다. 상복을 벗고 소복을 입는다)을 지낸 다음 달에 날을 골라 소복을 벗고 평상복을 입는 제사를 지내는 것을 말한다. 유희춘은 모친상을 달이 넘어서야 듣게 되었다. 그런바 들은 날을 기준으로 한 달 뒤에 담제를 지냈던 것이다.

---

69 『용재총화』, 198쪽.

조선시대의 사대부들은 부모가 돌아가시면 대부분 삼년상을 치렀지만, 대상을 치르고 탈상하는 사례도 꽤 있었다. 구한말에 이르면 이 관행이 간소화되어 1년 만에 탈상하는 일도 많았다. 그리고 삼년상을 치르는 과정에서 사대부들은 부모의 묘 옆에 여막을 짓고 시묘살이를 하였다. 사대부들 가운데 관료층이나 부유층은 이러한 풍습을 잘 지켰으며, 상대적으로 형편이 허락하지 않는 계층에서는 집에 돌아와서 삼년상을 치렀다.

조선시대 사대부들은 『주자가례』를 전부 따른 것은 아니었으며, 부분적으로 당시의 실정에 맞게 차이를 두기도 하였다. [70] 상례절차를 통해 그 실태를 대략 살펴보면 다음과 같다.

『주자가례』에 따르면 3개월이 되면 장사를 지냈다. 그런데 장지와 날짜를 정하기가 쉽지 않았기 때문에 장사 날이 석 달을 넘는 경우도 많았다. 영암에 살던 신응순(1572~1639)은 그의 아내가 1615년 5월 28일 죽었는데 장지를 정하지 못하여 11월이 되어서야 장지와 날짜를 정하고, 12월 10일에 하관하였다. 무려 7개월이 걸린 것이다. [71] 또 『주자가례』에는 첫째 날 습하고 둘째 날 소렴하는 것으로 되어있다. 그런데 영암에 살던 신응순은 그의 아내가 죽었을 때, 죽은 당일에 소렴을 하였다. 이는 날씨가 매우 더웠기 때문이었다고 한다. 소렴은 임란 직후, 17세기 초에도 별로 변하지 않은 것으로 보인다. 그리고 조선

70 한국고문서학회 편, 『조선시대생활사』2, 서울, 역사비평사, 2002, 48쪽. 사대부들이 『주자가례』의 규정을 모두 지키지 않은 것은, 『주자가례』가 중국인의 입장에 맞게 쓴 것이기 때문에 어쩌면 당연한 것인지도 모른다.
71 위의 책, 52쪽.

시대에는 시신을 대청에 두기도 하였으나, 대체로 집의 본채와는 분리된 별실에 시신을 모시기도 하였고, 때로는 집 밖에 별도의 장소를 마련하여 빈소를 설치하기도 하였다.[72] 이처럼 국가 정책의 일환으로 그 시행을 적극 장려하였으나, 실제로는 그렇지 않은 경우도 있었다.

한편, 『주자가례』에 언급되지 않은 내용을 매우 중요하게 여기기도 하였다. 그 대표적인 예가 시묘살이이다. 사대부들에게 일반화된 시묘살이에 대해 김장생의 『상례비요』·이재의 『사례편람』·유장원의 『상변통고』 등에서는 시묘살이를 아예 언급하지 않거나 언급하더라도 정통적인 예제로 보지 않았다.

시묘살이가 禮書에서 인정받지 못하였지만, 조선조에는 널리 유행하였고 이를 국가에서 권장하기까지 하였다. 조정에서는 부모상에 시묘살이를 매우 극진히 하거나, 삼년상을 치른 후 시묘살이를 더 연장한다든지, 그 외에 보통 사람들 보다 더 극진하게 상례를 치른 경우에는 정려를 내려주어 국가적으로 포상하였다. 또한 조선의 왕들은 부왕이 돌아가시면 실제로 시묘살이는 하지 못하였지만, 궁중 내에 여막을 짓고 시묘살이 하는 형식을 취하였다. 따라서 시묘살이는 왕과 사대부들에게 매우 중요한 禮로서 정착하였다.

조선조 예학자들이 시묘살이를 예제로 인정하기 어려웠던 이유는 『주자가례』에 시묘에 대한 규정이 없어서이기도 했지만, 그보다 더 어려운 점은 시묘살이를 하게 되면 『주자가례』에 명시된 일부 규정을 어길 수 있기 때문이다. 바로 반혼과 부제를 행하는 시기가 그

것이다. 이러한 문제에 대하여 이황과 이이는 『주자가례』의 정통을 인정하면서도 동시에 시묘살이를 부정하지는 않는 절충적 입장을 취하고 있다.[73]

결국 조선조의 예학자들은 부제를 지내는 시기에 대해서는 반혼의 예에서와 마찬가지로 현실적인 측면을 인정하게 되었다. 따라서 시묘살이 자체가 예서에서는 인정되지 못하였지만 예학자들에게 그 현실성을 인정받게 된 것이다 이를 받아들이게 된 가장 커다란 원인은 시묘살이가 효를 지상으로 여기는 조선조의 국가이념과 맞아떨어졌기 때문이었다. 이처럼 조선조 사대부들이 『주자가례』의 규정을 절대시 하면서도 『주자가례』에 언급되지 않은 시묘살이를 중요시 여긴 것은 매우 아이러니한 일이다. 이는 禮의 실천 상을 나타난 한국적인 특색이라고 할 수 있다.[74]

이상에서 보듯 임란 전에는 상례(특히 절차)가 완전하게 체계적으로 정비 시행되지 못했던 것으로 보인다. 그러나 임란 후에는 점차적으로 체계화하여 정비 시행되었던 것 같다.

(5) 祭禮 ― 『朱子家禮』에 근거한 儒敎式 祭祀를 바탕으로 전통적인 時俗이 融合된 祭禮

祭禮는 조상을 제사지내는 의식 절차이다. 인간은 누구든지 자기

---

73 위의 책, 54~60쪽.
74 拙著, 앞의 책, 『韓國 儀禮의 硏究』, 290~294쪽.

를 존재하게 한 근본에 보답해야 하고 그것이 효도이다. 자기 존재에 대한 보답은 조상이 살아 계신 동안만 하는 것이 아니고, 자기가 살아있는 한은 멈출 수 없는 것이다. 그래서 돌아가신 조상을 살아계신 조상 섬기듯이 모시는 것이며 그와 같이 효도를 계속하는 것이 제례이다. 조상숭배를 도덕적 실천이라 여긴 조선시대에서는 四禮 중 으뜸이 제례였다. 이 때문인지 제례는 상례와 더불어 논란이 많았다. 뿐만 아니라 지역, 가문, 色目(당파) 등에 따라 조금씩 다르다. 제례 관련 기록은『용재총화』,『묵재일기』,『미암일기』에 많이 실려 있다. 그러면 제례에 대해 살펴보자.

　①나는 내일 11일이 先妣忌日이므로 齋戒하기 위해 미리 서리를 시켜 病狀을 내게 하고 저녁에 집으로 돌아 왔다. 尼山 趙慶福을 만나 보았다.(미암일기)[75]

　②비가 온다. 내일이 先祖考의 忌日이므로 齋戒를 하고 素食을 했다.(미암일기)[76]

　③先妣忌日이다. 제사차례는 누님 댁이다. 새벽에 煇와 청파에 갔더니 燗도 방금 도착해 있었다. 곧바로 지방을 써서 제사를 지냈다. 제사를 마치니 해가 이미 높았다. 지방을 사르고 철상을 하였다. 누님이 나와 앉아 있어 모시고 식사를 하였는데, 술은 조금 마시고 그만두었다. 煇는 玉堂에 모임이 있어 먼저 가고, 나 또한 작별하고 나왔다.(묵

---

[75] 〈1568年 2月 8日〉. "余以明日乃十一日先妣忌之齋戒 故豫令吏呈病狀 夕歸舍 見尼山趙慶福"
[76] 〈1567年 12月 8日〉. "雨 以明日祖忌齋素"

274

재일기)[77]

　④날이 환히 밝아서 忌辰祭를 지냈다. 外祖妣와 外祖考 錦南先生을 함께 모신 것으로 俗例를 따른 것이다. 祭需用으로는 魚肉을 쓰고, 祭禮는 중국 것을 따르고 東俗(우리나라 예속)을 따르지 않았다. 祭物이 매우 완비되어 몹시 기쁘다.(미암일기)[78]

　⑤새벽에 先祖考妣 兩位의 제사를 지냈다. 祭物을 엄숙하게 갖추었으니, 城主가 마련해 보내준 덕분이다.(미암일기)[79]

　⑥닭이 울자 일어나 머리 빗고 세수하고 관 쓰고 띠 띠고 曾祖·祖·考의 三世六位의 紙榜을 공경히 썼다. 대저 이 時祭에 비로소 曾祖까지 追祭를 한 것이다. 먼동이 틀 무렵에 제사를 지내는데, 祭物이 풍비하고 깨끗하다. 부인이 안에서 애쓴 힘이 크다. 희춘의 자손이 곁에 있지 않기 때문에 讀祝·奠爵 등을 모두 몸소 했다.(미암일기)[80]

　⑦닭이 울어 일어나 세수하고 의관을 정제한 후, 공경한 마음으로 축문을 썼다. 날이 밝아 오자, 祖考妣·考妣 양위 신주 두 독을 받들어 대청 평상판자 위 작은 상에 모셨다. 제물은 정비되었으나, 다만 노비 雪梅의 잘못으로 약과 1접시를 다시 쌓게 되었다. 그러나 반 이상이 무너졌다. 다만 닦아 올릴 뿐이었다. 아내 또한 와서 제사상을 보았다. 두

77　〈1545年 1月 5日〉. "先妣忌日 祭次姊氏家 早與輝出靑坡 則爛亦纔到矣 卽題紙榜行祭焉 祭畢日已高矣 燒榜撤床 姊氏出坐 食後少酌而止 輝以玉堂一會先去 吾亦辭出"

78　〈1571年 1月 8日〉. "質明 設忌辰祭 爲外祖妣兼祭外祖錦南先生 從俗例也 祭用魚肉 從中華而不從東俗也 祭物頗備 深喜"

79　〈1567年 12月 9日〉. "晨祭祖妣兩位 祭物嚴備 城主辦送之力也"

80　〈1573年 2月 20日〉. "鷄鳴而起 梳洗冠帶 敬書曾祖·祖·考三世六位紙榜 蓋此 時享 始追祭曾祖也 昧爽行祭 祭物豊潔 夫人內修之力居多 希春以子孫不在側 凡讀祝奠爵 皆躬親"

분 양위를 개반 하였다. 오래지 않아 제사를 마쳤다.(미암일기)[81]

⑧여자 종 猪非가 어제 盧原에 나가 墓祭를 지내고 돌아왔다. 先塋 제사는 (큰)누님 차례인데, 남자 종 尹山 등이 제수를 갖추어 배설한다고 한다. 今金을 시켜 가서 배설하게 하였다.(묵재일기)[82]

⑨내일 金慕齋의 墓에 祭를 지내기 위해 보낸 것을 헤아려 보니 公山에서 부조해 준 酒果가 2斗 1刁요, 中朴桂가 86同이다. 가히 四行床을 차릴 만하다.(미암일기).[83]

⑩식후에 성묘를 하기 위하여 牟木洞으로 가서 먼저 先妣의 묘소를 뵙고 땅에 엎드려 哭을 하였다. 그리고 다시 先君의 묘소 앞으로 가서 땅에 엎드려 哭을 하였다.(미암일기)[84]

⑪군자가 집을 지으려면 반드시 먼저 사당을 세워서 조상의 신주를 받드니, 이는 주문공 가례이다. 삼국·고려시대 이후로 오로지 불교를 숭봉하여 家廟의 제도가 분명하지 못하고, 사대부가 모두 禮로써 조상을 제사지내지 않더니, 포은 문충공이 도학을 밝히기를 주창함으로부터 제사지내는 의식을 엄하게 세우니, 그 뒤에 집집마다 사당을 세우고 비로소 家舍를 嫡嗣에게 전하고 嫡庶의 분별을 중하게 하므로, 자식 없는 사람은 반드시 친족 자제를 취하여 후사를 삼았다. 국가의 大祭는

81 〈1576年 5月 15日〉. "鷄鳴而起 盥洗衣冠 敬書祝文 質明 奉祖考妣·顯考妣兩兩神主二櫝詣大廳平床板子鋪陳上 安於小床之上 祭物精備 但因婢雪梅之誤 改築藥果一坐 然過半不壞 只修補而已 夫人亦往視祭床 並開飯鉢於第二位 良久祭畢"

82 〈1545年 1月 1日〉. "婢猪非等昨出盧原 祭墓而還 先塋祭姊氏當次 而奴尹山等備設云 使今金往設之"

83 〈1567年 10月 29日〉. "以明日 遣祭于金慕齋墓 計公山所扶酒果二斗一刁·中朴桂八十六同 可謂四行床矣"

84 〈1567年 12月 5日〉. "食後 以展墓詣牟木洞 先謁先妣墓 伏地以哭 遂往先君墓前 伏而哭"

孟月에 하고, 사대부의 時祭는 仲月에 하였으니, 이런 것도 모두 차서가 있었다.(용재총화)[85]

⑫이날 새벽에 관대를 갖추고 祖妣의 神主를 책방의 책장에서 뵈었다.(미암일기)[86]

위의 인용문 ①과②를 보면, 옛날에는 제례를 중시했기 때문에 관리들도 관청에 병가를 내고 기제사를 지내는 것이 통례였던 것으로 보인다. 또 목욕재계하고 素食을 하는 등 극진한 정성과 공경으로 조상을 섬기고 있어 현대인들에게 많은 교훈을 주고 있다.

그런데 여기서 ③의 忌祭祀 내용을 주목할 필요가 있다. 기제사란 忌日에 지내는 제사로 忌祭 또는 忌日祭, 忌辰祭라고도 하는데, 집에서 모시는 高祖(4대)까지의 조상에 대한 제사이다. 忌祭를 주관하는 祭主는 종손이며, 종손 집에서 지낸다. 그러나 위의 기사를 보면, 이문건의 집안에서는 누님 댁에서 제사를 지내고 있다. 다시 말해 어머니의 제사를 輪廻奉祀하고 있다는 사실이다. 하지만 위의 인용문에서 보듯, 유희춘의 집안에서는 윤회봉사를 하고 있지 않다.[87] 이로써 보건대 임란 전에는 윤회봉사를 하는 집안도 있었음을 알 수 있다. 그리고 ④를 보면, 임란 전에는 外孫奉祀를 했음도 알 수 있다. 그러

---

85 『용재총화』, 203쪽.
86 〈1567年 11月 26日〉. "是日晨 具冠帶 謁祖妣神主于冊房冊欌"
87 유희춘은 차남이었기 때문에 기제사를 지낼 필요가 없다. 왜냐하면 장남인 그의 형(柳成春)의 집에서 지내는 것이 원칙이기 때문이다. 그러나 형이 일찍 죽어 집안이 몰락하거나(유희춘 부부는 형의 손자들을 데려다 양육하였다.) 아니면 유희춘이 한양에서 벼슬살이를 하는 관계로 고향의 형님 댁에 내려갈 수 없어 별도로 지낸 듯하다.

나 임란 후, 특히 조선후기에는 윤회봉사나 외손봉사가 사라진다.

⑤는 유희춘의 先祖考妣 兩位 제사 때 지방관이 助祭를 한 내용이다. 이는 이문건의 『묵재일기』에도 나타나는데,[88] 이처럼 지방관이 제사에 제수를 보내 도움을 준 것은 개인적인 친분관계에 연유했거나 잘 보이려고 했기 때문(유희춘의 경우 중앙 정계의 요직에 있을 때에도 지방관이나 관리들이 助祭를 하였다.)인 것 같다.

⑥, ⑦은 時祭 지낸 일을 기록한 대목이다. 時祭는 家廟祭儀의 하나로서 四時祭라고도 한다. 四時祭란 춘하추동 매 계절의 仲月에 날을 골라 高祖에서 부모까지를 제사지낸다. 그런데 위의 기록을 보면, 유희춘은 癸酉年(1573)에는 三代, 丙子年(1576)에는 二代만 時祭를 올렸다. 家禮에 밝았던[89] 그가 그때그때 사정에 따라 2대 또는 3대만 時祭를 올린 것이 특이하다. 이와 관련하여 이문건은 1년에 네 번 모두 지낸 적은 거의 없고, 節日祭(설, 단오, 추석, 동지에 지내는 제사로『주자가례』에는 찾아 볼 수 없음. 이는 전통적으로 내려오는 고유의 제사형태로 보이는 것 같음.)와 겸행하거나 생략된 경우가 많았다. 이문건은 時祭보다 기제사를 더 중요시하였고, 三代奉祀를 하였다.[90] 그러나 조선 후기 17세기 후반에서 18세기에 접어들면 상황은 달라진다. 성리학적 질서가 정착되면서, 성리학이 사회 구석구석까지 영

---

88 김경숙, 「16세기 사대부 집안의 제사설행과 그 성격-이문건의 묵재일기를 중심으로-」, 『한국학보』98집, 서울, 일지사, 2000, 35쪽.
89 유희춘이 존숭한 朱子는 四代奉祀를 주장하였다.
〈1568年 5月 4日〉, "許筬許箇以書問家禮疑處 余隨問答之"
90 김경숙, 앞의 논문, 24~37쪽. 四代奉祀는 16세기 중반 김성일·유운룡 등 이황의 문인들을 중심으로 시도되기 시작하였다.(한국고문서학회 편, 앞의 책, 71쪽.)

향을 미치지 않는 곳이 없었다. 이는 의례에서도 마찬가지였다. 그러므로 유교식 제사방식이 철저하게 지켜졌고 전통적이거나 불교적인 분위기는 점차적으로 배제되어 갔다. 오늘날 우리가 상식적으로 알고 있는 전통적인 제례의 원형이 이 때 모습을 갖추게 되었다. 그 중 두드러진 것이 『주자가례』에 규정된 4대봉사의 확립이다. 그리고 제사 거행 방식도 윤회봉사에서 장자단독봉사로 바뀌었다.[91]

한편, ⑧은 墓祭(산소에서 지내는 제사)인데, 여기서도 이문건 집안은 기제사와 마찬가지로 윤행 하였다. 이 같은 방식은 17세기 후반에도 일부 사대부가에서 행해지고 있었다.[92] 그런데 ⑨와 ⑩의 기록을 보면, 진설을 五行床이 아니라 四行床으로 차리려고 한 것이라든지, 先考의 산소에 성묘를 먼저 하는 것이 원칙인데도 이를 따르지 않은 것이라든지, 그리고 앞에서 언급한 三代 또는 二代奉祀 등등으로 보아 당시까지는 『주자가례』의 정착화, 일반화가 덜된 듯하다. 뿐만 아니라 임란 전의 제례는 『주자가례』에 근거한 유교식 제례를 바탕으로 하되, 전통적 제사방식이 混融된 형태로 보인다. 임란 전까지도 이러한 전통적인 제례방식이 잔존해 있다는 것은, 『주자가례』에 근거한 유교식 제사방식이 時俗(東俗)을 완전히 대체할 정도로 철저하게 적용되지 못한 변형된 모습을 보이고 있다고 해도 지나치지 않다.

---

91 그러나 18세기 이후에도 극히 일부이기는 하지만, 여전히 제사를 윤행 하는 집안이 있는가 하면, 장자 단독봉사로 옮겨갔다가 다시 윤회봉사로 되돌리는 집안도 있는 등 지역과 집안에 따른 차이가 심했다.(위의 책, 80~81쪽.) 그러나 19세기(1800년대) 이후에는 거의 사라진다.
92 김현영, 「호남지방 고문서를 통해 본 조선시대의 가족과 친족」, 『호남지방 고문서 기초연구』, 1999, 253~256쪽.

⑪과 ⑫에서 눈여겨 볼 것은 家廟와 神主이다. 『묵재일기』를 보면, 이문건의 경우 증조, 조부, 부모의 사당이 각각 따로 마련되었다. 이는 큰 종가를 중심으로 작은 종가들이 분할 형성되어 가는 단초를 보여 준다고 하겠다.[93] 그리고 神主는 밤나무로 만든다. 그 이유는 밤나무는 서쪽(西) 나무(木)라 쓰는데, 서쪽은 死者의 방위이며, 밤나무는 단단하기 때문이다. 또, 옛날에는 사당에 밤나무를 심었는데, 이런 연유에서 유래된 것 같다. 유희춘은 仲子이기 때문에 사당을 세우지 않았던 것으로 보인다. 이상에서 보듯, 가묘와 신주는 사대부가의 사정에 따라 변동이 있었던 것으로 보인다. 특히 임란 전까지는 가묘제가 완전히 정착되지 못했던 것 같다. 가묘제는 17세기에 이르러 정착된 것으로 보인다.[94]

그런데 『묵재일기』를 보면, 生諱日祭(돌아가신 부모님 생신날에 지내는 제사)와 影堂祭(始祖와 遠祖에 대한 제사)에 대한 기록이 있다.[95] 이문건 집안의 경우 집에 우환이 있거나, 전염병이 돌 때를 제외하고는 한 해도 빠짐없이 매년 생휘일제를 지냈다. 생휘일제는 『주자가례』에는 나와 있지 않은 우리 고유의 제사 형태로 생각되는데, 임란 전까지만 보이고 조선후기에는 거의 사라진 것으로 보인다.[96] 그리고 이문건 문중(성주 이씨)에서는 성주 북쪽 산의 安峯寺라는 절에 影堂을 마련하여 中始祖를 비롯한 14位의 影幀을 봉안하고

---

93 김경숙, 앞의 논문, 30쪽.
94 拙著, 앞의 책, 『韓國 儀禮의 研究』, 295쪽.
95 김경숙, 앞의 논문, 23~27쪽.
96 김현영, 앞의 논문, 251쪽.

매년 2월에 제사를 지냈는데, 이문건이 성주로 유배간 뒤에는 影堂
祭를 主導적으로 이끌었다.[97] 影堂祭는 불교적 색채가 짙은 제사이
다. 그런데 이렇게 절에서 齋를 올리던 풍습은 『용재총화』에도 나타
난다.[98] 이로써 짐작컨대 임란 전까지도 불교적 색채가 강한 影堂이
존재했음을 엿볼 수 있다. 이는 임란 전까지도 『주자가례』에 근거한
유교적 제례방식이 완전히 정착하지 못하였음을 의미한다.

　이상에서 보는 바와 같이 임란 전까지 『주자가례』방식의 제사는
완전하게 적용되지 못하고, 이전부터 행해지고 있던 時俗을 부분적
으로 수용하면서 시행했던 것으로 보인다. 특히 윤회봉사가 주목된
다. 임란 후, 특히 조선후기에는 『주자가례』에 근거한 제례가 정착
시행하게 된다. 그리고 제사 거행 방식도 윤회봉사에서 장자단독봉
사로 바뀐다.

(6) 壽筵禮 ― 제대로 施行되지 않은 壽筵禮

　‘수연’이란 어른의 생신에 아랫사람들(자제들)이 상을 차리고 술
을 올리며 오래 사시기를 비는 의식이다. 고례에는 수연례라는 말이
없고 ‘獻壽家長禮’라 했다. 자손들이 폐백 예물을 드리고 헌수배례를
올린다. 수연례에 대한 기록은 거의 찾아볼 수 없고, 『미암일기』에만
나타난다. 이에 대해 살펴보기로 하자.

97　김경숙, 앞의 논문, 34쪽.
98　『용재총화』, 25쪽.

景濂이 陵에서 나와 生辰에 獻壽할 물건들을 마련해 가지고 왔다. 마땅히 초나흘에 행해야 하는데, 내가 대궐 안에 있어 오늘로 미루어 행하게 되었다. 상차림이 아주 풍성하여 놀랐다. 景濂, 光雯, 海福이 번갈아 헌수를 하고, 나와 부인은 술을 마시며 흐뭇하였다. …(중략)… 景濂이 이웃집 歌婢 두 사람을 불러다가 奚琴을 연주하며 노래를 부르게 하고, 景濂과 光雯이 번갈아 일어나서 춤을 추었다. …중략)… 원래 내가 한양에서 벼슬살이를 하면서부터 일찍이 스스로 생일잔치라는 것을 해본 일이 없는데, 이 날만은 자식이 차렸기 때문에 내버려 두었다.(미암일기)[99]

유희춘이 자신의 六旬(60세)을 기록한 내용이다. 아들 경렴과 종손자 광문, 서녀 해복 순으로 헌수를 올린 내용이다. 그런데 유희춘은 생일뿐만 아니라 육순이나 환갑에 대하여 별로 생각하지 않았던 것으로 보인다. 이는 유희춘 개인 성품 때문일 수도 있다. 아무튼『미암일기』에는 육순에 대한 기록만 있을 뿐 환갑에 대한 기록도 없다.

이상에서 보듯 임란 전에는 수연례를 제대로 시행하지 않았던 것 같다. 그 이유는 대부분 60세 이전에 사망하거나, 인식부족, 경제형편 등 때문에 시행하지 못했던 것으로 보인다. 그러나 임란 후, 특히 조선후기에는 대부분의 사대부가에서 수연례를 행하였다.

---

[99] 〈1572年 12月 6日〉. "景濂自陵 備辦余生辰獻壽之物而來 當設於初四日 而以余在殿內 不得爲退行於今日 看核甚豊 不覺變色 景濂·光雯·海福迭爲獻壽 余及夫人 飮酒懽然 …(中略)… 景濂又招鄰家歌婢二人 奏奚琴而歌 景濂·光雯 迭起舞 …(中略)… 蓋余遊官京洛 未嘗自爲生辰之酌 到今日 兒子爲之故也"

3) 맺음말

　필자는 지금까지 壬亂 前 士大夫家에서 실제로 행했던 儀禮를 기록으로 남긴 成俔의『慵齋叢話』, 李文楗의『默齋日記』, 柳希春의『眉巖日記』 등을 중심으로, 이들 문헌 자료에 나타난 出産儀禮, 冠禮, 婚禮, 喪禮, 祭禮, 壽筵禮 등에 초점을 맞추어 살펴보았다. 앞에서 논의한 사항들을 종합 요약하여 결론으로 삼겠다.

　필자가 위의 문헌 자료들을 조사한 결과, 출산의례는『묵재일기』, 관례는『미암일기』, 혼례는『미암일기』, 상례는『미암일기』, 제례는『묵재일기』와『미암일기』, 수연례는『미암일기』에 가장 많이 실려 있다. 그런데 관례와 수연례는 관련 기록이 매우 적다. 그러면 출산의례, 관례, 혼례, 상례, 제례, 수연례 순으로 언급하겠다.

　출산의례의 경우 무속과 불교, 도교의례 등이 혼합되어 행해졌다. 여기서 산전의례의 경우 도교의례인 초제형식을 빌어 기자치성을 하고 있는데, 이는 임란 후에도 삼신이나 칠성신에게 기자하는 사대부가도 있지만, 이들 사대부가 역시 태반은 초제를 지냈던 것으로 보인다. 그리고 산후의례에서 신생아를 복숭아와 자두와 매화 뿌리를 끓인 물로 씻긴다는 내용이 눈길을 끈다. 복숭아는 잡귀퇴치, 매화와 자두는 건강과 장수의 상징적 의미 때문에 사용한 것 같다.

　관례의 경우 사대부가에서만 대개 약식으로 치렀던 것으로 보인다. 그러나 임란 후『주자가례』가 정착 심화되고, 禮學書들의 출현 등으로 인해 사대부가의 관례도 정식으로 행해진 것 같다.

　혼례의 경우 주자가례를 主로 하되, 우리 고유의 혼속이 가미 혼용

283

되어 치러졌다. 이는 임란 후에도 그대로 지속되었던 것으로 보인다. 특히 반친영의 경우가 그렇다. 그리고 임란 전에는 木雁 대신 산 기러기를 사용했던 사대부가도 흔했던 것 같다. 그러나 임란 이후, 특히 조선 후기에는 대부분 목안을 사용한 것으로 보인다.

상례의 경우 특히 그 절차가 완전하게 체계적으로 정비 시행되지 못했던 것으로 보인다. 그러나 임란 후에는 점차적으로 체계화하여 정비 시행되었던 것 같다. 그런데 여기서 주목할 것은 소렴과 시묘이다. 소렴은 임란 전에는 亡者가 죽은 당일에 대개 한 것 같다. 이는 17세기 초까지도 별로 변하지 않은 것으로 보인다. 그리고 『주자가례』에도 없는 시묘살이를 임란 전에도 했지만, 임란 후, 특히 조선후기에는 더 극진하게 했던 것 같다.

제례의 경우 임란 전까지 『주자가례』방식의 제사는 완전하게 적용되지 못하고, 이전부터 행해지고 있던 時俗을 부분적으로 수용하면서 시행했던 것으로 보인다. 그러나 임란 후, 특히 조선후기에는 『주자가례』에 근거한 제례가 정착 시행하게 된다. 그런데 임란 전 제례에서 눈길을 끄는 것은 임란 전에는 제대로 안 지켜졌던 봉사대수와 『주자가례』에도 없는 生諱日祭, 그리고 일부 지역이나 가문에서 행했던 불교적 색채가 강한 影堂祭와 윤회봉사 등이다. 그러나 임란 후, 특히 조선후기에는 四代奉祀를 하며, 생휘일제와 영당제도 거의 사라진다. 특히 윤회봉사의 경우 18세기 이후까지도 극히 일부 지역이나 가문에서 윤행하였지만, 19세기 이후에는 장자단독봉사로 바뀐다.

수연례의 경우 임란 전에는 수연례를 제대로 시행하지 않았던 것 같다. 그 이유는 대부분 60세 이전에 사망하거나, 인식부족, 경제형편 등 때문에 시행하지 못했던 것으로 보인다. 그러나 임란 후, 특히 조선후기에는 대부분의 사대부가에서 수연례를 행하였다.

이상의 논의를 통해 현전하는 자료가 매우 빈약한 상황이긴 하지만, 임란 전 출산의례, 관례, 혼례, 상례, 제례, 수연례를 통시적으로 어느 정도 파악할 수 있었을 뿐만 아니라, 이들 의례가 임란 이후 나아가 조선 후기까지도 어떻게 지속 변모되었는지를 파악하는데도 대략 도움이 된 것으로 본다. 그런바 이 같은 논의는 예학사적으로나 민속학적으로도 그 의미가 크다고 사료된다.

2
개화기에서 일제강점기까지 일생의례 연구사

1) 머리말

개화기와 일제강점기는 역사적으로 볼 때 우리 민족에게는 격변과 암흑·치욕의 시기였다고 해도 과언이 아니다. 오랜 역사를 거쳐 형성·발전되어 온 우리의 문화전통은 개화기 이후 서양의 충격과 동아시아 국제질서의 재편과정에서 큰 혼란을 겪었고, 이어 일제강점기라는 민족적 시련에 의해 새로운 국면을 맞이하게 되었다. 이 시기 우리의 문화전통은 내적 발전의 역량이 억압된 채 점차 일방적 수용 및 왜곡의 양상으로 변용되었다. 그러나 그 가운데에서도 우리의 문화전통을 지키고자 하는 노력은 계속되었고, 이러한 의도적 노력 여부를 떠나서도 문화의 각 층위와 요소마다 배어있는 전통적 면모들이 면면히 지속되어 왔음 또한 주지의 사실이다.[100]

개화기에서 일제강점기까지의 시기는 근대화되는 시기이기도 하다. 그런데 근대화도 자주적 근대화가 아니라 외세 의존적인 상층과 침략적 일제가 야합하여 근대적 개혁을 시도하면서 비롯되었다.[101] 이러한 시대상황은 우리 문화전통의 지속과 변용에 영향을 준 것으로 판단되며, 일생의례도 예외일 수 없다.

그러므로 일생의례의 지속과 변용 등에 관련되거나 영향을 끼쳤던 사건들과 일제의 조치들을 주목할 필요가 있다. 이를 간단히 제시하면 다음과 같다. 1866년 병인박해, 1876년 강화도조약(병자수호조약), 1884년 갑신정변과 갑신의제개혁, 1894년 동학혁명과 갑오개혁(1차 개혁 : 반상제도 폐지, 賤人 면천, 노비매매 금지, 조혼 금지, 과부재가 허용 등), 1895년 을미사해와 단발령 선포, 1897년 대한제국 선포, 1899년 광무개혁, 1904년 한일의정서 강제 체결, 1905년 을사늑약 강제 체결, 1906년 통감부 설치, 1907년 정미7조약 및 군대해산, 1910년 경술국치 등을 들 수 있다.

한편, 일제강점기 때 식민통치 일환으로 일제가 취한 조치들 가운

---

100 '개화기'란 명칭과 시기(특히 시기)는 논란이 있을 수 있다. 그러나 이에 대해서는 나름대로의 이유가 있다. 필자가 수행했던 한국연구재단 지원 중점연구소 연구과제(과제명 : 개화기에서 일제강점기까지 한국 문화전통의 지속과 변용. 2005년 12월 1일~2014년 11월 30일)는 한국학술진흥재단 지원 중점 연구소 연구과제(과제명 : 개화기 대외 민간 문화교류 자료초. 1999년 12월 1일~2005년 11월 30일)의 연장선상에서 진행했던 연구과제였다. 1999년 '개화기 대외 민간 문화교류 자료초' 중점연구소 지원 연구과제 신청 및 연구 시 개화기를 1860년~1910년으로 잡았다. 이는 황패강 교수가 근대·근대문학의 기점을 1860년대로 제시한 견해(황패강, 『한국문학의 이해』, 새문사, 1991, 428~437쪽.)를 수용·참고한 것이다. 그러므로 필자가 수행했던 연구과제의 개화기도 1860년~1910년 경술국치 이전까지로 잡을 수밖에 없었다.(송재용, 「개화기에서 일제강점기까지 관·혼·상·제례의 지속과 변용」, 『동아시아고대학』 제30집, 동아시아고대학회, 2013, 157쪽 참고.)

101 황패강, 위의 책, 430쪽.

데 일생의례와 관련되거나 영향을 준 조치들을 대략 살펴보면, 1912년 화장취체규칙 공포, 1914년 官國幣社以下神社祭祀令 공포, 1934년 의례준칙 제정, 1936년 주택정책 공포, 1940년 창씨개명 실시 등을 들 수 있다. 특히 1912년 묘지, 화장장, 매장 및 화장취체규칙 공포, 1934년 의례준칙 제정 등은 1895년 단발령과 함께 일생의례의 지속과 변용(특히 우리 일생의례 말살)에 깊이 관여하고 있다.

이처럼 개화기에서 일제강점기까지의 이 같은 시대상황 속에서 당대인들은 일생의례를 어떻게 인식하고 행하였을까? 개화기의 경우, 보수·수구 집권세력에 비판적이고 개혁적인 사대부와 개화파, 그리고 중인 출신의 진보적 지식인들을 염두에 둘 필요가 있다. 이들 가운데 상당수는 전통적인 일생의례에 대해 비판적이었지만, 그럼에도 불구하고 이 시기에는 이들 중 대부분은 전통적인 일생의례를 따른 것으로 보인다. 이는 당시의 분위기나 상황이 전통적인 일생의례를 따를 수밖에 없었기 때문으로 짐작된다. 그러나 1894년 갑오개혁 이후부터 특히 일제가 우리나라를 강점하면서부터 친일파 내지 친일 성향의 지식인들 태반은 일제의 우리 전통의례 말살정책에 동조하는(자의적이든 타의적이든 간에) 입장을 취했던 것으로 보인다. 그리고 당시의 우리 민중들 가운데 일부(특히 시골보다 서울 등의 도시 거주자)는 일제의 강압에 의해 어쩔 수 없이 따르거나, 이에 동조하는 입장을 취했던 것으로 보인다. 결국 개화기에서 일제강점기까지의 일생의례는 서구문물의 유입이나 근대화 등으로 변모의 조짐이 보인 것은 사실이다. 그럼에도 개화기에는 어느 정도 지속되었지만, 일제강점기에는 특히 일제의 강압으로 인해 크게 변용될 수밖

에 없었다고 하겠다.[102]

　　개화기에서 일제강점기까지 일생의례에 대한 연구는 그 중요성에
비해 많지도 않을 뿐만 아니라, 체계적으로 심도 있게 연구가 이루어
지지 않았다. 이 시기는 변혁의 시기요, 서구문물의 유입과 근대화, 일
제강점기 등으로 일생의례의 지속과 변용(특히 변용)이 다른 어느 시
기보다 컸으며, 통시적으로도 매우 중요한 시기라 할 수 있다. 이처럼
연구사적으로도 그 의의가 있음에도 불구하고, 일생의례에 대한 연구
가 미진한 것은 관심 부족과 함께 관련 자료의 한계내지는 미 발굴·소
개 및 부족 때문 등으로 보인다. 그러므로 필자는 여기에 주목하였다.

　　필자는 단국대학교 동양학연구원이 2005년 12월 1일부터 2014년
11월30일까지 9년간 진행해온 한국연구재단 중점연구소 지원 연구
과제 「개화기에서 일제강점기까지 한국 문화전통의 지속과 변용」
민속 분야 가운데 일생의례 연구사에 초점을 맞추었다. 논의는 자료
소개, 연구 성과 순으로 살펴보겠다.

2) 일생의례 연구사

(1) 자료

　　개화기에서 일제강점기까지 기록으로 남긴 일생의례 관련 자료는

---

[102] 송재용, 앞의 논문, 158~160쪽.

많을 것으로 추정되지만, 현재 학계에 소개된 자료는 그리 많지 않다. 그러면 먼저 대표적인 자료를 대략 제시하면 다음과 같다. 류치명의 제자들이 1861년 7월 20일부터 10월 9일까지 류치명의 임종 순간과 이후에 거행된 일련의 의례과정을 기록한 상례일기『考終錄』, 이유원이 1884년에 쓴『林下筆記』, 권혁수가 1884년에 저술한『廣禮覽』, 지규식이 1891년 1월 1일부터 1911년 윤6월 29일까지 기록한『荷齋日記』, 황필수가 1900년에 쓴『增補四禮便覽』, 홍순필이 1929년에 발간한『懸吐註解四禮便覽』, 신몽삼이 1929년에 출판한『家禮輯解』(창녕 辛東植家로 추정), 홍승일이 1935년에 간행한『儀禮要覽』, 1937년에 출판한 것으로 추정되는『生活改善儀禮要覽』, 김진효가 1939년에 발간한『儀禮備要』등을 들 수 있다. 여기서『廣禮覽』,『增補四禮便覽』, 『懸吐註解四禮便覽』,『家禮輯解』,『儀禮要覽』,『生活改善儀禮要覽』,『儀禮備要』등은 이론 위주의 자료인 반면,『考終錄』,『林下筆記』,『荷齋日記』등은 당시 실제 행했던 일생의례를 보거나 경험한 것을 기록으로 남긴 자료이다. 이론 위주의 자료도 중요하지만, 당시 실제 행했던 일생의례를 보거나 경험한 것을 기록으로 남긴 자료가 더 소중하다고 하겠다.[103]

그리고 신문(〈국민보〉, 〈동아일보〉, 〈매일신보〉, 〈시대일보〉, 〈조선중앙일보〉, 〈황성신문〉 등)과 잡지(『삼천리』, 『별건곤』, 『朝鮮』, 『朝鮮及滿洲』 등) 등을 통하여 일생의례 관련 자료들을 접할 수 있다. 이들

---

[103] 일본인들이나 서양인들이 기록으로 남긴 자료들도 있지만, 여기서는 소개를 생략하겠다.

자료들도 가치가 있지만, 태반은 단편적인 언급에 그치고 있어 아쉬움이 남는다. 이상은 개화기에서 일제강점기까지 기록으로 남기거나 발간된 일생의례 관련 자료들이다.

이후 1974년부터 문화공보부 문화재관리국에서 각 도별로『한국민속종합조사보고서』를 발간했지만, 이는 주로 1968년부터 조사한 내용들이다. 그리고 1980년 고대민족문화연구소에서『한국민속대관 1-사회구조·관혼상제』가 발행되었다. 그러나 이 책은 일제강점기 때의 조사내용도 있지만 1960년대, 특히 1970년대 조사내용이 주류를 이루고 있다.

개화기에서 일제강점기까지 일생의례 관련 자료집은 2012년 단국대학교 동양학연구원에서 발간한 2권의 자료집(『개화기에서 일제강점기까지 일생의례 관련 자료집-신문·잡지 편』;『개화기에서 일제강점기까지 일생의례 관련 자료집-일본어 잡지 편』)과 2013년 단국대학교 동양학연구원에서 발간한 1권의 번역 자료집(최인학·김민지 옮김,『조선총독부 기관지「조선」소재 혼례와 상제례』) 이외에는 아직까지 거의 없는 것으로 보인다.

(2) 연구 성과

개화기에서 일제강점기까지 일생의례에 대한 연구는 다소 미진한 실정이지만 나름대로 성과가 있다고 하겠다. 여기서는 출산의례·관례·혼례·상례·제례 등으로 나누어 연구 성과를 살펴본 후, 종합적으로 언급하겠다.

(가) 출산의례

출산의례 관련 연구 성과들 중에서 주목되는 것은 김정아·홍나영,[104] 김주희·구영본·신미경, 주영하[105] 등이다.

김정아·홍나영은 서울·경기, 충청, 강원지역의 개별면접자들과의 면담을 통해 1920~1950년대의 출산의례복은 배냇저고리와 두렁치마, 풍차바지 등이 있었음을 밝혔다. 그리고 이 시기의 출산의례 복식은 구성에 있어 세 지역이 비슷한 특징을 갖고 있으며, 출생 후 삼칠일, 백일, 첫돌까지 모든 시기마다 새로운 의복을 갖추어 입히지 않았다고 언급하였다. 그렇지만 첫돌에는 대부분 새 옷을 지어 입히고 돌잡이 등의 행사를 함께 진행하였는바, 첫돌을 중요하게 생각하였다. 그리고 대체적으로 돌 이전에는 흰 색의 옷을, 돌 이후에는 색깔 있는 옷을 입히기 시작하였다고 하였다.. 비록 전 지역을 대상으로 한 논의가 아니라는 점에서 아쉬움이 있지만, 세 지역의 출산의례복에 대한 실상을 파악하였다는데 의미가 있다고 본다.

김주희·구영본·신미경은 1930~1940년대 전후 첫 아이의 출산을 경험한 여성들을(지역·학력·종교 등 다양한 여성들과의 인터뷰) 대상으로 당시 출산 풍속의 실제적 양상을 파악하여 4가지의 연구 결과를 도출하였다. 첫째, 1930~40년대 전후 출산 풍속은 이념형과 실

---

[104] 김정아·홍나영, 「1920~1950년대의 출생의례복-중부지방을 중심으로」, 『복식』 제59집, 한국복식학회, 2009, 1~16쪽.
[105] 김주희·구영본·신미경, 「1930~1940년대 출산 풍속에 대한 사례 연구」, 『한국가족자원경영학회지』 10권 1호, 한국가족자원경영학회, 2006, 17~32쪽; 주영하, 「출산의례의 변용과 근대적 변환-1940~1990」, 『한국의 민속과 문화』 7집, 경희대 민속학연구소, 2003, 201~232쪽.

제 행위 사이에는 상당한 차이가 있었다. 출산 풍속의 각 단계에서 흔히 오랜 관습이라 여겨지던 행위들은 실제로는 크게 지켜지지 않았다. 기자의례, 태교, 금줄, 삼신상 등은 당시 이미 미약하였으며, 산모의 삼칠일 산후 조리도 절반에 불과했다. 이는 무엇보다도 당시 경제적 상황과 무관치 않으리라 생각한다. 둘째, 당시 대부분의 출산 풍속은 도농 간 큰 차이가 없는 것으로 나타났다. 다만 산파의 이용은 도시에 국한된 것으로 나타났다. 그리고 삼신상의 경우, 학력이 낮은 산모가 많이 행한 것으로 나타났다. 금줄과 삼신상을 비교해 볼때 금줄이 학력과 상관없이 더 보편적이었다. 셋째, 여성의 출산은 당시 시댁의 임무로 인식된 경향이 컸다. 이는 오늘날 친정과의 관계가 강화되는 경향과 대조적이라 할 수 있다. 넷째, 산후 조리 기간에 있어 삼칠일 이념형이 지켜지는 경우는 절반 정도에 불과했다. 이 연구는 사례조사가 갖는 일반화의 문제를 안고 있다. 당시 출산 풍속의 실태를 완전히 보여주었다고 말하기 조심스러우나 대체적으로 파악할 수 있는바 평가할만하다. 따라서 이 연구는 일제강점기 1930~40년대의 출산 풍속을 살펴볼 수 있다는 점에서 의미가 있다.

주영하는 1940년대에서 1990년대에 경기도 일대에서 이루어진 출산의례 관련 조사 분석을 통해 표면적인 변화 양상만큼 구체적인 실천적 내용에서도 변동을 가져왔다고 하였다. 일례로 祈子 관념이 일종의 종교적 신념과 같았었는데, 1940년대에 이르러 강화군에서 이러한 신념이 철저하게 지켜지지 않는 사례를 발견했다고 하였다. 그 이유는 제보자가 성공회신자였기 때문이라 하였다. 그러나 성공회의 종교적 신념과 함께 전통적 관념이 여전히 작용하고 있다고 하였다. 또 기자를 위한 치성행위는 표면적으로 덜 드러나는 양상을 보이지만, 아들 선호 관념은 여전히 유지되고 있다고 언급하였다. 주영하의 1940년대 경기도 일대의 출산의례에 대한 연구는 시기와 한정된 지역을 중심으로 논의하였다는 점에서 한계가 있지만, 나름대로 의의가 있다고 하겠다.

한편, 송재용은 일제강점기 출산의례 관련 한국어 신문 자료를 통해 임산부의 주의할 일, 태교, 태아 남녀감별법 및 아들딸 낳는 법 등을 언급하고 있는데,[106] 개화기 보다 좀 더 과학적인 인식을 바탕으로 기술하고 있다는 점 이외에는 개화기와 큰 차이는 없는 것 같다고 주장하였다. 신문 자료에 국한시킨 논의라 아쉬움이 남는다.

이상에서 보듯, 출산의례에 관한 논의는 주로 일제강점기 위주였음을 알 수 있다. 개화기의 출산의례에 대한 연구는 송재용[107]이 있지만, 19세기 왕실의 출산의례에 국한시키고 있어 논의에서 제외한다. 그만큼 개화기의 출산의례는 자료도 적을 뿐만 아니라 연구 또한 매우 미진한 실정이다.

개화기에서 일제강점기까지의 출산의례는 출산의례복, 출산장소, 산파이용, 삼신상 등에 대한 논의가 주류를 이루고 있다. 이 시기 출산의례는 대체적으로 큰 변모없이 지속되어온 듯하며, 연구 성과는 미흡한 편이다.

---

[106] 송재용, 「개화기에서 일제강점기까지 일생의례의 지속과 변용」, 『단국대학교 동양학연구원 중점연구소 연구과제 학술대회 발표집』, 단국대 동양학연구원, 2012, 7~30쪽.
[107] 송재용, 「임하필기에 나타난 의례 연구」, 『동아시아고대학』 제24집, 동아시아고대학회, 2011, 297~330쪽.

(나) 관례

관례 관련 연구 성과들 중 김혜경[108]과 송재용[109]이 주목된다.

김혜경은 1884년 갑신의제개혁으로 관복을 흑단령으로 착용하게 하였고, 官民 구분 없이 周衣를 사복으로 착용토록 하여 도포 및 창옷 등의 광수포가 착수(窄袖)로 간소화되었으며, 1894년 갑오의제개혁에서는 흑색 주의에 답호를 進宮 時 통상복으로 정하였고, 1895년 을미개혁으로 공사예복은 주의만 착용토록 하여 일반인에게까지 수용되었다고 하였다. 그리고 1920년대 관례를 행한 분들의 증언에 의하면, 자신들이 문중의 마지막 관례자일 것이라고 하였다고 한다. 이 당시 관례 복식은 지역과 나이에 따라 약간씩 차이를 보였다고 한다. 그런데 서민층 민간인의 경우 빈(賓) 없이 직접 상투를 틀기도 했고, 상투만 전문으로 틀어주는 사람을 부르기도 했다고 한다. 한편, 1930년대는 1934년 조선총독부의 의례준칙 반포와 1936년 간행된 『의례궤범』에 개량도포, 개량단령을 제시하여 조선인 남자의 통용예복으로 착용토록 하였으며, 관례 복식의 경우에도 조선복, 和服(일본복), 양복으로 구분하여 제시하였다. 개화기에서 일제강점기까지의 관례는 점차 사라져가는 단계로, 양반 가문에서조차 행한다고 해도 三加를 單加로 하여 축사만 3번 베풀 뿐이었다고 한다. 그리고 복식은 상투를 틀고 망건을 씌운 다음 관례자가 어릴 경우에는 초립을 썼으며,

108 김혜경, 「전통관례와 현대 성년례 복식 연구」, 성균관대대학원 박사학위논문, 2008, 1~122쪽.
109 송재용, 앞의 논문, 「개화기에서 일제강점기까지 관·혼·상·제례의 지속과 변용」, 155~191쪽.

그렇지 않을 경우에는 갓을 씌웠고, 의복은 도포나 전복(戰服) 또는 주의(周衣)를 입혔던 것으로 보인다고 하였다. 주로 복식 중심의 논의라 아쉽지만, 개화기에서 일제강점기까지의 관례의 실상을 파악할 수 있어 그 의의가 크다고 하겠다.

송재용은 개화기 및 일제강점기에 간행된 의례서, 실제 관례를 행했던 사실을 기록한 자료, 서양인이 기록한 관례 관련 자료 등을 중심으로 지속과 변용에 대하여 살펴보았다. 그 결과 관례는 개화기뿐 아니라 단발령 이후 일제강점기, 특히 일제강점기에 행하지 않는 사람들이 많았지만, 행하는 경우 새롭게 변용되거나 또는 혼례의 선행의식으로 약식화 되거나 흡수되고 말았다.(관례는 극히 일부이지만 해방된 후 1940년대 말까지도 행했던 것으로 보인다.)고 논하였다. 나름대로 의미 있는 논의라 할 수 있다.

개화기에서 일제강점기까지의 관례는 복식 위주의 논의가 대부분이다. 이 시기 관례는 특히 단발령 이후 변모를 보였는데, 연구 성과는 다소 미진한 실정이다.

(다) 혼례

혼례 관련 연구 성과들 중에서 눈길을 끄는 것은 이정숙,[110] 송명견,[111] 은영자,[112] 박정자,[113] 강병식,[114] 유가효,[115] 김주희,[116] 김선령,[117]

---

110 이정숙, 「조선후기 의례서에 나타난 혼례 연구」, 원광대동양학대학원 석사학위논문, 2010, 1~89쪽.
111 송명견, 「우리나라 혼례복 변천에 관한 일 연구-개화기 이후의 혼례복을 중심으로」, 이화여대교육대학원 석사학위논문, 1974, 1~58쪽.
112 은영자, 「우리나라 혼례복의 변천에 관한 연구-개화기 이후를 중심으로」, 『과학논

김현주,[118] 이영수·최인학,[119] 이영수,[120] 송재용[121] 등을 들 수 있다. 이 중 이정숙, 은영자, 박정자, 김주희, 김선령, 이영수, 송재용 등이 주목된다. 이를 간단히 살펴보기로 하자.

이정숙은 조선 후기 의례서를 중심으로 혼례 양상을 비교 분석하였는데, 그 결과 혼인의 형태는 그 시대의 사회구조와 밀접한 관련을 가지고 있다고 논하였다. 논자는 조선 후기 의례서 가운데 개화기 때의 의례서로 권혁수의『廣禮覽』을 높이 평가하였다. 이론 중심의 의례서라는 점에서 아쉬움이 남지만, 그럼에도 개화기 때의 유가적 의례의 이론적 측면을 살펴볼 수 있어 의미가 있다.

은영자는 개화기 이후를 중심으로 우리나라 혼례복의 변천과정을 연구하였는데, 갑오경장 이후부터 1910년대까지는 전통식 결혼

집』제26집, 계명대 생활과학연구소, 2000, 86~104쪽.
113 박정자,「개화기 이후 한국 혼례복식의 변천요인과 미적특성 연구」, 세종대학원 박사학위논문, 2003, 1~126쪽.
114 강병식,「일제하 한국에서의 결혼과 이혼 및 출산 실태연구」,『사학지』제28집, 단국대 사학회, 1995, 419~447쪽.
115 유가효,「일제시대 결혼결정과정을 통해서 본 결혼문화의 변화」,『한국학논집』36집, 계명대 한국학연구원, 2008, 417~450쪽.
116 김주희,「일제 후반기 결혼 예식과 혼수에 대한 사회사적 고찰」,『가족과 문화』15-3, 한국가족학회, 2003, 87~110쪽.
117 김선령,「일제강점기 이후 한국 혼례 양상의 변화에 관한 연구」, 원광대동양학대학원, 석사학위논문, 2011, 1~57쪽.
118 김현주,「제국신문에 나타난 혼인제도와 근대적 파트너십」,『한국근대문학연구』23집, 한국근대문학회, 2011, 123~160쪽.
119 이영수·최인학,「일제강점기 혼례문화의 지속과 변용」,『아시아문화연구』30호, 가천대 아시아문화연구소, 2013, 219~254쪽.
120 이영수,「개화기에서 일제강점기까지 혼인유형과 혼례식의 변모양상」,『아시아문화연구』28호, 가천대 아시아문화연구소, 2012, 151~184쪽.
121 송재용, 앞의 논문,「개화기에서 일제강점기까지 관·혼·상·제례의 지속과 변용」, 155~191쪽.

이 예배당 결혼, 개량 결혼 등 신식 결혼으로 간소화되어 갔다고 언급하였다. 특히 1910년 8월 29일 경술국치 이후 한복 붐이 일어났는데, 이를 애국심의 발로로 파악하였다. 그리고 1920년대는 여성의 사회적 지위가 향상되고 개화에 눈을 뜨자 양장 착용이 다시 성행하면서 결혼식에도 신식 붐이 유행하게 되어 서양식 혼례복을 갖추게 되었다고 하였다. 1930년대는 결혼식도 신식 결혼으로 midi dress 차림의 결혼을 한 예도 볼 수 있었다고 한다. 1940년대는 1930년대 이후 양장의 파급 및 신식결혼을 많이 했으나 그대로 한복 착용이 많았으며, 한복에 veil을 쓰던 신부복에는 큰 변화가 없었고, 이 무렵은 화관을 머리 위에 쓰고 veil은 따로 떨어져 머리 뒤에 부착시킨 것이 일반적인 모습이며, 손에 든 꽃다발이 가장 컸던 시대라고 하였다. 이처럼 개화기 이후 30년간은 여성혼례복은 한복(흰 치마저고리)이 주류를 이루었으나, 그 이후부터는 일반적인 서양드레스가 지속적으로 발전하였다. 개화기와 일제강점기의 혼례복에 대한 전반적인 논의는 의미가 있을 뿐만 아니라 높이 평가된다.

박정자는 1890년부터 1920년대까지를 서구 혼례 복식 도입기로 파악하였는데, 이 시기 혼례식 장소가 신부의 집이 아닌 교회나 공공 장소라는 점과, 혼례 복식의 특징을 보면 신부는 흰색 한복에 베일을 깊게 쓴 절충식 혼례 복식을 착용하였고, 신랑의 복식은 두루마기를 입기도 하나 서양식 양복도 입었다고 한다. 그리고 논자는 1930년대부터 1950년대까지를 서구 혼례 복식과 전통 혼례 복식의 절충적 시기라고 주장하였다. 이 시기는 신랑과 신부의 혼례복이 지방마다 조금씩 달랐지만, 이렇다 할 큰 특징은 보이지 않는다고 하였다. 서울과 지방을 아우른 전반적인 논의는 소략한바 아쉽다. 그러나 지방 중심의 신랑·신부 혼례 복식에 대한 논의는 평가할 만하다.

김주희는 문헌조사와 사례조사를 통하여 일제강점기, 특히 1930년 대와 1940년대의 결혼의식의 내용과 그 변화양상, 그리고 혼수에 대하여 살펴보면서 특히 신식 혼인이 지니는 사회사적 의미를 분석하였다. 그 결과 혼례가 그 시대의 문화적 변동에 가장 민감하게 반응하는 사건임을 다시 한 번 확인할 수 있었다. 그러나 논자의 고백처럼 일제 전반부에 대한 실증적 자료를 구하지 못한 점과 사회경제적 현상과 연구의 주제를 충분히 엮어 검토하지 못한 점 등은 한계이다. 그럼에도 불구하고 논자는 1930~1940년대의 결혼의식과 그 변화양상, 그리고 이 시기 혼수의 내용 등을 파악하였고, 신식 혼인의 사회사적 의미까지 살펴볼 수 있었다는 점 등에서 평가된다.

김선령은 일제강점기 이후 혼례양상과 혼례절차를 일제강점기 의례준칙의 시행과 혼례절차, 전통혼례, 종교혼례, 예식장혼례, 혼례 절차의 비교 등으로 세분하여 언급하였다. 그 결과 의례준칙 전문에 제시된 혼례는 전통혼례절차와 많은 차이를 보였다고 언급하였다. 그러나 비록 일제의 간섭이 있었지만 그대로 행해진 것은 아니었다. 그리고 전통혼례의 경우 지역별로 의례에 대한 일제의 간섭이 계속되었지만, 우리의 전통혼례의 기본을 지키는 가운데 지역마다 집안마다 차이를 보였다고 하였다. 종교혼례의 경우 점차 늘어나는 종교인들이 각 종교혼례를 선호하게 되었는데, 이는 남존여비사상에서 남녀평등사상으로 변한 결과라고 할 수 있다. 예식장혼례의 경우 새로운 혼례문화로 정착되어갔지만, 그 배경은 경술국치 후 일본이

한국의 문화적 전통인 관혼상제를 규제하는 '가정의례준칙'이라는
데 있다. 혼례절차의 비교의 경우 개화기 이후 예식장혼례와 종교혼
례를 선호하는 사람들은 늘어난 반면, 전통혼례를 행하는 사람들은
줄어들었다. 그리고 전통혼례가 형식에 의미를 부여한 형태라면, 예
식장혼례는 형식적인 면을 간소화한 법적 규칙을 이행하는 형태였
고, 종교혼례는 종교혼례에 예식장혼례를 부분 흡수한 형태였다고
하였다. 일제강점기 이후 혼례양상과 혼례절차를 세분하여 체계적
으로 언급하였는바 높이 평가된다. 아울러 일제강점기 혼례를 파악
할 수 있는 연구라는 점에서 의의가 있다.

이영수는 전통혼례에서 신식혼례로 전환하는 과정에서 중요한
역할을 한 혼인유형과 혼례식의 변모양상에 대하여 신문과 잡지 등
을 중심으로 살펴보았다. 논자는 혼례 중에서 가장 큰 변화를 겪는
것 중의 하나인 혼인유형을 혼인유형의 여명기(1890년대~1910년대
중반), 혼인유형의 과도기(1910년대 중반~1920년대), 혼인유형의 정
착기(1930년대 이후)로 나누어 살펴보았다. 그리고 혼례식의 변모양
상을 혼례장소와 형태, 실태, 예식문화 등에 초점을 맞추어 논의하
였다. 논자의 고백대로 혼례문화 전반에 걸친 변화양상을 고찰하지
않아 아쉬움이 남는다. 그러나 혼인유형과 변모양상을 살펴볼 수 있
어 평가할 만하다.

송재용은 개화기와 일제강점기에 발간된 의례서, 실제 혼례를 행
했던 사실을 기록한 자료, 신문, 잡지 등을 중심으로 혼례의 지속과
변용에 대하여 살펴보았다. 그 결과 개화기는 일제강점기와 달리 변
모는 되었지만 크게 변모되지 않았던 것으로 보인다. 그러나 갑오 1

차 개혁과 함께 서양문물의 유입과 근대화 과정, 그리고 당시의 시대적 상황과 흐름, 당대인들의 인식태도 등에서 변화는 필연적이었다고 보았다. 그런데 그것이 자의에 의한 것이 아니라는데 문제가 있으며, 일본의 조선 강점은 우리 전통혼례에 대한 강제적 전환이라 할 수 있다고 하였다. 결국 일제강점기에 이르러서는 일본의 강압에 의해 우리의 전통혼례는 변용될 수밖에 없었다. 비록 일본에 의해 변용되었지만, 나름대로 개선하려는 노력도 있었고, 또 일부(주로 지방이나 시골)에서는 우리의 전통혼례를 고수하려고도 하였다고 논하였다. 개화기에서 일제강점기까지의 혼례 전반에 대한 논의였다는 점에서 평가할 만하며, 의미 있는 연구라 하겠다.

개화기에서 일제강점기까지의 혼례는 혼례복식, 혼수, 혼인유형, 혼례양상과 절차 등의 논의가 주류를 이루고 있다. 이 시기 혼례는 변화를 보이고 있다. 그러나 혼례문화 전반에 대한 좀 더 체계적이고 심도 있는 연구는 이루어졌다고 보기 어렵다. 하지만 연구 성과는 높이 평가된다.

(라) 상례

상례 관련 연구 성과들 가운데 김미영,[122] 김시덕,[123] 박종천,[124] 염

122 김미영, 「조선후기 상례의 미시적 연구-정재 류치명의 상례일기 고종록을 중심으로」, 『실천민속학연구』 제12집, 실천민속학회, 2008, 237~275쪽.
123 김시덕, 「현대 한국 상례문화의 변화」, 『한국문화인류학』 40-2, 한국문화인류학회, 2007, 321~349쪽.
124 박종천, 「상·제례의 한국적 전개와 유교의례의 문화적 영향」, 『국학연구』 제17집, 한국국학진흥원, 2010, 363~397쪽.

원희,[125] 송재용[126] 등이 눈에 뜨인다.

김미영은 1861년 7월 20일부터 10월 9일까지 류치명의 임종 순간과 이후에 거행된 일련의 의례과정을 기록한 상례일기『고종록』에서 의례수행과정, 특히 임종에서 부제, 행례 논쟁과 변례의 생성 등을 중심으로 언급하였다. 이 연구는 개화기 사대부가(특히 경상도 지역)의 상례의 실상을 살펴볼 수 있어 높이 평가된다.

김시덕은 한국 상례문화에 초점을 맞추어 논의하는 가운데 개화기에서 일제강점기의 경우는 장법의 변화에 대하여 주로 국한하여 언급하였다. 개괄적인 논의로 아쉬움이 남지만, 나름대로 의미는 있다고 본다.

박종천은 상·제례의 한국적 전개와 유교의례의 문화적 영향을 논의하는 가운데 근대화에 따른 전통 상례의 변화에 대하여 개괄적으로 언급하였다. 논자는 개화기에서 일제강점기까지의 상례는 심한 변형을 겪으면서도 유교적 성격을 어느 정도 유지하고 있었다고 하였다. 그런데 일제강점기 때 전통적 상례의 변화를 가져온 획기적 계기는 1934년에 반포된 '의례준칙'이라고 하였다. 이후 유교적 상례는 조선총독부의 주도로 본격적인 변모를 시작하였다고 언급하였다. 비록 개략적인 논의로 아쉬움이 남지만, 나름대로 평가할 만하다.

---

[125] 염원희, 「전통 상례의 변화를 통해 본 일제의 조선 인식-일제강점기 신문, 잡지 기사를 중심으로」, 『어문논집』 52집, 중앙어문학회, 2012, 253~284쪽.
[126] 송재용, 앞의 논문, 「개화기에서 일제강점기까지 관·혼·상·제례의 지속과 변용」, 155~191쪽.

　염원희는 일제강점기 신문, 잡지 기사를 중심으로 전통상례의 변화를 통해 일제의 조선인식에 대하여 살펴보았다. 논자는 신문, 잡지 기사에서 조선의 상례를 허례의식과 미신, 위생의 문제로 치부하여 다분히 전통상례의 가치를 폄하하고자 했던 일제의 의도를 엿볼 수 있었으며, 의타주의에 젖은 조선인을 계도해야할 식민 정부의 당위성을 부각하고자 하였음을 확인할 수 있었다고 언급하였다. 상례문화 전반에 대한 고찰이 아니라는 점에서 아쉽다. 그러나 전통상례의 변화를 통해 일제의 조선인식에 초점을 맞춘 논의는 나름대로 평가할 만하다.

　송재용은 실제 상례를 행했던 사실을 기록한 자료, 신문과 잡지, 서양인이 기록으로 남긴 상례 관련 자료 등을 중심으로 상례의 지속과 변용에 대하여 살펴보았다. 그 결과 개화기는 큰 변모가 없는 편인 것 같다고 하였다. 하지만 일제강점기에는 일본에 의해 강제적으로 많은 변모를 하였는데, 특히 1934년에 공포한 의례준칙은 결정적이라고 언급하였다. 그러나 우리의 전통상례는 변용은 있었지만, 기본적인 틀은 쉽게 바뀌지 않았던 것으로 보인다고 하였다. 개화기에서 일제강점기까지의 상례에 대한 전반적인 논의였다는 점에서 의미 있는 연구라 하겠다.

　개화기에서 일제강점기까지의 상례는 상례의 실상과 장법의 변화 등에 대한 논의가 주를 이루고 있다. 그리고 이 시기 상례는 변용이 있었다. 그러나 상례문화 전반에 대한 세부적이고 체계적이며 심도 있는 연구는 이루어지지 않았다. 그럼에도 기존의 연구 성과는 평가할 만하다.

(마) 제례

제례 관련 연구 성과들 중에 최배영,[127] 박종천,[128] 송재용[129] 등이 눈에 뜨인다.

최배영은 사례조사를 통해 조선후기 서울 양반가의 제례 가운데 기제의 준비 및 제수를 중심으로 살펴보았다. 논자는 사례분석을 통해 특히 서울 양반가의 기제사 절차를 비롯하여 祭服과 祭具 등이 매우 정형화된 특징을 갖고 있으며, 제수도 사치스럽지 않고 살아 계신 어른이 드시는 진짓상 차림과 같이 준비됨을 알 수 있었다고 하였다. 개화기 양반가의 제례문화에 대한 전반적인 검토가 이루어지지 않았는바 아쉬움은 있지만, 개화기 서울 양반가의 제례의 일면을 엿볼 수 있다는 점에서 나름대로 평가할 만하다.

박종천은 상·제례의 한국적 전개와 유교의례의 문화적 영향을 논의하는 가운데 근대화에 따른 전통 제례의 변화에 대하여 개괄적으로 언급하였다. 그는 개화기에서 일제강점기까지의 제례는 기본적인 형식적 구조를 지키면서도 세부적인 부분에서 상당히 형식적 변화를 겪고 있다고 하였다. 그런데 일제강점기 때 전통적 제례의 변화를 가져온 획기적 계기는 1934년에 반포된 '의례준칙'이라고 하였다. 이후 유교적 제례는 조선총독부의 주도로 본격적인 변모를 시작

127 최배영, 「조선후기 서울 반가의 제례-기제의 준비 및 제수를 중심으로」, 『유교사상연구』 제16집, 한국유교학회, 2002, 107~127쪽.
128 박종천, 「상·제례의 한국적 전개와 유교의례의 문화적 영향」, 『국학연구』 제17집, 한국국학진흥원, 2010, 363~397쪽.
129 송재용, 앞의 논문, 「개화기에서 일제강점기까지 관·혼·상·제례의 지속과 변용」, 155~191쪽.

하였다고 하였다. 비록 개괄적인 논의로 미흡한 면이 있지만, 평가할
만하다.

송재용은 실제 제례를 행했던 사실을 기록한 자료, 신문과 잡지,
서양인이 기록으로 남긴 제례 관련 자료 등을 중심으로 제례의 지속
과 변용에 대하여 살펴보았다. 그 결과 개화기 때는 큰 변모가 없었
던 것으로 보이나, 일제강점기의 경우 변용은 있었지만 혼례나 상례
보다는 변용이 적었다고 파악하였다.

개화기에서 일제강점기까지의 제례는 제수 및 기제사 절차와 제
례의 변모 등에 대한 논의가 주류를 이루고 있다. 그런데 일제강점기
때 변모가 있었지만, 혼례나 상례보다는 큰 변화는 적었던 것으로 보
인다. 그리고 제례문화 전반에 대한 세부적이고 체계적이며 밀도 있
는 연구가 이루어지지 않아 아쉬움이 있지만, 기존의 연구 성과는 나
름대로 평가할 만하다.

이외 수연례의 경우, 송재용[130]은 일제강점기 한국어 신문 자료를
보면, 우리식 회갑잔치와 회갑잔치 유행풍조, 이와는 반대로 회갑연
대신 그 비용으로 수재민이나 가난한 사람들에게 구호성금을 기탁
하거나 세금을 대납하는 경우 등을 언급하고 있어 그 양면성을 엿볼
수 있다고 하였다. 그러나 개화기에서 일제강점기까지의 수연례에
대한 연구는 자료도 별로 없는 상황에서 논하기가 어려운 실정이다.

다음은 개화기와 일제강점기까지 일생의례를 전반적으로 다룬 연

---

130 송재용, 앞의 글, 「개화기에서 일제강점기까지 일생의례의 지속과 변용」, 『단국대
학교 동양학연구원 중점연구소 연구과제 학술대회 발표집』, 7~30쪽.

구 성과로는 서종원[131]과 송재용[132]을 들 수 있다.

서종원은 일제강점기를 중심으로 근대적 사고를 통해 근대시기 일생의례의 변화양상을 고찰하였다. 논자는 일생의례가 이 시기에 사라지거나 다른 양상으로 대체되었으며, 또 허례의식을 줄이고 의례를 간소화하는 방향으로 많이 변화하였다고 하였다. 그리고 개인주의와 자유주의 사고는 혼례문화에 많은 영향을 주었으며, 위생문화에 대한 관심이 높아지면서 火葬문화가 등장한 것도 일정부분 이러한 사고와 관련된 것으로 파악하였다. 주로 일제강점기에 국한하여 일생의례를 개괄적으로 다루었는바 아쉽다. 그리고 근대라는 시기에 대한 개념정립이 분명하지 않다. 그럼에도 불구하고 일제강점기의 일생의례 전반을 논의했다는 점에서 나름대로 의미는 있다고 본다.

송재용은 개화기와 일제 강점기에 간행된 일생의례 관련 이론서, 실제 일생의례를 행했던 사실을 기록한 자료, 신문과 잡지, 서양인이 기록으로 남긴 일생의례 관련 자료 등을 중심으로 일생의례의 지속과 변용에 대하여 살펴보았다. 논의한 사항들을 요약 제시하면 다음과 같다. 출산의례는 대체적으로 큰 변모없이 지속되어온 것으로 보인다. 반면 관례는 개화기 뿐 아니라 단발령 이후 특히 일제강점기

---

[131] 서종원, 「근대적 사고를 통해 본 근대시기 일생의례의 변화양상 고찰」, 『단국대학교 동양학연구원 중점연구소 연구과제 학술대회 발표집』, 단국대 동양학연구원, 2012, 83~99쪽.

[132] 송재용, 앞의 글, 「개화기에서 일제강점기까지 일생의례의 지속과 변용」, 『단국대학교 동양학연구원 중점연구소 연구과제 학술대회 발표집』, 7~30쪽; 송재용, 앞의 논문, 「개화기에서 일제강점기까지 관·혼·상·제례의 지속과 변용」, 155~191쪽.

에 행하지 않는 사람들이 많았지만, 행하는 경우 새롭게 변용되거나 또는 혼례의 선행의식으로 약식화 되거나 흡수되고 말았다. 혼례의 경우 개화기에는 일제강점기와는 달리 변모는 되었지만 크게 변모되지는 않았던 것으로 보인다. 그러나 갑오 1차 개혁과 함께 서양문물의 유입과 근대화 과정, 그리고 당시의 시대적 상황과 흐름, 당대인들의 인식태도 등에서 변화는 필연적이었다고 본다. 그런데 그것이 자의에 의한 것이 아니라는데 문제가 있다. 일본의 조선 강점은 우리 전통혼례에 대한 강제적 전환이라 할 수 있다. 결국 일제강점기의 경우, 일본의 강압에 의해 우리의 전통혼례는 변용될 수밖에 없었다. 비록 일본에 의해 변용되었지만, 나름대로 개선하려는 노력도 있었고, 또 주로 지방이나 시골에서는 우리의 전통혼례를 고수하려고도 하였다. 상례는 개화기에는 큰 변모가 없는 편이었던 것 같다. 그러나 일제강점기에는 일본에 의해 강제적으로 많은 변모를 하였다. 특히 1934년에 공포한 〈의례준칙〉은 결정적이라 할 수 있다. 그렇지만 우리의 전통상례는 변용은 있었지만, 쉽게 바뀌지는 않았던 것 같다. 제례는 개화기 때는 그렇게 큰 변모는 없었던 것으로 보인다. 그리고 일제강점기의 경우, 변용은 있었지만 혼례나 상례보다는 변용이 적었다. 끝으로 짚고 넘어갈 것은 일제에 의해 비록 강제적으로 시행된 〈의례준칙〉이지만, 조혼의 습속을 없애려 했고, 번거로운 상례절차를 간소화하려고 했다는 점 등은 어찌되었든 시대적 추이로 볼 때도 나름대로 인정할 필요가 있다고 주장하였다. 일생의례에 대한 좀 더 체계적인 정치한 연구가 아쉽다. 그러나 일생의례의 지속과 변용에 초점을 맞추어 전체적인 측면에서 조망한 것은 인정할 만하

다. 따라서 개화기에서 일제강점기까지 일생의례에 대해 전반적으
로 비교적 심도 있게 다루었는바 그 의의가 크다고 하겠다.

한편, 개화기 서양인들의 한국의 일생의례에 대한 연구는 랜디스
의 일생의례 관련 논문들을 제외하고는 거의 찾아볼 수 없다. 랜디스
는 3편의 논문[133]을 발표한 바 있다. 이들 논문들을 살펴보면, 한국의
의례 문화에 대한 랜디스의 지식이 거의 전문가적 수준이라는데 놀
라움을 금할 수 없다. 이에 대해 간단히 살펴보기로 하자.[134]

관·계례의 경우 랜디스는 고대와 당시의 관·계례 의식절차를 매
우 상세하게 설명하였다. 그는 주로 양반계층의 관·계례 절차와 방
식을 기술하였는데, 고대와 당시의 의식절차도 간간이 간단히 비교
설명하였다. 특히 상례의 경우 랜디스는 상례의 전통적 의식절차와
방법 등을 포함한 제반사항들을 매우 상세하면서도 정확하게 언급

---

[133] Mourning and Burial Rites of Korea, Journal of the Anthropological Institute, London 25, May, 1896. pp.340~361; Native Dyes and Methods of Dying in Korea, Journal of the Anthropological Institute, London 26, May, 1897, pp.453~457; The Capping Ceremony of Korea, Journal of the Anthropological Institute, London 27, May, 1898, pp.525~531.

[134] 필자는 랜디스의 한국 의례 관련 3편의 논문을 2003년 2월 하버드대 와이드너 도서관에서 발굴하여 학계에 소개한바 있다.
랜디스(Eli Barr Landis. 1865. 12. 18~1898. 4. 16)는 한국 초대 성공회 주교인 고요한(Bishop John Corfe) 등 6명의 선교사·의사들과 1890년 인천 제물포로 들어왔다. 랜디스는 인천지역에 정착하며 의술과 선교활동을 하면서, 인천 최초의 서구식 병원(성누가병원 : 일명 약대인 병원→약대인이란 서양의사라는 뜻으로 랜디스에 대한 존칭으로 불리어진 이름)을 연 장본인이었으며, 인천 최초의 영어 학교와 고아원을 개설 운영하였다. 그는 자신의 건강을 돌보지 않고 헌신적인 봉사를 해오다가 1898년 과로로 사망하였다. 랜디스는 인천지역 사회발전에 지대한 공을 세운 인물로, 그의 묘는 인천시 연수구 청학동 외국인 묘지에 있다. 그는 〈임경업전〉 등을 영문으로 번역 소개하기도 하였다.(송재용, 『개정증보판 한국 의례의 연구』, 박문사, 2010, 431쪽.)

하였다. 랜디스의 상례 관련 논문은 다른 의례 관련 논문보다 더 밀도 있게 다루고 있어 높이 평가된다. 그러나 랜디스는 관·계례의 본질적 의미나 성인으로서의 책무 등에 대한 보다 심화된 논의를 하지 못하였고, 상례에 대한 논의 시 문헌(아마『주자가례』,『가례즙람』,『사례편람』인 듯 : 유식한 한국인의 도움을 받은 것 같음) 위주의 논의로 현장론적 측면에서 아쉬움을 남기고 있다. 랜디스가 당시 우리나라 상례의 실상을 정밀하게 관찰 파악하여 이를 문헌자료와 함께 논문에 반영했더라면 매우 수준 높은 논문으로 평가되었을 것이다. 그럼에도 불구하고 랜디스와 그의 의례 관련 논문들은 한국 민속학사나 한국 의례사에서 평가할 필요가 있다.

그리고 송재용은 2편의 논문[135]을 통해 개화기 서양인이 본 한국의 의례(주로 관·혼·상·제례)에 대한 전반적인 검토와 이를 토대로 서양인의 한국 의례에 대한 이해와 인식, 그리고 그 의미와 한계를 구명하였다.[136] 개화기 서양인의 한국 의례에 대한 연구에 있어 최초

---

135 송재용,「구한말 서양인이 본 한국의 의례 일고찰」,『동양학』제36집, 단국대 동양학연구소, 2004, 45~74쪽; 송재용,「개화기 서양인의 한국 의례에 대한 인식과 그 의미」,『동양학』제38집, 단국대 동양학연구소, 2005, 291~301쪽.

136 참고로 개화기에 한국을 방문한 서양인들은 우리의 전통의례에 대해 긍정적 평가 또는 부정적 평가를 내리고 있다. 이러한 평가는 기록자에 따라 차이를 보이고 있다. 그 요인으로는 체류기간과 체험의 깊이, 성별, 정보수집 경로, 직업이나 여행목적, 식견이나 개인적 태도 등을 들 수 있다. 문제는 이들 대부분이 근본적으로 서양 중심적 사고 내지는 오리엔탈리즘 등과 같은 서양우월주의 시각을 보이고 있다는 점이다. 특히 부정적 시각의 경우 문화적·인종적·지적 우월감과 종교적 선입견 등이 작용한 때문으로 보인다. 따라서 이러한 요인들이 한국의 전통의례를 잘못 이해했던 주원인이었던 것 같다. 아무튼 서양인들은 우리 전통의례의 근원적인 의미나 본질 등에 대해서는 전문가 수준의 랜디스를 제외하고는 대부분 이해하지 못한 것으로 보인다. 그리고 서양인들이 쓴 한국의 일생의례 관련 기록물들을 검토하는 데에는 매우 신중한 접근태도가 요망된다. 그것은 기록자가 의도적이었든

의 본격적 논문들이라 할 수 있다. 그리고 이 논문들은 개화기 당시의 우리의 의례 관련 자료가 매우 적은 상황에서 당시의 의례문화를 조망하고 있어 평가할 만하다. 특히 서양인들의 기록을 통해 당시 우리의 의례 일부가 변화·변형되었음을 밝혔을 뿐 아니라, 양반계층과 평민계층의 의례문화를 파악하는데도 참고가 된다는 점에서 그 의의가 있다. 그러나 한국인과 서양인들의 자료를 통해 당시의 의례문화를 좀 더 심도 있고 정밀하게 파악하는데 소홀했다는 점을 지적할 수 있다. 그럼에도 불구하고 개화기 서양인들의 우리 의례 관련 기록을 본격적·선구적으로 연구를 하였다는 점에서 높이 평가된다.

다음은 동양학연구원에서 수행중인 한국연구재단 중점연구소 지원 연구과제의 일생의례 관련 연구 성과물에 대해 살펴보겠다. 2014년 7월 현재까지의 연구 성과물은 2권의 자료집[137]과 1권의 번역 자료집,[138] 그리고 1권의 연구서[139] 등이 있다. 2권의 자료집은 개화기에

아니었든 간에 소위 오리엔탈리즘과 서양 중심의 편향된 인식태도 등을 기초로 기술하였다면 상당한 위험성을 내포하고 있기 때문이다. 그리고 그리피스나 케난, 커즌처럼 민속 관련 기록물(대부분 소략)이 직접적인 관찰이나 체험이 아니라 주로 일본을 통해서 수집하여 쓴 것이라면(특히 그리피스) 굴절된 정보에 의한 기록으로 객관성이 결여된바 신빙성이 없다(일제강점기에 서양인들이 쓴 기록물 대부분이 그러한바 참고 시 주의를 요하거나 참고할 필요가 없다.)고 하겠다.(송재용, 「개화기 서양인들과의 민간문화 교류 : 평가와 제안-민속분야」, 『퇴계학연구』 제22집, 단국대 퇴계학연구소, 2008, 37~50쪽.)

[137] 단국대 동양학연구원, 『개화기에서 일제강점기까지 일생의례 관련 자료집-신문·잡지 편』, 채륜, 2012, 1~197쪽; 단국대 동양학연구원, 『개화기에서 일제강점기까지 일생의례 관련 자료집-일본어 잡지 편』, 채륜, 2012, 1~492쪽.)

[138] 최인학·김민지 옮김, 『조선총독부 기관지 「조선」 소재 혼례와 상제례』, 채륜, 2013, 1~235쪽.

[139] 송재용·최인학·주영하 외 8인, 『일생의례로 보는 근대 한국인의 삶』, 채륜, 2013, 1~328쪽.

서 일제강점기까지 신문·잡지에 실린 일생의례 관련 기사를 수집 정리하여 해제를 붙여 발간한 책이다. 조선총독부에서 발간한 자료와 당시 일생의례의 실체를 파악할 수 있는 정책자료 등이 누락되어 아쉽다. 그리고 특히 일생의례 관련 자료를 신문, 잡지에 국한시킨 것은 일정한 한계가 있다고 본다. 그러나 신문·잡지에 게재된 일생의례 관련 기사를 체계적·세부적으로 수합 정리하였다는 점에서 자료적 가치와 함께 의의가 있다. 그리고 1권의 번역 자료집은 조선총독부 발행의 『조선』 잡지에 게재된 논문들 가운데 일본어로 기술된 혼례와 상례 관련 5편의 논문(2편 이능화, 아키바 다카시, 젠쇼 에이스케, 호시노 데루오키 각 1편)을 우리말로 번역한 책(원문 수록 및 일제강점기 한국의 혼례제도와 장례의식에 대한 한국 및 일본 학자들이 쓴 논문제목 열거)이다. 일제강점기 당시의 한국과 일본의 민속학자들이 쓴 논문을 국역하여 소개하였는바 의미가 있다고 하겠다. 끝으로 1권의 연구서는 개화기에서 일제강점기까지의 일생의례 관련 연구논문들 가운데 선별하여 출판한 연구서이다. 그리고 저자들 중에는 본 중점과제에 참여하지 않은 연구자도 있고, 다소 체계적이지 못하다는 점 등에서 아쉬움이 남는다. 그러나 일생의례 전반을 논의하였는바 높이 평가된다.

　이상에서 보는 바와 같이, 개화기에서 일제강점기까지의 일생의례에 대한 연구 성과는 세부적이고 체계적이며 총체적인 연구를 요하지만, 의의도 있고 평가할 만하다.[140]

---

140 개화기에서 일제강점기까지의 일생의례에 대한 연구사는 연구가 미진한 상태에

3) 맺음말

필자는 개화기에서 일제강점기까지 일생의례 연구사에 초점을 맞추어 살펴보았다. 앞에서 논의한 사항들을 종합 요약하여 결론으로 삼겠다.

개화기와 일제강점기는 격변과 굴욕의 시기요 근대화되는 시기이기도 하다. 이러한 시기에 국내외 상황이나 배경, 기독교와 천주교의 포교활동과 서양문물의 유입, 그리고 국내의 주요 사건이나 정책, 당대인들의 인식태도 등은 우리 일생의례의 지속과 변용에 영향을 줄 수밖에 없었다. 특히 일본의 조선 강점은 일생의례의 변용에 결정적인 계기가 되었다. 그런데 그 변용이 급박하게 변화하는 시대 흐름 속에서 자발적이 아닌 강압적이라는데 문제가 있는 것이다. 그럼에도 불구하고 우리 일생의례는 이 같은 상황 속에서 나름대로 지속과 변용을 하였다고 본다.

자료의 경우, 현재 학계에 소개된 자료는 별로 많지 않다. 소개된 자료의 경우도 신문·잡지에 게재된 일생의례 관련 기사가 대부분이며, 의례(관·혼·상·제례) 관련 이론서는 약간 정도이다. 그러나 당시 실제로 행했던 일생의례를 보거나 경험한 것을 기록으로 남긴 자료는 드물다. 그러므로 다양한 자료[당시의 의례 관련 이론서, 실제로 일생의례를 행하거나 본 것을 기록한 문헌(특히 일기 류)[141], 신문·잡

서 연구사를 논하기에는 다소 미흡할지 모르지만, 좀 더 심층적·세부적·종합적인 논의를 위해서는 현 시점에서 기존의 연구 성과를 점검할 필요가 있다. 그러므로 이 시기의 연구사에 대한 논의는 나름대로 의의가 있다고 본다.

지에 게재된 일생의례 관련 기사, 일본인과 서양인이 쓴 우리의 일생
의례 관련 기록 등)를 발굴 소개해야 한다. 특히 실제로 행하거나 본
것을 기록한 자료의 발굴 및 소개가 시급하다.

　연구 성과의 경우, 출산의례는 출산의례복, 출산장소, 산파이용,
삼신상 등에 대한 논의가 주류를 이루고 있다. 관례는 복식 위주의
논의가 대부분이다. 혼례는 혼례복식, 혼수, 혼인유형, 혼례양상과
절차 등의 논의가 주류를 이루고 있다. 상례는 상례의 실상과 장법
의 변화 등에 대한 논의가 주를 이루고 있다. 제례는 제수 및 기제사
절차와 제례의 변모 등에 대한 논의가 주류를 이루고 있다. 개화기에
서 일제강점기까지의 일생의례는 대체적으로 볼 때 미흡하지만 어
느 정도 성과(특히 혼례)를 이룬 것으로 보인다.

　그러나 지역별·계층별 연구도 미진할 뿐만 아니라, 출산의례·관
례·혼례·상례·제례·수연례에 대한 개별적이며 체계적인 심도 있는
연구도 미흡한 실정이다. 특히 일생의례 전반에 대한 체계적이며 종
합적인 연구는 매우 미진하다. 다시 말해 출산의례·관례·혼례·상
례·제례·수연례 등에 대한 심도 있는 개별적 연구와 체계적 연구, 지
역이나 신분(양반계층, 중인계층, 평민계층)별 연구와 이를 아우른
연구, 그리고 이를 바탕으로 일생의례 전체를 조망한 연구, 나아가
1860년 이전과 개화기에서 일제강점기, 1945년 해방 이후 등의 일생
의례를 개별적·전체적으로 연계시킨 연구 등이 미흡하다. 이를 위해

141　일생의례 관련 자료 중 특히 개화기의 경우 태반은 양반 출신이 쓴 것이다. 그런데
　　중인 출신인 지규식이 쓴 『荷齋日記』(1891년 1월 1일부터 1911년 윤6월 29일까지)
　　를 주목할 필요가 있다.(졸저, 『하재일기에 나타난 민속 연구』, 박문사, 2020 참고.)

서는 먼저 자료 발굴이 시급하다. 이를 토대로 앞에서 언급한 바와 같이 개별적·분야별·체계적·공시적·통시적·종합적 연구 등이 필요하다. 그런바 다양한 자료와 다양한 연구 성과를 종합하여 마치 퍼즐을 맞추듯이 할 때 그 실상이 제대로 밝혀질 것이다.

3

개화기 서양인의 기록으로 본 한국의 의례

1) 머리말

朝鮮은 19세기로 들어서면서 격변기를 맞고 있었다. 대내적으로는 봉건적인 질서체제를 타파하고 근대화를 추진해야 한다는 도전과 대외적으로는 외세의 침략을 방어해야 하는 이중적인 과제를 안고 있었다. 다시 말해 보수파와 개화파의 갈등과 民으로부터의 변혁의 요구, 그리고 제국주의 열강의 침투 등으로 정치·사회적인 혼란이 가중되었고, 사회 전반에 걸쳐 변화를 초래하게 되었다. 특히 1876년 강화도조약을 계기로 조선은 일본에 의해 강제적으로 개항하기에 이르렀고, 이로 인해 서양문명과 접촉하게 되었다. 그에 따라 서양인들이 조선에 들어오면서 조선이라는 나라가 서양에 알려지기 시작하였다. 1882년 조선은 미국과의 수호통상조약을 시발로 독일·영국·러시아·프랑스 등 서양의 여러 나라와 차례로 통상외교 관계를 맺으면서 새로운 세계 질서 속에 편입되었다. 물론 그 이전에도 한국에 대한 서양인들의 관심이 없었던 것은 아니지만, 19세기 말 한국이 세계 질서 속에 공식적으로 모습을 나타내면서 그들의 관심은 다양한 형태로 나타났다.

19세기 말에서 20세기 초까지 한국에 온 서양인들은 대개 외교관·군인·의사·교육자·상인·기자·선교사·직업적인 여행가나 탐험가 등 다양하였다. 이들은 한국에 온 목적을 달성하기 위해 한국 사회 전반에 대한 보다 정확한 이해를 필요로 하였다. 그러므로 자신들이 축적하고 있던 지식과 경험 등을 토대로 한국의 정치·경제·사회·문화·역사·언어·교육·지리·종교·풍속 등을 조사·연구하고 그 결과를 정리하여 논문으로 발표하거나 책으로(주로) 출판하였다. 다양한 직업과 목적을 가지고 한국 사회 전반을 관찰하고 정리한 기록물들은 서양인들에게 한국을 알리는데 크게 기여하였을 뿐만 아니라 한국에 대한 그들의 인식 형성에도 중요한 기반으로 작용하였다.[142] 우리가 알고 있는 오페르트의 『금단의 나라 조선』(*A Forbidden Land : Corea,* New York, 1880), 그리피스의 『은자의 나라 한국』(*Corea : The Hermit Nation,* New York, 1882), 칼스의 『조선풍물지』(*Life in Korea,* Macmillian, 1888), 새비지-랜도어의 『고요한 아침의 나라 조

[142] 이배용, 「서양인이 본 한국근대사회」, 『梨花史學硏究』 第28輯, 梨大 史學硏究所, 2001, 105쪽 ; 최덕수, 「개화기 서양이 바라 본 한국인·한국역사」, 『민족문화연구』 제30집, 한성대, 1997, 127~128쪽. ; 윤승준, 「개화기 한국을 소재로 한 영문소설」, 『개화기 한국과 세계의 상호 이해-제2부 : 개화기 한국과 서양의 상호 이해』, 〈단국대 동양학연구소 중점연구소 연구과제 학술세미나 발표요지집〉, 단국대 동양학연구소, 2002.8, 55쪽 참고.

선』(*Corea : Land of Morning Calm*, London, 1895), 비숍의 『조선과 그 이웃나라들』(*Korea and Her Neighbors*, New York, 1897), 언더우 드의 『상투의 나라』(*15 Years Among Top-Rnots*, Boston, 1904) 등을 그 예로 들 수 있다.

일종의 여행기 또는 기행문 성격의 이 기록물들은 한국의 역사, 정치, 경제, 사회, 문화, 지리, 종교 등 한국 전반에 관한 각종 정보를 총망라하여 소개하고 있다. 그런데 기록자가 의도적이었든 아니었든 간에 소위 '오리엔탈리즘'이라는 말로 축약되는 문화적·인종적[143]·지적 우월감과 종교적 선입견 등을 기초로 기술하였다면 상당한 위험성을 내포하고 있다.[144] 이 점에 유의하면서 서양인들이 남긴 개화기 한국에 관한 기록물을 검토하는 데에는 매우 신중한 접근태도가 요망된다.

19세기 말에서 20세기 초 낯선 나라에 온 서양인들은 한국의 문화와 생활에 대하여 깊은 관심을 가졌는바, 이에 대한 상세한 소개를 기록으로 남기고 있다. 그 가운데 서양인들은 자기 나라와는 판이한 한국의 의례 문화에 대하여 관심을 가졌고, 자신들이 보고 느낀 것을 나름대로 기록하였다. 이 중에는 한국의 의례 문화에 대하여 잘못 이

---

143 특히 선교사들은 복음전파라고 하는 백색 우월주의에 사로잡혀 있었다. 그러나 모두 백색 우월주의에 사로잡혀 있었던 것은 아니었다. 그 대표적인 인물로 알렌을 들 수 있다. 알렌은 한국의 무속을 야만시 하지도 않았으며 가급적이면 그것은 이해하려고 노력했다. 그는 오히려 조선에서의 기독교 포교는 선교사들에게 더 문제가 있다는 생각을 가지고 있었다.(신복룡, 「개화기 서양인의 한국관」, 『코리아 스케치』, 국립민속박물관, 2002, 22~23쪽 참고.)

144 참고로 19세기는 西勢東漸의 제국주의적 현실논리가 강한 시기였음을 인식할 필요가 있다.

해한 부분도 있다. 그러나 이러한 기록물들은 당시의 우리의 의례 문화를 이해하는데 많은 참고가 된다는 사실을 인식할 필요가 있다. 뿐만 아니라 국제 교류가 활발한 오늘날에 있어서도 우리에게 시사하는 바가 크다는 점을 간과해서는 안될 것이다. 따라서 이에 대한 논의는 개화기 서양인의 한국의 의례 문화에 대한 인식 태도를 밝힐 수 있을 뿐만 아니라 현재적 관점에서 한국의 의례 문화에 대한 이해를 위해서도 필요한 작업이라고 생각된다.

본고에서는 개화기 서양인의 기록으로 본 한국의 의례(관·계례, 혼례, 상례)에 대하여 살펴보고, 이를 토대로 서양인의 한국의 의례에 대한 이해와 그 한계를 구명하는데 논의의 초점을 맞추려고 한다.[145]

2) 개화기 서양인의 기록으로 본 한국의 의례

19세기 이후 서양인들이 한국을 방문하여 수개월 혹은 수년 이상 체류하면서 한국 체험을 통해 한국 또는 한국인에 대한 인식이 본격적으로 형성되었던 것으로 보인다. 이 과정에서 한국인의 생활태도나 관습 혹은 민족적 특성 등에 관해 긍정적 평가 또는 부정적 평가를 하였다. 이러한 평가는 기록자에 따라 인식의 차이를 보이고 있다. 차이를 보이는 요인으로는 대략 다음과 같다. ① 서양인 기록자의 체류

---

[145] Text는 대부분 번역·소개된 자료에 의존하였다. 그런데 일부 번역 자료의 경우 오역된 부분을 발견할 수 있었다. 오역된 부분은 대개 원전을 확인하였지만, 미처 발견을 못해 미확인한 부분도 있을 수 있다. 이는 전적으로 필자의 책임이다.

기간[146]과 체험의 깊이에서 오는 차이이다. 대체로 한국에 체류한 기간이 길고 한국의 문화와 습속을 비교적 오래 경험한 서양인들은 상대적으로 한국 사회의 발전 가능성과 한국인의 역동성을 신뢰하는 편에 가깝다.(게일, 헐버트, 맥컨지, 해밀턴, 비숍 등이 이에 속한다) 이에 비해서 한국 체류 경험이 비교적 짧고 한국에 관한 정보가 자신의 직접적 관찰이나 체험이 아니라 주로 일본을 통해서 수집한 서양인들의 경우(여기에는 그리피스, 케난, 커즌 등을 포함시킬 수 있다)에는(정보 수집 경로의 차이) 한국의 절대적 정체나 한국인의 부정적 특성을 부각하는 경향을 볼 수 있다. 다시 말해 일본에 의존한 한국 관련 정보는 당연히 일본인의 시각에서 바라 본 굴절된 정보일 가능성이 매우 높다.(편견과 정치적 이해관계를 갖고 있는 일본의 입장에서 논지를 전개한 그리피스가 대표적인 예이다) ② 서술자의 젠더의 차이(남성과 여성의 차이[147])도 인식의 편차를 낳는 한 요인으로 작용

[146] "개항 이후 서양인들이 쓴 한국 관계 저술들을 읽을 때에는 주의할 점이 하나 있다. 1897년 대한제국 출범 이후에 다녀간 저자들은 대체로 한국, 서울에 대해 긍정적인 시각에서 책을 쓰고 있는 반면에 그 이전에 다녀간 사람들은 한국을 가난과 고통, 게으름과 불결함으로 가득찬 사회로 묘사하고 있다. 저 유명한 이사벨라 버드 비숍 여사의『한국과 그 이웃나라들』도 전반적으로 부정적인 시각에서 한국을 서술하다가 마지막 1896년 가을 이후 부분부터 달라지고 있다."(까를로 로제티 著, 서울학연구소 譯,『꼬레아 꼬레아니』, 숲과 나무, 1996, p.ⅸ.)

[147] 서양인들이 한국에 와서 가장 연민을 느낀 대상은 여성의 삶이었다.(비숍, 언더우드, 새비지-랜도어 등을 대표로 들 수 있다) 그런데 이러한 연민과는 전혀 달리 남존여비는 하층사회에나 있었던 악습이라고 주장하는 학자(길모어)도 있다. 길모어는 한국의 상류사회의 가정에서는 남편이 아내에게 반드시 경어를 썼으며, 결코 下待하지 않았다는 것이다. 그가 겪어본 바에 의하면, 여성이 비천한 대접을 받는 것은 주로 하층계급에서나 볼 수 있는 현상으로서 한국 사회의 보편적인 현상은 아니었다는 것이다. 길모어의 이러한 관찰은 이 시대의 페미니스트들에게 시사하는 것이다.(신복룡, 앞의 책, 26~27쪽 참고.)

했다.(비숍과 커즌의 여행기가 이에 해당된다. 특히 여성인 비숍의 글에서는 정세나 산업현황과 같은 커다란 주제보다 혼인예식이나 풍습 등과 같은 사적인 측면에 더 관심을 보이고 있다)

그런데 서양인들은 이러한 인식의 차이를 넘어서는 어떤 공통된 인식 지평 위에서 한국을 조망했던 것으로 보인다. 서양 중심주의와 오리엔탈리즘이라는 인식 지평이 그것이다. 에드워드 사이드는 푸코의 방법론을 차용하여 오리엔탈리즘 분석을 통해 서양과 동양의 이항대립이 정상/비정상, 우월/열등, 강자/약자, 성인/유아, 합리성/비합리성(미신), 선진/후진, 그리고 결국에는 문명/야만의 도식적 대립의 형태로 재생산된다는 것을 구명하였다.

19세기 말 20세기 초 한국과 한국인을 바라보는 서양인의 인식의 특징과 한계도 기본적으로 이러한 서양 특유의 인식 틀 혹은 담론의 그것들에서 크게 벗어나지 못한 것으로 보인다. 그러므로 체류기간과 체험의 깊이, 성별, 정보수집 경로, 일본에 대한 인식 등의 차이에도 불구하고 서양인들의 한국 또는 한국인상을 일차적으로 규정하는 시각은 문화적 차이를 받아들이지 못하는 서양 우월주의에 입각한 가치판단이다. 그것은 서양이 동양을 만날 때 일반적으로 나타나는 타자(Others)에 대한 서양의 자기 우월적 시각 때문이다. 한국에 대해 비교적 긍정적인 이미지를 갖고 있던 서양인들도 서양과 동양의 이원론적 구도로 문제에 접근하는 경우에는 예외 없이 한국을 전근대로, 무역사성의 사회로 몰아버린다. 젠더(Gender)의 차이라는 것도 이러한 구도 하 에서는 별다른 의미를 부여받지 못한다.[148]

필자는 이러한 사항들을 유념하면서 논의할 것이다. 특히 서양인

의 한국 의례에 대한 인식태도를 파악하는 경우 반드시 유의할 필요
가 있다.

(1) 서양인의 기록으로 본 한국의 의례

서양인들이 쓴 기록물들을 살펴보면, 대부분 한국의 의례에 대해
폭넓고 심도 있게 다루고 있지 않다. 특히 출산의례나 수연례에 대한
기록은 거의 찾아보기 힘들고, 관·혼·상·제례의 경우 주로 혼례와
상례에 집중되어 있다. 출산의례의 경우 서양과는 달리 산모와 산파
인 여성들 만에 의해 이루어지는 의례이기에 서양인이 실제로 보고
느낄 수 있는 기회는 거의 없었던 것으로 짐작된다. 특히 출산에 대
한 금기가 엄격한 우리의 출산 관행을 염두에 둔다면 서양인의 접근
은 사실상 불가능했던 것으로 보인다. 관례 또한 1894년 갑오경장
때에 내려진 단발령으로 인해 상류층 일부에서만 행하던 것이었지
만, 서양인이 주로 상대했던 상류층조차도 관례를 시행하지 않은 경
우가 허다했던 것으로 짐작되는 바, 관례를 보기가 어려웠던 것으로
생각된다. 반면 혼례와 상례는 자주 볼 수 있을 뿐만 아니라, 서양인
들의 의식절차와 판이하기 때문에 관심을 끌었던 것 같다. 그런데

---

148 오인영, 「개화기 서구인의 눈에 비친 한국, 한국인」, 『개화기 한국과 세계의 상호 이
해 -제2부: 개화기 한국과 서양의 상호 이해』, 〈단국대 동양학연구소 중점연구소 연
구과제 학술세미나 발표요지집〉, 단국대 동양학연구소, 2002.8, 16~20쪽 참고.
서양인의 한국 관련 자료를 번역·소개한 책에 대한 간단한 설명은 신복룡의 『이방
인이 본 조선 다시 읽기』(풀빛, 2002.), 한국 관련 자료의 서양인 저자와 저술 동기
는 이배용, 「서양인이 본 한국근대사회」, (『이화사학연구』 제28집, 이대 이화사학
연구소, 2001.)을 참고할 것.

제례는 집에서 밤에 제사를 지내기 때문에 이를 보기가 쉽지 않을 뿐 아니라, 특히 종교적인 문제와 직결된다고 인식한 때문인지 이와 관련된 기록이 매우 적다.

전체적으로 볼 때 E.B.랜디스의 관례와 상례 논문을[149] 제외하고는 대부분 간단한 나열식 소개나 일반적인 설명에 불과할 뿐이다. 그런데 서양인들의 기록이 하층민 위주인지 아니면 사대부계층 위주인지, 그렇지 않으면 이 둘을 포함한 것인지를 살펴 볼 필요가 있다.

그러면 서양인이 본 한국의 의례를 관·계례, 혼례, 상례 순으로 간단히 소개하겠다.[150]

(가) 관·계례

관·계례에 대한 기록은 매우 적을 뿐 아니라 소략하여 소개하기도 쉽지 않다. 랜디스의 논문(*The Capping Ceremony of Korea* ; 한국의 성인 의례)을 제외하고는 대부분 머리의 형태와 치장 등에 대해 간략하게 기록하고 있다.

W.E.그리피스는 『은자의 나라 한국』에서, 장가들기 전의 한국의 총각들은 갓을 쓰지 않고 한 가닥으로 머리를 땋아서 뒤로 늘어뜨리며, 여자들은 자기의 머리를 그대로 간직할 뿐만 아니라 쪽을 아름답게 부풀어 보이도록 하기 위해 체(髢)와 댕기를 사용한다고 하였다.

---

[149] 필자와 오인영은 2003년 2월 하버드대학교에서 자료 조사를 한 적이 있다. 이때 하버드대 와이드너도서관에 소장된 E.B. 랜디스의 논문들을 발굴하였다.

[150] 제례에 대한 기록은 극히 적고 너무 간단한 소개에 그치고 있어 논의하기가 어렵다. 그러므로 여기서는 한국의 관·혼·상례와 관련된 저서와 논문을 쓴 저자들을 선별하여 관·혼·상·제례별로 간략히 언급하였다.

그리고 이들의 관·계례는 결혼식 때 행한다고 하였다. 그리피스는 결혼 선물은 상투를 올리는 것이 전부이며, 결혼식 날에 머리칼을 두상(頭上) 위로 감아올리고 온통 치장한다고 하였다. 그리고 그는 한국의 옛 풍속을 예로 들면서 한국의 남자들은 머리칼을 하나라도 잘라서는 안 되지만 서울의 멋쟁이들은 기성(旣成)에 대한 저항적인 요소와 함께 자기의 개인적인 매력을 돋보이도록 하기 위해 상투의 크기를 계란보다 더 크지 않도록 치장한다고 하였다. 한편, 혼인하고 싶지 않은 젊은이들이나, 나이가 찼는데도 아내를 구하지 못한 총각들은 장가든 사람처럼 꾸며 어린아이의 취급을 받지 않도록 하기 위해서 몰래 자기의 머리를 자르거나 아니면 거짓으로 꾸민다고 하였다. 그러나 이와 같은 습관은 도덕과 예법을 깨뜨리는 것으로 보았다. 또 머리 형태를 바꾸는 것은 결혼식 전날 밤, 시집갈 처녀는 자기의 한 친구를 초대하여 자기의 처녀 머리를 결혼한 여인의 머리로 바꾸며, 신랑 될 사람도 친지 중의 한사람을 초대하여 어른처럼 자기의 머리를 '올린다.'고 하였다. 그러므로 이 일을 할 사람을 매우 신중하게 선발하였으며, 머리를 바꾼다는 것은 인생의 전환점이 되기 때문에, 혼사에 머리를 치장하는 사람은 '영광스러운 손'으로 불리웠다고 하였다. 그러면서 그는 관(冠)이라든가 머리는 독신이 성혼을 함에 있어서 중요한 부분을 이루는 것이며, '트레' 머리를 한 사람은 모두가 처녀 총각이고, 갓에 깃을 꽂았거나 상투를 올린 사람은 기혼자라고 하였다.[151]

---

[151] W.E.그리피스 지음, 신복룡 역주, 『은자의 나라 한국』, 집문당, 1999, 324~326쪽.

　그리피스는 양반계층과 평민계층의 관·계례를 매우 간단하게 기록하였다. 그런데 그는 의식절차보다는 머리의 형태와 치장 등에 주로 관심을 보였다. 그리피스는 제대로 파악도 하지 않은 상태에서 피상적인 기록으로 일관하였다.

　호레이스 N. 알렌은 『알렌의 조선 체류기』에서, 조선의 남자 아이들은 여자 아이들처럼 머리를 뒤로 늘어뜨리고 다니기 때문에 외국인들이 남녀를 구별하기가 어려운데, 일단 남자 아이가 약혼을 하게 되면 더 이상 여자 아이들처럼 머리를 뒤로 늘어뜨리고 다니지 않아도 된다고 하였다. 그리고 그는 약혼한 후부터 남자 아이는 조선인들이 자랑으로 여기는 상투를 틀고 다니는데, 일본인들은 조선인들이 상투를 틀고 다니지 못하게 하기 위해 1894년에 단발령을 내리는 바보 같은 실수를 저질렀다고 비판하였다. 알렌은 상투를 틀면 그 이후부터 사람들은 그 남자를 어른으로 대접하게 되는데, 남자다움이 더하면 더할수록 존경심은 깊어진다고 보았다. 그러나 나이가 아무리 많다 하더라도 결혼을 하지 않으면 성인 남자로서 존경을 받지 못할 뿐 아니라 남자 아이에 불과하다고 하였다. 그래서 이런 사람은 백발이 되었다 할지라도 머리를 등 뒤로 땋아 내리고 다녀야 하며, 아이들이라 할지라도 그러한 사람에게는 반말을 쓰게 되어 있다고 하였다. 그는 길에서 가끔 이러한 가엾은 사람을 한둘 만난 적이 있는데, 그들은 매우 외롭고 친구가 없어 적적한 듯하다고 기술하였다.[152]

---

[152] 호레이스 N.알렌 지음, 윤후남 옮김, 『알렌의 조선체류기』, 예영커뮤니케이션,

간단하지만 나름대로 비교적 정확한 기록이라 할 수 있다. 알렌의 시선은 주로 평민계층에 있는 듯하다. 그런데 그는 관례 의식절차에는 별 관심이 없고, 일본의 단발령 강제 시행에 대해 바보같은 실수를 저질렀다고 하였으며, 혼인하지 못한 나이 많은 사람들에게 동정적인 시선을 보였다.

E.B. Landis는 「*The Capping Ceremony of Korea*」에서, 한국의 관·계례의 전통적 의식절차를 포함한 제반사항들을 매우 상세하면서도 정확하게 언급하였는바, 走馬看山식으로 기술하거나 인상비평의 수준인 여타의 여행기나 기행문들과는 다른 본격적 논문이라 하겠다. 지금까지 개화기 서양인들의 한국의 의례에 대한 저술이나 논문 가운데 가장 수준 높은 글 중의 하나라 할 수 있다. 그런데 그가 한국을 언제 방문하였는지[153], 또 어떤 조사과정을 거쳐 자료를 수집하였는지 궁금하다. 현재로서는 이를 확인할 방법이 거의 없다. 그러면 랜디스의 논문을 간단히 살펴보기로 하겠다.

랜디스는 한국의 관·계례 시행 시기에 대해 고대부터 당시까지 간단히 언급하면서, 남자의 경우 대부분 15세에서 20세 사이에 시행한다고 하였다. 그는 당시에는 대부분 정혼한 다음 친영례를 치르기 전

1996, 152~153쪽.

[153] 관례 절차의 세부사항으로 짐작컨대, 그가 유식한 한국인이 도와주지 않으면 알 수 없는 내용들이 있는 바, 랜디스가 한국을 방문했을 가능성이 높다. 그 시기는 논문 게재연도로 보아 1896년 이전으로 추정된다. 그런데 랜디스의 전기적 사항은 파악할 수 없었다. 랜디스가 게재한 논문이 영국인류학회(1907년부터 영국왕립인류학회로 바뀜)의 학회지인 것으로 보아, 랜디스는 인류학자 혹은 문화인류학자로 추정된다. 그리고 당시 런던대에서 인류학 분야의 연구를 주도한 것으로 미루어 랜디스는 런던대 교수로 추정된다.

에 관례를 행한다고 하였다. 랜디스는 고대와 당시의 관·계례 의례 절차를 남자의 경우 告于祠堂, 陳設, 始加, 再加, 三加, 醮禮, 冠字, 見于 尊長, 여자의 경우 告于祠堂, 陳設, 合髮, 加笄, 醮禮, 笄字, 見于尊長 순 으로 매우 상세하게 설명하였다. 그는 주로 양반계층의 관·계례 절 차와 방식을 기술하였는데, 고대와 당시의 의식절차를 간간이 간단 히 비교 설명하였다.[154] 한국의 의례 문화에 대한 랜디스의 지식이

---

[154] cf. E. B. Landis, *The Capping Ceremony of Korea, Journal of the Anthropological Institute*, May, 1898. pp. 527~531.
여기서는 지면관계상 랜디스 논문의 일부분만을 제시하겠다.
"The head of the clan with oter members of the family and people concerned will arrange themselves in proper order according to their rank and relationship. Those who take part in the ceremony wear full ceremonial dress, the others their holiday clothes. The boy to be capped has his hair tied up in two coils, and wears a dress resembling the holiday attire of boys. A prompter for the boy and an assistant for the tutor having been chosen from among the relatives, they retire to the outer gate and are escorted back to the hall by the head of clan with many ceremonial prostrations. The boy is placed in the centre of the room and faces the south. The tutor occupies a position on his right and faces the east. The assistant takes a comb and combs the boy's hair, and uniting the two coils into one makes a top-knot and puts on the haed-band (No.18). The cap is then handed to the tutor, who slowly advances to where the boy is and, facing him, he hands the cap to the assistant. He then solemnly blesses the boy for the first time thus : 'In this fortunate moon and on this lucky day an addition is made to your dress. You must now diseard all childish thoughts and obey, so that you may attain perfect virtue. May you live long and attain much happiness by the aid of this blessing' (p. 528) ··· A name is now given to the girl. The mother and governess together descend the steps, the mother on the east and the governess on the west. The girl descends by the western steps and going a little to the east of them, stands facing the south. The governess goes through the same ceremony as takes places in boys, after which the girl prostrates herself four times and retires. The mother and girl now go to the ancestral temple and announce the completion of the ceremony to the spirit tablets. The announcement reads thus : '-(Name) - (No. of daughter, whether eldest, second, third, etc.), has to-day had her hair done up, and we therefore beg to present her in the ancestral temple' The governess is now formally thanked, her health is drunk, and presents are given to her. This all similar to the ceremony described above in the case of boys"(p. 531.)

거의 전문가적 수준이라는데 놀라움을 금할 수 없다.

(나) 혼례

혼례는 서양인들이 자주 볼 수 있을 뿐 아니라 관심 때문인 듯 이에 대한 기록이 많다. 때론 잘못 이해한 부분도 있지만 혼례절차를 비교적 자세히 기술하였다.

W.E. 그리피스는『은자의 나라 한국』에서, 혼례일이 되면 신랑의 집에서는 단을 세우고 편물로 된 장식으로 호화롭게 꾸민다고 하였다. 그런데 대례상을 차리는 곳은 신랑의 집이 아니라 신부의 집이다. 그는 교배례 시 신랑 신부는 정중하게 맞절을 하지만 한마디의 말도 하지 않는다고 하면서 이것으로 결혼이 이루어진다고 하였다. 그리고 결혼 비용은 상당히 들지만 신랑은 잔치 등 선심을 베푸는데 인색하지 말아야 하며, 만약 인색하면 놀림을 받게 될지도 모른다고 하였다. 또 신부는 식장에서나 신방에서 절대 침묵을 지켜야 한다고 하면서 사대부 집안에서는 이 예절을 지켜야 하며, 침묵이 신부의 의무라고 하였다. 그리고 신부는 신방에서 남편의 일에 참견이나 방해를 해서는 안 되며 말을 하거나 몸짓을 하게 되면 시댁이나 이웃의 놀림이나 입방아의 대상이 된다고 하였다. 또 신방 엿보기는 신랑 집의 계집종들이 엿보거나 엿들으며, 그 보고 들은 바를 퍼뜨리는데, 신랑이 새댁을 얼마나 좋아하며 새댁에게 어떻게 하는가를 알아보기 위해 이런 짓을 할 수도 있다고 하면서, 이는 일본과 같다고 하였다. 그리피스는 혼인과 상례가 일생에 있어서 두 가지의 중요한 일이라고 하면서 결혼에 관한 어휘와 부부의 결합에 관한 어휘로 '冠을

327

쓴다.', '깃을 단다.', '자리를 잡는다.'는 말들을 쓰는데, 이는 결혼 행위나 결혼 상태를 지칭하기 위해 남자들 사이에서 사용되는 말들이라고 하였다. 한편, 그는 중매쟁이가 혼사를 조종하여 날을 받게 되면 신부는 2~3명의 친구를 뽑아 들러리를 삼는다고 하면서, 신부의집이 부자이면 시댁으로 갈 때 가마를 타며, 가난하면 말을 타고 간다고 하였다 또 아무리 가난한 여자일지라도 가슴·등·허리에 장식을 달고 모자나 장옷을 입으며, 이를 살 형편이 못되면 빌린다고 하였다. 그리피스는 혼례에서 가장 눈에 띠는 상징은 거위인데, 한국인들은 부부애의 상징으로 본다고 하였다. 그는 전안례·교배례·근배례·합궁례·현구고례 등을 간단히 기술하면서 결혼한 사실을 입증하는 중요한 문서인 婚書紙에 주목하였다. 그리피스는 이 혼서지에 양가가 서명하고, 신부가 글을 쓸 줄 모를 경우에는 종이 위에 손을 펼쳐 놓고 붓으로 손바닥·손목·손가락을 그대로 그려 手本을 만든다고 하였다. 그리고 신랑은 신부에 대한 사랑의 서약으로서 장인에게 4번 절하고 나서 딸을 평생토록 사랑하겠다는 서약을 글로써 바치는 경우도 있다고 하였다.[155]

그리피스가 보았던 결혼식은 주로 양반계층의 혼례인 듯하다. 평민들의 혼례라면 신부측 젊은이들의 신랑 다루기에 대한 언급이 있었을 것이다. 그리고 혼서지가 이 시기에는 결혼을 입증하는 문서로 활용되었으며, 민간에서는 수본도 등장했던 것 같다.[156]

---

[155] W. E. 그리피스 지음, 신복룡 역주, 앞의 책, 324~334쪽.
[156] 임장혁, 「개항기의 서양인이 본 한국문화」, 『코리아 스케치』, 국립민속박물관, 2002, 80쪽.

I. B. 비숍은『조선과 그 이웃나라들』에서, 결혼이나 장례, 굿 등은 그 의식과 함께 한국의 독특한 특징이라고 하면서, 결혼식이란 존경과 어른으로의 입문이요 사회적인 위계 속으로 뛰어 들어감을 의미한다고 하였다. 그녀는 결혼의식 중의 하나인 맞절을 함으로써 다른 사람이 된다고 하여 그리피스처럼 맞절에 의미를 부여하였다. 또, 자랑스러운 상투, 검은 갓 사용, 이름 뒤에 '씨'字 붙임, 경어사용 등은 무명의 존재에서 유명의 존재로 변하는 것이라고 하였다. 특히 비숍은 한국의 여자는 결혼에 의해 자신의 운명이 결정된다고 언급하였다. 그녀는 결혼은 아버지에 의해 결정되며 당사자들은 그것을 당연한 것으로 받아들이는데, 20세가 되어도 결혼하지 못하면 그 아버지는 게으르다는 말을 듣는다고 하였다. 비숍은 남자의 혼인 연령은 보통 17~18세이다. 그런데 마땅히 배필을 남에게 빼앗길지 모른다는 생각을 신부의 부모가 하게 되면 신부는 어린애로서 혼례를 치르는데, 16세가 될 때까지는 부인으로서의 임무를 수행하지 않아도 된다고 하였다. 한편, 10세나 12세 소년들은 그들의 부모가 모종의 이유로 혼인을 바라거나 혼처가 나타나면 결혼하게 되는데, 노란 모자나 울긋불긋한 도포, 꼬마 신랑의 어설픈 위엄 따위의 광경을 마을에서 볼 수 있다고 하였다. 또한 비숍은 혼인의 예비 접촉을 위해 보통 중매자가 끼어들게 마련인데, 신랑이 신부 아버지에게 주는 돈은 없고 신부 또한 지참금을 받지 못하며, 대신 신부는 놋쇠로 모서리를 장식한 예쁜 함을 받는데 약혼식은 없다고 기록하였다. 그리고 결혼 전날 저녁 이전에 신랑의 아버지가 신부의 아버지에게 결혼 서약서를 보낼 수 있으며, 신부의 아버지는 그것을 받기만 하고 답장을 보

내지 않는다. 이때 두 필의 비단을 신부의 아버지에게 보내는데, 혼례 때 신부는 그 옷감으로 예복을 차려 입어야 한다고 하였다. 비숍은 청사초롱을 든 남정네들이 이 선물을 신부의 집으로 운반하는데, 도중에 횃불을 든 한 떼의 신부 측 남자들과 맞닥뜨리게 되고 실랑이가 시작되는데, 종종 시늉하는 정도를 넘어 심각한 주먹다짐으로 발전하여 몇 명이 다치기도 할 뿐 아니라, 이때 입은 상처로 죽는 사람도 있다고 하면서 이 실랑이에서 신랑 측 들러리가 지면 신랑의 운이 나쁜 조짐이며, 반대로 신부 측이 지면 신부는 불운을 겪게 될 수 있다고 하였다. 한편, 전날 밤, 신랑 신부의 부모들은 조상의 제단 앞에서 치성을 드리며 내일 있을 행사를 조상에게 알리고, 점쟁이가 길일을 택하면 그날 11시쯤 신랑이 관복차림으로 말을 타고 아버지의 집을 떠나는데, 이날만은 평민도 말에서 내리지 않고 양반을 앞지를 수 있으며, 두 명이 신랑을 앞서 가는데, 한명은 흰 日傘을 들고 붉은 옷을 입고 다른 사람은 원앙(원문에 goose 거위로 되어있음)을 들고 가는데, 원앙은 정숙의 상징이라고 하였다. 그리고 신랑 주변에는 점화하지 않은 홍사초롱을 든 노비와 결혼한 형이, 형이 없는 경우에는 아버지가 대신 따라가게 되며, 목적지에 도달하면 신랑이 붉은 옷을 입은 사람에게서 원앙을 받아 집안으로 들어가 탁자 위에 올려놓는다고 하였다. 그리고 혼례를 관장하기 위해 신부 집에서 두 명의 여인을 고용하는데, 비숍이 생각하기에는 신부는 매우 희한한 존재라고 하였다. 그녀는 대례 당일 신부의 모습에 대해 얼굴은 백분으로 뒤덮이고 붉은 점을 찍고 눈까풀은 접착제를 발라 붙어 있으며, 從者의 부추김을 받아 신랑에게 2번 절하고 신랑은 신부에게 4번 절한다

330

고 하면서 이렇게 여러 사람 앞에서 맞절을 하기만 해도 합법적인 결혼이 성사되며, 혼례가 끝나면 남편은 싫어해도 제2의 아내를 맞을 수 없다고 히였다. 그러면서 비숍은 한국에서의 결혼은 영원한 의미를 갖는다고 하였다. 또한 그녀는 근배례와 합궁례를 간단하게 설명한 후, 하객 접대용 음식상에 대해 비천한 사람들이 먹는 음식상을 차리려면 5~6엔 정도가 들며 매우 싸게 혼례를 치르는 경우라도 75엔 정도가 소비되어 딸이 여럿인 가정은 재정적으로 불행을 초래한다고 하였다. 또 우귀례에 대해 오후에 신랑은 자기 집으로 되돌아오고 잠시 후에 신부가 결혼 예복에 싸여 눈을 봉한 채로, 고용한 두 명의 여인과 계집종, 초롱을 든 남자들과 함께 붉은색 장신구가 돋보이는 가마를 타고 신랑 집으로 오면, 신부는 시부모의 영접을 받고 그들에게 4번 절하고 조용히 앉아 있는다고 하였다. 그리고 나서 신부는 친정으로 되돌아가 봉한 눈을 뜨고 얼굴의 백분을 씻어 내며, 한편, 5시에 도착한 신랑은 그 다음날 아침 다시 본가로 되돌아가고 이렇게 왔다 갔다 하는 과정을 3일 동안 되풀이하고 나서 신부는 보통 가마를 타고 시부모와 함께 살 집으로 들어온다고 기록하였다. 비숍은 침묵은 아내의 첫 번째 임무로, 만일 그녀가 말을 하거나 표정을 지으면 조롱의 대상이 되며, 자신의 위치를 잃어버릴 수도 있다고 하면서, 한국의 여성은 속박 속에서 살아왔으며, 고분고분하지 못하든지 화를 내거나 추문을 불러일으키는 여자는 모진 매를 맞게 되고 상민의 여자로 전락하며, 상류층의 경우 관습상 남편이 아내를 때릴 수 없지만, 재혼이 쉽지 않기 때문에 대부분 체념하는데, 만약 아내가 부정한 짓을 저지르면 남편은 아내를 관아로 데려가 심하게

매질을 하고 노비의 아내로 삼게 할 수 있다고 하였다.[157]

비숍은 양반계층과 평민계층의 혼례를 함께 다루고 있는데 혼인의식 절차 순으로 기록하지를 않고 혼합하여 기록하였다. 서양인들이 쓴 한국관련 여행기나 기행문을 보면 의례의 경우 대부분 두서없이 기록하였다. 그리고 당시의 혼례 절차와 방식에 다소 변모가 있었던 것 같다. 비숍은 결혼, 특히 여성에 대해서는 동정심을 보이고 있는 반면, 남성에 대해서는 비판적이다.[158]

A. H. 새비지-랜도어는『고요한 아침의 나라 조선』에서, 10살에서 12살 소년들이 혼례를 올릴 경우 진정한 의미에서 부부가 되었다고 볼 수 없고, 사춘기에 이르기 전까지는 함께 살지 않는다고 하면서, 이 기간은 약혼기간에 해당한다고 하였다. 그는 그러한 實例를 들면서 19살이나 20살쯤에 아내와 함께 산다고 하였다. 또 한국의 결혼에서 신랑·신부의 뜻은 거의 고려되지 않으며, 혼사에 관한 일은 대부분 친척이나 중매쟁이의 주선을 통해 성사된다고 하였다. 그리고 신랑과 신부 아버지 사이에 혼담이 오고가고, 어느 賢者에게 날을 받아 결혼식을 올리는데, 신부 측이 멀리 떨어져 살고 있거나 신랑을 보러 가는 경비를 감당할 수 없는 경우엔 신랑은 신부가 자신과 함께 살기 위해 그의 집에 올 때까지 몇 년 동안 참을성 있게 기다릴 수밖에 없다고 하였다. 새비지-랜도어는 '조선의 결혼

---

157 I. B 비숍 지음, 신복룡 역주,『조선과 그 이웃나라들』, 집문당, 2000, 116~120쪽.
158 비숍은 약자인 한국의 여성에 대해서는 동정심을 보이고 있는 반면, 특히 지배계층인 양반에 대해서는 가혹하게 평가를 하고 있다.(박지향,『일그러진 근대』, 푸른역사, 2003, 114쪽 참고.)

은 한 장의 복권이다.' 라고 언급하고 있는바, 비판적 시각을 엿볼 수 있다. 뿐만 아니라 그는 한국에서는 일부다처제가 인정되기 때문에 첩을 두는 것은 국민적 관습이며, 정부가 축첩을 공인한 것은 아니지만 공개적으로 용인되고 허용된 것이며, 아내가 집을 나가면 정당하게 다시 데려와 공개적으로 볼기를 친다고 하였다. 한편, 새비지-랜도어는 한국의 혼례식은 간단하다고 하면서 서양처럼 신부 집이 아닌 신랑 집에서 치러지며, 신부가 부유하고 양반출신이면 가마를 타고, 보다 신분이 낮으면 조랑말이나 당나귀를 타고 부모·친척·친구들과 함께 신랑의 집으로 가는데, 그 곳에 도착해서 신랑 아버지의 영접을 받고 방 가운데에 세워 놓은 작은 단상에 신랑의 아버지가 먼저 앉고, 이어 신부의 아버지가 앉은 후, 신랑이 신부 앞쪽에 무릎을 꿇고 안아 있으면 한문으로 쓰여 진 문서가 작성되는데, 이 한문으로 쓰여 진 혼인증명서인 서약서에 신랑·신부의 아버지와 가장 가까운 친척들이 서명을 한다고 하였다. 만일 글을 모르면 指章을 찍는데 이러한 경우가 다반사로 자기가 보아온 것 중 가장 기묘한 것이라고 고백하였다. 그는 만일 신부가 문맹이면 손가락과 손목에 굵은 붓으로 먹물을 칠해 문서 위에 찍는데, 그녀가 명문가 출신이 아닐 경우에는 보다 덜 우아한 방법으로 검정칠을 해서 손자국을 찍으며, 이어 신랑은 신부에게 순응 또는 동의의 표시로 절을 4번하면 신부는 2번 절을 한다. 그리고 존경의 표시로 시아버지에게도 4번 절을 올린다. 이로써 혼례가 끝나지만 참석자들에게 더 많은 절을 해야 한다고 하였다. 그리고 합궁 시 신혼부부가 신방에 들면 많은 친지들과 하인들이 낄낄거리며 문가에 귀를 기울이고 앉아 있고, 이때 신부는 한마디도 말을 해서는 안 되며, 만일 신부의 목소리가 새어 나오면 일생동안 놀림감이 되어 주위의 입방아에 오른다고 하였다. 또 중매쟁이나 아버지 혹은 다른 사람이 첫날밤을 도와주는 임무를 맡아 그 결혼이 행복할 것인지 아니면 불행할 것인지를 친척과 친구들에게 이야기하는데, 대개 그들은 일부러 신방에 놓아둔 병풍 뒤에서 자신의 역할을 수행한다고 하면서, 이때 신랑이 신부를 좋아하면 처음 두 주일 정도는 행복에 젖어 서로에게 관심을 쏟지만, 이러한 정열은 점점 식어져 나중엔 남편은 소실을 두는데, 재산 정도에 따라 넷째 소실까지 둘 수 있다고 하였다. 한편, 그는 한국에서는 이혼을 하기란 쉬운 일이 아닌데, 많은 돈을 들이면 가끔 이혼이 성립되는 경우도 있다고 하면서 간통은 으뜸가는 중죄로, 여자들은 간통 시 거의 죽도록 매를 맞고 깨어나면 궁궐에서 일하는 하급 관리나 양반의 첩으로 주어진다고 하였다. 그리고 데릴사위에 대해 신체상의 결함이 있거나 신랑감을 찾지 못한 채 나이가 찬 여자들은 돈으로 남자를 구할 수 있도록 허용된다고 하면서 서양식으로는 돈으로 사고파는 결혼인데, 이런 일은 그리 흔치 않지만, 그러한 경우 남편은 보통 몰락한 양반이나 중간계층에서 고르며, 이때 결혼에 대한 보수로서 돈을 지불한다고 하였다.[159]

새비지-랜도어는 양반계층과 평민계층의 혼례를 언급하고 있는

---

159 A. H 새비지-랜도어 지음, 신복룡·장우영 역주, 『고요한 아침의 나라 조선』, 집문당, 1999, 141~147쪽.

데, 평민의 혼례에 관심이 있는 듯하다. 그런데 그는 중매 관습과 신행에 대해 냉소적·비판적인 시각을 보이고 있고, 指章에 대해서는 기묘하다고 하였다. 특히 신랑·신부의 맞절 회수, 신방 엿보기, 혼인서약서 작성방식, 일부다처제 및 축첩제도 등은 우리가 일반적으로 알고 있는 사항과 달라 기록의 정확성에서 문제점을 노출시키고 있다.

호레이스 N. 알렌은 『알렌의 조선체류기』에서, 혼담은 어른들과 중매인만을 통해 이루어지며, 미국인들처럼 구애의 절차는 없고 결혼의 최종 결정은 집안 어른들과 중매인이 하기 때문에, 남자는 자신의 아내가 매력 없는 여자일 경우 기생을 더 좋아하게 되며 실제로 그러한 일이 많았다고 하였다. 그는 약혼기간에 대해 젊은 사람들과 나이든 사람들 간에 여러 차례의 방문이 이루어지고, 그러한 방문을 하는 동안에 신부 부모의 능력에 따라 그리고 약혼 절차에 따라 세심하게 혼수 감을 준비하게 되며, 가끔 볼일이 있을 경우 신부는 표범 가죽으로 위를 덮은 사방이 가려진 가마를 타고 방문을 하고, 신랑은 장식 마의를 입힌 말을 타고 방문을 하며, 신랑 신부가 방문할 때에는 하인이나 하녀들이 수행하게 되는데, 수행인의 수행 숫자는 사회적 위치에 따라 달랐다고 소개하였다. 이는 변화 변형된 모습의 한 단면으로 볼 수 있다. 알렌은 결혼식에 대해 언급하기를 결혼 전날이 되면 겁에 질린 신부는 약혼자의 집으로 가게 되는데, 그 집에서 신부는 약혼자의 어머니(시어머니)의 手下人(고부관계)의 한사람으로서 후에 함께 살게 된다고 하면서, 이때 신부는 표범 가죽으로 덮인 빨갛게 장식된 가마를 타고 가는데, 가마의 선두에는 맨머리에 가장 훌륭한 가발 장식을 한 여인과 혼숫감과 선물이 든 빨간 모자기로 싼

짐을 머리에 인 하녀들의 행렬이 이어진다고 하였다. 그리고 서로 주고받는 선물 가운데 하나는 결혼생활의 충실함을 상징하는 거위인데, 거위는 평생 동안 배우자를 한 명만 두는 것으로 알려져 있기 때문이라고 하였다. 한편, 결혼식에는 수차례의 절과 혼배주를 마시는 일, 신랑을 난폭하게 다루며 놀리는 일이 있고, 그런 후에 신방에 들면 신랑은 신부의 옷을 벗기는데, 이때 신부는 수줍은 척해야 된다고 하였다. 또 신랑은 신부의 집으로 가서 결혼식이 거행될 자신의 집으로 신부를 데려오게 되는데, 이때 신부는 얼굴에 분을 바르고 아무 것도 보지 않는 척 눈을 아래로 해야 하며, 신부는 나이 어린 아이에 불과할 수도 있는데, 그럴 경우 성년으로 인정되는 나이, 즉 여자는 열여섯 살 남자는 열여덟 살이 될 때까지 결혼생활이 이루어지지 않는다고 하였다.[160]

알렌은 양반계층과 평민계층의 혼례를 함께 간단히 다루고 있다. 그는 중매와 목안, 신행 등에 관심을 보이고 있다. 그리고 혼인 전 신랑과 신부가 양가를 방문한다는 것은 변형된 것으로 여겨진다.

E. 와그너는 『한국의 아동생활』에서, 한국의 야심 있는 아버지나 계획적인 어머니들은 어린 딸이나 아들에게 맞는 배필을 구하기 위해 전문적인 중매쟁이의 도움을 받아 더러는 8~9세, 대개 12~16세의 어린 나이에 결혼을 시킨다고 하였다. 한국인들은 복잡한 결혼 의식에 익숙해 있고, 다른 나라처럼 혼인식은 장례식보다는 못하지만 주목할 만한 일이라고 하였다. 그런데 결혼을 시킬 때 가족이 모든 비용을 지출하

---

160 호레이스 N. 알렌 지음, 윤후남 옮김, 앞의 책, 152~155쪽.

는데 종종 실제 능력보다 더 많은 돈이 소비된다고 하였는데, 와그너는 결혼 비용의 과다 지출을 우려하였다. 그는 결혼식 날 신랑이 입는 대례복은 원래 궁중 고관의 관복인데, 이날만 입는 것이 허용된다고 하였다. 이렇게 차려 입은 신랑은 화려하게 꾸민 나귀를 타고 신부 집으로 떠나며, 혼례 일에 신부가 말을 하는 것은 매우 천박한 태도로 여겼다고 하였다. 와그너는 신부의 화장과 예복에 대하여 자세하면서도 정확하게 기록으로 남겼다. 한편, 그는 대례 전 유교식으로 조상에게 아뢰는 것을 종교적 의식의 성격이라고 하였고, 기러기는 믿음의 상징이라 하였다. 또한 그는 신랑 신부의 맞절에 대해 이상한 절이지만 결혼식의 중요한 부분을 차지한다고 하였다. 와그너는 전안례·교배례·근배례·합궁례·우귀례 등 혼인 예식 절차를 순서대로 비교적 정확하게 기록하였다. 그런데 결혼식이 끝나면 당일 신부는 호랑이 가죽으로 덮여 있는 화려한 장식의 붉은 네모난 가마를 타고 시댁으로 가는데, 사회적 지위나 재산정도에 따라 가마꾼의 숫자가 다르다고 하였다. 그러면서 와그너는 신부가 좋은 시어머니를 만나느냐 아니면 나쁜 시어머니를 만나느냐에 따라 그녀의 행복이 좌우된다고 하였다.[161]

와그너는 평민혼례에 대해 관심을 보였다. 그는 결혼 비용 과다지출을 우려하였고, 전통적 혼인예식 절차를 비교적 정확하게 기록하였으며, 신부의 행복에 대하여도 관심을 보였다.

이밖에 헤쎄 바르텍은 「일하지 않는 사람이 더 많은 나라」에서, 한

---

161 E. 와그너 지음, 신복룡 역주, 『조선의 모습·한국의 아동생활』, 집문당, 1999, 57~60쪽.

국 여자들은 결혼을 하면 노예와 다름없다[162]고 하였으며, H. B. 헐버트는『대한제국멸망사』에서 직업적인 중매쟁이의 농간을 비판[163]하였고, E. J. 오페르트는『금단의 나라 조선』에서 일부다처제가 보편화된 제도[164]라는 잘못된 사실을 매우 간략하게 언급하였다.

(다) 상례

상례는 서양인들이 흔히 볼 수 있을 뿐 아니라 그 광경 또한 독특하고 흥미로워서 그들의 호기심을 유발하기에 충분했고, 또 특이한 의식절차나 영혼관 등에 대해 관심을 가진 때문인지 이에 대한 기록이 四禮 중 가장 많다. 그런데 민간의 평민계층에서 행했던 상례보다는 양반계층의 상례에 관한 내용이 태반이다. 그 중에는 잘못 이해한 부분도 있지만 상례절차를 비교적 구체적으로 기술하였다.

W. E. 그리피스는『은자의 나라 한국』에서, 상례의 예법에 따라 언제 어느 곳에서 곡해야 하고, 조문은 어떻게 하는가? 등에 대해 정부에서 발표한 官制喪規에 엄격하게 규정되어 있다고 언급하였다. 그는 시신은 두터운 목관에 넣어야 하며, 장례를 위해 특별히 마련해 치장해 놓은 방에 여러 달 동안 안치해야 하며, 빈소에서만 하루에 서너 번씩 곡을 해야 한다고 하였다. 또 상제는 특별한 상복을 입어야 하는데, 회색 무명으로 만든 것으로서 너덜거리고 기워 붙이고 몹시 더러우며 그 모양은 연미복과 같다고 하면서, 띠는 볏짚과 비단을

---

162 김영자 편저,『조선왕국이야기』, 서문당, 1997, 69쪽.
163 H. B. 헐버트 지음, 신복룡 역주,『대한제국멸망사』,집문당, 1999, 419쪽.
164 E. J. 오페르트 지음, 신복룡·장우영 역주,『금단의 나라 조선』, 집문당, 2000, 114쪽.

섞어서 꼬아 투박한 줄을 만들어 허리에 둘러야 하며, 엄지손가락 굵기의 또 다른 끈을 머리에 두르고, 머리는 지저분한 모시 巾을 뒤집어쓰며, 이 건에 달린 끈의 끝은 볼까지 늘어져 있어야 하고, 특별하게 만든 짚신을 신으며, 마디가 굵은 지팡이를 잡으면 服喪은 끝난다고 하였다. 그리고 상주는 이와 같은 상복을 입고 해가 뜰 무렵의 아침과 식사 전에 빈소에 들어가 쌀이 가득히 담긴 작은 소반을 가지고 들어가서 관 옆에 있는 쟁반 위에 걸쳐 놓고 의식을 집행하는데, 지팡이를 짚고 허리를 구부린 채 슬픈 목소리로 부모가 죽었을 때에는 '아이고 아이고'하며, 다른 친척들은 '어이 어이'한다고 하면서 요란스럽게 길게 울어야 보는 사람들로부터 칭송을 듣는다고 하였다. 이렇게 곡이 끝나면 상제들은 빈소에서 나와 상복을 벗고 음식을 먹는데, 초하루와 보름에는 모든 친척들이 이 의식에 참여해야 하며, 이러한 예는 장례를 치룬 후에도 다소간 계속되며 몇 년 동안에 걸쳐 간격을 두고 계속된다고 하였다. 한편, 양반의 경우 무덤 앞에 엎드려 울면서 하루를 보내며 심지어는 이런 자세로 하룻밤을 보내는 경우도 있고, 어떤 경우에는 무덤 앞에 작은 여막을 짓고 몇 년 동안 묘를 지키는데, 이렇게 해야 효자라는 평을 듣는다고 하였다, 그런데 가난한 사람들은 빈소를 차리거나 성대한 장례식을 치를 수가 없어 매장할 때까지 관을 거적으로 싸서 문밖에 둔다고 하였다. 그리피스는 한국에서 화장의 방법이 있기는 하지만 대개의 경우 매장을 하는데, 아이들이 죽으면 옷과 침구를 묻으며, 장가들지 않은 사람은 아이로 취급을 받기 때문에 수의나 매장은 아이의 경우와 같다고 하였다. 그러나 장가를 든 사람과 성인들이 죽으면 장례는 좀 더 비용이

들며 더 까다롭고 기간도 길다고 하면서, 상례는 로스(J. Ross)의 『조선전』(Corea)에 소상하게 기록되어 있고, 하멜(H. Hamel)의 기록에도 있다고 기술하였다. 한편, 이 상례에는 유교의 의식에 따라서 초혼, 휘장, 향촉, 供饌 등과 함께 평소의 擧喪 방법, 세수, 빗질, 손톱깎이, 상복 등이 있는데, 고대 중국의 예법이 오랫동안 중국에서 망각되어 오다가 한반도에서 재생되었다는 점이 흥미 있는 일이다고 하였다. 그리피스는 발인 시 운구절차와 묘 자리 등에 대해 언급하였는데, 관은 몸이 꼭 끼도록 되어 있으며, 직업적인 매장꾼에 의해 운구되고, 관 속에 다시 관을 넣고 이중으로 입관하는 경우가 자주 있으며, 장지로 갈 때 아들들은 걸어서 상여를 따르며 친척들은 가마나 말을 타고 따르는데, 고인의 작위나 벼슬이 적힌 빨간 깃발(명정)이 장례의 맨 앞에 간다고 하면서, 이 깃발은 귀신을 놀래어 쫓아 보내기 위해 그 끝이 두 갈래로 갈라져 있으며, 고관의 장례에는 역시 귀신을 쫓아 보내기 위해 흉악한 가면을 쓴 方相氏를 앞세우고, 벼슬을 하지 않은 경우에는 고인의 이름만을 깃발 위에 쓴다고 하였다. 또, 좋은 묘 자리를 얻는다는 것은 노력과 시간과 금전상 중요한 의미를 갖는데, 왜냐하면 지관에게 돈을 주고 이 문제를 상의해야 하기 때문이며, 풍수는 고인이나 그 후손들의 안녕을 위해 필요한 것이므로 꼭 명당을 찾아야 한다고 하면서, 묘 자리가 좋지 않으면 불행한 사태가 일어날 것이고, 그러면 후손들은 묘를 파헤치고 뼈를 골라서 묘를 다시 쓰는데, 이럴 경우에는 그 경비가 많이 든다고 하였다. 그러면서 그는 이와 같은 미신을 통해 유족들의 감정을 충동질함으로써 수천명의 직업적인 사기꾼들과 자기 기만자들이 생업을 이어가고 있다고 비판하였다. 반면에 가난한 사람들의 무덤은 다만 묘혈과 낮은 봉분으로만 되어 있어, 이 봉분은 풍우에 씻기고 소가 짓밟아 만든 지 얼마 되지 않아 허물어지기 일쑤라고 하여 안타까운 심정을 은연중 내비치고 있다. 이와는 달리 부유층의 비석 세움에 대해서는 그 화려한 치장 등을 예로 들어 못마땅해 하였다. 또 그리피스는 상례는 등급이나 기한에서 천차만별인데, 상복, 음식과 활동의 절제, 성묘, 제물, 위패, 그리고 기타 규율 등이 어리석으리만큼 소상하게 규정되어 있다고 하면서, 그 일례로 백색 또는 백색에 가까운 색깔의 상복 착용, 짚신의 끈, 굴건에 지팡이를 짚는 문제까지도 상복으로 보는데 대해 비판적이었다. 그리고 양반들이 머리는 물론 얼굴까지 덮는 뾰죽한 굴건을 쓸 때면 그들은 세상과 절연한 것이나 다름이 없어, 말을 붙이는 사람도 없고 성가시게 구는 사람도 없으며, 심지어는 죄를 지어도 잡아가지 않는다고 하여, 이 굴건을 이용해 프랑스 선교사들이 오랫동안 안전할 수 있었던 이유를 설명하면서 그 맹점을 은근히 지적하였다. 그리피스는 또한 한국인들이 유교윤리에 얼마나 강렬하게 집착하고 있으며, 미신의 힘이 얼마나 강하게 작용하고 있고, 죽은 사람을 위해서 살아있는 사람들이 그들의 재물을 얼마나 아낌없이 낭비하는가에 대해 비판하는 한편, 조선 수신사들이 동경의 해군학교를 방문했을 때의 실화를 소개하였다. 그 내용은 해군학교에서 비상이 걸리면 학생들은 부모의 장례식에 참석할 수 없을 뿐 아니라, 학업에 빠지는 일이 있어서도 안 된다는 사실을 알고, 아연실색해 얼마동안 말도 못했으며 도무지 이해하지를 못했다고 하였다. 뿐만 아니라 그는 喪事로 인해 엄청난 비용을 쓰고 젊은이들이 혼기

를 놓치기도 하며 가산이 기울어 마땅한 계절에 결혼하지 못하는
등 어리석고 고집스러운 상례 때문에 인구가 증가하지 않았다고 하
였다.[165]

　그리피스는 양반계층의 상례를 주로 다루고 있는데, 그 내용을 비
교적 자세히 기술하였다. 그는 고대 중국의 전통적 상례가 한국에서
재생되었다는데 관심을 보이고 있으며, 유교윤리 집착·미신신봉·상
례비용의 과다 지출 등에 대하여 비판적이었다. 특히 세세한 상례 규
정과 방법에 대하여 어리석다고 평하였다.

　I. B. 비숍은 『조선과 그 이웃나라들』에서, 하루에 3번의 장례식을
보았다고 하면서, 한국의 장례식은 슬픔보다는 오히려 호사스러움
을 느끼게 한다고 하였다. 그녀는 장례행렬의 모습을 설명하는 가운
데 양반 장례의 호사스러움과 평민 장례의 초라함을 언급하면서, 조
문객들의 표정이 슬퍼 보이지를 않고 마치 결혼식처럼 즐거워했다
고 하였다. 비숍은 죽음과 매장에 관한 한국의 관습을 설명할 필요
가 있다고 하면서, 남자 또는 여자가 병을 앓으면 먼저 무당을 불러
병을 낫게 해달라고 굿을 하는데 효험을 보지 못하고 죽음을 맞이할
경우, 죽는 사람이 남자일 때에는 가까운 남자 친척을 제외한 모든
여자는 물러나야 하며, 여자의 임종이 가까워질 경우에는 남편과 아
버지와 오빠를 제외한 모든 남자들은 물러나야 한다고 하였다. 그녀
는 죽는 사람이 남자냐 여자냐에 따라 차이를 두는 것으로 이해하였
다. 비숍은 시신을 깨끗이 닦아 깨끗한 천으로 덮고 3일동안 칠성판

165　W. E. 그리피스 지음, 신복룡 역주, 앞의 책, 354~364쪽.

(죽음, 무덤의 의미가 있다고 함) 위에 놓여지는데, 칠성판은 무덤 앞에서 소각한다고 하면서, 가난한 사람은 3일장이 보통이며, 중간계층은 9일장, 귀족 또는 고관은 3월장, 왕족은 9월장을 치른다(이 경우 왕의 기호에 따라 줄일 수도 늘릴 수도 있다고 함)고 하였다. 이 부분은 비숍이 잘못 이해하고 있다. 그런데 비숍의 관심은 한국인들의 영혼관에 있었다. 그녀는 한국인들은 사람이 죽으면 영혼이 세 곳에 머무는 것으로 생각한다고 보았는데, 위패, 무덤, 미지의 세계였다. 그녀는 시신에서 영혼이 빠져나가는 동안에는 정적만이 감돌며, 하인이 시신의 웃옷을 벗겨 그것을 허공에 흔들면서 상전의 이름을 부르고, 잠시 후 고인의 옷들을 지붕 위로 던진다고 하였다. 이는 떠나는 영혼을 다시 불러서 재생시키고자 하는 것으로 초혼의례이다. 이러한 의식이 끝난 다음 사자 상을 차리는데, 3명의 使者를 위한 것으로 밥 세 그릇과 호박을 차려 놓고 상 옆에 짚신 세 켤레를 놓는다고 하였다. 쌀과 짚신은 망자의 영혼을 十大王에게 안내하는 심부름꾼인 사자를 위한 것인데, 30분이 지나면 호박을 깨고 짚신을 태우고 사자 밥을 멀리 던진다고 하면서, 죽은 사람의 영혼은 사자들의 안내로 저승세계의 심판관인 염라대왕에게로 가서 천당이나 지옥으로 가는 판결을 받게 된다고 하였다. 비록 불교의 영향이 퇴색했지만 불교는 여전히 유지되고 있다고 하였다. 비숍은 한국의 상례가 유교적인 관념이 강하지만 영혼관은 불교적인 관념이 깊게 자리 잡고 있는 것으로 보았다. 한편, 장례식 전까지 매일 세 끼니 때마다 곡을 하고, 지관은 돈을 받고 길지를 정해주며, 길일을 택해준다고 하였다. 또 드문 경우이지만 하관 때 미망인은 남편의 시신에서 가까운

의자에 앉고 그 외의 모든 사람들은 넓은 모자를 써 얼굴을 가리고 삼베옷을 입는다고 하였다. 그리고 매장을 하고 봉분을 만든 후에 祭 酒를 붓고 제사를 지낸 후 함께 음식을 먹는데, 만약 제단이 무덤 앞에 설치되어 있다면 그 단 위에, 제단이 없다면 작은 상 위에 술과 마른고기를 올려놓는다. 친척들은 이 장면을 보고 다섯 번 절을 하며 반복해서 영혼이 평화롭게 안주하기를 기원한다고 하였다. 여기서 5번 절을 한다는 것은 납득되지 않는다. 비숍의 착오로 보여 진다. 이후 산신에게 아뢰는 절차인 祀后土, 반혼제, 반곡, 궤연, 담제 등을 비교적 자세히 기록하였다. 그런데 애도기간 동안 모시는 위패는 빈방이나 대개는 여자의 방에 모셔 놓으며, 가난한 사람들은 방의 한쪽 구석에 있는 상자에 위패를 모셔 두며, 또 다른 조상의 위패를 모셔야 할 경우에는 이름을 쓴 종이를 벽에 붙인다고 하였다.[166]

비숍은 주로 양반계층의 상례를 다루었다. 그녀는 한국의 장례를 특이하게 여겼으며, 한국인의 영혼관에 관심을 보였다. 그리고 초혼·사자상 등은 지방·가문·色目 등에서 약간씩 다른데, 사자 상에 호박을 차려 놓는다는 것은 특이하다. 한편, 비숍은 장례시기를 잘못 이해하고 있다.

H. B. 헐버트는 『대한제국멸망사』에서, 매장의 풍습은 전국적으로 같지 않은데 이는 가난한 사람이나 하층계급에 속해 있는 사람들은 부잣집에서 결코 소홀히 할 수 없는 점들을 생략하기 때문이며, 만약 상류 계급의 부자들이 시신을 다루는 방법만을 설명한다면 이

---

[166] I. B. 비숍 지음, 신복룡 역주, 앞의 책, 282~285쪽.

와 다른 계급의 사람들의 시신을 다루는 방법에 대한 설명을 생략하는 것이 되기 때문에 중류계급에 초점을 맞추었다고 하였다. 그는 천거정침에서부터 하관 성분 때까지를 비교적 구체적으로 기록하였는데, 여기서는 특이한 부분만 간단히 소개하겠다. 헐버트는 죽어가는 사람을 집 밖으로 내보내 거적 위에 눕혀 놓는 경우가 있는데, 이는 하층계급이나 미신을 믿는 계급에서만 볼 수 있는 경우로 시신이 집안을 더럽히며 불행하게 만든다고 믿기 때문이라고 하였다. 그는 초혼 시 그 집안의 충복이나 상류계급에 속하지 않는 친한 이웃사람 중의 하나가 고인의 속저고리를 들고 지붕 위로 올라가 시신이 누워 있는 바로 위에 서서, 왼손에는 깃을 바른손에는 아랫부분의 가장자리를 잡고 북쪽을 향해 3번 흔드는데, 첫 번째로 흔들 때에는 고인의 이름을 큰소리로 외치며, 두 번째로 흔들 때에는 고인이 지낸 제일 높은 지위를 외치며, 세 번째로 흔들 때에는 그 사람이 죽었다고 외친다 하였다. 이처럼 옷을 3번 흔드는 이유는 고인의 인·의·예 때문이라 하고, 또 혼백 궤를 만드는데, 신비한 방법으로 고인의 넋을 궤에 넣는다고 하였다. 그리고 습을 할 때에는 깨끗한 종이로 시신을 씻으며 그러는 동안에 가족들은 옆방에 앉아 있거나 아니면 가난한 이웃들에게 고인의 옷을 나누어 주기에 바쁘며, 몇 해 동안 잘 간직해 두었던 빗을 이때야 꺼내 쓰고, 염습이 끝나면 6촌 이내의 친족들이 모두 모여 곡을 하는데, 상주들은 차례로 앞으로 나와 가져온 베개 하나에 이마를 대고 특별한 의식을 치른다고 기술하였다. 또 이튿날 아침 소렴을 할 때에는 직업적으로 염습을 하는 사람이 하며, 3일째 대렴 시 입관 준비가 끝나면 고인의 아들들은 손을 씻거나 목욕을

한 다음 방으로 들어가 시신을 마지막 안식처에 안치하는데, 널은 대개 소나무로 만든다고 하였다. 그 이유는 4가지로, 첫째 소나무는 사철나무로 죽을 때까지 잎이 떨어지거나 시드는 일이 없기 때문에 남자다움의 상징처럼 여기고 있으며 둘째, 뱀이나 그 밖의 파충류들이 들어갈 수가 없고 셋째, 소나무는 껍데기만 남겨둔 채 속이 텅텅 비는 일이 없으며 넷째, 소나무는 땅속에 묻히면 즉시 썩는데, 이 중 한 가지 이유만으로도 한국인들이 소나무를 널로 쓰기에 근거가 있다고 하면서, 고대 이집트인이나 무지하고 미신을 신봉하는 민족들과는 대조적이라 하여 긍정적인 평가를 하였다. 한편, 장례는 3일장, 5일장, 9일장이 보통이지만 고인이나 상주의 벼슬이 높은 경우 또는 돈이 많은 경우에는 보통 3월장으로 한다고 하였는데, 이는 헐버트가 잘못 이해한 것이다. 그리고 장지에 미리 2개의묘비를 마련했다고 하면서 하나는 대비용이라고 하였는데, 이는 묘비와 지석의 용도가 다르다는 것을 이해하지 못한 것으로 착오라 하겠다. 또 장례를 치르면서 가장 중요한 것 중의 하나가 신주를 만드는 일로, 헐버트는 한국인들이 밤나무로 신주를 만드는 것은 밤나무 씨가 오래도록 존속되어 집안이 영원히 계승되는 것을 상징하는 것이라고 믿고 있다고 하면서, 요즈음에는 흉악범들이 신주를 훔쳐 간 다음에 돈을 요구하는 일이 있기 때문에 그 효용도가 줄어들고 있다고 하였다. 신주를 잃는 것은 조상에 대해 큰 죄를 짓는 것으로 한국인들은 인식했다고 하면서 신주를 훔쳐가는 당시의 세태를 은근히 비난하였다. 뿐만 아니라 헐버트는 장례준비로 옛날에는 후손들이 가산의 절반을 낭비했지만,(한국의 민담에는 효성이 지극한 나머지 자기 아버지 장례를

346

위해 가산을 탕진한 아들에 관한 일화가 많다고 함) 오늘날에는 그렇게 재산을 탕진하는 경우는 볼 수가 없다고 하였다. 한편, 장례 행렬은 오후 늦게 준비하여 땅거미가 질 무렵에 떠나는데, 이렇게 늦게 떠나는 것은 이 시간이 되면 거리가 조용하기 때문이라고 하면서, 이 시간이 하루 중 가장 조용한 시간이어서 고인의 넋이 행상인의 고함소리나 거리의 소음으로부터 괴로움을 덜 당한다고 하였다. 그는 이러한 점으로 미루어 이때까지도 고인의 넋이 시신과 함께 있다고 한국인들은 믿고 있다고 하였다. 그리고 장례 행렬은 두 사람이 나란히 걸으며 그 뒤에는 나뭇단으로 만든 횃불을 든 사람이 천천히 뒤따르고, 그 뒤에는 초롱을 든 두 줄 사이로 장례 행렬이 지나가는데, 본격적인 장례행렬의 맨 앞에는 호상이 말 위에 높이 앉아 지나가며, 그 뒤에는 고인의 이름과 벼슬을 적은 명정이 따르며, 그 다음에는 긴 초롱의 행렬이 거리를 가로질러 뒤따르고, 그 뒤에는 혼백 궤와 신주를 넣은 일종의 궤가 따르며, 그 양편에는 머리를 길게 풀어헤친 고인의 비복들이 따르는데 그들의 수효는 2~6명이며, 그런 다음에 또 다른 초롱의 행렬이 지나가고 그 뒤에 상여가 뒤따르며, 상여의 바로 뒤에는 맏상제가 가마를 타고 따르며, 그 양 옆에는 고인이 부리던 시비들의 남편들이 따르고, 그 뒤에는 유족들이 따르는데 그들의 가마 양 옆에는 고인의 친척들이 부리는 시비의 남편들이 따르며, 그 다음에는 먼 친척들과 친구들이 따르고, 거리의 사내아이들이 떠들썩거리며 따르는 것으로 행렬은 모두 끝난다고 하였다. 그런데 서울에서는 매장이 금지되어 있고 수구문과 서소문 이외의 성문으로는 상여가 통과할 수 없는데, 이 2개의 문은 오후 9시에서부터 다음

날 새벽 4시까지 닫혀있기 때문에 복잡하다고 하였다. 그리고 헐버트는 지관 직업에 종사하는 사람은 시골에서 뽑혀 온 사람들이며, 서울 사람은 자격이 없다는 것이 불문율이라 하였으며, 그러므로 시골 지관은 서울 지관보다 알아준다고 하였는데, 지관들은 대개 시대에 뒤떨어진 사람을 의미하는 '립 반 윙클(Rip Van Winkle)형'의 나태한 사람으로 보았다.[167]

헐버트는 중류계급의 상례에 초점을 맞추었다고 하였지만 양반 계층의 상례(그것도 대부분 서울 지역)를 주로 언급한 것으로 보인다. 그가 본 상례에서는 임종 전 병자를 밖에다 거적 위에 눕혀 놓는 경우(주로 하층 계급이나 미신 신봉자들)와 초혼 시 행하는 절차 등이 특이하다. 그리고 널을 소나무로 사용하는 것에 대하여 과학적이라고 인식한 듯하며, 이것은 미신을 신봉하는 타민족과 대조적이라면서 긍정적인 평가를 하였다. 그러나 장례시기, 묘비와 지석의 사용용도 등에 대해서는 잘못 이해하고 있었으며, 직업적인 지관에 대해서도 부정적이었다. 특히 신주를 훔쳐가 돈을 요구하는 흉악범들이 있다고 하여 당시의 세태를 반영하였다. 또 발인을 주로 저녁 무렵(대개 서울의 경우)에 행하는 것으로 기술하였다. 헐버트는 임종에서부터 매장에 이르기까지의 상례 절차 및 과정을 충실하게 기록하고 있는바 평가된다.

E. B. Landis는 「*Rites of Korea*」(한국의 의례)에서, 상례의 전통적 의식 절차와 방법 등을 포함한 제반사항들을 매우 상세하면서도 정

---

[167] H. B. 헐버트 지음, 신복룡 역주, 앞의 책, 505~520쪽.

확하게 언급하였다. 그런데 논제는 한국의 의례지만 상례에 관한 내용들뿐이다. 랜디스가 자세하게 언급한 상례 절차와 방법 가운데, 상례 절차를 대략 간단히 제시하면 다음과 같다. 初終, 襲, 小殮, 大斂, 成服과 喪服(服制), 治葬, 虞祭, 卒哭, 祔祭, 小祥, 大祥, 禫祭, 吉祭 등이다. 특히 그는 服制에 대해 자세히 심도 있게 언급하였는바 주목할 만하다. 일례를 들면 참최복(斬衰服) 3년, 재최복(齊衰服) 3년, 재최복 1년, 재최복 5개월, 재최복 3개월, 대공(大功) 9개월, 대공 7개월, 소공(小功) 5개월, 시마(緦麻) 3개월 등이 그것이다.[168] 랜디스가 중국어를 알았다면 『朱子家禮』나 한국의 家禮書를 참고로 했을지도 모른다.[169] 그러나 논문의 전체 내용으로 보건대 유식한 한국인의 도움을 받은 것으로 추정된다.[170] 랜디스의 상례 관련 논문이 관·계례 관련 논문

---

168 cf. E. B. Landis, *Rites of Korea, Journal of the Anthropological Institute*, May, 1896. pp.342~361.

169 이에 대해서는 정밀한 검토가 필요하다.

170 여기서는 랜디스가 구체적으로 정밀하게 언급했던 服制의 일부분만을 제시하겠다.
"Ⅰ. Mourning Clothes. Cham Choi.—This is the deepest class of mourning. In this the garments are made of very coarse hempen cloth and unhemmed. The upper garments are called Choi, and the under garments are called Chi Ma. Hanging down in front from the shoulder is a piece of cloth, which is supposed to catch the tears as they fall. Behind is a wide piece of cloth hanging down from the collar to which it is attached; this is called the Pou Pau. It has a figurative meaning, and that is that the mourner trails his sad heart after him in the dust. On either side also are pieces hanging down from the arm-pits. These are called Pyeng Yeng. These indicate the sad heart of a final child which should be downcast. Again Choi means that the heart is rent and torn, and Pou Pau that he is overcome with sadness. On the shoulder is a binding which is called Chyek, and which signifies that the filial son carries the thoughts of his parents always with him. On the left side covering the heart is also a piece of cloth which is fastened to the collar. It is worn for three years(in reality only twenty-seven months). 1. For one's father. 2. If a father has died before the paternal grandfather, when the latter dies, the first-born grandson wears it. 3. If

보다 더 밀도 있게 다룬 것으로 보여 진다. 당시에 서양인이 거의 전문가 수준에서 한국의 의례(관·계례와 상례, 특히 상례)에 대해 언급한 것은 획기적일 뿐만 아니라 높이 평가된다. 반면 우리는 서양의 의례 문화에 대해 얼마나 알고 있었을까?

이외에도 까를로 로제티는 『꼬레아 꼬라아니』에서, 한국의 장례식은 주로 해질 무렵에 거행되는데, 이것은 서울에서 볼 수 있는 가장 독특한 광경들 중의 하나라고 하였고, 또 고인에게 가족이나 장례에 참석한 모든 사람들은 5번 절을 올린다고 하였으며,[171] 끌라르 보티에·이뽀리트 프랑뎅은 『프랑스 외교관이 본 개화기 조선』에서, 한국의 여러 의식 가운데 장례식만은 특별히 언급할 만한 가치가 있다고 하면서, 특히 벼슬아치의 장례식은 정말 볼만했다고 하고는, 평민 계급의 장례 절차는 관리들의 장례를 모방한 것에 불과하며, 그것도 처음에는 원형을 축소해서 모방하다가 나중에는 겨우 윤곽만 모방했을 따름이었다고 하였다. 그리고 망자의 가족은 삼베로 만든 옷을 입고 두 개의 대나무 막대에 매단 천 조각을 손에다 들고 얼굴을 가리는데(상주가 조문객을 맞이할 때 사용하는 얼굴 가리개인 차면선을 말함) 불편한데다가 우스꽝스럽다고 폄하하였다. 또 부장품에 대

father and grandfather die before the great-grandfather, when the latter dies the same rule is followed as in No. 2, 4. The father wears if for his first-born son. This is because of the break in the family time. 5. The wife wears it for her husband's father. As her husband wears it she must follow the example of her lord and master. 6. A wife wears it for her husband. 7. A concubine wears it for her lord. 7. A concubine wears it for her lord. 8. A concubine wears it for her lord's father"(p. 342.)

171 까를로 로제티 著, 서울학연구소 譯, 앞의 책, 132~134쪽.

해서는 한국에서 매우 높이 평가되었음이 분명하다고 하면서, 마치 고대 이집트 무덤의 신비함을 연상시켜주지만 야만스러운 풍속이라고 평하였다.[172] E. J. 오페르트의『금단의 나라 조선』에서, 장례는 혼례와 마찬가지로 별다른 제의식이 없이 치러지며, 시신과 어떤 종류의 장신구도 함께 매장하기 때문에 무덤 속에 귀중품이 묻혀 있으리라는 추측은 전혀 사실이 아니고, 화장은 거의 보기 드물며 상류계급에서만 행해지고, 망자의 친족들은 상복을 입지 않으며 부모에 대해서만 엄격하게 지킨다고 하였다.[173] 또 사이에 롱은「코리아 혹은 조선」에서, 조부모를 포함하여 부모 중 한 분이 돌아가셨을 때 모든 남자는 귀족이건 평민이건 누구나 3년 동안 엄격한 복상기간을 치러야 하며, 불행히도 그 기간 중에 나머지 한 분마저 세상을 뜨면 그 시점으로부터 다시 복상기간이 시작된다고 하면서, 사이에 롱이 한국에 체류하는 동안 오로지 이 옷만을 입고 지내는 사람도 여럿 보았다[174]고 기술하고는 이상하게 생각한 듯하다.

서양인들은 한국의 의례(관·계례, 혼례, 상례)에 대해 관심을 갖고 관찰을 통해 기록으로 남겼지만 일부를 제외하고는 일반적인 수준에 머무르고 있다. 특히 관·계례의 경우 혼·상례와는 달리 태반은 그 본래적 의미를 제대로 파악하지 못한 듯하다. 반면 혼·상례(특히 상례)에 대해서는 잘못 알고 기술한 부분(특히 목안과 장례시기에 대

---

172 끌라르 보티에·이뽀리트 프랑뎅 지음, 김상희·김성언 옮김,『프랑스 외교관이 본 개화기 조선』, 태학사, 2002, 100~103쪽.

173 E. J. 오페르트 지음, 신복룡·장우영 역주, 앞의 책, 115~116쪽.

174 샤를 바라·사이에 롱 지음, 성귀수 옮김,『조선기행』, 눈빛, 2001, 257쪽.

해서는 대부분 착오를 보이고 있음)도 있지만 어느 정도 파악한 것으로 보여 진다. 서양인들이 쓴 책을 보면 한국의 의례에 대해 긍정적 시각 또는 부정적 시각을 내비치는 부분이 있다. 이는 직업이나 여행목적, 식견, 인식태도 등에서 차이를 보일 수도 있다. 그러나 부정적 시각의 경우 대부분은 서양인 자신들의 기준과 잣대, 소위 문화적·인종적·지적 우월감과 종교적 선입견 등이 작용한 때문으로 보여 진다. 그런바 비록 논문이지만 객관적 입장에서 심도 있게 쓴 랜디스의 논문들을 주목할 필요가 있다.

서양인들이 쓴 책들을 보면 유사한 내용들이 있어 간혹 당혹감을 느낀다. 이들이 기록 시 먼저 나온 책들을 보고 참고 또는 인용한 것이 아닌가 하는 생각이 들기도 한다. 그리고 서양인들은 혼·상례의 경우(특히 상례) 가문·色目·지역 등에 따라 그 절차와 방법에 약간씩 차이가 있다는 것을 거의 인식하지 못한 것으로 보인다. 이러한 점들을 우리는 유의할 필요가 있다.

한편, 서양인들의 기록을 통해 당시 우리의 의례 일부가 변화·변형된 것을 엿볼 수 있다. 서양인들의 기록이 당시의 양반계층과 평민계층의 의례 문화를 파악하는데 참고가 된다는 사실을 인식할 필요가 있다.

이유와 목적이 어떠하든 서양인들은 한국의 의례를 얼마나 알고 이해하고 있었을까?

(2) 서양인의 한국 의례에 대한 이해와 그 한계

한 민족의 풍습과 문화를 제대로 이해함에 있어 가장 기본이 되는 것은 통과의례 그 중에서도 관·혼·상·제례라 할 수 있다. 개화기 서양인들이 우리나라에 들어와 우리 문화의 실상을 파악하고자 하면서 자연히 관·혼·상·제례에 관심을 가지고 살피게 되었다. 여기서는 앞에서 관·계례, 혼례, 상례별로 논의한 내용을 토대로 당시 시행하고 있던 사대부·평민의례와의 비교 검토를 통해 그 실상 파악과 함께 서양인들의 한국의 의례에 대한 이해 수준과 그 한계를 구명하겠다. 이 과정에서 서양인들의 민속, 특히 의례 문화에 대한 인식태도도 살펴보겠다.

(가) 관·계례 − 성인됨과 치장의 모순 그리고 인식부족

W.E. 그리피스(『은자의 나라 한국』)는 "결혼 선물은 사실상 상투를 올리는 것이 전부이다. 왜냐하면 결혼식 날이면 머리칼을 두상 위로 감아올리고 온통 치장하기 때문이다. …(중략)… 남자들은 머리칼을 하나라도 잘라서는 안 되지만 서울의 멋쟁이들은 기성에 대한 저항적인 요소와 함께 자기의 개인적인 매력을 돋보이도록 하기 위해 상투의 크기를 계란보다 더 크지 않도록 치장 한다"(324쪽)고 하였다. 관례의 의미보다는 상투를 올리고 치장한 것에 더 관심을 보이고 있다. 그리고 계란정도의 상투 크기에 저항적인 요소가 담겨 있다는 것은 납득하기가 어렵다. 또 "결혼식이 있기 전날 밤, 시집갈 처녀는 자기의 한 친구를 초대하여 자기의 처녀 머리를 결혼한 여인의 머리로 바꾼다. 신랑이 될 사람도 친지 중의 한 사람을 초대하여 어른처럼 자기의 머리를 올린다. 이 일을 할 사람은 매우 신중하게 선발 한다"(p324~325쪽)고 하였다. 원래 남자의 경우 주례자는 아버지

의 친구나 스승 가운데 학덕과 예법에 능한 사람이 하였고, 여자의 경우 주례자는 친척 중에서 예의범절에 밝은 부인이 하였다. 그런데 시집갈 처녀 본인이 주례자를 친구로 선택한다는 것은 이해하기 어렵다. 위의 내용들은 평민계층에서 행했던 관·계례로 보이나, 실제로 이처럼 행했는지 의문이 간다. 그리피스는 관·계례를 제대로 이해하지 못한 듯하다.

호레이스 N. 알렌(『알렌의 조선 체류기』)은 한국의 관·계례를 어느 정도 이해한 것으로 짐작된다. 그런데 그는 그 절차나 과정 등에는 별로 관심이 없는 것 같고, "결혼하지 않은 사람은 나이가 들어 백발이 되었다 할지라도 머리를 등 뒤로 땋아 내리고 다녀야 하며, 아이들이라 할지라도 그러한 사람에게는 반말을 쓰게 되어 있다. 나는 길에서 가끔 이러한 가엾은 사람을 한 둘 만난 적이 있는데, 그들은 매우 외롭고 친구가 없어 적적한 듯 했다"(p.153)고 하여 혼인하지 못한 나이 많은 사람들에게 동정 어린 시선을 보이는 정도였다. 알렌은 성인으로서의 책무가 무엇인지를 인식하지 못하였다.

A. H. 새비지-랜도어(『고요한 아침의 나라 조선』)는 관·계례의 절차나 의미에는 관심이 없고, "한국의 남자는 100명 중 99명이 결혼을 하였는데, 그들은 가장 멋진 형태로 머리를 치켜 올려 손질 한다. …(중략)… 소시지의 크기와 모양으로 둥글게 뒤틀어서 머리 꼭대기와 직각을 이루게 곧추세운다. 이는 상투라는 재치 있는 이름으로 자연스럽게 통용된다. 때로는 작은 은이나 금속 구슬을 상투의 꼭대기에 꽂는 경우도 있고, 작은 별갑의 장식을 이마 바로 위의 머리칼에 묶는 경우도 있다"(56~57쪽)라 하여 오로지 머리 형태와

치장에만 관심이 있을 뿐이었다. 대부분의 서양인들이 관·계례를 행하는 근본적인 이유와 성인으로서의 책무를 인식하지 못한 것 같다.

E. B. Landis(「*The Capping Ceremony of Korea*」)는 관·계례의 전통적 의식 절차와 과정 등을 세밀히 정확하게 이해하고 있다. 그러나 관·계례의 본질적 의미나 성인으로서의 책무 등에 대한 보다 심화된 논의가 매우 미흡한바 아쉬움을 남기고 있다.

(나) 혼례 – 남자 해방 여자 속박의 이중성 그리고 편견

W. E. 그리피스(『은자의 나라 한국』)는 혼례식에 대해 "혼례일이 되면 신랑의 집에서는 단을 세우고 편물로 된 장식으로 호화롭게 꾸민다. …(중략)… 단 위에서 그들은 잠시 서 있다. 그들은 정중하게 맞절을 하지만 한마디의 말도 하지 않는다. 이것으로 결혼이 이루어진 것이다. …(중략)… 사대부의 집안에서는 이 예절을 지켜야 한다."(325쪽)라고 하여 신랑 집에서 대례를 치루는 것으로 기술하였다. 혼례식은 지역이나 색목, 가문 등에 따라 약간씩 차이는 있지만, 대부분 신부 집에서 행하였다. 따라서 위의 기록은 그리피스의 착오로 보인다. 또한 그는 "혼례에서 가장 눈에 띄는 상징은 거위이다. 조선 사람들의 눈에는 거위가 부부의 상징으로 보인다."(327쪽)고 했는데, 거위가 아니라 기러기이다. 그는 또 "신랑은 새댁에 대한 사랑의 서약으로서 중요한 의미로 장인에게 4번 절을 하고 나서 딸을 평생토록 사랑하겠다는 서약을 글로써 바치는 경우로 있다."(327쪽)고 하였다. 그리피스가 본 것은 양반계층의 혼례로 파악되는데, 의례를

355

행할 때에는 남자는 2번이다. 그리고 사랑의 서약서를 바치는 경우
는 거의 없다. 그리피스의 기록을 보면 '신부가 2~3명의 친구를 들러
리로 삼는다.'(327쪽)든지, '결혼 입증 문서인 혼서지에 양가가 서명
한다.'(327쪽)든지, '手本을 만든다.'(327쪽)는 것은 전통적인 혼례 절
차와 방식에는 없는 것들이다. 이러한 것들은 개화기 때 생긴 것으로
추정되며, 여기서 변형의 일면을 짐작할 수 있다. 한편, 부부간의 순
결에 대해 "아내에 대한 의무 같은 것은 없다. 아내는 상류사회의 계
집종보다 조금 더 상위인 정도이다. 양반들은 자신이 아내를 별로 대
수롭지 않게 보고 있다는 것을 입증하기 위해 새신랑은 3~4일간만
새댁과 함께 지낸 후에는 상당기간 동안 아내를 멀리한다. 예법 상
여자가 생과부 노릇을 하고 있는 동안 남편은 첩들에 싸여 방탕한 시
간을 보낸다. …(중략)… 어릴 적부터 그와 같은 멍에에 익숙해졌고
또 자신을 하나의 열등한 족속으로 취급하고 있는 대부분의 아낙네
들은 깨끗이 체념하고 자신의 운명을 따른다. …(중략)… 그들은 심
지어 폭군과 같은 남편과 무분별한 시어머니에게까지도 묵묵히 복
종한다."(330쪽)고 하였다. 그럴 수도 있겠지만, 이는 폄하적인 시각
에서 본 편견이다. 그리피스가 한국의 의례 문화를 이해 했다기 보다
는 서양의 잣대로 본 것이라 하겠다. 한국의 결혼 풍습에 대한 그리
피스의 그릇된 인식태도를 엿볼 수 있다.

    I. B. 비숍(『조선과 그 이웃나라들』)은 결혼식 과정을 설명하는 가
운데 "우리가 생각하기에 신부는 매우 희한한 존재이다. 그의 얼굴
은 백분으로 뒤덮이고 붉은 점을 찍는다. 그의 눈까풀은 접착제를
발라 붙어 있다. …(중략)… 종자의 부추김을 받아 신부는 남편에게

2번 절하고 남편은 아내에게 4번 절한다. 이렇게 여러 사람 앞에서 맞절을 하기 만 해도 합법적인 결혼이 성사된다. 혼례가 끝나면, 설령 남편이 아내를 싫어한다 해도 제2의 아내를 맞을 수 없다. 남자가 부정한 관계를 맺는 경우가 많이 있기는 하지만 조선에서의 결혼은 영원한 의미를 갖는다. …(중략)… 비천한 사람들이 먹는 음식상을 차리려면 5~6엔 정도가 들며 매우 싸게 혼례를 치르는 경우라도 75엔 정도가 소비되어 딸이 여럿인 가정은 재정적으로 불행을 초래한다고 한다."(118쪽)라고 하였다. 여기서 주로 신부의 화장을 보고 희한한 존재라 하였는데, 이는 서양 화장법과 한국 화장법의 차이를 인식하지 못한데서 기인한 것으로 보인다. 그리고 신랑·신부의 맞절 횟수도 착오에서 비롯된 것이다. 그러나 그녀가 결혼 비용의 과다 지출로 인한 심각성을 언급한 것은 제대로 파악한 것이라 하겠다. 한편, 비숍은 신부의 첫 번째 임무로 침묵을 들고 있다. 그리고 여성의 결혼 생활에 대하여 "조선의 여성은 속박 속에서 살아 왔다. …(중략)… 그들은 말없이 현모양처의 법칙을 따른다. …(중략)… 그들은 결혼해서 애정을 기대하지 않으며 구습을 타파하겠다는 생각은 결코 할 수가 없다. 대개 그들은 시어머니의 지배에 순종하며"(120, 143쪽)라고 하였는데, 그녀는 한국 여성의 결혼 생활을 이해할 수 없었던 것 같다. 가정 내에서 서양 여성과의 위치와 역할을 비교한다면, 한국 여성은 침묵 속에서 속박만 당하는 것으로 볼 수 있다. 그러나 한국 여성의 주부권을 이해했다면 보다 새롭게 이해할 수 있지 않을까 한다. 주부권을 얻기까지의 과정이 서양인의 눈에는 남편이나 고부간의 갈등으로 측은하게 보였던 것은 당연할지 모른다.[175] 이런 때문인 듯 비숍은 여성에 대해서는 동정심을 보인 반면, 남성에 대해서는 비판적이다. 비숍은 『한국과 그 이웃나라들』(1897)을 쓰기 위해 1889년부터 4차례에 걸쳐 11개월간 한국을 방문하고 계획적이며 예리한 통찰력으로 한국의 생활과 풍습을 조사한 것으로 알려져 있다. 그녀는 한국인의 혼례에 대해 어떻게 이해했을까? 앞에서 언급했듯이, 비숍은 한국의 혼례를 어느 정도 파악한 것으로 보인다. 그러나 그녀 역시 서양의 입장, 여성의 시각을 벗어나지 못하고 있다.

A. H. 새비지-랜도어(『고요한 아침의 나라 조선』)는 한국의 혼례에 대해 "조선의 결혼은 참으로 한 장의 복권이다. 나는 왜 그들의 결혼이 대등한 두 개의 복권이 될 수 있는지 알 수 없다."(142쪽)라고 하여 의구심을 품고 있다. 그 대표적인 일례가 중매 관습이다. "조선의 결혼에서 신랑·신부의 뜻은 거의 고려되지 않는다. 그들을 위한 일은 친척이나 중매쟁이의 주선을 통해 성사된다. …(중략)… 결혼식 당일에서야 그가 꿈꾸어 왔던 묘령의 여인 대신에 곱사등이에 몰골이 흉한 절름발이와 혼인하게 된 사실을 알게 된 신랑의 당혹감을 상상해 보라. …(중략)… 그러한 상황에서 부모님을 슬프게 하지 않는 길은 위풍당당하게 그 혼례를 치르고 가장 이른 시기에 미모의 첩들을 들이는 외에는 방도가 없지 않은가?"(142~143쪽)라고 하여 냉소적·비판적 시각을 내비치고 있다. 그러므로 그는 "조선에서는 일부다처제가 인정되기 때문에 첩을 두는 것은 국민적 관습이다. 정부가

---

175 임장혁, 앞의 책, 80쪽 참고.

축첩을 공인한 것은 아니지만 공개적으로 용인되고 허용된다.”(143쪽)
라고 하여 일부다처제를 인정한다고 하였는데, 이는 잘못 이해한 것
이다. 한국은 조선조부터 개화기까지 일부일처제였다. 또 혼례식에
대해 “조선의 혼례식은 간단한데, 서양처럼, 신부 집이 아닌 신랑 집
에서 치러진다. …(중략)… 앞으로 자신의 생활이 얼마나 크게 바뀔
지를 전혀 깨닫지 못하는 신랑이 신부 앞쪽에 무릎 꿇고 앉는다. 그
러면 수백 글자의 기묘한 한문이 쓰여 진 문서가 작성된다. 그것은
아무개 군과 아무 성씨의 사이에 성스러운 혼례가 치러졌음을 증명
해 주는 문서이다. 우리가 앞서 살펴보았듯이 여자는 낮은 성이기 때
문에 이름을 가질 자격이 없다. 이 서약서에는 신랑·신부의 아버지
와 가장 가까운 친척들이 서명한다. 만을 글을 모르면 지장을 찍는데
이러한 경우가 다반사이다. 그런데 나는 그 동안 보아 온 모든 표지
중에서 이것이 가장 기묘한 것이었음을 고백하지 않을 수 없다. 만일
신부가 문맹이라면 손가락과 손목에 굵은 붓으로 먹물을 칠해 문서
위에 찍는다. …(중략)… 이러한 보다 간단한 과정이 그 의식을 더욱
인상적으로 만든다. …(중략)… 그때 신랑은 그에게 순응 또는 동의
의 표시로 절을 4번하면 이어서 신부가 2번 절을 한 다음, 존경의 표
시로 시아버지에게도 4번의 절을 올린다.”(144쪽)고 기술하였다. 결
혼식이 신랑 집에서 행해진다고 한 것은 착오로 보이며, 신랑·신부
의 맞절 횟수도 잘못 이해한 것이다. 그런데 새비지-랜도어가 기괴
하다고 고백한 지장은 당시 평민계층에서 행했던 것이 아닌가? 추측
된다. 원래 지장 같은 것은 없다. 또 일종의 혼인서약서를 작성하고
신랑·신부의 아버지와 가까운 친척들이 서명한다는 것 역시 과거에

는 없었던 절차와 방식이다. 이 또한 변형된 것으로 짐작된다. 그리고 신방 엿보기에서 "중매쟁이나 아버지 혹은 다른 사람이 첫날밤을 도와주는 임무를 맡아 …(중략)… 대개 그들은 일부러 신방에 놓아 둔 병풍 뒤에서 자신의 역할을 수행한다."(146쪽)고 하였는데, 이러한 일은 과거나 당시에도 있지 않았다. 그가 무엇을 근거로 이렇게 기술하였는지는 의문이다. 새비지-랜도어의 기록은 사실과 다른 부분들이 있는바 신빙성에서 문제가 있다. 새비지-랜도어는 한국의 혼례를 제대로 이해하지 못했을 뿐 아니라 정확성에서도 믿을 수가 없다. 서양의 관점에서 기술한 것으로 보인다.

이 밖에 다른 서양인들의 한국의 혼례에 대한 이해 수준을 간단히 살펴보겠다.

호레이스 N. 알렌(『알렌의 조선 체류기』)은 혼례를 피상적으로 다루고 있다. 그는 혼례를 약간은 이해한 것 같으나 일반적인 사항만 간단히 기술하는데 그치고 있다. 그리고 혼인 전 신랑과 신부가 양가를 방문한다는 것은 변형으로 보여 진다. 그런데 다음의 기록을 주목할 필요가 있다. "젊은 미국 여성 선교사들이 하는 일 가운데 하나는 그들의 선교 학교에 다니는 젊은 여성들에게 적절한 신랑감을 찾아주고 그들의 부모 노릇을 해주는 일이다. 물론 그들의 결혼식은 미국의 결혼식처럼 세련됨과 근엄함을 더해 준다."(155쪽) 이 글을 통해 알렌의 시각의 일단을 엿볼 수 있다.

E. 와그너(『한국의 아동생활』)는 우리의 전통 혼례 절차와 방식을 비교적 정확하게 이해하고 있다. 또 E. J. 오페르트(『금단의 나라 조선』)는 "일부다처제는 조선에서는 보편화된 제도이며 …(중략)… 남

360

자가 거느리는 여자들의 수는 신분과 지위에 따라 다르다. …(중략)… 남자와 여자의 아버지나 친척 간에 돈이 오고 가면 남자는 여자를 자신의 집으로 데려올 수 있으며 그를 상품이나 물건처럼 마음대로 취급할 수 있다."(114쪽)고 하였다. 이는 그릇된 인식태도의 대표적인 예로써 오페르트는 우리의 혼례를 전혀 이해하지 못하였다. 그의 편향된 시각을 간파할 수 있다.

(다) 상례 - 호기심과 복잡한 저승길 절차 그리고 부정적 시각

W. E. 그리피스(『은자의 나라 한국』)는 한국의 상례에 대해 어느 정도 파악하고 이해한 것으로 보인다. 일례를 들어 "부모가 죽었을 때에는 '아이고 아이고'하며, 다른 친척들은 '어이 어이'한다."(359쪽) 등을 보면 그의 상례에 대한 이해 수준을 가늠해 볼 수 있다. 그런데 喪杖에 대하여 "이 긴 지팡이는 매끈한 대나무로 만든 상장으로써 상주임을 나타내는 것 이외에는 아무런 뜻이 없다."(359쪽)고 하였다. 상장은 상주가 집는 지팡이로, 아버지의 喪에는 대나무 지팡이, 어머니의 喪에는 오동나무(또는 버드나무) 지팡이를 짚는다. 굵기와 길이의 차이에 따라 상주 순으로 집는다. 그리피스가 대나무 지팡이를 언급한 것은 일반적으로 볼 때 맞다. 헌데 아무런 뜻이 없다는 것은 잘못 이해한 것이다. 대나무(오동나무와 버드나무 포함)는 변함없는 효심을 상징하는 것이다. 또 장례 행렬시 "아들들은 걸어서 상여를 따르며 친척들은 가마나 말을 타고 따른다."(360쪽)고 했는데, 친척들도 가마나 말을 타고 따르지 않는 것이 통례이다.(예외도 있음). 그리피스의 다음과 같은 지적을 유의할 필요가 있다.

"조선에서는 매장, 상례 그리고 위패 등에 관한 용어가 많은 것으로 보아 조선인들이 유교의 윤리에 얼마나 강렬하게 집착하고 있으며, 미신의 힘이 얼마나 강하게 작용하고 있으며, 죽은 사람을 위해서 살아 있는 사람들이 그들의 재물을 얼마나 아낌없이 낭비하는가를 알게 된다. …(중략)… 상사가 있으면 엄청난 비용을 쓰고 젊은이들은 혼기까지 놓친다. …(중략)… 이밖에 상사로 인해 가산이 기울고 마땅한 계절에 결혼하지 못하는 등 어리석고도 고집스러운 상례로 인해 인구가 증가하지 않는다."(362~364쪽) 상례비용 과다지출, 혼기 연장 등은 객관적으로 비판하였는바 수긍할 필요가 있다. 그러나 전체 문맥으로 보건대 그가 어떤 시각에서 기술하였는가를 엿볼 수 있다.

I. B. 비숍(『조선과 그 이웃나라들』)은 한국의 장례를 특이하게 인식하였다. 그녀는 우리의 상례를 대략 어느 정도 파악하고 이해한 듯하다. 그런데 장례시기에 대해 "조선의 관습은 가난한 사람의 경우 3일장을 하도록 되어 있으며, 중간계층은 9일장, 귀족 또는 고위 관료들은 3월장을 치르며"(283쪽)라고 하였는데, 이는 잘못 이해한 것으로 보인다. 治葬 中 葬期는 천자 9월장, 제후(왕) 7월장, 경대부 5월장, 士 踰月葬(달을 넘겨서 날짜를 골라 장사를 지내는 것을 말함)이다. 또 "시신에게 옷을 입힐 때, 가슴둘레를 단단하게 묶어 때로는 어깨뼈가 부서지기도 하는데 이는 행운의 표시로 해석된다."(283쪽)고 하였는데, 필자가 처음 접하는 기록으로 이해되지 않는다. 염을 할 때 시신에 이상이 있어서는 안 되는 것으로 알고 있다. 그리고 사자상의 경우, "탁자를 문 밖에 놓고 그 위에 밥 세 그릇과 호박을 차려 놓고

그 옆에 짚신 세 켤레를 놓는다. 쌀과 짚신은 3명의 使者를 위한 것인데 …(중략)… 30분이 지나면 호박을 깨고 짚신을 태우고 사자 밥을 멀리 던진다."(283쪽)고 하였는데, 이 또한 가문·색목·지역 등에 따라 다르다. 헌데 쌀과 짚신은 3명의 사자를 위해서라고 하였는데 잘못 이해한 것 같다. 사자는 둘인데 셋씩 차리는 것은 망인의 영혼을 의식해서인 듯하다. 그리고 30분이 지나면 호박을 깨고 짚신을 태우고 사자 밥을 멀리 던진다는 것은 납득되지 않는다. 그런데 호박을 차려 놓는다는 것은 특이하다. 또한 장지에서 하관 할 때 "드문 경우이지만 미망인은 그 남편의 시신에서 가까운 의자에 앉고"(284쪽)라고 하였다. 원래 여자는 장지에 가지 않는 것이 통례이다. 이때는 개화기라 그럴 수도 있겠지만 의자에 앉는다는 것은 잘못 이해한 것이다. 의자에 앉을 수가 없다. 또 매장, 성분 후 반혼제를 지낼 때 5번 절을 한다고 하였는데 이 또한 착오로 보인다. 의례 시 절은 남자는 2번, 여자는 4번이다. 상례는 가문·색목·지역 등에 따라 다르기 때문에 단정적으로 언급해서는 안 된다는 사실을 인식하지 못한 것 같다. 비숍은 장례식에 대해 "우리는 그날 세 번의 장례식을 보았다. …(중략)… 이 장례식은 슬픔보다는 호사스러움을 느끼게 했다. …(중략)… 악기를 소지한 사람을 포함해서 남성 조문객들, 탁자, 음식 상자 등의 거대한 집단이 뒤따랐다. 그러나 그들의 표정은 슬퍼 보이지는 않았다."(282쪽)고 하였다. 그녀가 한국의 장례식을 이상하게 생각했던 것으로 짐작된다.

　　E. B. Landis(「*Rites of Korea*」)는 유가적 상례 절차와 방식 등을 구체적이면서 정밀하게 다루고 있다. 그가 객관적인 입장에서 상례를

논의한 것으로 보인다. 이로써 보건대, 랜디스가 우리의 상례를 정확하게 파악하고 이해한 것 같다. 그런데 그의 논문은 문헌(아마 『주자가례』와 한국의 가례서 『가례즙람, 사례편람』 등을 참고한 듯) 위주의 논의로, 현장론적 측면에서 아쉬움을 남기고 있다. 그가 당시 우리나라 상례의 실상을 관찰 파악하여 이를 문헌자료와 함께 논문에 반영했더라면 매우 수준 높은 논문으로 평가되었을 것이다.

이외에 다른 서양인들이 우리의 상례에 대해 얼마나 이해하고 있었는지 간략히 살펴보겠다.

H. B. 헐버트(『대한제국멸망사』)의 상례에 대한 이해는 일반적인 수준 정도인데, 잘못 알고 있는 부분도 적지 않다. 그가 언급한 초혼 방법은 기존의 방식과 다소 차이가 있다. 즉 고인의 이름, 지위, 사망 순으로 외친다고 하면서, 이는 인·의·예 때문이라 하였는바 색다르다고 하겠다. 또 습할 때 종이로 시신을 씻는 것도 독특하며, 가족들이 가난한 사람들에게 옷을 나누어준다는 것도 눈길을 끈다. 그런데 염습이 끝난 후 6촌 이내의 친척들이 모두 모여 곡을 한다고 하였는데, 6촌이 아니라 8촌이다. 한편, 헐버트는 소나무를 널로 사용하고 있는 데에 대해 한국인이 미신을 신봉하는 타민족과는 다른 민족이라 하여 긍정적인 평가를 내리고 있다. 그리고 상주의 벼슬이 높거나 돈이 많은 경우 보통 3월장을 한다고 하였는데 잘못 이해한 것이다. 신분 계급에 의한 것이지, 돈, 즉 부자와는 상관이 없다.(3월장은 앞에서 언급했음) 한편, 장지에 묘비를 2개 준비한다는 것은 잘못 파악한 것으로, 이는 묘비와 지석의 사용용도를 이해하지 못했기 때문이다. 특히 흉악범들이 신주를 훔쳐가 돈을 요구한다든지,

직업적인 지관을 립 반 윙클형의 시대에 뒤떨어진 나태한 사람이라고 혹평하면서 이들을 통렬하게 비판하였다. 또 만상제가 가마를 탄다는 것은 잘못 이해한 것이다. 헐버트는 미신과 다름없는 풍수지리설을 신봉하는 한국인과 지관(특히)에 대해 부정적이다. 이를 통해 그의 시각의 일면을 추찰해 볼 수 있다. 한편, 까를로 로제티(『꼬레아 꼬라아니』)는 상주의 얼굴 가리개인 차면선을 그 사용의 의미를 이해하지 않고 우스꽝스럽다고 폄하한 것이라든지, J. S. 게일(『전환기의 조선』)이 "남자의 영혼은 천당으로 가고, 여자의 영혼은 지옥으로 간다. 거기에는 부활의 뜻이 없다."(63쪽)고 한 언급에서, 이들이 서양의 시각으로 우리의 상례를 인식하고 있음을 감지할 수 있다.

서양인들의 한국의 의례에 대한 이해 수준은 천차만별이다. 전체적으로 볼 때 잘못 이해한 부분도 있지만, 대강 어느 정도 일반적인 수준까지는 알고 이해한 것 같다. 그러나 그 근원적 의미나 본질 등에 대해서는 태반은 이해하지 못한 것으로 보인다. 그리고 우리의 의례 문화에 대한 서양인들의 인식태도에서 세부적·구체적으로 명시되지는 않았지만 서양 중심, 소위 문화적·인종적·지적 우월감과 종교적 선입견 등이 은연중 작용하고 있었다. 다시 말해 서양 중심의 큰 틀은 변함이 없고, 한국의 의례 문화라는 작은 틀에서는 직접 표출되기보다 간접적으로 작동하고 있는 바 별 차이가 없는 것 같다. 우리 의례의 근원·본질에 대한 이해부족과 서양 중심적 인식태도 등이 그 한계라 하겠다. 한국인이 서양에 물들지 않은 채 전통 상태로 남아있는 것을 선호했으면서도 그들이 서양식 예절을 따르지 않을 때에는 참을 수 없어 했다[176]는 비숍의 고백은 시사하는 바가 크다.

한편, 혼서지 작성 및 서명, 지역에 따른 신행의 변형, 서울에서의 해질 무렵 장례식, 양반·평민 계층 의례의 혼합과 변화·변형 등은 당시의 의례 문화를 객관적으로 파악 이해하는데 도움이 된다.[177]

3) 맺음말

개화기에 한국을 방문한 서양인들은 우리의 의례 문화에 대해 긍정적 평가 또는 부정적 평가를 내리고 있다. 이러한 평가는 기록자에 따라 차이를 보이고 있다. 그 요인으로는 체류기간과 체험의 깊이, 성별, 정보수집 경로, 직업이나 여행 목적, 식견이나 개인적 인식 태도 등을 들 수 있다. 문제는 이들 대부분이 근본적으로 서양중심적

---

[176] 박지향, 앞의 책, 99쪽 참고.
[177] 당시 땅을 찾아온 서양인들의 시각을 통해 우리가 미처 깨닫지 못했던 것을 되짚어 보는 것은 백년이 지난 지금의 역사가 그 당시의 역사와 크게 다르지 않기 때문이다. 그들의 글과 사진을 통해 우리는 자신의 자화상을 되돌아봄으로써 이 시대를 살아가는데 필요한 깨달음을 얻을 수도 있을 것이다. 그러므로 다음의 몇 가지 사항을 유의할 필요가 있다.
첫째, 우리는 저들의 지적이나 충고를 겸허하고도 빈 마음으로 경청할 필요가 있다. 남의 눈에 비친 우리의 모습은 우리가 미처 생각하지 못한, 그래서 우리가 놓쳐버린 모습이 생생하게 재현되는 경우가 있다. 따라서 그들의 눈에 비친 우리의 모습은 또 다른 거울을 통해 우리를 보는 것과 같다. 둘째, 우리는 제3국인이 우리에 관해 쓴 여행이나 견문기를 읽으면서 호기심에 빠진 나머지 그들이 우리를 어떻게 보았느냐 에만 몰두하다가 우리가 그들을 어떻게 보았느냐를 읽는데 소홀해서는 안 된다. 셋째, 서양이 본 우리의 모습을 읽으면서 우리는 저들의 백색우월주의를 경계해야 한다. 넷째, 우리는 백여 년 전에 일어난 서양과 우리의 만남, 그리고 그 길항 과정이 지금의 우리에게 주는 교훈이 무엇인가를 끊임없이 자문해야 한다. (신복룡, 앞의 책, 19쪽 참고)

사고 내지는 오리엔탈리즘 등과 같은 서양 우월주의 시각을 보이고 있다는 점이다. 특히 부정적 시각의 경우, 문화적·인종적·지적 우월감과 종교적 선입견 등이 작용한 때문으로 보인다. 따라서 이러한 요인들이 한국의 의례를 잘못 이해했던 주원인이었던 것 같다. 아무튼 서양인들은 한국의 의례에 대해 어느 정도 일반적인 사항까지는 알고 이해한 것으로 보인다. 그러나 태반은 본질적 의미에 대해 이해하지 못하였고, 서양 중심의 편향된 인식태도를 은연중 내비치었다. 이것이 그 한계라 할 수 있다.

관·계례는 성인됨과 치장의 모순 그리고 인식부족, 혼례는 남자 해방 여자 속박의 이중성 그리고 편견, 상례는 호기심과 복잡한 저승길 절차 그리고 부정적 시각으로 함축할 수 있다.

한국의 의례 문화에 대해 랜디스처럼 거의 전문가적 수준에 도달할 정도로 알고 있는 서양인도 있는 반면, 그렇지 못한 서양인들도 있다. 솔직히 말해 서양이들에게 우리 의례 문화의 본질과 의미까지 파악하기를 기대하는 것은 무리일지도 모른다. 그러나 어찌되었든 그들은 우리의 의례 문화를 파악하려고 했다. 그런데 이 시기의 한국인들은 서양의 의례 문화에 대해 얼마나 알고 있었을까? 필자는 이 점을 반문하지 않을 수 없다.[178]

---

178 한 문명이 다른 문명과 만날 때 그 만남은 정복과 지배가 아니라 상호접촉과 상호작용, 그리고 상호변형의 길로 가는 것이 정도일 것이다. 그러나 불행히도 이제까지의 인류의 역사는 한 방향으로의 압도가 지배해 왔으며, 서양이나 동양 모두 자기와 타자, 문명과 야만, 남성과 여성 등의 이분법적 사고에 길들어져 있었다는 것을 인식할 필요가 있다.(박지향, 앞의 책, 297쪽 참고.)

4

기제사 시 제사음식 진설과 진행에 대한 短見

1) 머리말

우리의 관·혼·상·제례 중 상례와 제례는 가장 논란이 많은 의례 중의 하나이다. 그 대표적인 사례의 하나가 조선시대 禮訟 논쟁(특히 국가 상례)이라 할 수 있다. 특히 그 중에서도 사대부가의 제례는 가장 논란이 많았다. 이처럼 상례와 제례(특히 제례)는 지역·가문·당파에 따라 차이가 있다. 이러한 차이는 같은 시기에서도 있었다. 따라서 지역·가문·당파, 특히 지역·가문별 비교 검토가 필요하다. 그럼에도 불구하고, 이에 대한 연구는 거의 전무한 실정이다.

필자가 여기서 검토하려고 하는 것은 기제사 시 祭羞, 즉 제사음식[179] 진설과 진행 등에 대한 것이다. 그런데 이에 대한 종합적이고

---

179 김미영 외6인, 『종가제례음식(경상·전라·경기 강원·충청 편)』, 민속원, 2021·2022.

심도 있는 연구는 거의 전무한 상태라 해도 과언이 아니다. 극히 단편적이고 지엽적인 연구는 있지만, 체계적이지 못할 뿐만 아니라 매우 소략하다. 사실 이러한 연구도 종가 중심의 주로 時祭 연구이며, 이 또한 지역적 연구에 한정되어 있을 뿐 아니라 소략하다. 특히 요즈음 일반적으로 가장 많이 지내고 있는 기제사에 대한 연구는 매우 미비한 실정이다.[180] 따라서 필자는 여기에 주목하였다.

그런바 필자는 기제사 시 제사음식 진설과 진행에 대하여 살펴보겠다. 논의는 기제사 시 제사음식 진설, 기제사 진행방식에서의 몇 가지 문제 순으로 하겠다.[181]

2) 기제사 시 제사음식 진설과 진행에 대한 검토

(1) 기제사 시 제사음식 진설에 대한 논의

기제사[182] 시 제수 진설에 대해서는 지역·가문·당파 등에 따라 세

---

180 제사에 대한 연구가 미비한 상황에서 이병혁의 연구(『한국의 전통 제사의식-기제·차례·묘제』, 국학자료원, 2012.)는 평가할 만하다.

181 필자는 그동안 의례, 특히 당시의 실상을 살펴볼 수 있는 일기나 필기 등을 중심으로 의례 관련 논문들과 책들을 발표·발간한바 있다. 그럼에도 가장 연구하려고 했던 분야의 하나가 현재 거의 연구가 전무하다시피 한 제수 진설방식과 위치와 의미 등에 대한 것이었다. 사실 필자는 모 학회나 단국대학교 동아시아전통문화연구소 등을 통해 학술발표대회 계획을 수립했지만 부득이 한 사정으로 인해 실행에 옮기지 못해 아쉬움이 남았다. 그런바 학술발표대회가 무산된 상황에서 논문을 쓸까 말까 고민하다가 2022년 2월 28일 정년퇴임을 앞두고 마지막으로 이 분야를 다루고 싶었다.(정년을 하면 의례나 민속 관련 논문이나 책을 안 쓸 생각이다.)

부적으로 차이를 보이고 있다. 이에 대해 살펴보기로 하자.

① 진설도

현재 우리가 흔히 볼 수 있는 진설도, 예를 들어 ㉠『國朝五禮儀』[진설도에는 考(남자 조상), 妣(여자 조상) 위를 한 상에 차리는 것이 현대의 진설법과 같으나, 신분에 따라 다르고 술잔이 신위마다 3개씩 (초헌, 아헌, 종헌) 놓도록 되어 있다.], ㉡율곡 이이의 『祭儀鈔』(진설도에는 『제의초』에만 탕이 예시되고, 시접을 산 사람과 같이 신위의 우측인 서쪽에 놓는 것이 다르다. 그리고 과일을 5접시로 예시했으나, 그 이유는 설명하지 않았다. 과일은 각기 5접시로 예시하여 考妣를 합하면 10접시인 음수가 된다.), ㉢사계 김장생의 『家禮輯覽』(진설도에는 이이의 『제의초』와 다른 점은 시접이 중앙에 있으며, 탕이 없고 초접이 갱보다 안쪽에 있고, 과일이 짝수이면서 그 이유를 설명한 것이다), ㉣도암 이재의 『四禮便覽』[김장생의 『家禮輯覽』과 같으면서 다음 해(醢·생선젓)와 침채(김치)의 위치를 바꾸고, 식혜를 올리는 것만 다르다.][183] 등을 들 수 있는데, 여기서 이이·김장생·이재는

---

182 희생이 있는 것을 제사라 하고, 희생이 없는 것을 薦新이라고 한다. 제수를 준비하기 위해서 주부는 뭇 부녀를 거느리고 배자를 입고서 제기를 씻고 솥을 깨끗이 하며 제사 음식을 갖춘다. 신위마다 과일 여섯 가지와 채소, 조, 해 각각 세 가지, 육어, 만두, 떡 각각 한 쟁반, 국과 밥 각각 한 주발, 간 각각 한 꿰미, 고기 각각 두 꿰미를 차리되 정결하도록 힘쓴다. 제사 지내기 전에는 사람들이 먼저 먹거나 고양이, 개, 벌레, 쥐가 더럽히지 않도록 한다.(이옥 외 3인, 『조상제사 어떻게 지낼 것인가』, 민속원, 2012, 198~199쪽 재인용.)

183 성균관, 『우리의 생활예절〈개정판〉』, 성균관 출판부, 2011, 325~329쪽 재인용. 필자의 본관은 은진으로, 정랑공파의 지파인 우암 송시열 집안은 노론계인데 반해, 필자의 집안은 정랑파의 종자인 추파 송기수의 후손인데도 色目은 남인계이다. 그

당파가 서인이거나 노론이다. 그러나 남인계열 가문의 진설은 노론 계열 가문의 진설과 차이가 있는 부분이 있다. 그래서 서로간의 논쟁과 논란이 심했다. 나름대로의 주장이 있어 진설에서 차이를 보이고 있지만 어느 쪽이 옳다고 하기는 어렵다. 문제는 형식보다 정성에 있지 않을까? 그러므로 필자는 차이를 보이는 부분들을 중심으로 논의하고자 한다.[184]

② 제수(제찬) 그릇(종류) 수의 기준

하늘에서 나는 것은 홀수이고, 땅에서 나는 것은 짝수이다. 그래서 땅에 뿌리를 박지 않은, 즉 땅에 뿌리를 막지 않고 공간에 사는 肉고기나 생선은 天産, 즉 陽産이기 때문에 같은 줄에서 그릇 수를 양수인 홀수로 한다. 반면, 땅에 뿌리를 박고 사는 곡식이나 채소, 과일은 地産, 즉 陰産이기 때문에 같은 줄에서 그릇 수를 음수인 짝수로 한다.[185] 그러면 제수 그릇 수 몇 가지에 대하여 간단히 알아보기로 하자.

것은 추파의 큰아들 송응개가 동인계의 핵심인물이었기 때문이다.

184 필자도 이유와 의미 등에 대해서는 종손으로 젊었을 때 어른들에게 들은 정도여서 아는 부분들도 있고 잘 모르는 부분들도 있다. 다만, 앞으로 연구자들이 이런 문제들을 종합적이고 체계적으로 심도 있게 비교해 논의했으면 하는 마음에서 그 단초를 열고자 본 논문을 쓴 것이다.

185 위의 책, 325쪽. ; 이병혁, 앞의 책, 126쪽. ; 강재철,『기러기 아범의 두루마기』, 단국대출판부, 2004, 124쪽.
참고로 동양에서는 서양과 달리 1·3·5·7·9가 양수이고, 2·4·6·8·10이 음수이다. 그래서 절도 평상시의 경우, 남자는 양이기 때문에 한 번, 여자는 음이기 때문에 최소 음수인 두 번이 기본회수인 것이다.(성균관, 위의 책, 42쪽.)

㉠ 과일(果實)

과일은 나무에 달린 生果와 곡식으로 만든 菓子를 말한다. 과일은 땅에 뿌리를 박았고, 같은 줄에 놓기 때문에 짝수인 2·4·6·8의 그릇 수이어야 한다. 종류마다 다른 둥근 접시에 담는데, 1접시에 담는 개수는 적당히 하되 전체의 접시 수는 짝수(2·4·6)로 하되 여섯 접시를 넘지 않는다,[186] 현재 과일 접시 수가 6접시를 넘게 진설하고 제사 지내는 집안이 허다하다.

㉡ 탕

탕의 사용은 율곡 이이가 제례에 탕을 사용하기 시작한 이후 보편화 되었는데 대개 3탕(육탕, 어탕, 소탕)을 쓴다. 계탕을 쓸 경우, 꿩을 사용하는 것이 원칙이나 일반적으로 닭을 쓴다.[187] 탕은 지상에서 나는 것이므로 양수인 1·3·5·7의 수로 놓는다.[188] 따라서 탕은 고기, 생선이 재료이고, 한 줄에 놓기 때문에 홀수로 3탕(세 그릇) 또는 5탕(다섯 그릇)을 쓴다. 일반 가정에서는 한 그릇과 세 그릇을 쓰는 경향이 많은데, 대개 3탕(세 그릇)을 쓴다.

㉢ 전과 적

전과 적은 모두 고기와 생선이 재료이며 한 줄에 놓으므로 합해서

---

186 위의 책, 324~325쪽.
187 위의 책, 322쪽. 필자의 집안에서는 계탕을 쓰지 않는다.
188 이이의『격몽요결』에서는 5탕으로 되어 있다. 선비는 3탕, 대부는 5탕, 왕가에서는 7탕을 쓴다는 말도 있다.(이병혁, 앞의 책, 127쪽.)

홀수이다. 전은 2·4 종류이고, 적은 3적(육적, 계적, 어적)이기 때문에 홀수가 된다.[189]

㉣ 떡과 국수

떡과 국수는 곡식으로 만들고 같은 줄에 놓기 때문에 떡과 국수를 합해서 짝수여야 한다.[190] 그런데 떡은 모두 쓰지만, 국수는 쓰는 집도 있고, 쓰지 않는 집도 있다.

㉤ 메(밥)와 갱(국)

메와 갱은 신위 수대로 해야 하기 때문에 짝·홀수를 지킬 수 없다. 예를 들어 고조가 2, 또는 3번 혼인(처녀에게 장가 감)하여 고조비가 2분, 또는 3분인 경우, 2분인 경우에는 고조까지 포함하여 메와 갱이 각각 3개, 3분인 경우에는 메와 갱 각각 4개를 올려야 한다.

③ 제수의 진설방식과 위치

제수(제사음식)의 진설방식과 위치 또한 지역·가문·당파에 따라 그 진설방식이나 위치가 다르다. 이에 대해 알아보기로 하겠다.

㉠ 과일(果實)

진설 시 과일의 위치에 대해서는 조율이시 순으로 놓는 집안이 있

189 성균관, 앞의 책, 325쪽.
190 같은 책, 같은 곳.

는가 하면, 홍동백서로 놓는 집안도 있다. 이에 대해 살펴보기로 하자.

㉮ 조율시이(棗栗柿梨–대추·밤·감·배)

우리나라 토속 과실 중에서 제일 귀하게 여겨지는 것은 대추·밤·감·배이다. 그러면 왜 대추·밤·감·배의 순서로(대개 남인계 집안) 제사상을 차리는 걸까?[191] 이에 대해 알아보기로 하자.

음의 제물인 과일은 짝수로 진설하고, 조율이시는 서쪽부터 배열한다. 그런 다음 나무에 열리는 과일을 배치하고, 포도와 수박 같은 덩굴식물의 과일은 가장 마지막에 배치한다. 주의할 점은 진설하는 과일의 종류는 짝수이지만, 제기에는 홀수로 담는다는 사실이다. 다만 감은 짝을 맞춘다는 의미에서 짝수로 올린다.[192] 그런데 감을 홀수도 올리는 집안들도 있다. 필자의 집안에서도 감은 홀수로 올린다. 규칙에 맞게 행하는 것이 맞는 것으로 보인다.

조율이시를 제외한 나머지는 놓는 순서가 매해 달라지는 편이다.[193] 제사상 5줄의 조율이시(대추·밤·감·배)·사과 는 진설 시 위치의 변동이 없지만, 그 나머지 과일은 진설 시 대체적으로 과일이 어떤 것이냐에 따라 위치의 변동이 있는 것 같다.

㉯ 홍동백서(紅東白西)

홍동백서도 홍은 동쪽 밝은 색, 즉 陽색을 취하고, 백은 오행에서

---

191 이병혁, 앞의 책, 127쪽 참고.
192 김미영 외 6인, 앞의 책(경상편), 52쪽. '양경공 서유 종가'
193 위의 책(경상편), 51~52쪽. '양경공 서유 종가'

서쪽 백색을 취한 것이다. 제사상은 음양관에 따라 차렸기 때문이다. 그러므로 조율동서(棗栗東西)로 하는 것이 논리적이다. 조(棗)는 東자와 비슷하고, 율(栗)은 西와 木이 합쳐진 것이기 때문이다. 하지만 관습으로 조·율로 놓는 경향이 많다고 주장하는 견해[194]가 있다. 또, 조동율서(棗東栗西)라고 해서 대추는 동쪽이고, 밤은 서쪽에 놓는데, 대추는 붉은 색으로 해 뜨는 동쪽을 상징하고, 밤은 까서 쓰니까 흰색이고 대추는 붉은 색인데 현란한 색깔은 피하므로 밤이 있는 서쪽에 흰색의 과실을 차리고 대추가 있는 동쪽에 붉은 과실을 놓는 것이 홍동백서라고 주장하는 견해[195]도 있다.

그러면 각 과일 하나하나에 대하여 알아보자.

ⓐ **대추**

대추는 씨가 하나 밖에 없으니 가장 존귀함을 상징하고, 유일한 왕을 상징하기 때문에 제일 높은 자리인 왼쪽에 놓는다고 한다.[196] 또, 대추는 자손의 번성·번영을 염원하는 뜻이 있다고 하나 근거 없는 속설이다.[197]

ⓑ **밤**

밤은 자손번성과 대개 한 껍질 안에 3톨이 들어 있으니, 삼정승을

---

194 이병혁, 앞의 책, 128쪽.
195 강재철, 앞의 책, 127쪽.
196 이병혁, 앞의 책, 127쪽. ; 졸저, 『개정 증보판 한국 의례의 연구』, 박문사, 2010, 53쪽. 그런데 석류를 과일 중 가장 존귀한 것으로 보는 집안도 있다.
197 이병혁, 앞의 책, 128쪽.

상징하기 때문에 왕인 대추 다음에 놓는다고 한다.[198] 또, 밤은 조상의 뿌리를 알리는 뜻이 있다고 하나 이 또한 근거 없는 속설이다.[199]

한편, 대추 조(棗)자는 東자와 비슷하고, 밤 栗자는 西와 木을 합친 글자이다. 이 대추와 밤을 길흉사에 꼭 쓰는 것은 동틀 무렵 일찍 일어나 부지런히 일하고, 해질 무렵까지 전율하는 마음을 가져야 한다는 의미에서 해석하기도 한다. 뿐만 아니라 대추·밤에 대해서는 지역마다 자기 나름대로 상상력을 발휘하여 많은 이야기들을 만들어냈다. 하지만 그보다 대추·밤은 깨끗하고 좋은 과일이기 때문에 널리 사용 했을 것이다. 이병혁은 중국 복건성에 여행을 하다가 조율단자가 있는 것을 보았다고 한다. 그래서 대추·밤은 우리만 좋아한 것이 아니라고 하였다.[200]

ⓒ 감

감은 씨가 대개 6개이니 6판서를 상징하기 때문에 밤 다음에 놓는다고 한다.[201] 또, 감은 좋은 스승 만나기를 기원하는 뜻이 있다고 하나 이것 역시 근거 없는 속설이다[202].

그런데 한훤당 김굉필 종가에서는 감과 곶감을 함께 차리는 점이 특이하다. 그런가 하면 곶감은 감을 말린 것이기 때문에 서열이 낮다고 인식하여 서쪽에서부터 '감-곶감' 순서로 진설한다.[203] 일반적으

---

198 위의 책, 127쪽. ; 졸저, 앞의 책, 53쪽.
199 이병혁, 앞의 책, 128쪽.
200 같은 책, 같은 곳.
201 위의 책, 127쪽.
202 위의 책, 128쪽.

로는 감과 곶감 중 감을 쓴다. 이런 경우, 대부분 곶감은 쓰지 않는다. 곶감은 부득이한 경우에 감 대신 대용으로 쓰는 집들이 있다.

ⓓ 배

배는 대개 씨가 12개이니 판서 1명에 장령이 2명씩 12장령을 상징하기 때문에 감 다음에 놓는다고 한다. 이 말은 예설에 없고 어린이 교육을 위해서 속설로 지어낸 것들이다. 12장령은 실제로 없다. 장령을 12명이라고 한 것은 6판서에 배수로 맞추기 위한 것이다. 이와 달리 배는 씨가 여덟 개이니 8도 관찰사를 상징한 것이라고도 하고, 씨가 많기 때문에 만백성을 상징한다고 하지만 이것도 근거가 없는 말이다.[204]

그런데 棗, 대추는 씨가 하나로 임금을 뜻하고, 栗, 밤은 세 톨로 삼정승, 柿, 감은 여섯 개로 육방관속, 梨, 배는 여덟 개로 8도 관찰사를 뜻한다고 하여 조율시이로 쓰는 집도 있다. 혹은 대추, 밤, 배, 감, 귤, 사과 순으로 놓는 집도 있다.[205] 그러나 필자가 보기에는 조율시이를 쓰는 집은 대추, 밤, 감, 배, 사과 순으로 쓰는 것이 맞는 것 같고, 대추, 밤, 배, 감, 귤, 사과 순으로 놓는 집은 좀 틀린 것이 아닌가 생각된다. 어쨌든 필자는 조율시이나 홍동백서는 지역, 가문, 당파에 따라 다르기 때문에 그 나름대로 이유가 있는바 어느 것이 맞는 것이다 단정하기 어렵다고 본다. 그러므로 구태여 논쟁을 할 필요는 없다고

203 김미영 외 6인, 앞의 책(경상편), 91쪽. '한훤당 김굉필 종가'
204 이병혁, 앞의 책, 127~128쪽.
205 강재철, 앞의 책, 127쪽.

본다.

그리고 과일 껍질의 경우, 껍질을 벗겨야 먹을 수 있는 밤 같은 것은 껍질을 벗기지만, 기타 과일은 담기에 편하게 아래 위만 도려낸다, 작은 과일은 아래 위를 가리지 않지만, 큰 과일은 꼭지가 위로 가게 담는다. 감은 배꼽 부분이 위로 가게 하지만, 배·사과 등을 담을 때에는 꼭지 부분이 위로 가게 하는 것이 상례이다. 이는 본래 나무에 달린 대로 놓는다는 뜻인 乾坤의 이치를 따른 듯하다. 하지만 모든 과실은 다 배꼽이 위로 가게 담는 가정도 있다. 소위 가가례(家家禮)이다. 그리고 감과 배는 위치를 바꾸어 놓는 경우도 많다.[206]

한편, 과일 중에 복숭아 같은 것은 쓰지 않는다. 중국에서는 복숭아를 천한 과일로 보아 쓰지 않는다고 하지만,[207] 우리나라에서는 복숭아로 귀신을 쫓기 때문에 제사에 쓰지 않는다.[208] 그리고 수박·참외 : 수박과 참외도 기어 다니는 것이라 하여 자손이 천하게 된다는 상징성으로 말미암아 제사상에 쓰지 않는다.[209]

㉡ 채소

4줄의 나물 세 가지를 蔬三品이라고 하는데, 숙채(熟菜 : 익힌 나물)·초채(醋菜 : 식초로 무친 나물)·침채(沈菜 : 김치)의 세 종류이다.[210] 그런데 고사리·시금치·무생채를 쓰는 집안도 있다.

---

206 이병혁, 앞의 책, 128~129쪽.
207 『공자기어』에는 복숭아는 천한 과일이라고 해서 쓰지 않는다고 하였다.(위의 책, 119쪽.)
208 졸저, 앞의 책, 53쪽.
209 강재철, 앞의 책, 120쪽.

그런데 생동숙서(生東熟西)라는 말이 있다. 즉, 생것은 동쪽에, 익힌 것은 서쪽에 둔다. 예를 들면 김치는 동쪽에, 익힌 나물은 서쪽에 차린다. 동쪽은 봄의 생성을 뜻하고, 서쪽은 가을의 조락을 뜻하는 데서 나온 말인 듯하다.

㉢ 서포동해·해(西脯東醢·醯 ; 좌포우혜)

서포동해·해(西脯東醢·醯 ; 좌포우혜)의 위치의 경우, 포는 서쪽이고, 생선젓과 식혜는 동쪽에 놓는다.[211] 그런데 포나 생선의 경우, 등을 보이게 쓰는 집안이 있는가 하면, 배를 보이게 쓰는 집안도 있다. 이는 원래 살아 있을 때 그대로 놓게 하거나 또는 먹기 좋게 하라고 그런 것 같다.

㉣ 두동미서(頭東尾西)와 서두동미(西頭東尾)

두동미서(頭東尾西)는 제수 중에서 머리와 꼬리가 있는 것(생선)은 머리를 동쪽으로 향하도록 하고 꼬리를 서쪽으로 향하는 것을 말한다. 이는 成均館의 釋奠大祭의 진설법이다.[212] 남인계열의 집안은 두서미동을 쓴다. 두서미동을 쓰는 것은 故人은 서쪽이 상석이기 때문에 생선 머리도 서쪽으로 향하는 것 같다.

반면, 서두동미(西頭東尾)는 고기의 머리는 서쪽으로, 꼬리는 동쪽으로 놓는다. 남인계열 집안에서 많이 쓴다. 그런데 고기를 놓을 때

---

210 권광욱, 『육례이야기』, 도서출판 해돋이, 2000, 619쪽.
211 성균관, 앞의 책, 330쪽. ; 강재철, 앞의 책, 126쪽.
212 강재철, 앞의 책, 126쪽.

서두동미, 동두서미에 대한 논란이 많다. 서두동미를 주장하는 사람
들의 견해는, 제사는 모두 서쪽을 상위로 삼으니 당연히 고기의 머
리 쪽이 서쪽으로 가야 한다는 것이다. 반면, 동두서미를 주장하는
사람들의 견해는, 신위 쪽에서 고기를 떼어 먹기 좋은 방향이라는 것
과, 渭水東流去(위수가 동쪽으로 흘러가다), 또는 고기는 동쪽바다에
살므로 바다 쪽인 동쪽으로 머리를 향하게 한다는 것이다.[213] 필자가
보기에는 '서두동미' 주장자들은 이론에 충실했다고 한다면, '동두
서미' 주장자들은 다소 현실적 측면에서 주장한 것으로 보인다. 그
런데 '고기가 동쪽바다에 살므로 바다 쪽인 동쪽으로 머리를 향하게
한다.'는 주장은 이치에 맞지 않는 것 같다. 고기가 동쪽바다에만 사
는가? 아마 고대 중국인의 사고방식과 관련이 있는 것 같고, 또, 과학
이 발전하지 못한 시대에 무지 때문인 것으로 보인다. 그리고 이병혁
은 당쟁의 견지에서 볼 때, 서인들은 주로 서쪽으로 고기의 머리를
상위로 놓고, 남인들은 이와 반대로 머리를 동쪽으로 가게 했다는 견
해도 있다고 하였는데,[214] 다소 이해가 안 간다. 남인계인 필자의 집
안에서는 머리를 서쪽으로 향하게 한다.

그런데 생선과 동물의 위치의 경우, 모든 생선과 동물은 머리가
서쪽을 향하게 진설하는데, 신도는 오른쪽을 높이기 때문이라는 견
해도 있다.[215]

그리고 두미의 방향(頭尾方向)의 경우, 제수 중 머리와 꼬리가 있

213 이병혁, 위의 책, 131쪽.
214 같은 책, 같은 곳.
215 성균관, 앞의 책, 323쪽.

는 제찬은 머리는 서쪽을 향하고, 꼬리는 동쪽을 향하게 놓는다. 神道는 서쪽을 숭상하기 때문이라는 견해도 있다.[216]

한편, 고기가 陽의 제물이라 홀수로 진설하고, 닭의 머리와 물고기의 꼬리는 서쪽으로 향하게 두는 진설방식은 엄격히 지킨다. 그 이유는 닭의 머리로 힘을 쓰고, 물고기는 꼬리로 힘을 쓰기 때문이라는 견해도 있다.[217]

그런데 잉어와 치자 들어가는 물고기의 경우, 잉어는 물고기 중에 龍種이라 하여 제사에 쓰지 않고, '치'자가 든 고기, 즉 멸치·갈치·꽁치·삼치 등은 다스린다(治)는 의미가 있어 제사에 쓰지 않는다고 한다. 그것은 '치'자가 들어가는 생선은 '조상신을 다스린다(治)는 뜻과 음이 같기 때문에 쓰지 않는다고 한다. 또, 비늘 없는 고기는 제사에 쓰지 않는다고 한다. 하지만 이런 것들은 禮文에는 없는 말이다. 그리고 비늘이 없는 고기는 대개 비린내가 나고 깨끗하지 못하기 때문에 자연히 쓰지 않는 것이다. 예를 들어 미꾸라지는 비린내가 많이 나므로 잘 쓰지 않는다.[218]

ⓜ 탕

제사상 3줄의 탕은 제왕 7탕, 대과급제 5탕, 양반 3탕, 서민 단탕이며, 탕의 개수를 가문(혹은 해당 조상)의 품격을 드러내는 수단으로 활용하는 것이다. 이때 육류로 끓이는 육탕, 생선의 어탕, 채소(대개

---

216 같은 책, 331쪽.
217 김미영 외 6인, 앞의 책(경상편), 52쪽. '양경공 서유 종가'
218 이병혁, 앞의 책. 120쪽. ; 강재철, 앞의 책, 120쪽.

두부)의 소탕으로 구성하는 3탕이 가장 보편적이며, 육탕을 쇠고기·돼지고기·닭고기로 마련하면 5탕이 되는데 주로 불천위제사 등에 차려진다.[219] 놓는 순서는 서쪽서부터 육탕, 어탕, 소탕 순으로 배열하는 집안이 있는가 하면, 육탕, 소탕, 어탕 순으로 놓는 집안도 있다.

㉗ 적

적은 보통 육적, 계적, 어적 3적을 쓴다. 놓는 순서는 육적, 계적, 어적 순이다. 이에 대해 살펴보기로 하자.

ⓐ 어적

어적은 생선구이를 말하는데, 생선 2~3마리를 입과 꼬리 끝을 잘라내고 칼집을 내어 소금 간장으로 양념에 익혀서 직사각형 접시에 담는데 머리가 서쪽으로 가게 담고, 배가 신위 쪽으로 가게 담는다(1접시)[220] 그런데 머리가 동쪽으로 가게 담고, 배가 신위 반대쪽으로 담는 집안도 있다.

ⓑ 계적

계적은 닭구이를 말하는데, 털을 뜯고 머리와 두 발을 잘라낸 다음 익혀서 직사각형의 접시에 담는다.[221] 그런데 닭의 머리를 제거하지 않고 통째로 올리는 집안도 있다. 머리를 제거하지 않는 이유는 모든

219 김미영, 『유교의례의 전통과 상징』, 민속원, 2010, 363쪽.
220 성균관, 앞의 책, 323쪽.
221 같은 책, 같은 곳.

만물은 머리가 중요하다고 생각하기 때문이다. 예전에는 찐 닭을 사용했기 때문에 제기에 닭을 괼 때 머리 모양이 제대로 잡히지 않아 힘들었는데, 친지 여성들이 튀겨서 올리는 방법을 제안하여 지금은 튀긴 닭을 사용하고 있다.[222]

한편, 개고기는 불결하고, 개를 잡으면 소리가 나므로 잘 쓰지 않는다. 경우에 따라서는 죽은 사람이 살았을 때 개고기를 좋아했다고 하여 제사에 꼭 개고기를 준비한다는 이야기도 있다.[223] 그러나 필자가 보기에는 개는 집에서 기르는 동물이고, 요즈음 흔히 반려견이라는 말이 있듯이, 안 쓰는 것이 좋은 것 같다. 현재 개고기를 쓰는 집은 거의 없다고 본다.

(2) 기제사 진행방식에서의 몇 가지 문제에 대한 논의

기제사 진행에 있어서도 지역·가문·당파별로(현재는 주로 지역, 가문) 차이를 보이고 있다. 이에 대해 간략하게 살펴보기로 하자.

㉠ 제사지내는 시간
기제사는 돌아가신 날 새벽에 지내는 것이 맞다. 그러니까 예를 들어 어머니가 5월 7일 별세했다고 하면 5월 7일 새벽이나 또는 전날인 5월 6일 23시 59분이 지나고 5월 7일 0시가 지난 시간(예전에는 子時

222 김미영 외 6인, 앞의 책(경상편), 51~52쪽. '양경공 서유 종가'
223 이병혁, 앞의 책, 120~121쪽.

(밤 11시~1시)에 제사를 지냈음)에 지낸다.[224] 그러나 지금은 돌아가신 당일인 5월 7일 저녁(19시~22시) 때 지내는 집들이 더 많은 것 같다. 세월이 흐르고 세상도 급속도로 변하다 보니, 또 현실적으로 1990년대까지 돌아가신 당일 0시나 새벽에 지방에서 제사를 지내면 서울에 직장이 있는 자손들은 출근에 지장이 있기 때문에 어려움이 있었다. 그래서 제사 지내는 시간을 조정했던 것으로 보인다. 예법도 사람이 만든 것인데, 그 기본은 변하지 않고 마음과 정성을 다해 지낸다면 제사 지내는 시간의 조정은 괜찮다고 본다. 그런데 제사 지내는 시간 조정이 가능하다고 하더라도 돌아가신 전날 예를 들어 5월 6일 오후 7시~10시에 지내는 집들도 있는데, 이는 제대로 알지 못해서 그런 것으로 잘못된 것 같다.

㉡ 참신과 강신의 선후

제례 시 참신과 강신을 실행하는 순서에 있어 논란이 있다. 참신을 먼저 하는 가문이 있는가 하면, 강신을 먼저 하는 가문도 있다. 그러니까 신주(神主)가 있는 가문에서는 참신을, 신주가 없는 가문에서

---

[224] 필자도 할아버지 생존 시까지 5월 6일 23시 59분이 지나고 5월 7일 0시를 넘겨 제사를 지냈다. 그래서 강의에 어려움을 겪은 적이 있다.
제사를 '미명행사'라고도 하는데, 돌아가신 날의 未明에 준비하여 시작하기 때문이다. 그래서 조선시대에는 제사 지내기 전부터 재계를 하는데, 돌아가신 전날 저녁부터 불을 밝혀 놓고 모두가 잠을 안자고 기다렸다. 이를 흔히 立齋, 또는 入祭라고도 부르면서 제사는 죽기 전날 저녁에 지낸다는 오해가 생겼다. 그 일은 또 초저녁부터 시작되니 흔히 '초저녁 제사'라는 말이 생겨난 것이다. 동서고금이 다 같이 날짜는 子正에 바뀐다. 子時의 正이고, 23시부터 1시까지의 자시의 한 가운데인 정은 0시 정각이다. 첫닭이 울면 모든 귀신은 황망히 돌아간다는 속신이 있어 돌아가신 날 0시가 지나면 제사를 지내는 것이다. (권광욱, 앞의 책, 659쪽.)

384

는 강신을 하는 경우이다. 우암 송시열 종가처럼 출주(出主)·참신(參神)·강신(降神) 순서로 하지만, 소종가(小宗家)에서는 출주·강신·참신 순서로 한다고 한다. 출주를 하고 참신을 했다면 신이 강림한 것을 인정한 것이기에 다시 강신하는 의미가 없기 때문으로, 출주·강신·참신의 순서로 한다고 한다.[225] 그리고 신주가 없는 가문에서 참신을 먼저 하는 경우도 있다. 그러니까 신주에 조상이 깃들어 있기 때문에 신주를 모신 가문에서는 당연히 참신부터 먼저 해야 한다는 주장과, 기제사에는 사당에서 신주를 모셔올 때 이미 출주 고유를 했기 때문에 참신을 먼저 해야 한다는 주장이 있다. 위의 두 견해는 참신을 먼저 하는 것은 같지만 그 이유가 다르다. 그리고 출주를 하지 않고 자손들이 사당에서 지내는, 즉 명절의 차례 같은 제사에는 아무리 신주가 있더라도 강신을 먼저 해야 한다는 주장도 있다. 이로써 보면, 기제사에는 출주할 때에 이미 고유했기 때문에 참신부터 먼저 해야 한다는 견해가 있다. 신주가 있더라도 강신을 하지 않으면 신이 강림하지 않는다는 의미로 신주 자체가 신이 아니라는 뜻의 주장도 있다.[226] 필자가 보기에는 신주가 있다면 참신이 먼저이고, 신주가 없는 경우에는 강신이 먼저라고 본다.

㉢ 참례자의 정위치

남자는 중앙 자리의 동쪽에 서는데, 신위에 가까운 북쪽과 중앙

---

225 이병혁, 앞의 책, 71쪽.
226 위의 책, 71~72쪽 참고.

자리에 가까운 서쪽을 상석으로 해서 차례대로 선다. 여자는 중앙 자리의 서쪽에 서는데, 북쪽과 중앙 자리에 가까운 동쪽을 상석으로 해서 차례대로 선다.[227] 그러나 이와 반대로 남자는 서쪽, 여자는 동쪽에 서는 집안도 있다. 그것은 서쪽이 죽은 자의 상석이기 때문에 그렇게 선다고 한다. 필자가 볼 때는 제사를 지내는 참례자들은 살아 있기 때문에 男東女西(男左女右)로 남자가 동쪽, 여자가 서쪽에 서는 것이 맞는 것으로 보인다.

　ⓓ **서립**(序立)

　차례대로 서는 것을 서립이라 하는데 이때에도 음양의 이치에 따라 남자는 왼 편에 제주가 서고, 다음에 항렬 순 나이순으로 선다. 이를 주인은 西上이라고 한다. 서쪽을 상위로 하는 것이다. 여자인 경우는 옛날에는 다른 장소에 따로 서는데, 같은 장소에서 설 때는 남자와 반대로 오른 쪽에 놓은 사람이 서고, 다음 왼쪽으로 내려가면서 선다. 이를 주부는 東上이라고 한다. 신위에서 동쪽을 상위로 선다는 것이다.[228]

227　성균관, 앞의 책, 336~337쪽.
　　태양광선은 생명의 원천이기 때문에 생명이 있는 것은 태양광선을 가장 잘 받는 남쪽을 향하는 것이 정칙이다. 남쪽을 향하면 왼 편이 동쪽이고, 오른 편이 서쪽이다. 동쪽은 해가 뜨니까 양이고, 서쪽은 해가 지니까 음이다. 남자는 양(陽·＋)이니까 남자의 방위는 동쪽인데, 그 동쪽이 왼 편에 있으니까 남자는 좌이고, 여자는 음(陰·－)이니까 여자의 방위는 서쪽인데, 그 서쪽이 오른 편에 있으니까 여자는 우이다. 남좌여우란 남자는 동쪽, 여자는 서쪽이라는 말이다.(은진송씨대종중, 『우리의 전통예절』, 은진송씨대종중, 1994, 299쪽.) 그리고 동쪽과 서쪽에서는 산 사람은 동쪽이 상석이고, 죽은 사람은 서쪽이 상석이다. 또, 북쪽과 남쪽에서는 산 사람과 죽은 사람 모두 북쪽이 상석이다.(위의 책, 82쪽.)

㉤ 술·현주(玄酒)

제사를 지낼 때 준비하는 술은 청주나 법주를 쓰고, 막걸리나 소주는 쓰지 않는다. 왜냐하면 조상에게 헌주 시 맑은 술을 올려야 되기 때문이라 생각한다. 그래서 탁주인 막걸리는 올리지 않았고, 조선시대에 없었던 화학주 소주는 당연히 올려서는 안 되는 것이라 짐작된다. 그리고 현주는 井華水를 말하는데, 제사지내기 전 새벽에 제일 먼저 받은 맑은 물을 병에 담는다. 술이 생기기 전에는 정화수로 제례를 지냈었기 때문에 비록 술을 쓰더라도 준비하는 것이다.[229] 그러나 요즈음 현주를 준비하는 집안은 대부분 없는 것 같다.

㉥ 메와 갱

제사음식은 제사가 시작되기 전에 메와 갱을 제외하고 모두 진설해둔다.[230] 그런데 제사지내기 전에 메와 갱을 진설하는 집안도 있다. 필자가 보기에는 메와 갱은 제사지내기 전에는 진설하지 않는 것이 맞는 것 같다. 그것은 강신분향도 안 해 제사상 자리로 오지 않은 제사 지낼 조상인데 미리 메와 갱을 진설하는 것은 예에 어긋난 것이라 생각되기 때문이다. 그렇기 때문에 메(밥)의 뚜껑을 열 때 초헌 시 제주가 잔을 올린 후에 메의 뚜껑을 여는 집안도 있다. 그리고 어떤 집안에서는 3년 상을 마치기 전까지는 메와 갱을 생전대로 놓았다가 (앉은 쪽에서 밥은 좌, 국은 우), 이후 3년 상이 끝나면 바꿔 놓는 집

228 이병혁, 앞의 책, 134쪽.
229 성균관, 앞의 책, 324쪽. ; 졸저, 앞의 책, 53쪽.
230 김미영 외 6인, 앞의 책(경상편), 52쪽. '양경공 서유 종가'

안도 있다.

Ⓐ 술잔 돌림 여부(강신, 3헌 시)

술잔을 향합 위에 돌리는데, 1번 돌리는 집, 3번 돌리는 집, 그리고 돌릴 때 잔을 좌에서 우, 또는 우에서 좌로 돌리는 집도 있다. 그리고 잔을 안 돌리는 집(전주 이씨 영산군파는 왕족이라 돌리지 않는다고 한다)도 있다. 필자가 보기에는 잔을 돌리지 않고 향합 위에 잠시 멈춰 향내가 담기도록 하거나, 잔을 1번 돌리는데 고인이 남자인 경우에는 좌에서 우로, 여자는 우에서 좌로 돌리는 것이 좋을 것 같다. 잔에 향내를 묻게 하는 것은 귀신 조상과의 소통과도 연관이 있는 것 같다. 잔을 안 돌리거나, 1번 돌리다고 해서 틀린 것은 아니라고 본다. 그런데 잔을 3번 돌리는 것은 아닌 듯하다.

◎ 헌관(아헌관)

아헌자(관)는 초헌자(제주) 다음, 두 번째로 술을 올리는 사람이다. 장자·손의 아내인 주부가 올리는 것이 원칙이고, 부득이 하면 주인의 동생이 한다.[231] 아헌을 주부가 올리는 집안은 대부분 노론계통의 집안이다. 반면, 주인의 바로 아래 동생이 올리는 집안은 남인계통 집안이다. 요새는 3헌을 부부가 함께 올리는 집안들도 많다. 그만큼 시대가 변했기 때문이라 할 수 있다. 필자의 집안에서는 아헌을 남자가 올렸는데, 요즈음은 강신분향을 제외하고는 3헌 모두를 부

---

231 성균관, 위의 책, 335쪽.

부가 같이 올린다. 이것이 더 좋은 것 같다. 예법도 사람이 만든 것으로 시대가 변하면 기본 틀은 바꾸지 않더라도 시대에 맞게 행해야 한다는 것이 필자의 지론이다.

㉩ 첨잔

첨잔은 초헌·아헌·종헌 3헌을 합쳐 9번까지 그것도 홀수 잔으로 올리는 집안이 있는가 하면, 이를 무시하고 올릴 수 있는 사람은 원하는 대로 또는 제주가 지명하는 대로 올리는 집안도 있다. 필자가 보기에는 격식보다는 참례자가 헌관이 아닌 경우, 올릴 수 있으면 (가급적이면 부부가) 올리는 것은 무방할 것 같다.

㉪ 합문과 계문

합문은 조상이 마음 놓고 잡수시도록 자리를 비우는 절차이다. 음식을 9번 떠 잡수실 수 있는 시간까지 기다린다. 9는 長이나 多의 뜻으로 완전히 다 드셨다는 의미를 내포하고 있다. 계문은 독축자(어느 집안은 제주, 필자의 집안에서는 제주인 필자)가 문 앞에서 3번 '어흠' 인기척을 내고 들어간다. 인기척을 내는 것은 '들어가도 되겠습니까?'의 의미를 담고 있다.[232]

㉫ 진다의 과정

진다의 과정에서 물에 밥을 세 번 떠서 마는 행위를 차를 올리던

---

[232] 졸저, 앞의 책, 52쪽.

중국에서는 나타나지 않는 절차로서, 차가 물로 바뀜으로써 생겨난 우리 고유의 관행이라 할 수 있다. 여기에 밥을 마는 이유에 대해서는 명확히 밝혀진 바가 없다. 다만 물이 숭늉으로 전환되었음을 시각적으로 연출하기 위하여 밥알을 띄운다는 견해가 제시되어 있기도 한데, 숭늉그릇에 밥을 세 번 떠서 마는 행위 역시 밥을 더 드시기를 권하는 侑食의 일환으로 간주할 수도 있을 것이다.[233] 그렇게 볼 수도 있지만, 보통 승부에서 '삼세판'이라는 말도 있듯이, 3이란 숫자는 동양에서 신성시 하는 숫자이며, 그 의미도 최다·최고·최선·완성 등 여러 가지인바, 그래서 세 번이라는 의미로 쓴 것으로 보인다.

㉤ 지방과 축 燒紙

지방과 축을 소지(燒紙 : 불에 태움)하는데, 부정을 가시는 상징적인 의미로 종이를 태운다. 이승과 저승, 조상과 후손을 이어준다는 의미를 내포하고 있다.[234]

㉥ 음복

음복은 제수를 나누어 먹으며 조상의 음덕을 기리는 것이다. 그런바 마치 걸신들린 듯이 먹거나 허겁지겁 먹거나 맛 타령을 해서는 절대 안 된다. 삼가 고인을 추모하면서 먹어야 한다.[235]

---

[233] 김미영, 앞의 책, 366~367쪽.
[234] 졸저, 앞의 책, 53쪽.
[235] 같은 책, 같은 곳.

4) 맺음말

필자는 기제사 시 제사음식 진설과 진행 등에 대하여 살펴보았다. 앞에서 논의한 바와 같이 지역, 가문, 色目(당파) 등에 따라 차이를 보이고 있음을 알 수 있다. 그리고『주자가례』를 맹목적으로 그대로 수용한 것은 아니었다.[236] 그런데 지역·가문·당파에 따라 차이가 나는 것에 대하여 현재는 그 이유를 알 수 없는 것이 태반이지만, 조선시대에 사셨던 우리의 선조들은 그 이유를 알고 행했다. 그러나 세월이 많이 흐르고 세상이 급격하게 변하다 보니, 우리 후손들은 그 이유를 모르고 그저 윗대 조상들(아버지, 할아버지, 일가친척 어른들 등)에게 대부분 口傳, 즉 입을 통해 전해 듣고 기억하는 정도였기에 그 이유를 알 수 없었던 것으로 짐작된다. 게다가 선조들은 책에다 간혹 간단하게 언급하는 정도였지 대부분은 구체적으로 남기지도 않았다.[237] 그렇기 때문에 오늘날의 연구자들은 거의 알지를 못하는

---

[236] 조선시대 사대부들은 대부분 尊朱主義者들이었다. 주자를 존경한다고 해서『주자가례』의 내용을 맹목적으로 무조건 수용하는 儒者들도 있었다. 이들은 참으로 문제가 많은 사람들이라고 생각한다. 사대주의·모화사상에 빠진 사람들이라 할 수 있다. 학문에서 견해를 달리하거나 비판하는 것은 당연한 것이다. 그것을 막는다면 발전이 없다. 조선시대의 경우, 대부분 이러했으니(후기는 좀 나아졌지만) 무슨 발전이 있었겠는가? 그랬으니 임진왜란과 병자호란을 겪고, 1910년 일본에게 강제로 합병 당하는 치욕스러운 수모를 겪을 수밖에. 그런바 진설도 그 이유와 의미도 잘 모른 채 아직도 서로 옳다고 주장하는 극히 일부 유림 인사들을 보면 한심스럽기 짝이 없다. 차제에 대오각성 했으면 한다.

[237] 이병혁 교수가 연민 이가원 선생에게 편지로 '山東野西'의 출처와 뜻에 대해 물은 적이 있는데, 상고할 수 없다고 답변하였다고 한다.(이병혁, 앞의 책, 132~133쪽 참고.) 이로써 짐작컨대, 우리 선조들은 출처와 이유 등을 거의 기록으로 남기지 않았음을 엿볼 수 있다.

바, 논의가 전무한 상태라 해도 과언이 아니다. 그러므로 필자가 앞에서 언급한 바와 같이, 지역·가문·당파별간(특히 지역, 가문)의 종합적이고 체계적이며 심도 있는 비교 검토가 필요하다고 본다. 이에 대한 정답은 없지만, 우리 후손들, 특히 이 분야 연구자들은 반드시 알 필요가 있다.

그런바 본 연구는 제사음식 진설과 진행 등에 대한 연구의 단초를 열었다는 점에서 그 의미가 있다고 본다.

우리는 진설방식과 위치와 의미, 진행방식 등을 아는 것도 중요하지만, 그 보다는 마음과 정성을 다해 제례를 행하는 것이 더 중요하지 않을까? 이 점을 간과해서는 안 될 것이다.

참고문헌

〈자료〉

『家禮輯解』.

『經國大典』.

『溪巖集』.

『高麗圖經』.

『高麗史』.

『高麗史節要』.

『考終錄』.

『高宗實錄』.

『國朝五禮儀』.

『廣禮覽』.

『東史綱目』.

『默齋日記』.

『文獻備考』.

『眉巖先生集』(목판본, 민족문화추진회 영인본).

『眉巖日記』.

『眉巖日記(親筆)』.

『眉巖日記草』, 朝鮮總督府, 昭和11년(한국학진흥원, 1982. 영인본).

『百弗菴集』(한국문집총간 영인본).

『白虎通疏證』.

『봉선잡의』.

『北史』.

『四禮便覽』.

『生活改善儀禮要覽』.

『三國遺事』.

『三國志』.

『養兒錄』.
『慵齋叢話』.
『曆中日記』(한국국학진흥원 소장본).
『禮記』.
『儀禮』.
『儀禮備要』.
『儀禮要覽』.
『林下筆記』(성균관대 대동문화연구원, 영인본, 1961).
『제의초』.
『朝鮮王朝實錄』.
『周禮』.
『周書』.
『朱子家禮』.
『中宗實錄』.
『增補四禮便覽』.
『靑莊館全書』.
최남선 편, 『三國遺事』, 민중서관, 1971.
『荷齋日記』(서울대 규장각 소장본).
『虛白堂集』.
『懸吐註解四禮便覽』.
『後漢書』.
국립민속박물관 편, 『한국세시풍속사전(정월편)』, 국립민속박물관, 2004.
국립민속박물관 편, 『한국세시풍속사전(여름편)』, 국립민속박물관, 2005.
국립민속박물관 편, 『한국세시풍속사전(가을편)』, 국립민속박물관, 2006.
국립민속박물관 편, 『한국세시풍속사전(겨울편)』, 국립민속박물관, 2006.
국립민속박물관 편, 『한국세시풍속자료집성-조선후기문집』, 국립민속박물
　　　관, 2005.
『국역 대동야승』, 민족문화추진회, 1982.
『국역사례편람』, 우봉이씨대종회 역, 명문당, 2003.
『국역 임하필기』, 민족문화추진회, 1999.
『국역하재일기 1~8』(김상환·이종덕 역, 박은숙 해제, 서울시사편찬위원

회, 2005~2009).

고동영 역,『神檀民史』, 한뿌리, 1986.

김영 지음, 신상목·김용환 옮김,『계암일록』, 한국국학진흥원, 2013.

김종권 역,『三國史記』, 선진문화사, 1969.

南晩星 譯,『慵齋叢話』, 良友堂, 1988.

민족문화추진회 편,『국역 고려도경』, 민족문화추진회, 1977.

민족문화추진회 옮김,『송나라 사신, 고려를 그리다 고려도경』, 도서출판 서
　　해문집, 2005.

신상목 외 공역,『계암일록』, 한국국학진흥원, 2013.

이유원 저, 홍승균 역,『국역 임하필기 3』, 민족문화추진회, 1999.

임승국 역,『桓檀古記』, 정신세계사, 1986.

정용석·김종윤 공역,『선화봉사고려도경』, 도서출판 움직이는 책, 1998.

조선총독부,『高麗以前の風俗關係資料撮要』, 1941

朱熹 지음·임민혁 옮김,『주자가례』, 예문서원, 2000.

崔興遠, 서수생 외 역,『국역 백불암선생문집』, 대보사, 2002.

단국대 동양학연구원,『개화기에서 일제강점기까지 일생의례 관련 자료집-
　　신문·잡지 편』, 채륜, 2012.

단국대 동양학연구원,『개화기에서 일제강점기까지 일생의례 관련 자료집-
　　일본어 잡지 편』, 채륜, 2012.

최인학·김민지 옮김,『조선총독부 기관지「조선」소재 혼례와 상제례』, 채
　　륜, 2013.

『별건곤』.

『삼천리』.

『朝鮮』.

『朝鮮及滿洲』.

〈국민보〉.

〈동아일보〉.

〈매일신보〉.

〈시대일보〉.

〈조선중앙일보〉.

〈황성신문〉.

A. H. 새비지-랜도어 지음, 신복룡·장우영 역주, 『고요한 아침의 나라 조선』, 집문당, 1999.

E. G. 캠프·E. 와그너 지음, 신복룡 역주, 『조선의 모습·한국의 아동생활』, 집문당, 1999.

E. J. 오페르트 지음, 신복룡·장우영 역주, 『금단의 나라 조선』, 집문당, 2000.

샤를 바라·샤이에 롱 지음, 성귀수 옮김, 『조선기행』, 눈빛, 2001.

H. B. 헐버트 지음, 신복룡 역주, 『대한제국멸망사』, 집문당, 1999.

H. N. 알렌 지음, 신복룡 역주, 『조선견문기』, 집문당, 1999.

호레이스 N. 알렌 지음, 윤후남 옮김, 『알렌의 조선 체류기』, 예영커뮤니케이션, 1996.

I. B. 비숍 지음, 신복룡 역주, 『조선과 그 이웃나라들』, 집문당, 2000.

J. S. 게일 지음, 신복룡 역주, 『전환기의 조선』, 집문당, 1999.

까를로 로제티 著, 서울학연구소 譯, 『꼬레아 꼬레아니』, 숲과 나무, 1996.

끌라르 보티에·이뽀리트 프랑뎅 지음, 김상희·김성언 옮김, 『프랑스 외교관이 본 개화기 조선』, 태학사, 2002.

W. E. 그리피스 지음, 신복룡 역주, 『은자의 나라 한국』, 집문당, 1999.

W. R. 칼스 지음, 신복룡 역주, 『조선풍물지』, 집문당, 1999.

〈논저〉

강명관, 「조선후기 서적의 수입·유통과 장서가의 출현」, 『민족문학사 연구』 9호, 1996.

강병식, 「일제하 한국에서의 결혼과 이혼 및 출산 실태연구」, 『사학지』 제28집, 단국대 사학회, 1995.

강재철, 「3의 法則 硏究」, 『陶谷 鄭琦鎬博士華甲紀念論叢』, 同刊行委員會, 1991.

_____, 『기러기 아범의 두루마기』, 단국대출판부, 2004.

까를로 로제티 著, 서울학연구소 譯, 『꼬레아 꼬레아니』, 숲과 나무, 1996.

고영진, 『조선중기예학사상사』, 한길사, 1995.

권광욱, 『육례이야기』, 도서출판 해돋이, 2000.

권오영 외 4인, 『조선 왕실의 嘉禮』, 한국학중앙연구원, 2008.

국립민속박물관, 『코리아 스케치』, 국립민속박물관, 2002.

祁慶富, 「선화봉사 고려도경의 판본과 그 원류」, 『서지학보』 16집, 한국서지학회, 1995.

김경숙, 「16세기 사대부 집안의 제사설행과 그 성격-이문건의 묵재일기를 중심으로-」, 『한국학보』98집, 일지사, 2000.

_____, 「17세기말 사대부가의 喪葬禮와 居喪生活 —尹爾厚의 支菴日記를 중심으로」, 『한국사연구』172, 한국사연구회, 2016.

김명자, 「역중일기(曆中日記)를 통해 본 18세기 대구 사족 최흥원의 관계망」, 『국학연구』제38집, 한국국학진흥원, 2019.

김무조, 『한국신화의 원형』, 정음문화사, 1988.

김문택, 「상례와 시묘살이」, 『조선시대 생활사』2, 2000.

김미연, 「고려도경 인물조를 통해 본 인종 초 정국의 일면」, 『역사교육논집』48집, 역사교육학회, 2012.

김미영, 「'제사 모셔가기'에 나타난 유교이념과 양반지향성」, 『제사와 문화』, 안동대 민속학연구소, 1999.

_____, 「조선후기 상례의 미시적 연구-정재 류치명의 상례일기 고종록을 중심으로」, 『실천민속학연구』제12집, 실천민속학회, 2008.

_____, 『유교의례의 전통과 상징』, 민속원, 2010.

김미영 외 6인, 『종가제례음식(경상·전라·경기 강원·충청 편)』, 민속원, 2021·2022.

김보경, 「고려도경과 고려의 문화적 형상」, 『한국한문학연구』47집, 한국한문학회 2011.

김선령, 「일제강점기 이후 한국혼례 양상의 변화에 관한 연구」, 원광대 석사학위논문, 2011.

김소영, 「전통과 근대를 살아간 인물, 하재 지규식의 '일상'을 통해 본 그의 사상과 종교」, 『한국인물사연구』제19호, 한국인물사연구회, 2013.

김수연, 「고려도경 연구의 동향과 활용 가능성」, 『한국문화연구』16집, 이대 한국문화연구원, 2009.

김시덕, 「현대 한국 상례문화의 변화」, 『한국문화인류학』40-2, 한국문화인류학회, 2007.

김열규, 「민속자료서의 가치 '삼국유사'」, 『다리』제4·5호, 1973.

김영숙, 「이유원의 가오악부 연구」, 『대동한문학』6집, 대동한문학회, 1994.

김영숙, 「이유원의 해동악부 연구」, 『어문학』56집, 한국어문학회, 1995.

김영자 편저,『조선왕국 이야기』, 서문당, 1997.

김용덕,『한국의 풍속사』Ⅰ, 밀알, 1994.

김종철, 「하재일기를 통해 본 19세기 말기 판소리 창자와 향유층의 동향」, 『판소리연구』제32집, 판소리학회, 2011.

김주연, 「이유원의 임하필기에 나타난 음악 기사 연구-전모편·문헌지장편·춘명일사편·순일편에 한하여」, 전남대 석사학위논문, 2003.

김주희, 「일제 후반기 결혼 예식과 혼수에 대한 사회사적 고찰」,『가족과 문화』15-3, 한국가족학회, 2003.

김주희·구영본·신미경, 「1930~1940년대 출산 풍속에 대한 사례 연구」,『한국가족자원경영학회지』10권 1호, 한국가족자원경영학회, 2006.

김충현, 「효종 영릉의 조성과 능제의 변화」, 한국학중앙연구원 한국학대학원 석사학위논문, 2012.

김택규, 「삼국유사의 사회·민족지적 가치」,『삼국유사연구론선집(1)』, 백산자료원, 1986.

_____, 「삼국유사의 민속체계」,『삼국유사의 종합적 검토』, 한국정신문화연구원, 1987.

김현영, 「호남지방 고문서를 통해 본 조선시대의 가족과 친족」,『호남지방고문서 기초연구』, 1999.

김현주, 「제국신문에 나타난 혼인제도와 근대적 파트너십」,『한국근대문학연구』23집, 한국근대문학회, 2011.

김혜경, 「전통관례와 현대 성년례 복식 연구」, 성균관대 박사학위논문, 2008.

나경수, 「한국 신화에 보이는 역사인식」,『제 35회 동아시아고대학회 학술발표대회 발표집-동아시아 역사인식의 중층성』(경기대 수원캠퍼스 본관 7층 세미나실), 2008.

남형일, 「임하필기 연구」, 단국대 석사학위논문, 2002.

류채형, 「하재일기에 나타난 19세기 말~20세기 초 공인 지규식의 제사 설행」,『역사교육논집』제61집, 역사교육학회, 2016.

민속학회,『한국민속학의 이해』, 문학아카데미, 1996.

박경섭,『한국예속연구』, 서광학술자료사, 1993.

박경휘, 「서긍과 선화봉사고려도경」,『퇴계학연구』4집, 단국대 퇴계학연구소, 1990.

박미해, 「조선 중기 이문건가의 천장례 준비-묵재일기를 중심으로」, 『사회와 역사』 68집, 한국사회사학회, 2005.

박승범, 「삼국의 국가제의 연구」, 단국대 박사학위논문, 2002.

박은숙, 「분원 공인 지규식의 공·사적 인간관계 분석」, 『한국인물사연구』 제11호, 한국인물사연구회, 2009.

_____, 「사원 지규식의 러일전쟁과 을사조약을 둘러싼 시국 인식」, 『한국인물사연구』 제17호, 한국인물사연구회, 2012.

_____, 「경기도 분원 마을 지규식의 자녀 혼사와 사돈 관계(1891~1910)」, 『한국인물사연구』 제19호, 한국인물사연구회, 2013.

_____, 「경기도 분원마을 지도자 지규식의 외세인식과 그 변화(1894~1910)」, 『한국인물사연구』 제26호, 한국인물사연구회, 2016.

박정자, 「개화기 이후 한국 혼례복식의 변천요인과 미적특성 연구」, 세종대 박사학위논문, 2003.

박종천, 「16~17세기 예문답으로 살펴본 퇴계와 퇴계학파 예학」, 『퇴계학보』 125, 퇴계학연구원, 2009.

_____, 「상·제례의 한국적 전개와 유교의례의 문화적 영향」, 『국학연구』 제17집, 한국국학진흥원, 2010.

_____, 「계암일록에 나타난 17세기 예안현 사족의 의례생활」, 『국학연구』 제24집, 한국국학진흥원, 2014.

_____, 「조선 중기 광산김씨 예안파의 의례 실천과 일상생활-계암일록과 매원일기를 중심으로」, 『국학연구』 제33집, 한국국학진흥원, 2017.

박지향, 『일그러진 근대』, 푸른역사, 2003.

박지훈, 「송대 사대부의 고려관」, 『이화사학연구』 30집, 이화사학연구소, 2003.

박진태, 「민속지로 본 삼국유사」, 『고전산문교육의 이론』, 집문당, 2000.

_____, 『삼국유사의 종합적 연구』, 박이정, 2003.

박혜인, 『韓國의 傳統婚禮 硏究』, 高大民族文化硏究所 出版部, 1988.

서종원, 「근대적 사고를 통해 본 근대시기 일생의례의 변화양상 고찰」, 『단국대학교 동양학연구원 중점연구소 연구과제 학술대회 발표집』, 단국대 동양학연구원, 2012.

성균관, 『우리의 생활예절(개정판)』, 성균관 출판부, 2011.

송명견, 「우리나라 혼례복 변천에 관한 일 연구-개화기 이후의 혼례복을 중심으로」, 이대교육대학원 석사학위논문, 1974.

송재용, 「眉巖日記 硏究」, 단국대 박사학위논문, 1996.2.

_____, 「韓國의 儀禮-冠·婚·喪·祭禮를 中心으로」, 『國文學論集』第16輯, 檀國大 國文科, 1999.

_____, 「의례와 정치-관·혼·상·제례를 중심으로」, 『비교민속학』 제26집, 비교민속학회, 2004.

_____, 「의례와 경제-관·혼·상·제례를 중심으로」, 『비교민속학』 제27집, 비교민속학회, 2004.

_____, 「구한말 서양인이 본 한국의 의례 일고찰」, 『동양학』 제36집, 단국대 동양학연구소, 2004.

_____, 「개화기 서양인의 한국 의례에 대한 인식과 그 의미」, 『동양학』 제38집, 단국대 동양학연구소, 2005.

_____, 「미암일기에 나타난 민속 일고찰」, 『동아시아고대학』 제15집, 동아시아고대학회, 2007,

_____, 『한국 의례의 연구』, 제이앤씨, 2007.

_____, 『眉巖日記 硏究』, 제이앤씨, 2008.

_____, 「삼국유사에 나타난 의례의 연구-관·혼·상·제례를 중심으로」, 『동양고전연구』 제33집, 동양고전학회, 2008.

_____, 「壬亂 前 儀禮 硏究-士大夫家의 儀禮를 中心으로」, 『東아시아古代學』第20輯, 東아시아古代學會, 2009.

_____, 「임란 전 의례 연구-사대부가의 의례를 중심으로」, 『동아시아고대학』 제20집, 동아시아고대학회, 2009.

_____, 「묵재일기와 미암일기를 통해 본 16세기의 관·혼·상·제례」, 『한문학논집』 제30집, 근역한문학회, 2010.

_____, 「용재총화에 나타난 민속 연구」, 『동양고전연구』 제38집, 동양고전학회, 2010.

_____, 『개정증보판 한국 의례의 연구』, 박문사, 2010.

_____, 「묵재일기와 미암일기를 통해 본 16세기의 관·혼·상·제례」, 『한문학논집』 제 30집, 근역한문학회, 2010.

_____, 「임하필기에 나타난 의례 연구」, 『동아시아고대학』 제24집, 동아시아고대학회, 2011.

_____, 「개화기에서 일제강점기까지 일생의례의 지속과 변용」, 『단국대학교 동양학연구원 중점연구소 연구과제 학술대회 발표집』, 단국대 동양학연구원, 2012.

_____, 「개화기에서 일제강점기까지 관·혼·상·제례의 지속과 변용」, 『동아시아고대학』 제30집, 동아시아고대학회, 2013.

_____, 「하재일기에 나타난 국가의례와 민간신앙 일고찰」, 『동양고전연구』 제68집, 동양고전학회, 2017.

송재용 외 5인, 『우리 전통문화와의 만남』, 한국문화사, 2000.

송재용·최인학·주영하 외 8인, 『일생의례로 보는 근대 한국인의 삶』, 채륜, 2013.

송호빈, 「중국 정사 동이전과 고려도경에 나타난 고대, 중세 한국의 해양신앙과 설화」, 『연민학지』 13집, 연민학회, 2010.

신명호, 『조선의 왕』, 도서출판 가람기획, 1999.

_____, 『조선 왕실의 의례와 생활』, 도서출판 돌베개, 2002.

신복룡, 『이방인이 본 조선 다시 읽기』, 풀빛, 2002.

_____, 「개항기 서양인의 한국관」, 『코리아 스케치』, 민속박물관, 2002.

신채식, 「송대 관인의 고려관」, 『변태섭박사화갑기념사학논총』, 삼영사, 1985.

안대회, 「해제」, 『국역 임하필기 1』, 민족문화추진회, 1999.

어원선, 「조선시대 사대부 灰隔墓 연구」, 역사문화논총 8, 역사문화연구소, 2014.

염원희, 「전통 상례의 변화를 통해 본 일제의 조선 인식-일제강점기 신문, 잡지 기사를 중심으로」, 『어문논집』 52집, 중앙어문학회, 2012.

오용운, 「계암일록을 통해 본 禮安 土族의 일상」, 『퇴계학논집』 제13집, 영남대 퇴계학연구원, 2013.

오인영, 「개화기 서구인의 눈에 비친 한국, 한국인」, 『개화기 한국과 세계의 상호 이해-제2부 개화기 한국과 서양의 상호 이해』(단국대 동양학연구소 중점연구소 연구과제 학술세미나 발표요지집), 단국대 동양학연구소, 2002.8.

오지석, 「한국교회 초기 혼인관에 대한 연구」, 『기독교사회윤리』 제12집, 한국기독교사회윤리학회, 2006.

유가효, 「일제시대 결혼결정과정을 통해서 본 결혼문화의 변화」, 『한국학논집』 36집, 계명대한국학연구원, 2008.

유호선, 「하재일기를 통해 본 공인 지규식의 삶과 문학」,『한국인물사연구』
　　　제19호, 한국인물사연구회, 2013.

윤이흠, 「고려도경에 나타난 종교사상-민간신앙을 중심으로」,『동방사상논
　　　고』, 도원유승국박사화갑기념논총간행위원회, 1983.

은영자, 「우리나라 혼례복의 변천에 관한 연구-개화기 이후를 중심으로」,『과
　　　학논집』 제26집, 계명대 생활과학연구소, 2000.

恩津宋氏大宗中,『우리의 전통예절』, 恩津宋氏大宗中, 1994.

이두현 외 2인,『한국민속학개설』, 일조각, 1993.

이민홍, 「굴산 이유원론」,『한국한문학연구』 24집, 한국한문학회, 1999.

이배용, 「서양인이 본 한국근대사회」,『梨花史學硏究』第28輯, 梨大 梨花史學
　　　硏究所, 2001.

이병혁,『한국의 전통 제사의식-기제·차례·묘제』, 국학자료원, 2012.

이복규,『묵재일기에 나타난 조선전기의 민속』, 민속원, 1999.

이성임, 「계암일록(1603~1641)에 대한 자료적 검토」,『한국사학보』 57집,
　　　고려사학회, 2014.

이영수, 「개화기에서 일제강점기까지 혼인유형과 혼례식의 변모양상」,『아
　　　시아문화연구』 28호, 가천대 아시아문화연구소, 2012.

이영수·최인학, 「일제강점기 혼례문화의 지속과 변용」,『아시아문화연구』
　　　30호, 가천대 아시아문화연구소, 2013.

이욱, 「역중일기에 나타난 상·제례 운영의 특징」,『국학연구』 제38집, 한국
　　　구학연구원, 2019.

이옥 외 3인,『조상제사 어떻게 지낼 것인가』, 민속원, 2012.

이은표,『宗廟大祭』, 원백문화사, 1993.

이정숙, 「조선후기 의례서에 나타난 혼례 연구」, 원광대동양학대학원 석사
　　　학위논문, 2010.

이희재, 「일제강점기의 유교의례 변화양상-1930년대 의례준칙에서의 가정
　　　의례를 중심으로」,『일본연구』 제15집, 고려대 일본연구센터, 2011.

임장혁, 「개항기의 서양인이 본 한국문화」,『코리아 스케치』, 민속박물관,
　　　2002.

임형택, 「문화현상으로 본 19세기」,『역사비평』 37호, 역사문제연구소, 1996.

장남원, 「필사본 고려도경의 유포와 의의」, 『한국문화연구』 17집, 이대 한국
　　　문화연구원, 2009.

장철수, 『한국 전통 사회의 관혼상제』, 한국정신문화연구원, 1984.

전영준, 「고려도경으로 본 서긍의 고려문화 인식」, 『중앙대 문화콘텐츠기술
　　　연구원 학술대회발표논문집』, 중앙대 문화콘텐츠기술연구원, 2010.

정경주, 『한국 고전의례 상식』, 신지서원, 2000.

정병학, 「해제」, 『임하필기』, 성균관대 대동문화연구원, 1961.

정승모, 「조선풍속과 民의 존재방식」, 『한국 민속문화의 탐구』, 국립민속박
　　　물관, 1996.

정진영, 「대구지역 한 양반가의 일기자료를 통해본 18세기 혼인풍속-百弗庵
　　　崔興遠의 曆中日記(1735~1786)를 중심으로 -」, 『古文書硏究』 제54호,
　　　한국고문서학회, 2019.

_____, 「18세기 대구지역 한 양반가의 일상의례, 상례와 제례-백불암 최흥
　　　원의 역중일기(1735~1786)를 중심으로-」, 『민족문화논총』 제73집,
　　　영남대 민족문화연구소, 2019.

조현범 지음, 『문명과 야만-타자의 시선으로 본 19세기 조선』, 책세상, 2002.

주영하, 「출산의례의 변용과 근대적 변환-1940~1990」, 『한국의 민속과 문
　　　화』 7집, 경희대 민속학연구소, 2003.

지두환, 『朝鮮前期 儀禮硏究-性理學 正統論을 中心으로-』, 서울大學校出版部,
　　　1996.

최광식, 『고대한국의 국가와 제사』, 한길사, 1994.

최덕수, 「개항기 서양이 바라본 한국인, 한국 역사」, 『민족문화연구』 제30
　　　집, 한성대학교, 1997.

최배영, 「조선후기 서울 반가의 제례-기제의 준비 및 제수를 중심으로」, 『유
　　　교사상연구』 제16집, 한국유교학회, 2002.

한국고문서학회 편, 『조선시대생활사』 2, 역사비평사, 2002.

함영대, 「임하필기 연구-문예의식을 중심으로」, 성균관대 석사학위논문,
　　　2001.

허경진, 「13종 저술을 통해 본 관인 정원용의 기록태도」, 『동방학지』 제146
　　　집, 2009.

홍순석, 『成俔文學硏究』, 한국문화사, 1992.

황패강, 『한국문학의 이해』, 새문사, 1991.

_____, 「계암 김령의 인간과 문학」, 『퇴계학연구』 제13·14·15합집, 단국대
　　퇴계학연구소, 2001.

E. B Landis, Rites of Korea, Journal of the Anthropological Institute, 1896.5.

E. B Landis, The Capping Ceremony of Korea, Journal of the Anthro-
　　pological Institute, 1898.5.(Harvard Weidner도서관 소장본)

Eli Barr Landis, Mourning and Burial Rites of Korea, Journal of the
　　Anthropological Institute, London 25, May, 1896.

Eli Barr Landis, Native Dyes and Methods of Dying in Korea, Journal of the
　　Anthropological Institute, London 26, May, 1897.

Eli Barr Landis, The Capping Ceremony of Korea, Journal of the
　　Anthropological Institute, London 27, May, 1898.(Harvard Weidner
　　도서관 소장본)

찾아보기

저 자 약 력

┃ 송재용(宋宰鏞)

대전 출생
단국대학교 문리과대학 국어국문학과 및 동 대학원 졸업(문학박사)
동아시아고대학회 회장, 단국대학교 교수협의회 회장, 단국대학교 동아시아전통문
화연구소 소장, 단국대학교 교양교육대학 학장 역임.
현재 단국대학교 자유교양대학 교수.

주요 저서
『한국 의례의 연구』(2007년 문화관광부 우수학술도서)
『미암일기 연구』(2008년 문화체육관광부 우수학술도서)
『개화기에서 일제강점기까지 한국 민속 연구』(2017년)
『하재일기에 나타난 민속 연구』(2020년)
『삼국유사의 문학적 탐구』(공저, 2009년 문화체육관광부 우수학술도서)
『한국 민속문화의 근대적 변용』(공저, 2010년 학술원 우수학술도서)
『일생의례로 보는 근대 한국인의 삶』(공저, 2014년 세종우수학술도서)
『구한말 최초의 순국열사 이한응』(2007년)
『조선의 설화와 전설』(공역, 2007년)
『조선시대 선비이야기-미암일기를 통해 과거와 현재를 보다』(2008년) 등 다수

주요 논문
「한국 일기문학론 시고」
「한중일 의례에 나타난 공통성과 다양성」
「여류문인 송덕봉의 생애와 문학」
「한시 분류와 해석을 위한 시각의 재정립」 등 80여 편